알기 쉽게 따라하는

인벤터 2016

정상태 저

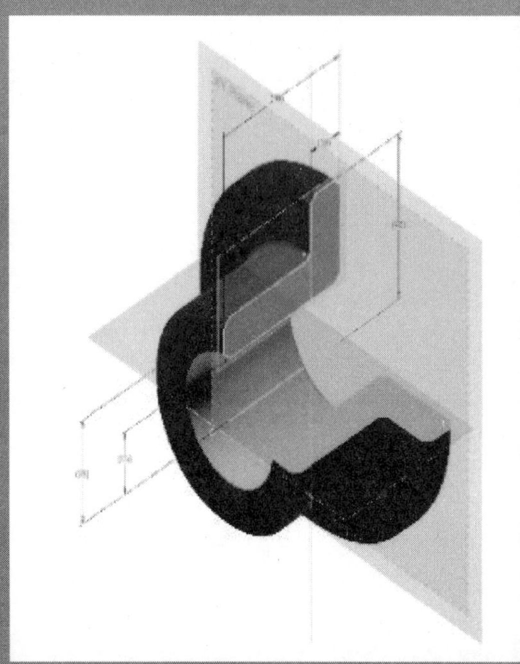

AUTOTECH
오토테크

머 릿 말

요즘 창조경제의 핵심 아이콘으로 부상하고 있는 3D 프린터의 활용과 응용에 관한 관심이 많이 집중이 되고 있습니다. 아울러 오래 전부터 설계 구상된 아이디어를 더 이상 실물크기의 모형 제작이나 시제품을 만들어서 구현하는 시대는 끝이 났습니다. Computer Aided Design (컴퓨터를 이용한 설계), 혹은 Computer Aided Draft (컴퓨터를 이용한 제도) 라고도 말하는 CAD 시스템을 이용해서 3차원으로 시뮬레이션이나 시제품을 대신하기도 합니다.

일반적으로 3차원 CAD는 모델링이라는 기법을 통해 3차원 상의 공간에 프로파일을 만들고 파라메트릭 등을 이용하여 모형이나 피처를 배치하고, 입체 형상으로 설계자가 의도하는 의미를 구현합니다. 전산설계 (CAD)에 대한 중요도와 필요성은 이미 오래 전부터 대두가 되어왔고 오늘 날 까지 오랜 시간 동안 산업 현장에서 설계 작업이 이루어지고 있습니다. 3차원 CAD 소프트웨어 중 오토캐드(AutoCAD)사에서 제공하는 인벤터(Inventor)는 오늘 날 전 세계 수많은 기계 설계 부서와 산업현장에서 주요 S/W로 사용이 되어지는 범용적인 소프트웨어로 자리 잡았습니다.

현재에도 일선의 많은 설계자가 이 프로그램으로 모델링 및 설계 작업을 하고 있습니다. 이런 이유로 이공계 대학생들과 이공계열 설계 초보자들, 3차원 CAD를 처음 이용하여 기계 설계 제도 실무자들이 익히고 활용을 하고자 하는 경향이 높습니다. 그리고 3차원 CAD를 이용한 국가 기술자격증 획득을 목적으로 삼기 위해 공부를 하는 사람들도 늘어났습니다. 하지만 CAD 프로그램의 학습만 마친다고 소프트웨어의 활용만 할 줄 안다고 설계를 잘 한다거나 구성요소들의 집합체인 장치 디자인을 대비를 할 수 없는 한계가 있습니다.

3차원 설계를 시작하려는 사람들이 배우기 용이하게 산업 현장에서 필수적으로 사용되는 설계의 이론과 필요한 지식을 Inventor 2016 한 권의 교재 속에 담았습니다. 대학교 1, 2학년 새내기 교과 과정에서 배우는 수준 위주의 맞춤형 3D 모델링 교재로서 쉽게 3차원 설계를 배우도록 하는데 목적이 있습니다. 그리고 도면의 설계는 그냥 단순한 그래픽 툴이 아닌 설계자와 작업자 간의 소통수단이며 국제규격의 약속된 기호이기 때문에 정확히 숙지하는 것이 무척 중요하기 때문입니다.

이 교재는 초반부의 제1장 『모델링 이해』 편을 시작으로, 인벤터 프로그램의 각 메뉴와 기능들의 소개로 순차적으로 접근을 하는 제2장 『화면의 구성』과 제3장 『인벤터 시작하기』 등으로 구성이 됩니다. 과도한 기능 설명의 집중보다 직접 따라 하도록 교재 내용을 배치하여 쉽게 배우고 접근하게 구성을 하였습니다. 가급적 전문적인 전산 친화적인 용어들을 배제하고 기계설계 제도에 필요한 설계자 새내기 수준의 지식으로 설명됩니다. 이는 인벤터라는 프로그램을 처음 접하는 설계자가 다소 생소하고 부담이 될 수도 있는 두꺼운 내용들 보다는 쉽게 프로그램을 접근을 해 보게 하는 의도입니다.

5장과 6장 『부품』 설명으로 시작되는 본론에서는 모델링에서 필수적으로 알고 활용을 해야 하는 『구속조건』, 『작업평면』에 대한 설명과 실습을 배정해 두었습니다. 7장부터는 본론부로 『조립품의 이해』 그리고 『프리젠테이션』, 『도면』 작성의 이해로 구성이 되어있습니다. 본 교재는 가장 기초적인 선긋기와 원 그리기부터 시작하여 심화과정인 전산설계기능사 시험까지 대비를 준비하여 만든 교재입니다. 입문 편 기초도안 작성부터 점차적으로 수준을 상향 조절하였습니다. 최종적으로는 현업에서 재교육(O.J.T) 없이 본 교재만으로 모델링하고 설계를 해 나가는데 어려움이 없도록 실무 가이드북에 주안점을 두었습니다. 궁극적으로는 향후 국가기술자격증 대비, 실제 실습을 하면서 배우는 형식으로 구성이 되었습니다.

끝으로, 이 책이 나오기 까지 기초에서 실무까지 물심양면으로 도와주신 포항공과대학교(POSTECH) 가속기연구소 김창균 CAD실 전임 실장님과 누리시스템의 서영태 사장님과 뉴원텍 송재옥 사장님, 정현주씨께도 감사를 드립니다. 그리고 원고를 출판하여 후학에 가르침을 주게끔 도와주신 오토테크 출판사 관계자 분들에게 진심으로 감사드립니다.

글쓴이 정상태

목 차

제1장 3D 모델링의 이해 / 1

제2장 인벤터 시작하기 / 13

제3장 2D 스케치의 이해 / 35

제4장 구속조건 / 83

제5장 부품 / 97

제9장 도면 / 277

제10장 연습문제 / 299

제1장

모델링의 이해

이 장에서는 3차원 도면에 대한 이해와 프로파일, 파라메트릭 기하학 모델링에 대한 지식을 배우고 개념을 익혀 봅니다.

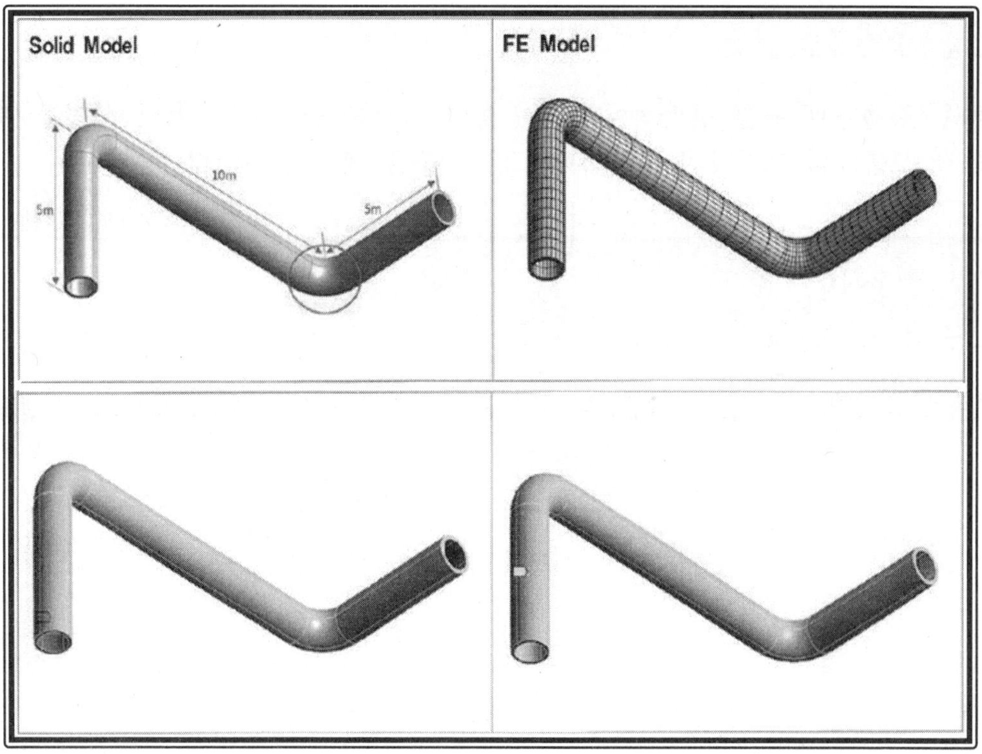

학습 목표

3차원 모델링에 관한 전반적인 지식을 습득합니다.

학습 개요

3차원 모델링에 대한 일반 적인 내용과 용어 설명, 차원에 대한 지식을 배우고 익혀 봅니다.

일반 목표

3차원 모델링에 관한 전반적이고 일반적인 지식을 습득하고, 용어 설명을 통해 각 모델링의 표면상의 특징과 장, 단점 등을 배우게 됩니다.

세부 목표

기하학 모델링 시스템의 개념, 와이어 프레임, 서피스 프레임, 솔리드 모델링 등 각 Geometric Modeling System에 대한 개념을 배우고 용어설명을 통해서 모델링의 이해를 증진시키는데 목표가 있습니다.

1 3D 모델링의 이해

제1장 모델링(Modeling)의 이해

1. 3차원 모델링의 개념

3차원 모델링은 컴퓨터를 활용한 기계 설계 분야에서 가상의 3차원 공간 속에서 재현 시킬 수치적인 모델을 만들어 나가는 공정을 말하는데, 3차원이란 x,y,z 3축에서 물체를 표현하며 렌더링 과정을 통해 실제 물건과 비슷하게 색상, 질감, 조명 등 구현을 시키는 방식을 말합니다. 일반적으로 2차원 설계 소프트웨어 에서는 선과 선의 연결 혹은 다각형이나 치수 기입이 우선되지만, 3차원 설계는 그래픽을 활용한 수학적 형상의 구현이며 기하학 도형으로 표현되고 있습니다.

실제로 제작 시제품을 만들어 시험하기 전에 3차원 모델을 효율적으로 활용하여, 가상세계에서 실제 설계상의 치수와 간섭을 확인하고 물체를 묘사하여 이해도를 증진시키는 표현수단으로 쓰입니다. 3차원 모델링 기법은 기계 설계 뿐만 아니라, 건축, 영화, 애니메이션 까지 요즘 많은 사람들에게 관심의 대상이 되고 있습니다. 우리가 이 책에서 사용할 3D 소프트웨어는 인벤터 2016(Inventor)이며, 3차원 도안을 만들 때 사용되는 소프트웨어입니다.

2. 파라메트릭의 개념

파라메트릭 (Parametric)이란 CAD 상에서 그래픽 데이터를 처리하기 위해 수학 방정식에 의해 정의되는 모델 매개 변수를 자유형태의 3차원 곡선이나 직선, 표면 등으로 처리하는 것입니다. 2차원 CAD 에서는 실제 설계자가 하나하나 그리고, Dimension 입력 기능을 이용하여 치수를 입력하는 방식으로 처리하나, 3차원 모델링은 독립적인 매개변수인 수치입력으로 형상(Solid) 모델링을 하는 기법으로 진행이 됩니다.

파라메트릭이란 형상구속 조건과 치수 조건을 대화식으로 입력하는 것을 말하고, 치수조건이라 함은 형상에 부여된 치수값과 이들 치수 사이의 관계로 설계자에 의해 수학식으로 부여되는 것입니다. 형상 요소 (도면)을 직접 수정하는 것이 아니라 구속조건, 치수값, 그리고 치수 관계식을 이용하여 형상을 수정하는 것을 말합니다. 이 책에서는 CAD 3차원 곡선/곡면 모델링의 기초수학 및 미분기하, 모델링 기법을 습득하고 실제 3차원 CAD 시스템에 적용하는 응용사례를 통하여 형상 모델링의 실질적인 지식을 제공하고자 합니다.

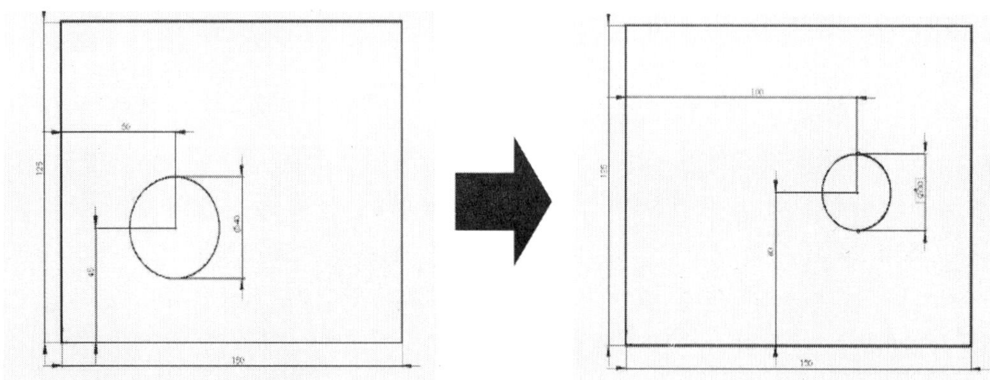

[Fig. 구속조건의 변화를 통한 형상의 수정]

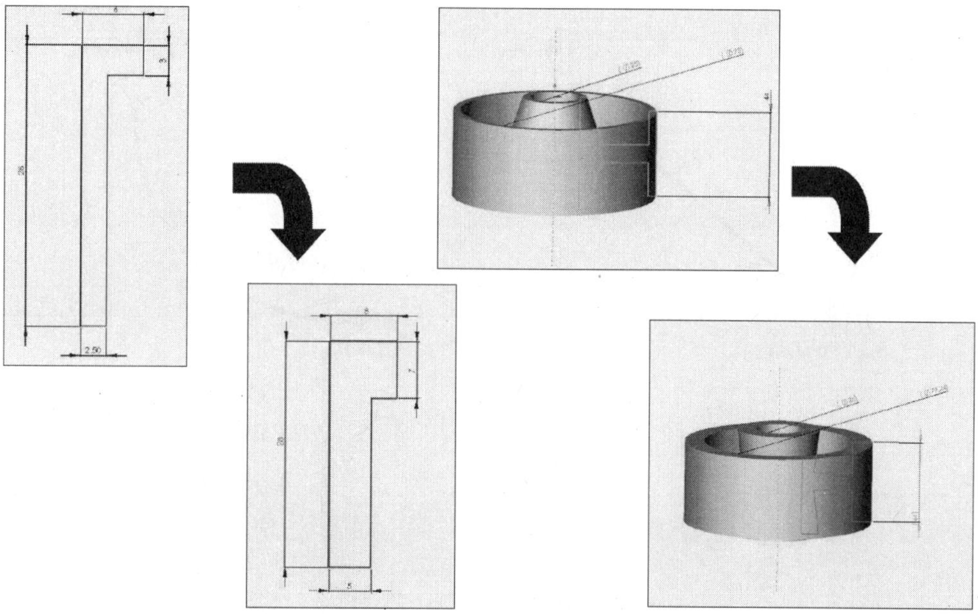

[Fig. 파라메트릭 기법을 이용한 모델링의 예]

3. 기하학 모델링 시스템 의 개념 (Geometric Modeling System)

기하학 모델링을 이루고 있는 대표적인 것에는 와이어 프레임(Wire Frame Modeling)과 표면 프레임(Surface Modeling), 솔리드 모델링(Solid Modeling), 그리고 비 다면성 모델링 (Non-manifold Modeling)이 있습니다. 이들 각각의 특징은 다음과 같습니다.

3-1. 와이어 프레임 (Wire Frame Modeling)

물체위의 특징선과 끝점으로 형상을 표현하는 것으로 사용자 입력 작업이 간단하고 개발이 용이합니다. 모호한 형상표현이 단점이며, 면 (물체의 내부와 외부를 구분)하는 정보가 없으므로 질량계산, 면가공 공구경로 생성, 유한요소에 의한 해석 불가능합니다.

① 특징을 나타내는 선과 점으로 모델을 표현하는 것.

② 단순함과 모호성이 있고 내 / 외부 경계곡면의 판별이 불가능합니다.

③ Mass property, 공구경로, FEM 등의 적용이 불가능합니다.

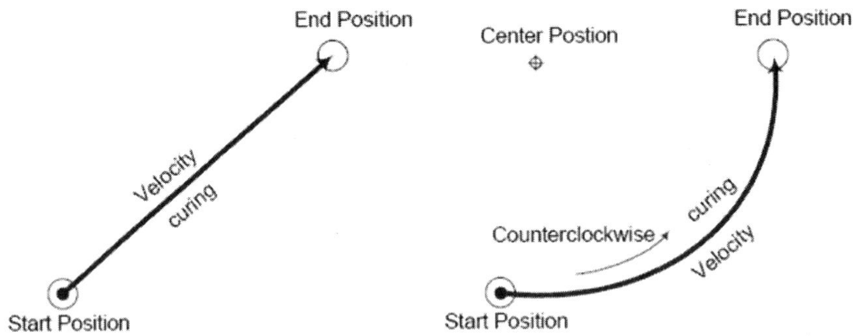

[Fig. Line Motion 과 Circular Motion]

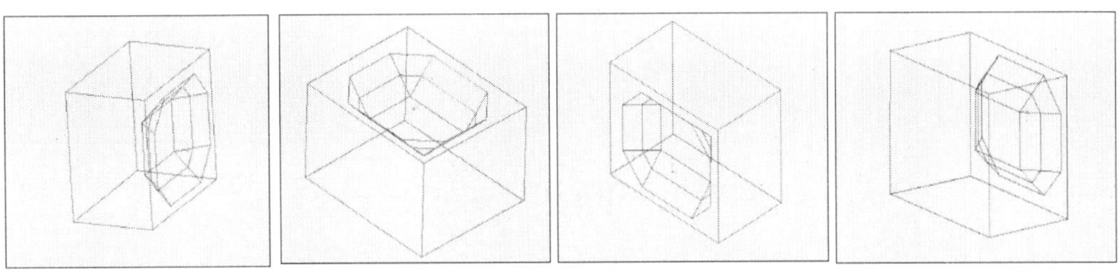

[Fig. Wire Frame]

3-2. 표면 모델링 (Surface Modeling)

■ 정의 : 와이어 프레임 모델에서 지원하는 특징 선 및 끝점 정보에 덧 붙여 면의 정보에 대한 수학적 표현을 포함하는 모델링을 말합니다.

① Wire Frame 와 Skin을 나타내는 형상 정보입니다.

② 특징을 나타내는 선, 점 과 곡면의 정보를 추가하였습니다.

③ 곡면 경계곡선, 곡면 간의 연결 관계(Connectivity) 정보 보유.

■ 곡면의 생성법

- 곡면 상의 점들을 입력받아 이 점들의 보간 곡면을 생성
- 곡면 상의 곡선들을 그물형태로 입력받아 보간 곡면을 생성
- 주어진 곡선을 직선 이동 또는 회전 이동하여 곡면을 생성.

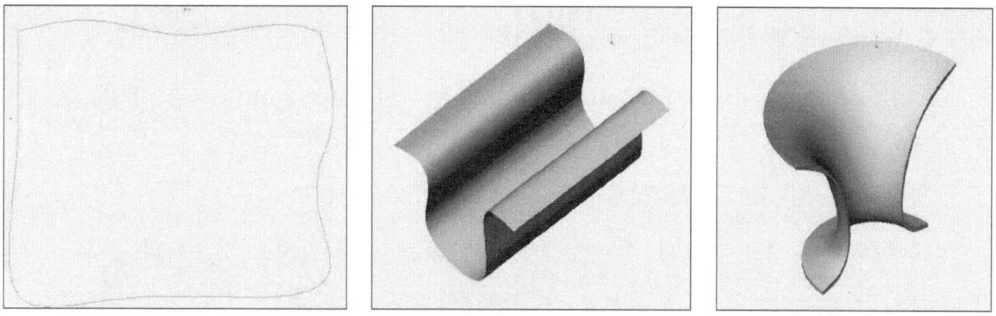

[Fig. Surface Frame]

■ 용도

- 심미적 평가를 위한 시각 모델 생성
- 장점은 NC 공구 경로의 자동계산과 색과 음영처리가 된 시각효과 표현이 가능합니다.
- 단점은 질량의 계산이 불가능하고 유한요소법에 의한 메쉬 모델 생성이 불가능합니다.

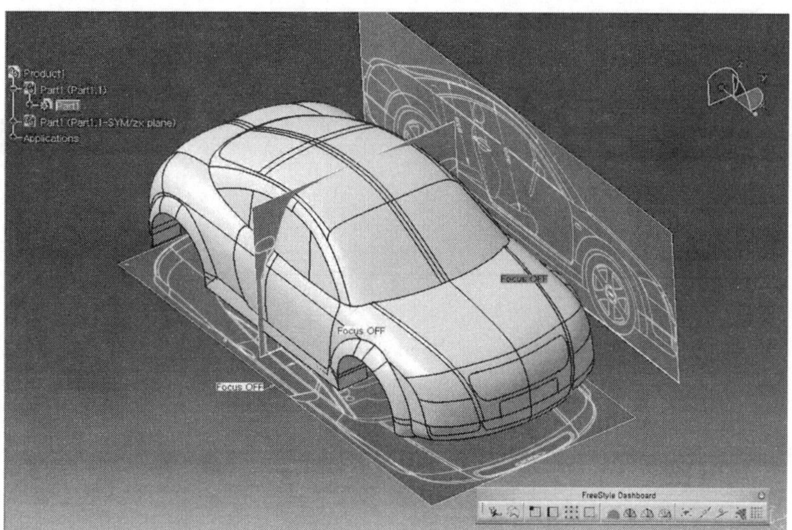

3-3. 형상 모델링 (Solid Modeling)

■ 정의 : 솔리드 모델(닫힌 부피 영역 모델)로 구성이 되어있고, 면 및 선에 관한 정보와 어떤 지점이 모델의 내부인지 아니면 외부인지를 구별할 수 있는

수학적 표현을 포함합니다. 사용자가 실제 모델을 다루는 것처럼 간단하고 자연스러운 모델링 기능이 필요합니다.

① Volume 을 가지고 내/외부가 구분이 되는 Volumetric Inform을 얻을 수 있습니다.

② 닫힌 볼륨 (Solid)를 가진 형상을 모델링하기 위해서 필요.

③ 내부/외부/표면을 판별할 수 있는 정보 (Topology)를 가지고 있습니다.

④ 부피(Volume)관련 정보 취득이 가능합니다

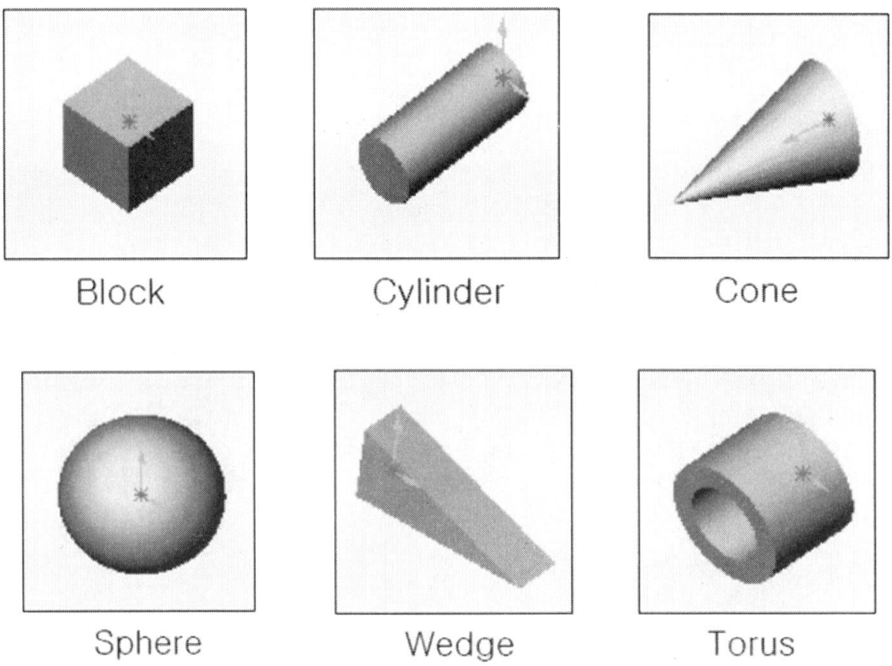

[Fig. Solid 기본 도형]

■ 특징

– 완벽한 솔리드 모델만 허용되는 단점과 많은 입력정보와 많은 데이터 저장이 필요합니다.

■ 솔리드 모델링 기능의 분류

① 기본입체를 바탕으로 한 모델링 : 기존입체 (Primitive), 불리안 작업(Boolean Operation)

② 면을 이동시켜 모델링 : 스위핑(Sweeping), 수윙(swinging), 스키닝(Skinning)

③ 기존 형상을 수정하여 모델링 수행 : 블렌딩(blending), 리프팅(lifting), 파라메트릭 모델링.

④ 꼭지점, 모서리, 면 등 하위 요소들을 조작하여 모델링을 수행 (boundary modeling)

⑤ 설계자들에게 익숙한 형상단위로 모델링 : 특징형상 모델링(Feature-based modeling)

3-4. 3D 모델링의 형상 구분 정리

모델 / 항목	Wire frame	Surface	Solid model
구 성	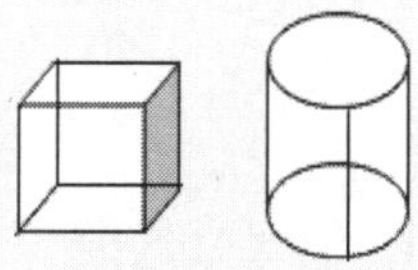 점,선의 조합	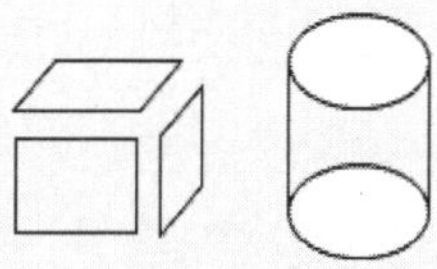 면들의 조합	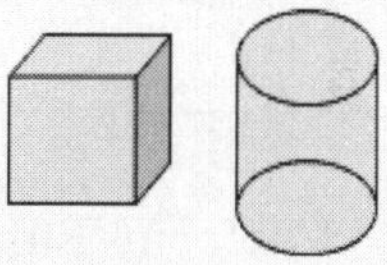 점,선,면들의 기하학적 결합
표현상의 특징	- 선 이외의 부분 형상 불분명	입체형상의 내부구조가 불투명	입체형상의 완전한 표현 내부에 부피가 있음
장 점	- 속도가 빠르다. - 데이터 크기가 작음	- 단면의 검토 - 부품간의 상관관계 규정 - 모델의 인식이 용이	- 복잡한 형상에 적합 - 은선 자동소거 -질량분석(면적,체적,중심, 관성모멘트 가능/ 간섭체크 용이)
단 점	- 형상표현에 한계가있음 - 은선처리 불가능 - 간접체크 불가능	- 부피가 없음 - 간섭체크및 질량분석 불가능	-상대적으로 데이타의 크기가 큼

[표. 3D 모델링의 형상 구분]

3-5.평면의 개념 (Plane)

■ 평면 (Plane) 이란?

대수 기하학에서 사용된 용어로서 평면 형상이 구성되는 면. 평면상에서 객체 또는 이미지의 매핑으로 즉 현재 UCS1 의 X,Y 평면은 구성 평면에 해당됩니다.

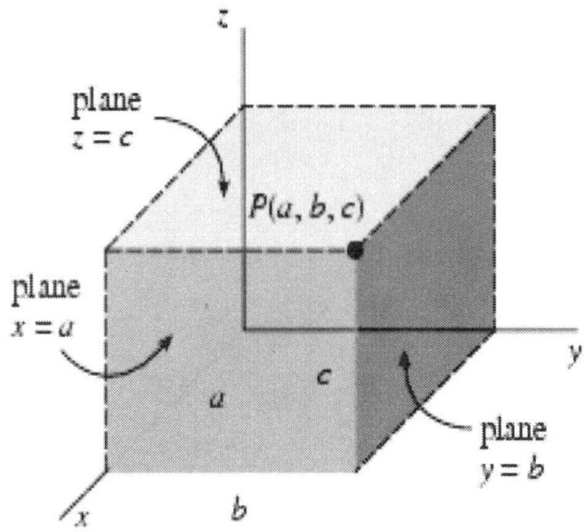

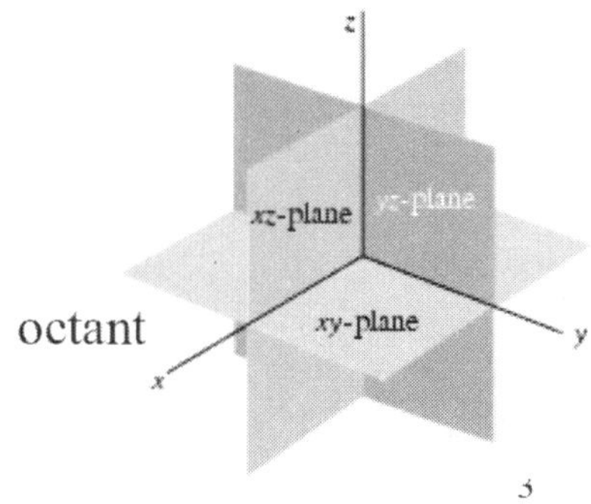

Fig. 평면의 구분

■ 넙스 (Nurbs)

Non-Uniform Rational B-Spline을 줄인 말로서, 일정한 점들을 연결한 직선에서 계산에 의한 곡선을 구하고 그 곡선을 확장시킨 3차원 곡면을 구하는 방식을 말합니다. 종래의 컴퓨터 그래픽 시스템에서는 다각형(Polygon)dp 의한 유사 곡면과 메시(Mesh)등이 이용되었으나 기술발전으로 정확한 치수의 곡면을 구할 수 있게 되었습니다. 비정형화된 3차원 입체를 부드러운 곡면으로 처리, 모델링하는 방식을 Nurbs 라고 말합니다. 이 때 B-Spline 은 근사곡선의 일종으로 B는 수학용어로 Basis 를 뜻하며 곡선을 정의하는 어떤 제어점도 통과하지 않고 제어점에 근접하여 지나면서 곡선을 구성하는 것입니다.

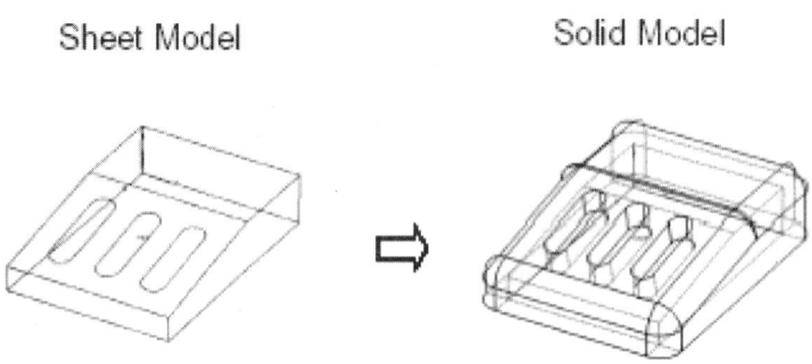

3-6. 모델링 중 주된 오류의 (Error) 요인

■ 프로파일 작성 시 나타나는 오류 (Break, Intersection, Branch, Overlap,

Tangency)

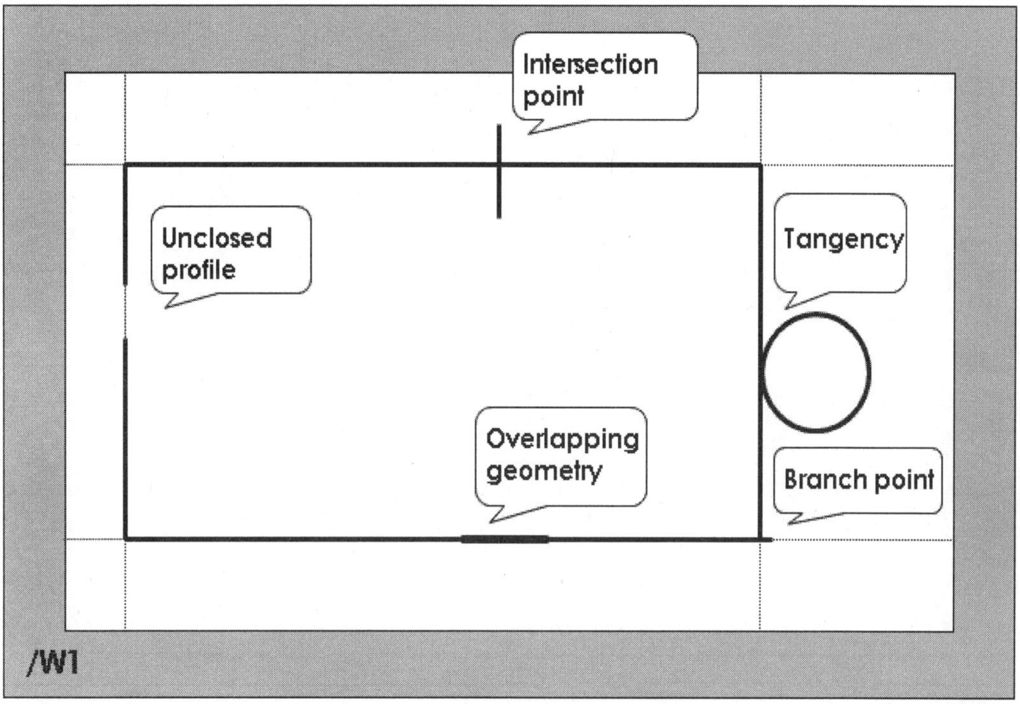

[Fig. 3D 모델링의 주된 오류]

제2장

인벤터 시작하기

이 장에서는 모델링을 하기 위한 프로그램의 실행과 그 화면, 그것의 요소와 사용자 UI, 템플릿의 구성 등을 익혀 봅니다.

학습 목표

인벤터 2016 프로그램의 실행과 화면의 구성 등 을 익혀 봅니다.

학습 개요

프로그램의 시작과 작업의 저장, 종료 등을 습득하고 화면 구성을 살펴봅니다.

일반 목표

새로운 파일의 작성요령과 도면 템플릿에 대한 지식, 사용자 UI에 관한 내용들과 템플렛의 구성, 각종 제어 도구와 툴바 등 각종 도구에 대해 배우게 됩니다.

세부 목표

프로그램의 실행과 화면의 구성, 도구의 이해, 패널막대의 설명, 각종 인터페이스의 설명, 리본 메뉴와 검색기 창, 3차원 좌표계를 나타내는 인터페이스인 트라이어드 등 각종 도구에 대해 배우게 됩니다.

2 인벤터 시작하기

제2장 인벤터 시작하기

1. 프로그램의 실행

① 시작 ▻ 모든 프로그램 ▻ Autodesk ▻ Autodesk Inventor 2016 ▻ 클릭 (Click)

② 혹은 바탕화면에 있는 아이콘을 두 번 클릭 (2 click) 하여 프로그램을 실행 시킵니다.

[Fig. 프로그램 실행 화면]

③ 새로운 부품 생성을 위해 『부품』 탬플릿을 선택하여 새로운 창을 만듭니다.

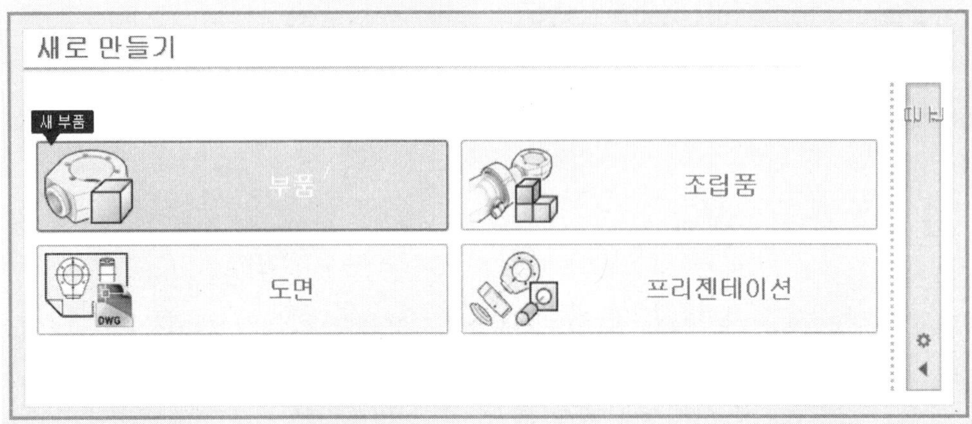

[Fig. 프로그램 초기 탬플릿 화면]

템플릿 파일(Template) 은 작업을 하고자 하는 파일의 기본 값을 설정하는 인터페이스입니다. 작업 도면 파일에 대한 단위(unit) 설정과 환경 값을 정해 줄 때 사용됩니다. 창을 열면 대화 상자에서 기본 값과 English, Metric 이 있습니다.

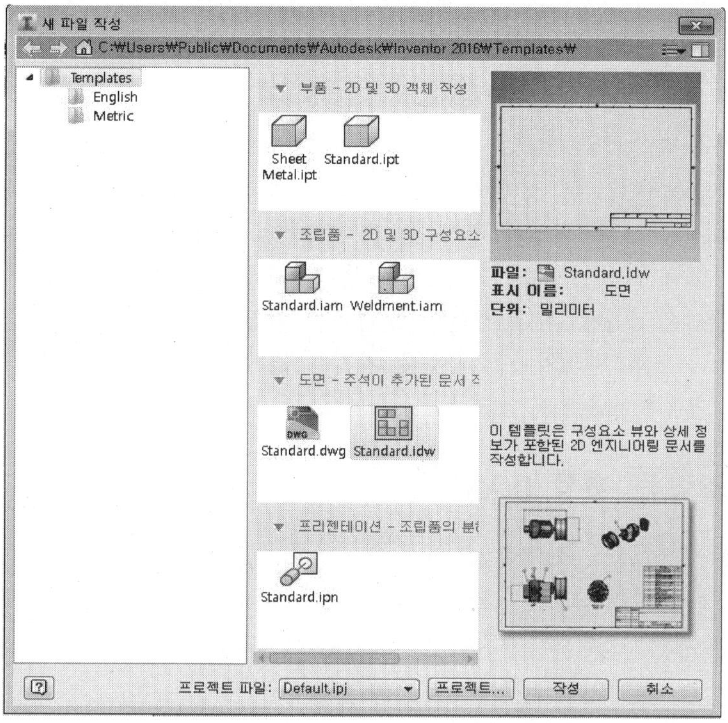

[Fig. 새 파일 작성 초기 화면]

① 기본 값 탭은 프로그램을 처음 설치할 때 지정했던 기본 단위(Default) 값으로 구성이 되고, English 탭은 영국식 단위인 인치와 피트 단위로 구성이 되어있습니다. 그리고 Metric 탭은 기계설계에 가장 보편적으로 사용되는 밀리미터 등의 값으로 설정이 되어있습니다.

② 초기 모델링 작업을 추진하기 전, 어떤 탭으로 설정을 하고 작업을 해야 하는가에 대해 분명히 정한 다음에 해당 작업에 맞는 템플릿을 선택하여 작업에 임하여야 합니다.

2. 템플릿의 구성

2-1.부품 생성 (IPT)

▻ Standard.ipt : 부품 (Part) 작성용 - 2D 및 3D Solid 객체 작성이 가능합니다.

▻ Sheet Metal.ipt : 판금 부품 (Part) 작성용 - 자동차 판금 등의 객체 작성용입니다.

① 부품생성 (ipt)는 3D 모형 설계를 위한 기초가 되고 각각의 개별 부품을 설계하고 모델링하는 구성요소입니다. 부품 생성 (ipt) 작업의 요령은 2D 스케치 작업을 시작으로 평면 2차원 형상의 작업을 합니다. 이때 만들어지는 결과물을 프로파일(profile)이라고 부릅니다.

② 프로파일이 완성되면 모형을 만들기 위한 모형 탭으로 전환이 되면서 3차원 모델링 작성을 위한 각각의 생성, 편집 명령어를 사용합니다. 이 때 생성되는 결과물을 피쳐(Feature)라고 부르면서 부품 생성이 완성이 됩니다. 이때 피쳐의 추가 작업은 2차원 추가 스케치 명령어를 사용하여 추가 모델링 작업을 할 수 있습니다. 또한 원래의 프로파일을 가지는 스케치를 불러내어 피쳐의 수정도 및 편집이 가능합니다.

2-2. 조립품 생성 (IAM)

▻ Standard.iam : 조립품 (Inventor Assembly) 작성용 - 구성요소 조립을 할 때 사용합니다. 즉 부품 생성 (Standard.ipt)를 통해 만들어진 상호 관계된 부품들(Inventor Parts)을 불러내어 하나의 완성된 조립품이 되도록 배치하는 일을 하는 부분입니다.

- 조립품(iam) 파일은 조립 구속조건을 이용하여 메이트, 플러쉬, 삽입 등의 명령어를 통해 각 단품들의 조립 가능여부와 상호 운동 동작에 관한 내용들도 미리 점검을 해 볼 수 가 있습니다. 도면의 수정은 조립품에서 각각 부품을 직접 하는 것도 가능하고 단품을 수정하여 전체적인 조립품이 수정되도록 하는 작업도 가능합니다.

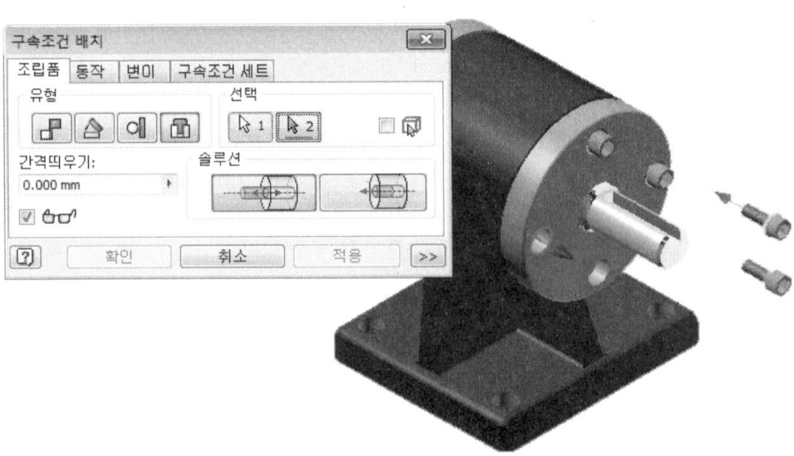

[Fig. 조립품 생성 화면]

2-3. 도면 생성 (IDW)

▻ Standard.dwg : 도면 (AutoCAD) 작성용 - 주석이 추가된 문서 작성으로 도면을 작성할 때 기본적으로 제공이 되는 템플릿입니다. 이 템플릿은 부품생성 (ipt)와 조립품생성 (iam), 프리젠테이션 (ipn) 등의 파일을 2D 도면으로 표현할 때 사용되는 인터페이스입니다.

- AutoCAD 와는 작업하는 방법이 조금은 다르지만 도면 작성에 필수적인 도면의 형상이나 치수, 문자, 주석, 혹은 BOM 등 모든 도면 구성요소를 포함시켜 완성을 할 수 있습니다. 모든 템플릿 사이에는 상호 파일에 대한 연동성과 연계성을 가지고 있기 때문에 부품파트나 조립품 파트에서 도면에 대한 내용이 변경이 되면 일일이 찾아서 수정을 하지 않더라도 모든 도면의 파일 내용이 자동으로 변경이 되는 특징을 가지고 있습니다.
- 파일의 형식은 표준 파일인 idw 뿐만 아니라 AutoCAD 표준 파일인 dwg 형식으로도 저장이 가능합니다. 또한 인벤터에서 작성된 2D도면은 언제든지 AutoCAD에서 불러오기, 수정, 재 저장이 가능하게 되었습니다.

2-4. 프리젠테이션 (IPN)

▻ Standard.ipn : 발표자료 (Inventor Presentation) 작성용 - 조립품의 분해 투영 작성이 가능합니다. 프리젠테이션 발표를 위해 조립품에 대한 하나의 분해도를 작성하게 되고 이때 사용되는 기본 템플릿 파일입니다. 조립품의 분해된 뷰에 회전 정보나 위치 이동 정보 등을 부여하여 다른 스타일의 뷰도 구성이 가능합니다.

- 인벤터가 제공하는 프리젠테이션 (IPN) 템플릿은 카메라 설정과 분해, 조립을 통한 구성 요소를 통해 동영상 제작도 가능합니다. 장치의 분해, 조립, 카메라 뷰 기능 등을 통해 만들어진 동영상은 avi, wmv 파일 등 영상자료로 만들어져 쉽게 기계 작동의 원리를 회의석상에서 공유를 하게 됩니다. 이러한 인터페이스의 발달로 인해 요즈음에는 기계 설계 부분뿐만 아니라 에니메이션 동영상 작업을 하는 분야에서도 사용이 가능하게 되었습니다.

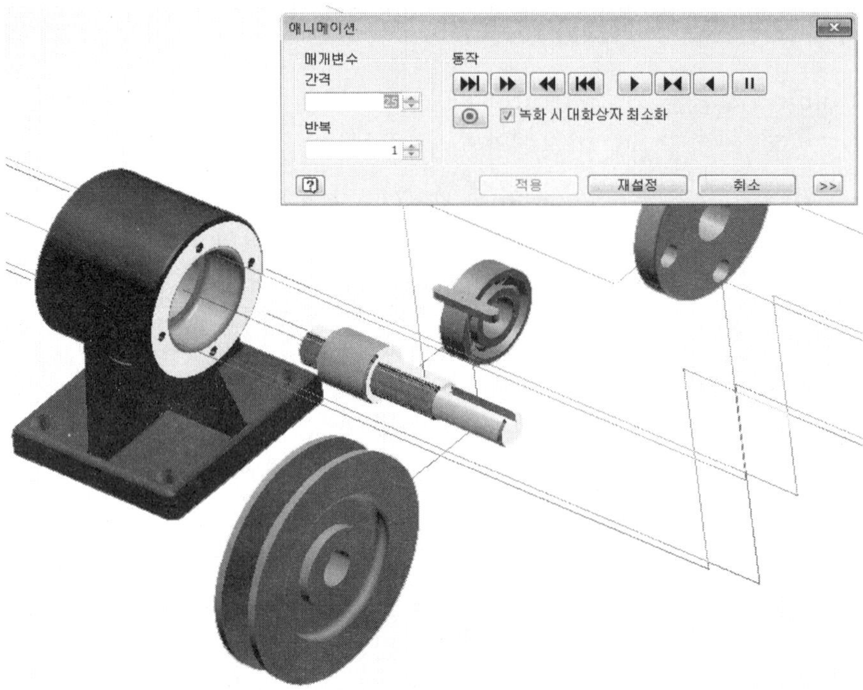

[Fig. 프리젠테이션 생성 화면]

3. 프로그램의 시작

- AutoCAD Inventor 2016 프로그램 실행 후 초기 화면 구성은 다음과 같습니다.

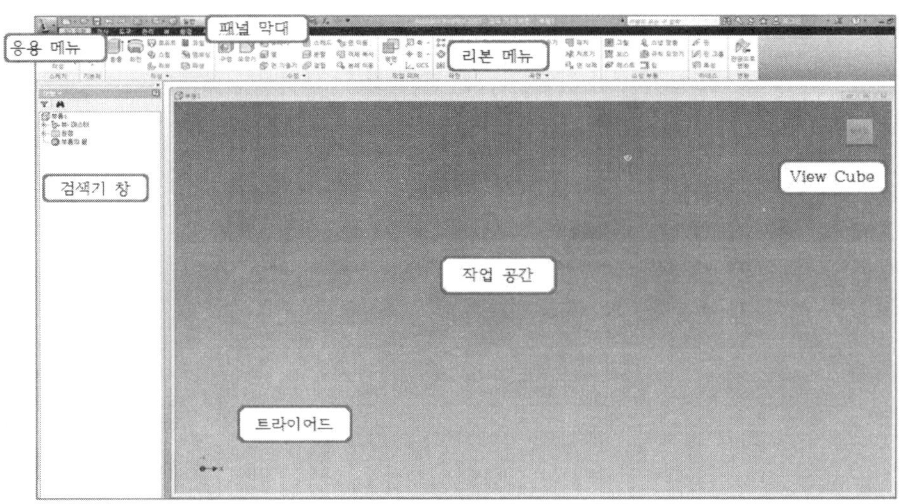

3-1. 도구의 이해 (각종 제어도구와 툴바)

① 응용메뉴 : 화면 새로 만들기, 불러오기, 파일 저장, 인쇄, 종료 등의 도면 작성을 위한 기본적인 명령어들이 들어있는 인터페이스입니다.

- 새로운 도면을 생성할 때 사용하는 명령어입니다.
- 기존에 작성된 도면을 불러올 때 사용하는 명령어입니다.
- 작업을 마치고 저장 할 때 사용한다. 단품 확장자는 ipt 가 됩니다.
- 다른 형식의 파일이나 다른 이름으로 바꿀 때 사용합니다.
- 표준파일이나 다른 포맷의 파일로 저장할 때 사용 (iges, pdf 등)

② 패널 막대 : 화면 새로 만들기, 불러오기, 파일 저장, 인쇄, 종료 등의 간략 아이콘들과 객체 선택 및 재질 변경 등으로 구성된 인터페이스입니다.

③ 리본 메뉴 : 각각의 환경에 맞게 메뉴 구성을 하여 3D모형, 스케치, 검사, 도구, 뷰, 환경, BIM 등의 실질적인 작업이 이루어지는 메뉴 모음 인터페이스입니다. 메뉴 구성은 리본이라는 형태로 그래픽 화 된 모습으로 명령 아이콘들을 구성합니다.

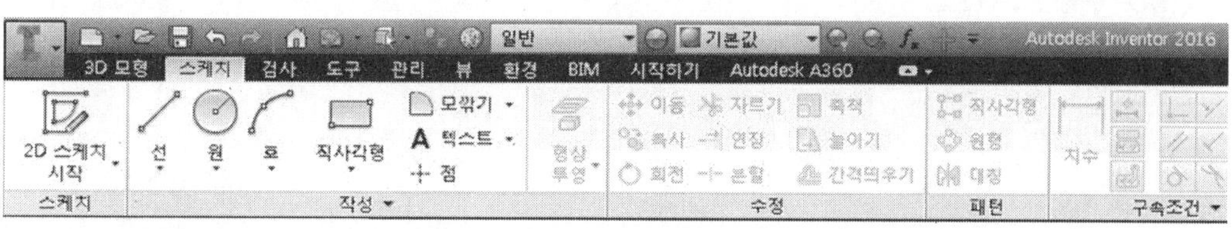

④ 검색기 창 : 작업 내용에 대한 이력을 관리하는 인터페이스로서 작업 및 공정별 순차적인 설계 내역이 저장됩니다. 검색기 창에서는 모든 작업내용이 부품 및 조립품 목록 형태로 표시가 되며 기본적으로 원점으로 각 평면 (XY, YZ, XZ), 축(X, Y, Z) 중심점으로 구성됩니다.

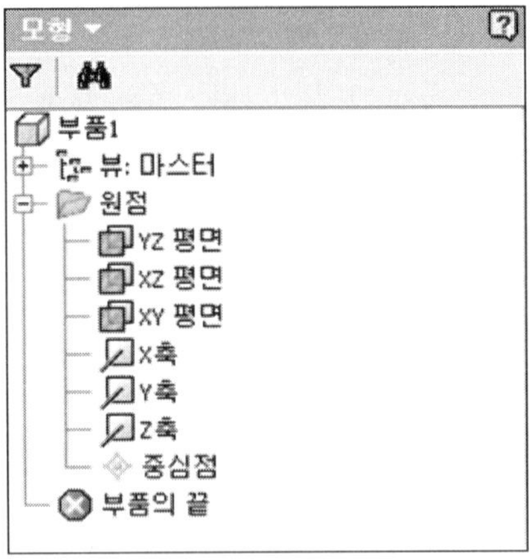

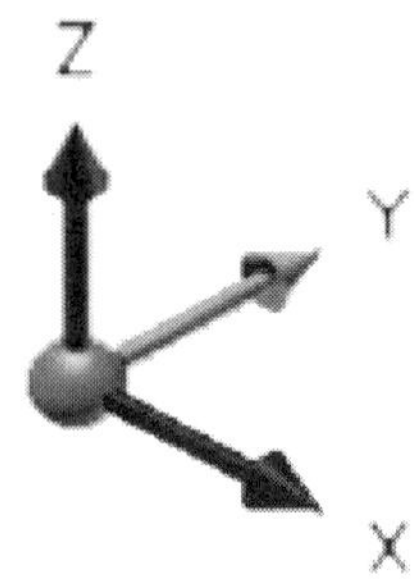

⑤ 트라이어드 : 3차원 좌표계를 나타내는 인터페이스. 좌표계 지시자의 내용을 보면, 가로의 X축 (빨간 화살표)와 세로의 Y축 (녹색 화살표) 그리고 높이의 Z축 (파란색 화살표)으로 구성되어 있어 작업 공간에 대한 표시를 하여 설계 작업을 도와주는 역할을 합니다.

⑥ 작업 공간 : 작업 영역이라고도 하며 그래픽 윈도우(Graphic Window) 라고도 합니다.

⑦ View Cube : 모형을 움직이고 전환할 때 사용하는 인터페이스입니다. 기능키 F4를 눌러 자유자재로 모형을 움직이고 F5를 이용, 이전 뷰로 전환할 수 있다면, View Cube 인터페이스 역시 모형의 표준 뷰와 등각투영 뷰를 서로 왕래하며 전환할 수 있는 기능을 가지고 있습니다.

3-2. 각 기능키 (Function Key)의 이해

① F1 → 도움말 (오토데스크 사 인터넷 홈페이지 도움말로 연결 됩니다)

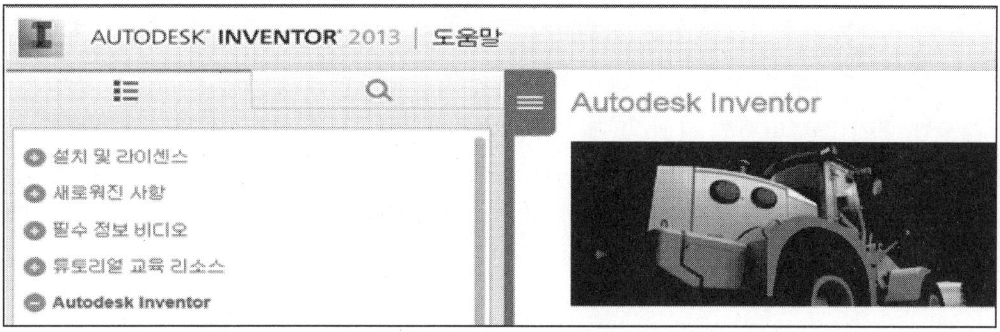

② F2 → 모형의 초점 이동. 마우스 휠을 누른 채 이동 시키는 역할과 동일합니다.

③ F3 → 실시간 줌(Zoom) 모형의 확대와 축소. 아래는 줌 확대, 위는 춤 축소

④ F4 → 3D 회전 뷰. 이 키를 누른 채 마우스를 움직이면 3차원 뷰 의 회전 형상을 얻을 수 있습니다. 단 모형을 3D 뷰 형상 중심에 두면 물체 만 자체 회전을 하지만 (작은 회전 뷰), 뷰 형상 밖에 모형을 위치시키면 전체 모형이 회전을 합니다. (큰 회전 뷰)

⑤ F5 → **전 단계 줌.** 작업을 하던 바로 전 단계 (Previous) 줌으로 이전을 합니다.

⑥ F6 → **등각투영 뷰**를 나타내는 단축키입니다. 2차원 프로파일(Profile) 에서 3차원 피쳐(Feature)로 넘어갈 때 기본적으로 생성되는 (Default) 줌 명령어입니다. 등각투영 뷰의 기본 생성(Default)값은 View Cube 모서리를 클릭 하여 현재의 값을 기본 등각투영 3차원 뷰 로 바꿀 수 있습니다.

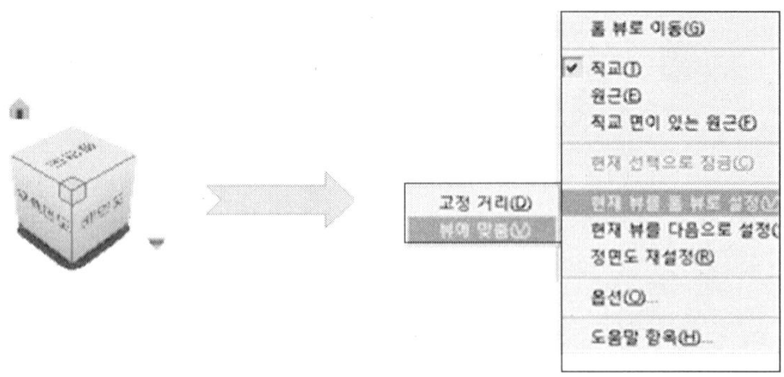

⑦ F7 → **그래픽 슬라이스.** 작업평면을 기준으로 물체의 단면을 절단하고 내부를 투영시켜 형상의 내면을 들여다 볼 수 있게 해주는 기능키입니다.

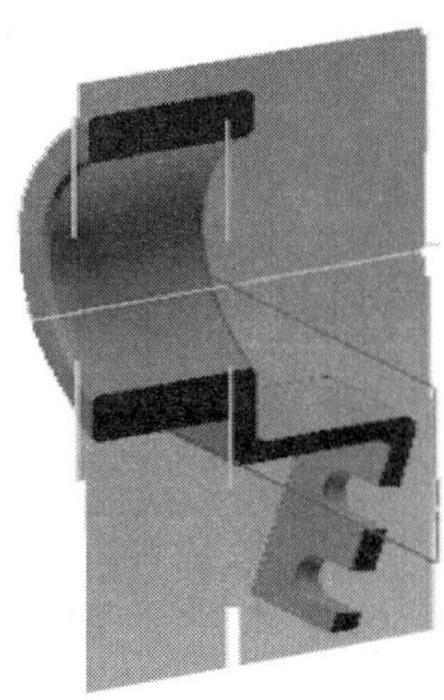

3-3. 사용자 UI 의 이해

① 사용자 UI (User Interface) 는 인벤터 사용자 편의를 극대화시키기 위해서 주로 많이 사용되어지는 인터페이스들을 모아놓은 것입니다. 작업 시 마우스 오른쪽 버턴을 누르는 동작만으로 사용자 UI를 불러 올 수 가 있습니다.

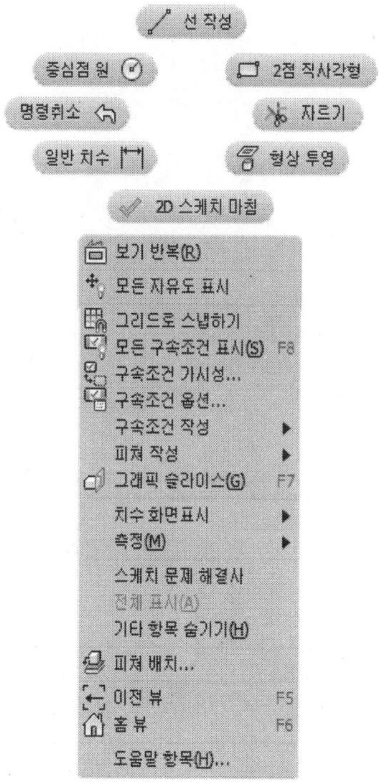

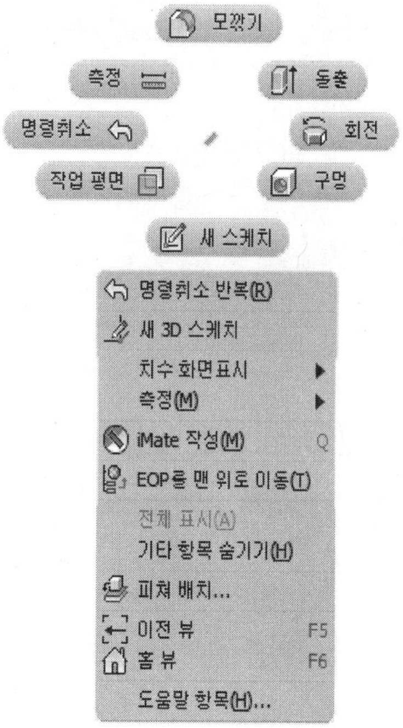

〈 스케치 작성 모드 의 예 〉 〈 부품 작성 모드의 예 〉

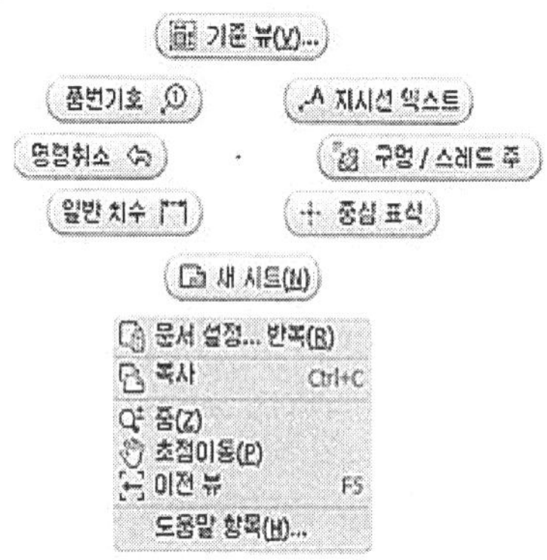

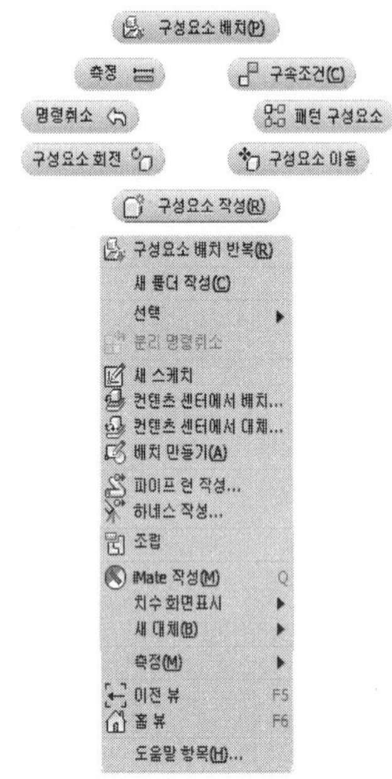

〈 도면 작성 모드 의 예 〉　　〈조립품 작성 모드의 예 〉

② 매 번 상황에 맞는 표식 메뉴가 나타나며 스케치 작성모드, 부품 작성모드, 조립품 작성모드, 도면 작성모드로 나누어져 표식 메뉴에서 선택하여 사용할 수 있습니다.

③ 사용자 UI를 불러내는 방법은 그래픽 창에서 단지 마우스 오른 쪽 버턴을 클릭하는 것으로 해당 작업에 맞는 모드가 자동으로 나타나게 됩니다. 현재 작업 진행 단계가 스케치 단계라면 스케치 작성 모드가 나타나며, 해당되는 명령어를 클릭하여 작업을 하면 됩니다.

④ 사용자 UI를 없애는 방법은 메뉴 모드의 최상단에 위치한 원형 모양의 각 명령어 중간에 있는 빈 공간을 마우스로 클릭을 해주면 사용자 UI가 사라집니다.

⑤ 범용 소프트웨어에서 자주 사용되는 ESC 키(Esc)를 UI 에서는 사용 자제를 권하는 이유는 사용자 UI 뿐만 아니라 진행 중인 명령 자체가 취소될 수 도 있기 때문입니다.

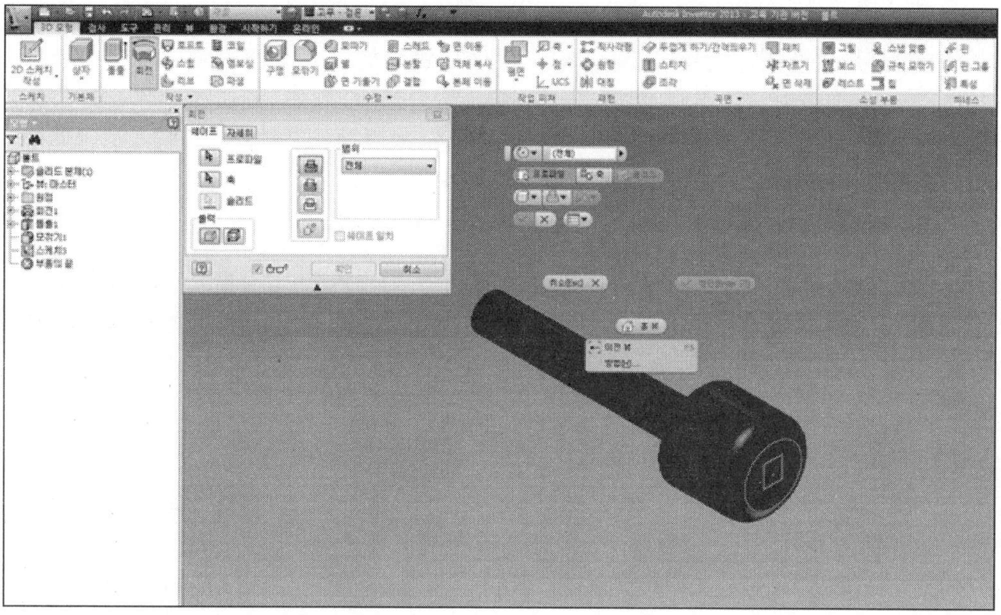

⑥ 사용자 UI를 클릭하면 위와 같이 해당 명령어의 하부 명령어들이 나오며 상황에 따라 맞게 적절한 명령어를 선택하여 작업을 합니다.

3-4. 2D 스케치 기능 이해

① 3차원 모형 (피쳐)을 만들기 위한, 2 차원의 프로파일을 만들 때 사용되는 명령어들을 모아놓은 것이 2D 스케치입니다.

② 주요 명령어들을 살펴보면 선, 스플라인, 중심점 원, 접하는 원, 타원, 3점 호, 접하는 호, 중심점 호, 2점 직사각형, 3점 직사각형, 모깍기, 모따기, 점, 구멍 중심과 다각형 등으로 구성이 되어있습니다.

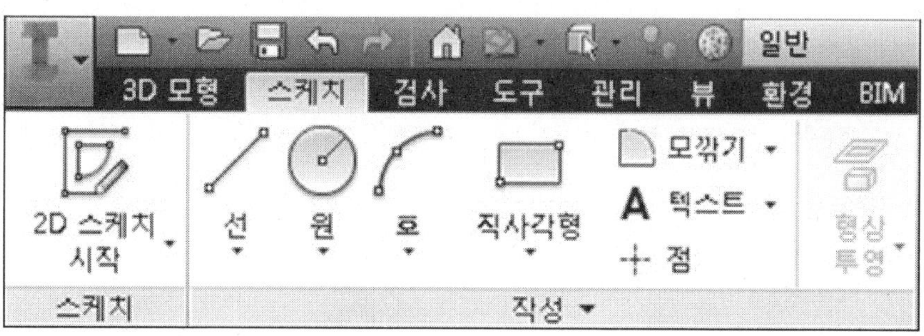

③ 선과 원, 호를 이용, 선을 긋고 곡선과 중심점과 반지름을 가지는 원을 작성합니다. 직사각형은 2점 직사각형과 3점 직사각형, 기울어진 직사각형을 작성 할 수

도 있습니다. 기타 슬롯 그리기가 금번 2016년 버전에서 추가가 되었습니다.

④ 모깍기(Fillet)와 모따기(Chamfer)를 이용, 프로파일의 모서리를 둥글게 깍아 주거나 모서리를 각 지게 만들어 주기도 합니다. 스케치 도구 막대의 점 도구를 사용하여 기본값 또는 스케치 점을 작성을 합니다. 그리고 스케치 도구막대의 다각형(Polygon) 도구를 이용하여 여러 가지 면을 가지는 다각형을 작성 할 수 있습니다.

⑤ 처음 파일을 열면 주로 기본적인 XY 평면에 스케치를 합니다. 기준 작업평면은 도구 탭의 응용프로그램에서 YZ평면이나 XZ 평면으로 바꿀 수 가 있고, 스케치를 마치면 스케치 마무리 탭을 클릭하여 3차원 생성 인터페이스인 피쳐 모드로 전환이 됩니다.

⑥ 피처모드에서 작성된 스케치를 수정할 때는 검색기 막대에서 원하는 스케치에 마우스를 가져다가 편집을 선택, 수정 작업을 할 수 가 있습니다. 그리고 추가로 새 스케치를 작성할 경우 패널 창의 2D 스케치 작성을 클릭한 후 XY, 혹은 YZ 평면 등 하나의 평면을 선택하면 됩니다. 그렇지 않다면 피처의 한 단면, 혹은 뒷장에서 자세히 다룰 작업평면을 선택해서 스케치 모드로 들어갑니다.

4. 환경설정

Inventor 에서는 3차원 가공과 더욱 더 섬세하고 정확한 설계 작업을 위한 여러 가지 다양한 설정(option)을 제공하고 있습니다. 이번 장에서는 Inventor 프로그램이 제공하는 설정(option)을 배우고 이해하여 개인의 작업환경에 맞는 환경 값들을 정하고자 합니다.

4-1. 화면 구성

☞ 응용메뉴의 【도구】 → 【응용프로그램 옵션】을 선택, 【일반】 외 13개의 탭이 보입니다.

① 일반 탭

- 시작 파일은 파일 열기 대화상자 형태와 템플릿으로 만들기가 있고, 일반적으로 파일 열기 대화상자를 이용하여 새 파일을 만들 수 가 있습니다.
- 파일 열기 대화상자는 기본 값, English, Metric이 있습니다. English탭은 영국식 단위인 인치와 피트로 구성이 되어있고, Metric 탭은 미터법 단위인 밀리미터 단위로 구성됩니다.
- 템플릿으로 새로 만들기는 단위뿐만 아니라 어떤 작업을 수행할 것인가의 기준을 선택하는 내용으로 구성이 되어있습니다. 대개는 파일 열기 대화상자가 기본 값 (Default)으로 설정이 되어있습니다.

■ 명령 취소: 4095MB 까지 명령 취소 (Undo) 를 할 수 있는 파일의 크기를 가집니다. 일반적으로 기본값 (Default)은 1024 MB 로 설정을 해 두었습니다.

② 색상 탭

☞ 응용메뉴의 【도구】 → 【응용프로그램 옵션】 → 【색상】을 선택합니다.

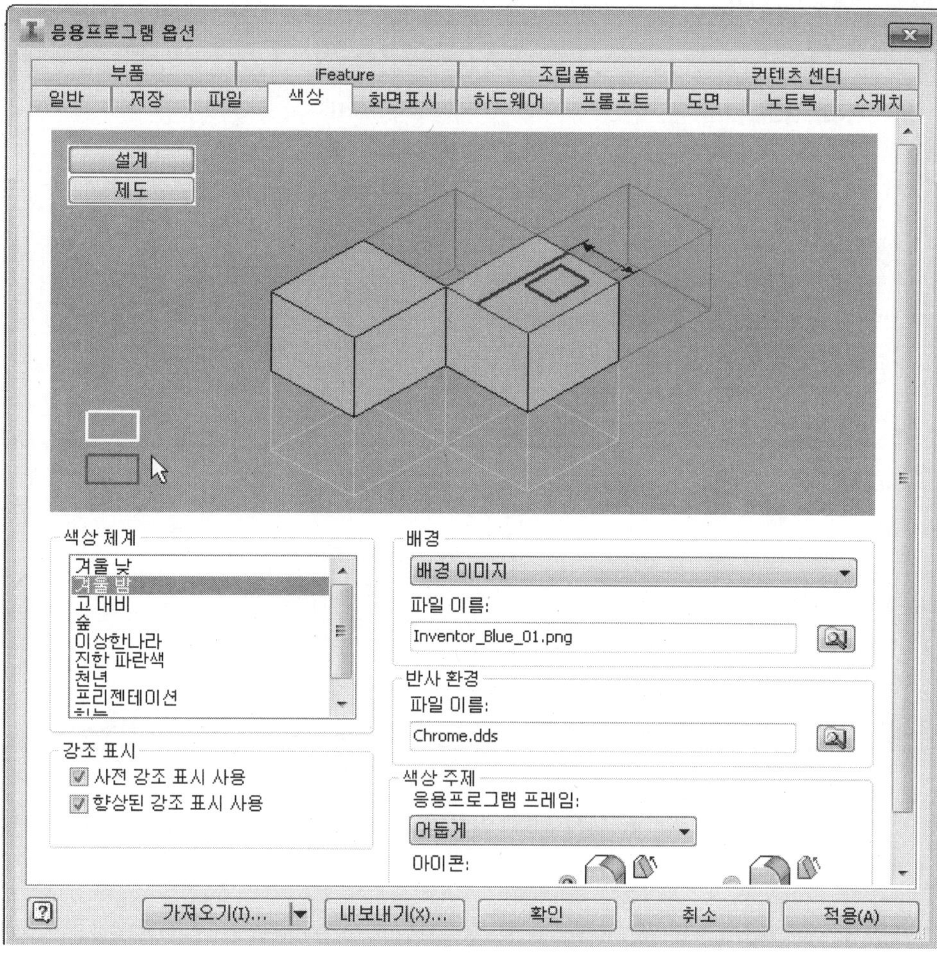

■ 여러 가지 색상이 있지만 색상체계에서 원하는 색상을 선택하여 사용할 수 있습니다. 그리고 배경은 색상, 그라데이션, 배경 이미지 등으로 변경할 수 가 있고 색상의 주제도 임의대로 선택할 수 있습니다.

③ 스케치 탭

☞ 응용메뉴의 【도구】 → 【응용프로그램 옵션】 → 【스케치】를 선택합니다.

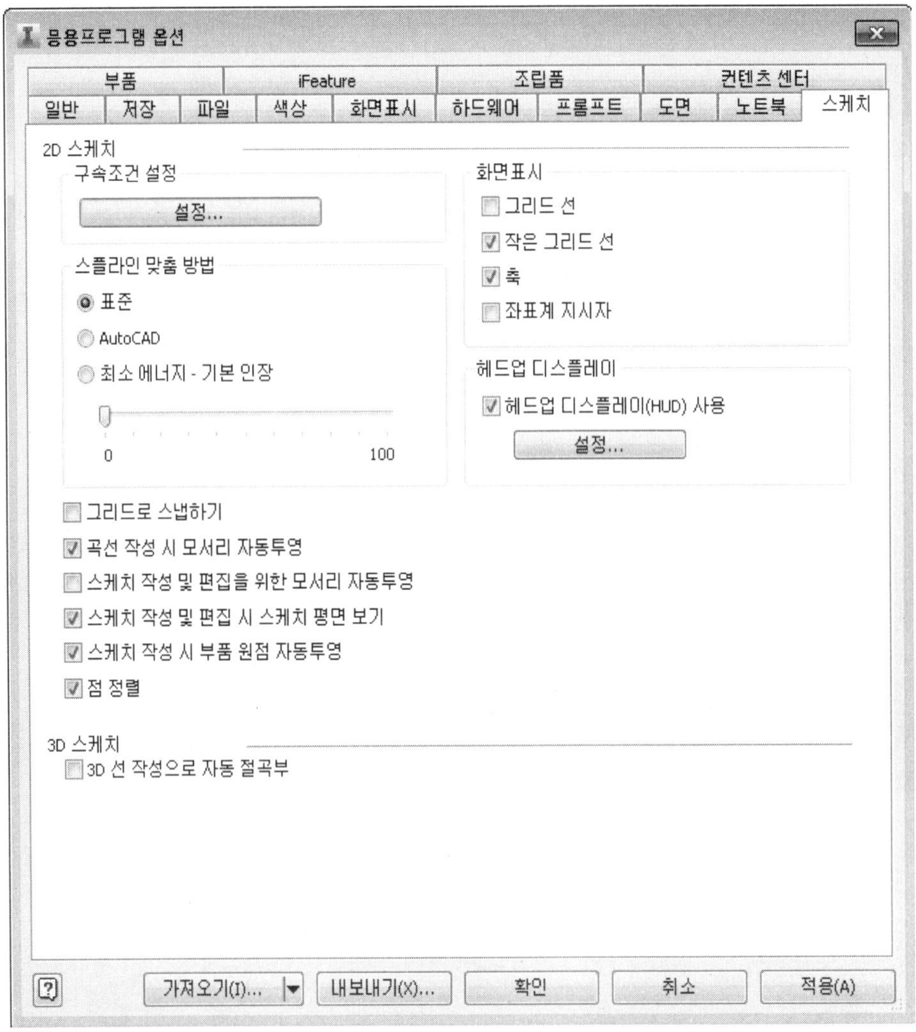

- 여러 가지 인터페이스가 있지만 화면표시와 작성 시 치수 편집에 대해서만 설명합니다.
- 화면표시는 좌표계의 현재 뷰의 축 방향을 표시하거나 화면의 그리드선, 좌표계 지시자 여부를 설정하게 됩니다. 이 교재에서는 기본적으로 화면을 간결하게 하기 위해 모든 체크를 해제하고 축에만 체크를 해 둡니다.
- 메뉴 중 '작성 시 치수편집' 은 2D 스케치 후 치수 입력을 할 때, 막 바로 치수 편집 입력 창이 생겨서 정확한 치수 값 입력을 도와주는 편리한 인터페이스입니다.

제3장

2D 스케치의 이해

이 장에서는 모델링을 위해 2차원에서 선과 원, 사각형 등을 그려 프로파일을 만들고 원, 선, 호 등 해당 요소 등에 대한 지식과 기초개념을 익혀 봅니다.

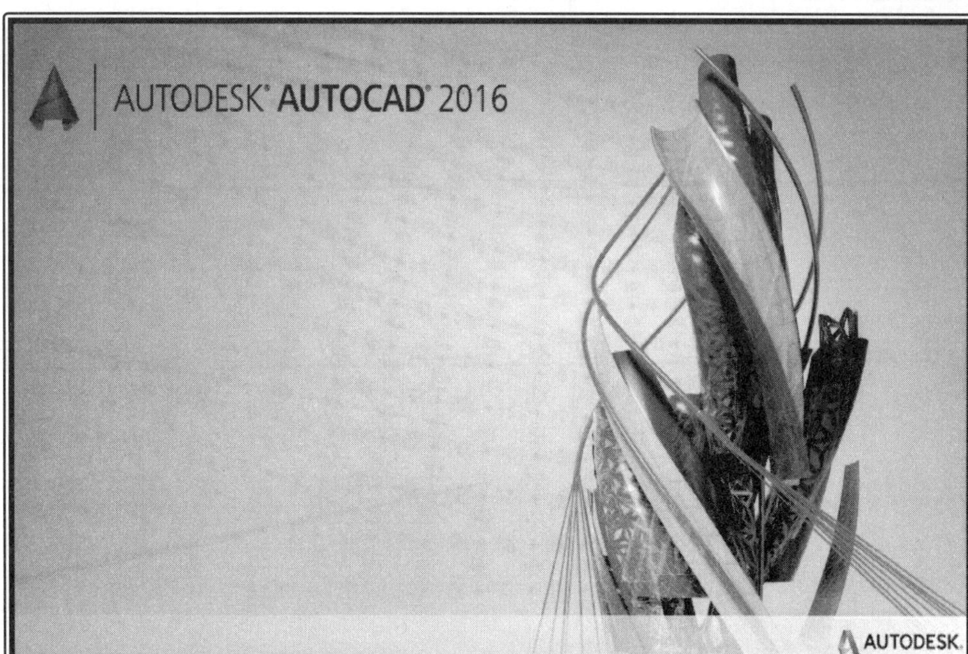

학습 목표

인벤터 2016을 이용하여 2D 스케치에 관한 전반적인 지식을 습득합니다.

학습 개요

프로파일 작성을 위한 2D 스케치 에 대해 전반적인 개념을 익혀 실무에 적용해 봅니다.

일반 목표

모델링을 하기 위해 반드시 필요한 프로파일 작성을 위해 각 스케치 기능에 관한 전반적인 지식을 습득합니다.

세부 목표

선, 원, 호, 직사각형, 모깍기 모따기, 텍스트, 점 등 프로파일을 만드는데 필요한 2D 스케치의 각 명령어들의 대한 설명과 세부사항에 대해 학습합니다.

3 2D 스케치의 이해

제3장 2D 스케치의 이해

2D 스케치를 부품의 평면 또는 작업 평면에 작성하거나 조립품의 작업 평면에 작성합니다. 2D 스케치가 작성되면 검색기에 스케치 아이콘이 배치됩니다. 스케치 탭의 명령을 사용하여 프로파일 또는 경로의 곡률을 작성합니다. 이미지 파일, Excel 스프레드시트의 데이터, 좌표 또는 2D AutoCAD 도면 데이터를 스케치에 가져올 수 있습니다.

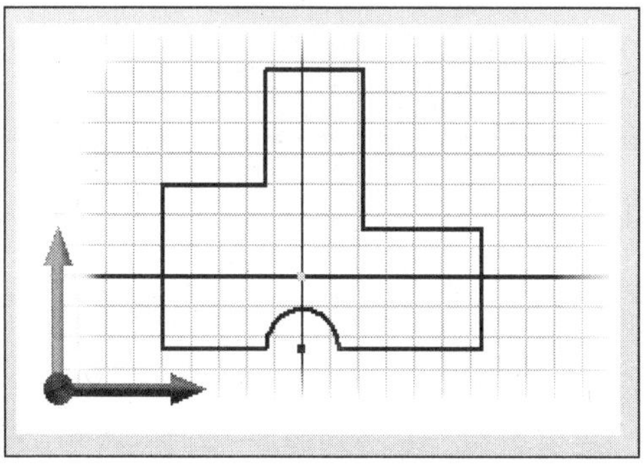

2D 스케치의 시작

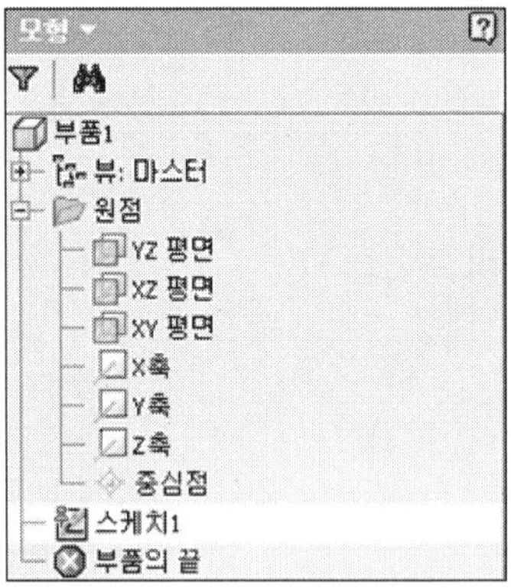

- 2D 스케치를 시작하기 위해서 제일 먼저 작업 평면을 정해 주어야만 합니다. 이는 작업자가 모델링을 하기 위한 작업 공간 (평면) 을 얻는 과정입니다.
- 작업평면은 Y-Z평면, X-Z평면, X-Y평면뿐만 아니라, X축, Y축, Z축 그리고 중심점으로 구성이 되어 있습니다.
- 작업평면과 축은 검색기 창에 표시가 되어있습니다.

주 화면에서 [2D 스케치 시작] 이라는 명령어를 클릭합니다. 초기화면에서 작업자가 모델링을 하기 위한 작업 공간 (평면) 을 얻기 위한 과정입니다. 가장 기본적인 X-Y 평면을 선택하여 2D 스케치를 시작합니다.

[Fig. 초기화면 - 스케치를 위한 평면 선택]

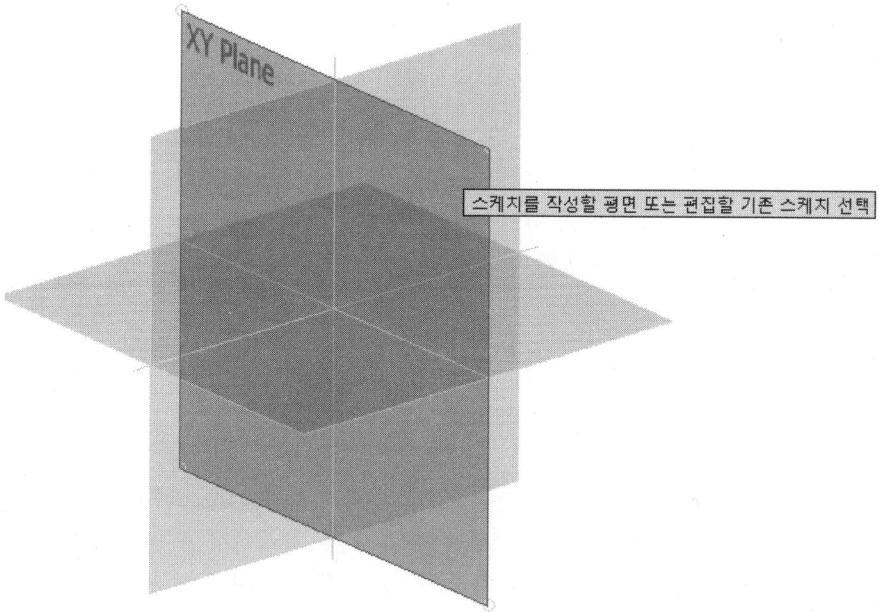

[Fig. 스케치 평면 (X-Y 평면) 선택]

1. 선 (Line)

① 선, 혹은 직사각형 도구를 클릭합니다. 화면의 작업영역 (그래픽 윈도우)에서 선의 시작점을 설정하는데 가급적이면 중심점을 시작으로 작업합니다. 그 이유는 중심점은 모든 설계 시작의 기준점이 되며 형상투영 시 원점 (중심점)이 되기 때문입니다.

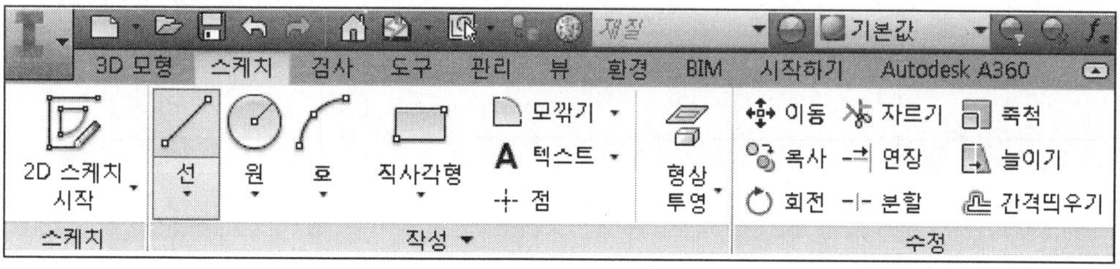

[Fig. 2D 스케치를 위한 초기화면]

② 작업 영역의 중심점(0,0)을 클릭하여 시작점으로 선택하고 두 번째 점을 클릭하여 선 세그먼트를 종료합니다. 화면 상단의 치수를 클릭하여 선을 그린 후 계속 해서 치수로 입력을 해서 완성을 하고, 다시 선을 그리고 치수로 수정을 합니다. (이것을 파라메트릭이라고 합니다)

스케치로 선을 긋거나, 원, 사각형을 그릴 때, 오토캐드와 달리 인벤터는 클릭을 한 후 손을 마우스에서 뗄 때 도형이 그려집니다. (오토캐드: 마우스 누를 때, 인벤터: 마우스 뗄 때)

③ 직선을 만드는 작업 중 선이 일직선이나 직각이 되지 않을 때는 구속조건을 이용하여 수정을 합니다.

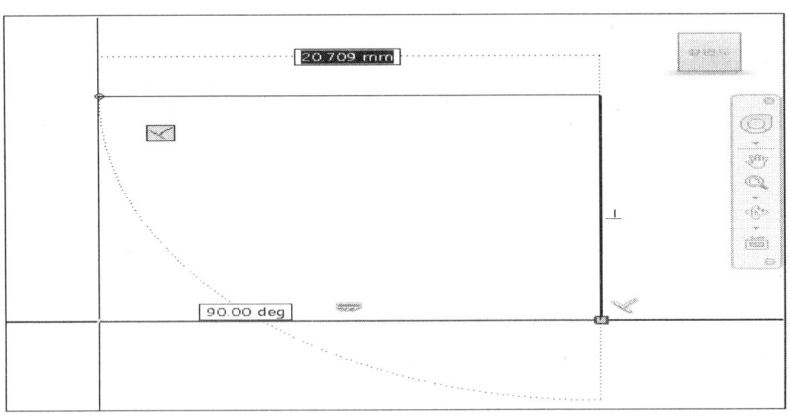

[Fig. 2D 스케치 (선 그리기)]

구속조건에 관한 내용은 제 4 장 구속조건 편에서 상세히 알아보도록 합니다. 다만 이번 장에서 선긋기를 위해 수직, 수평만 익히도록 합니다. 【구속조건】 → 비뚤어진 선의 교정을 위해 사용, 【수평】 혹은 【수직】 선택 후 비뚤어진 선을 선택해서 교정합니다.

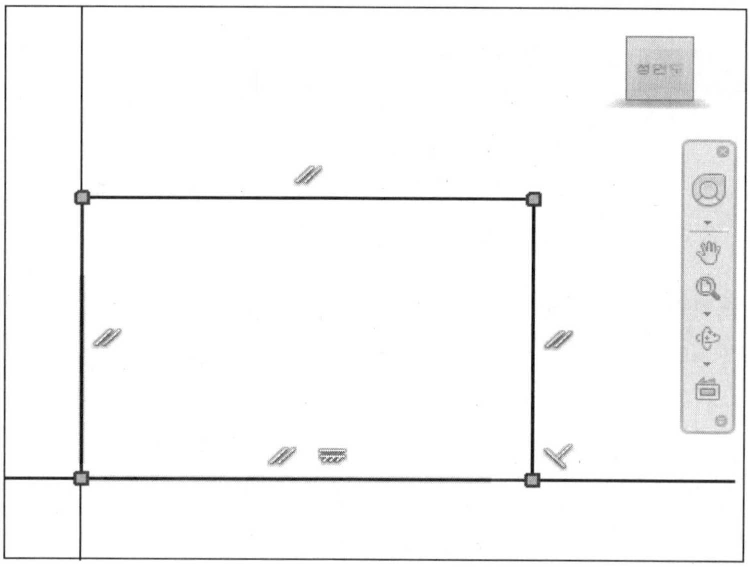

[Fig. 2D 스케치 구속조건]

도형을 그린 후, 구속조건 패널에 있는 【치수】 도구를 선택, 그린 선을 원하는 치수로 바꾸어 줍니다.

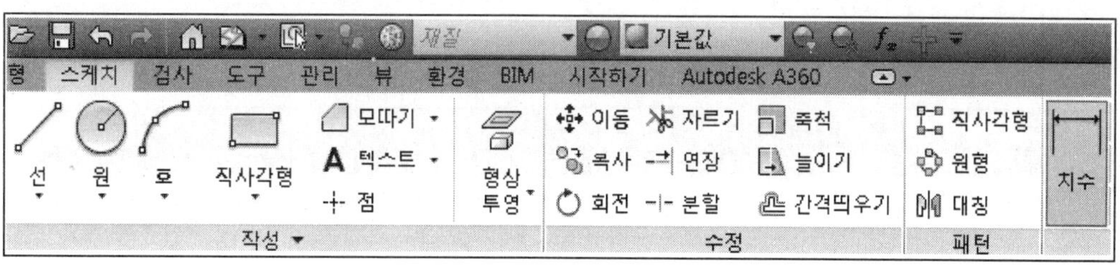

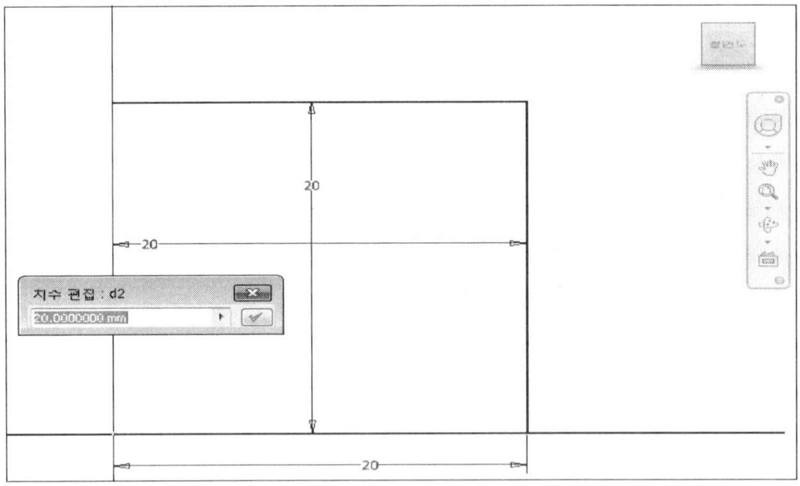

- 파라메트릭이란 형상구속 조건과 치수 조건을 대화식으로 입력하는 것을 말합니다. 인벤터를 비롯한 3차원 모델링 프로그램들은 이런 특징을 가지고 있습니다. 치수조건이라 하는 것은 처음부터 완벽한 형상의 선과 도형을 그리기가 어려우므로 이에 부여된 치수값과 이들 치수 사이의 관계로 설계자에 의해 수학식으로 부여되는 것입니다. 형상 요소 (도면)을 처음부터 직접 세밀하게 그려나가는 것이 아니라 [치수] 라는 명령어(구속조건, 치수값, 그리고 치수 관계식)을 이용하여 형상을 만들어 나가는 것을 말합니다.

- 그려진 선의 종류를 중심선이나 대시(은선), 이중선(가상선) 등으로 바꾸고 싶을 때에는 주화면 상단에 있는 【형식】을 선택하여 원하는 선으로 바꾸어 줍니다.

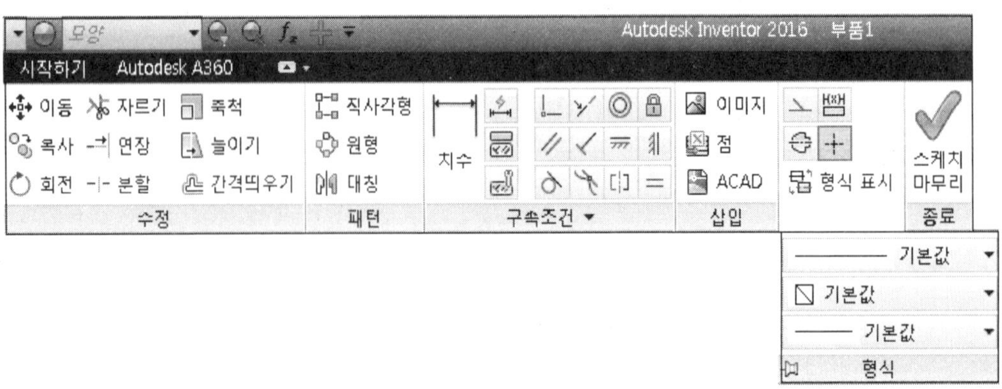

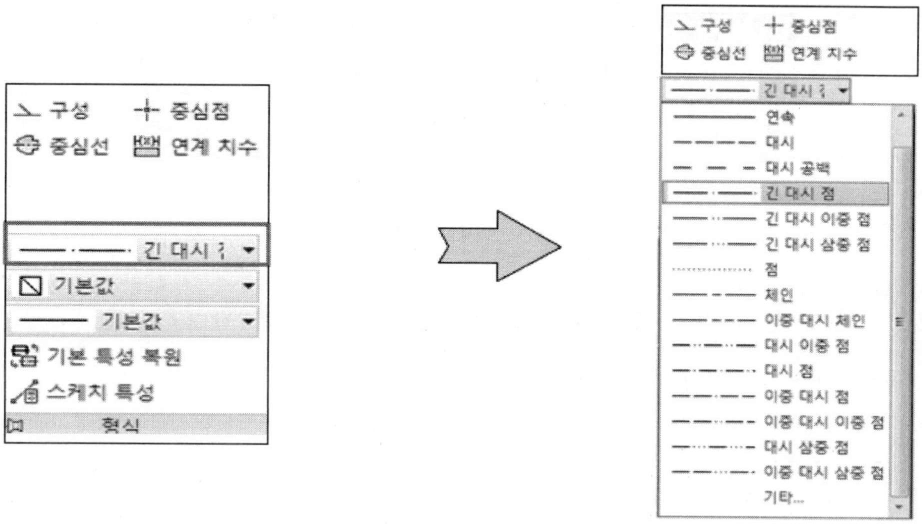

[Fig. 선 바꾸기]

- 인벤터에서 중심선의 역할은 오토캐드에서 표현하는 의미와는 다소 다릅니다. 오토캐드는 표현을 위해서 중심선이나 점선을 사용하는 것이고, 인벤터에서 중심선의 역할은 모델링 시 중심을 선택 주요한 기준선으로 하는 역할을 합니다.

(오토캐드 : 중심선 → 표현을 위한 표기, 인벤터 → 역할을 위한 표기)

- 각도가 있는 선을 그을 때는 절대 극좌표 (@길이〈각도)를 이용하여 선을 그으면 쉽게 도면을 그릴 수 가 있습니다. 【절대 극좌표】 방식 이라고 합니다.

(예 45도 각도를 가진 20mm선을 그릴 때 → @20〈45 (20mm 길이, 45도 각도의 선이란 뜻)

연습 문제

예제 - 선긋기 연습 1

▶ 2D 스케치 선 그리기 도구를 이용하여 아래의 그림을 완성하시오.

▶ 경로 : 스케치 → 작성 → 선

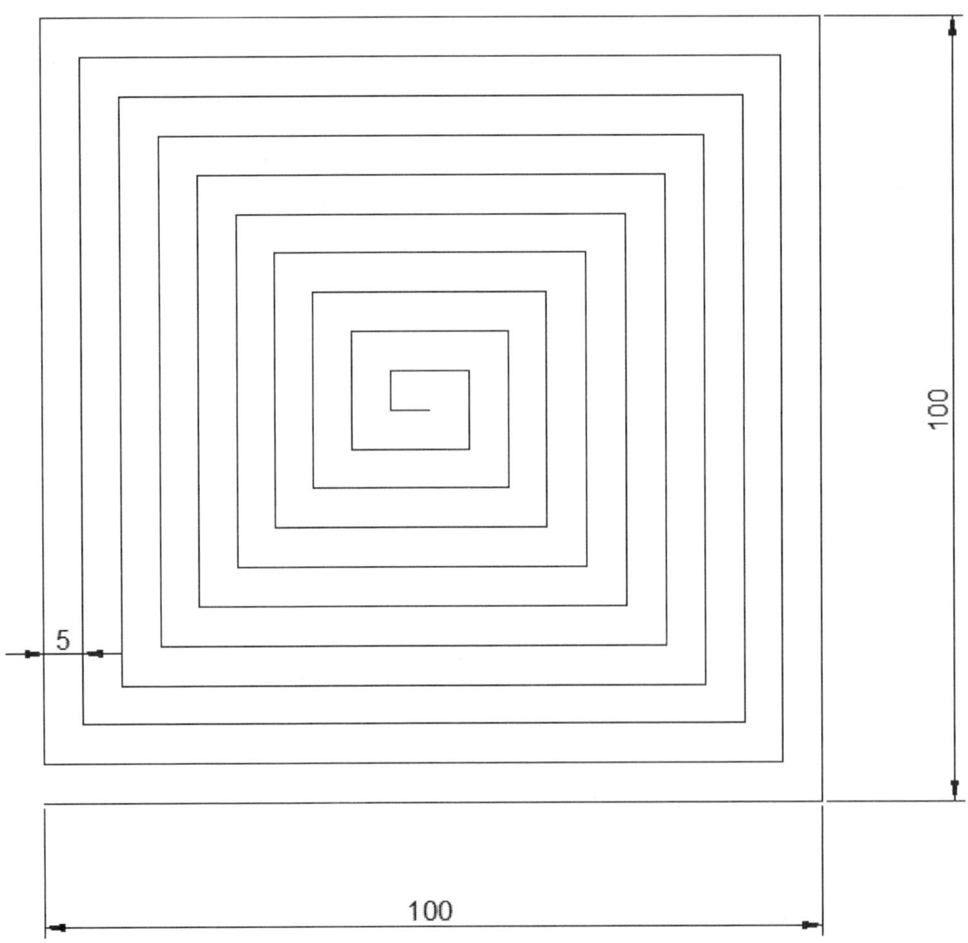

연 습 문 제

예제 - 선긋기 연습 2

▶ 2D 스케치 선 그리기 도구를 이용하여 아래의 그림을 완성하시오.

▶ 경로 : 스케치 → 작성 → 선

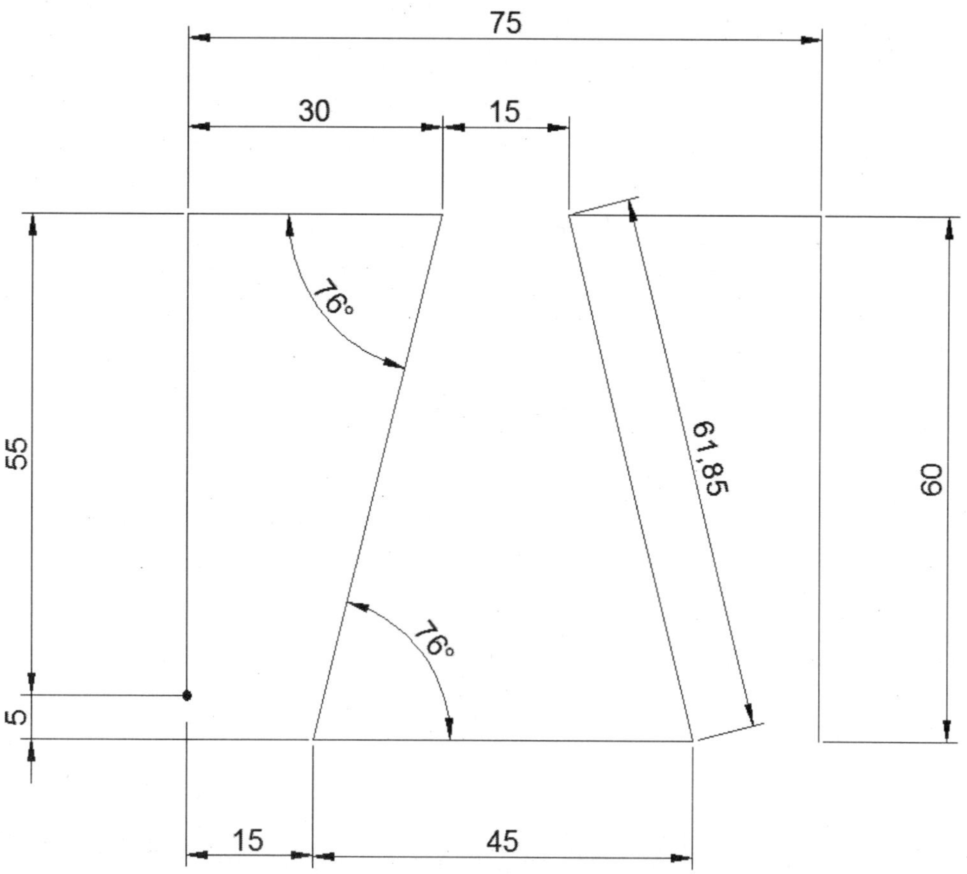

2. 원 (Circle)

① 스케치 패널 → 작성 리본→ 원 도구를 클릭합니다.

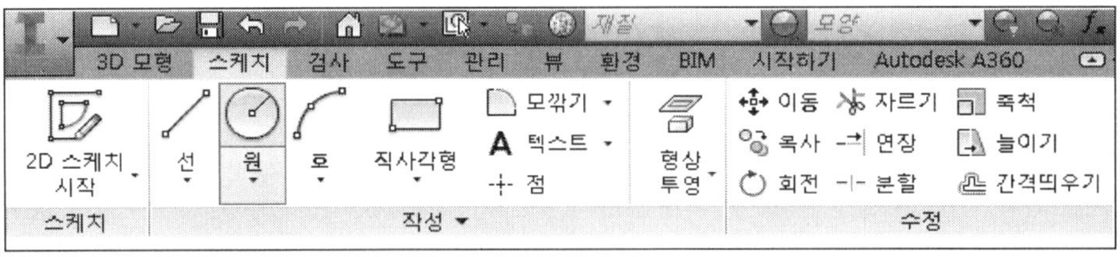

② 설계를 시작할 때 가급적이면 화면의 작업영역 (그래픽 윈도우)에서 원의 시작점을 설정하는데 중심점을 선택합니다. 그 이유는 중심점은 모든 설계 시작의 기준점이 되며 형상투영 시 원점 (중심점)이 되기 때문입니다.

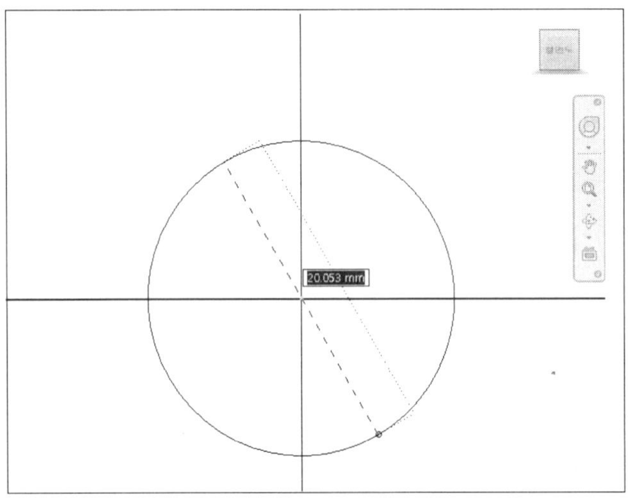

③ 원의 작성은 작업 영역의 중심점 (0,0)을 시작점으로 선택, 두 번째 점은 마우스를 우로 드래그 하여 명령을 종료합니다. 원 역시 [치수]명령어를 이용하여 원하는 크기로 수정합니다.

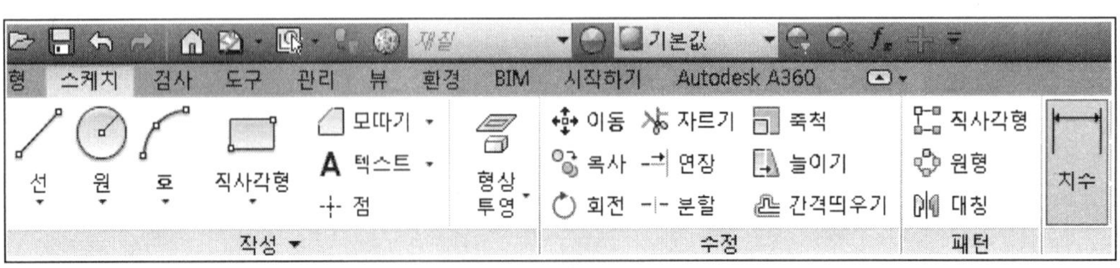

연 습　문 제

예제 - 원그리기 연습 1

▶ 2D 스케치 원 그리기 도구를 이용하여 아래의 그림을 완성하시오.

▶ 경로 : 스케치 → 그리기 → 원

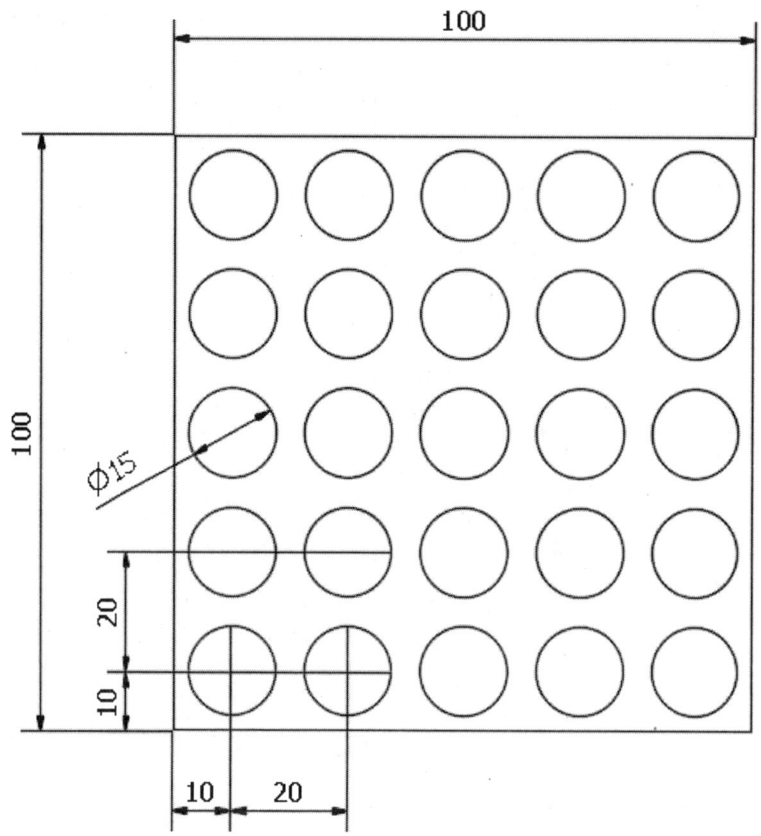

연습 문제

예제 - 원그리기 연습 2

▶ 2D 스케치 원 그리기 도구를 이용하여 아래의 그림을 완성하시오.

▶ 경로 : 스케치 → 그리기 → 원

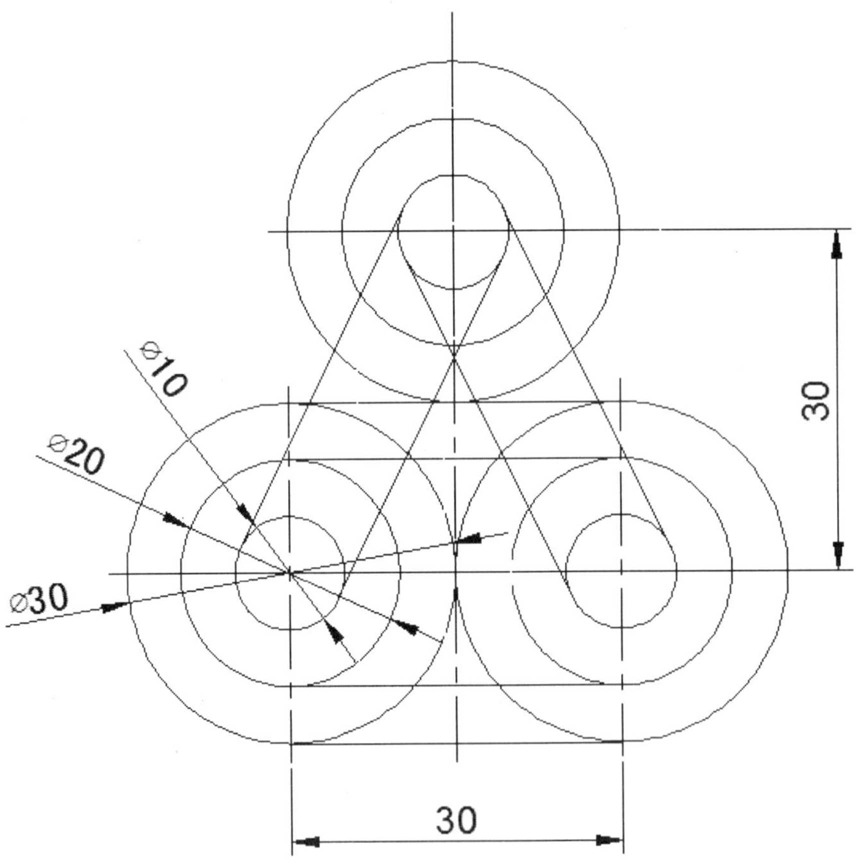

3. 호 (Arc)

① 스케치 패널 → 작성 리본→ 호 도구를 클릭합니다.

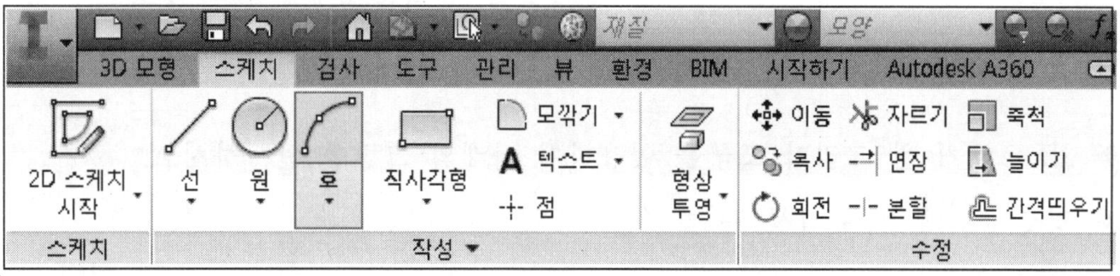

② 호를 그리는 방법은 시작점을 시작으로 선을 그려 직선을 만들고, 끝점 클릭 후 마우스 왼쪽 버턴을 눌러 원하는 방향으로 원을 그려 나가 듯 호를 완성합니다.

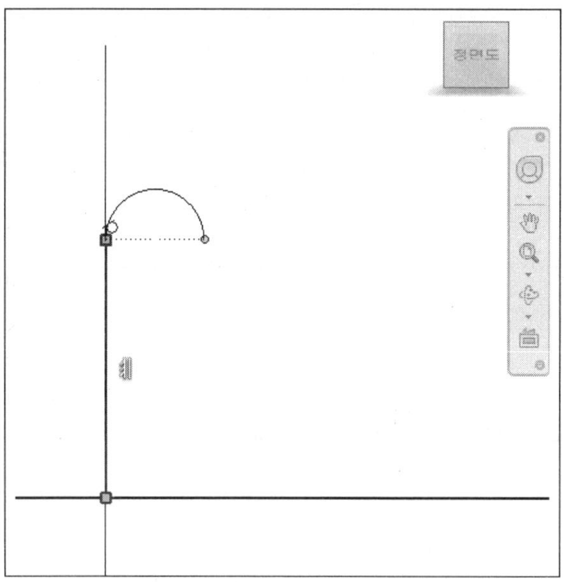

[Fig. 호를 그릴 때]

③ 호를 그리기 위해서는 왼쪽 마우스를 누르면 생기는 노란색 포인트 위에 두고 잠시 누르듯 우측으로 돌려주면 호의 동작이 시작됩니다. 이때 반대 방향으로 잘못 그려지는 경우 다시 마우스 포인트를 원점으로 이동시켜 처음부터 마우스를 누르면서 다시 원을 그리듯 호를 작성합니다.

연 습 문 제

예제 - 호 그리기 연습 1

▶ 2D 스케치 원 그리기 도구를 이용하여 아래의 그림을 완성하시오.

▶ 경로 : 스케치 → 작성 → 호

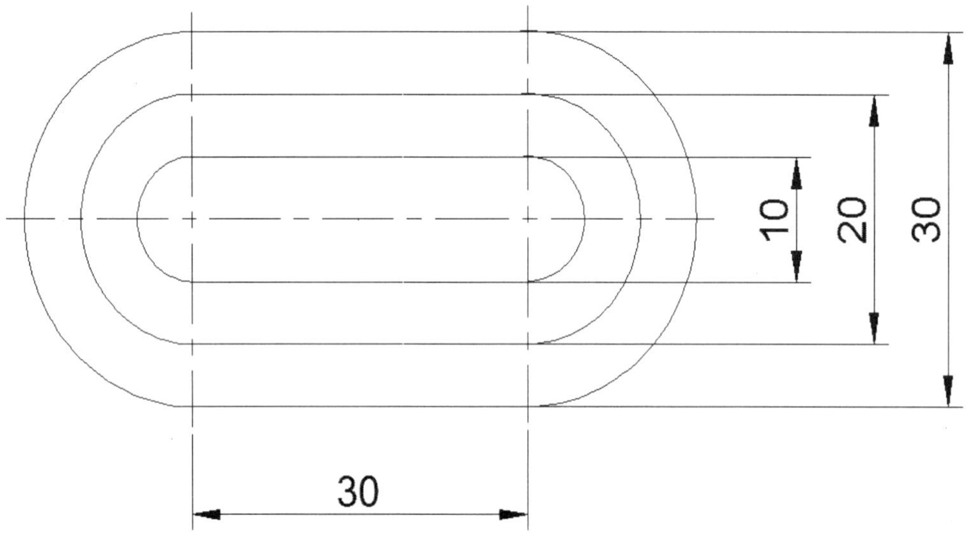

연 습 문 제

예제 - 호 그리기 연습 2

▶ 2D 스케치 원 그리기 도구를 이용하여 아래의 그림을 완성하시오.

▶ 경로 : 스케치 → 작성 → 호

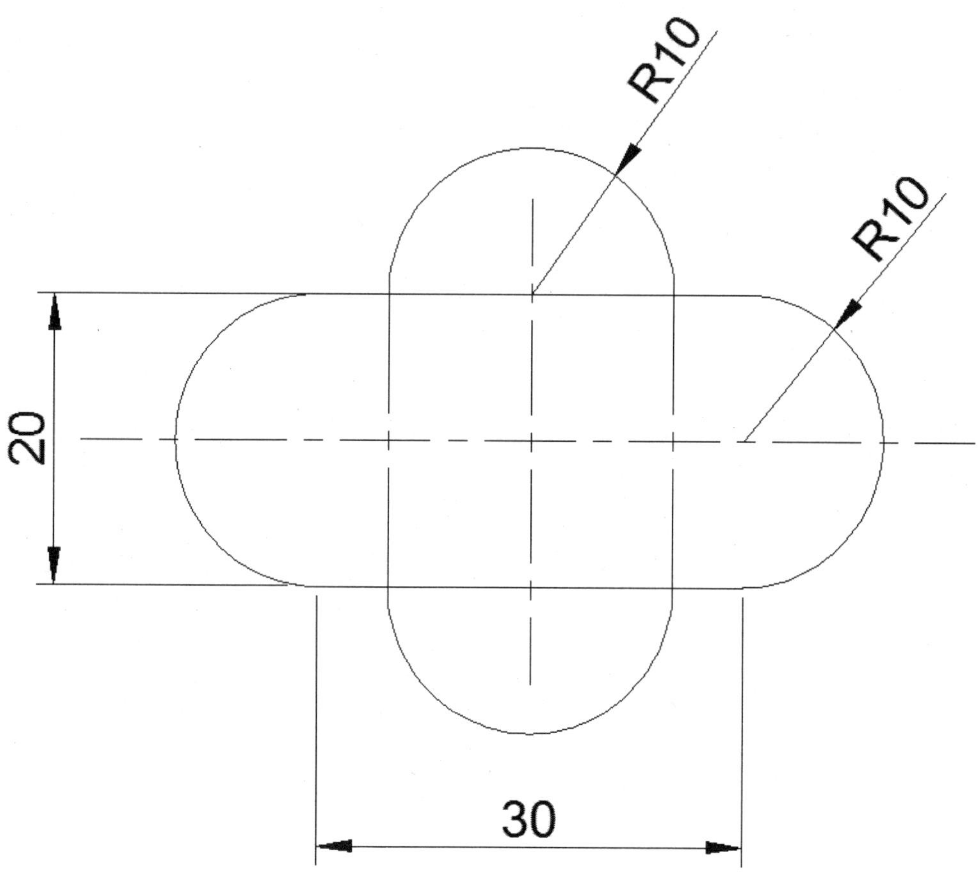

4. 직사각형 (Rectangle)

① 스케치 패널 → 작성 리본→ 직사각형 도구를 클릭합니다.

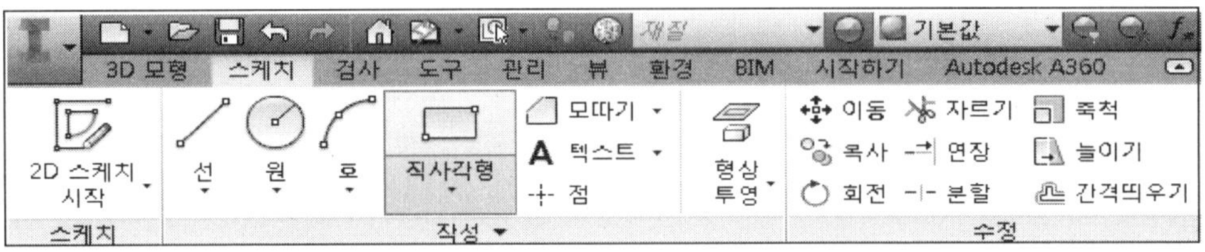

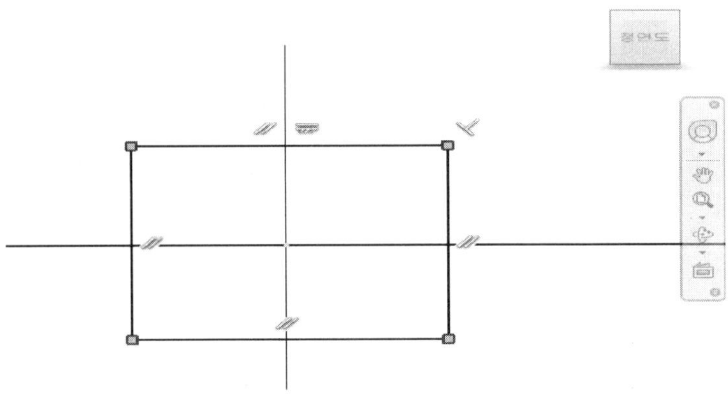

② 설계 시 가급적이면 중심을 기준으로 좌우로 직사각형을 그리도록 합니다. 그 이유는 중심을 기준으로 도형을 그리면 설계상 프로파일과 작업평면이 중심선을 기준으로 좌우 대칭 이 되어 도면 수정과 작성이 용이하기 때문입니다.

③ 직사각형 의 작성은 중심점을 좌우로 작업 영역을 클릭하여 시작점으로 선택하고 두 번째 점은 마우스를 좌, 우로 드래그 하여 직사각형 세그먼트를 종료합니다.

④ 정확한 도형의 작성은 치수편집(치수)으로 값을 입력하여 형상을 마무리 할 수 있습니다.

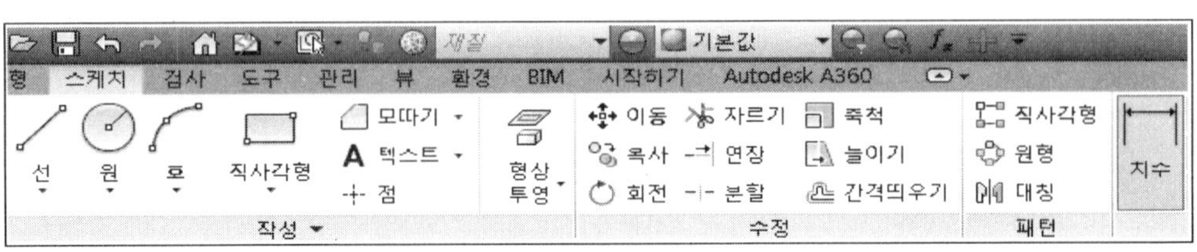

연 습 문 제

예제 - 직사각형 그리기 연습

▶ 2D 스케치 직사각형 도구를 이용하여 아래의 그림을 완성하시오.

▶ 경로 : 스케치 → 작성 → 직사각형

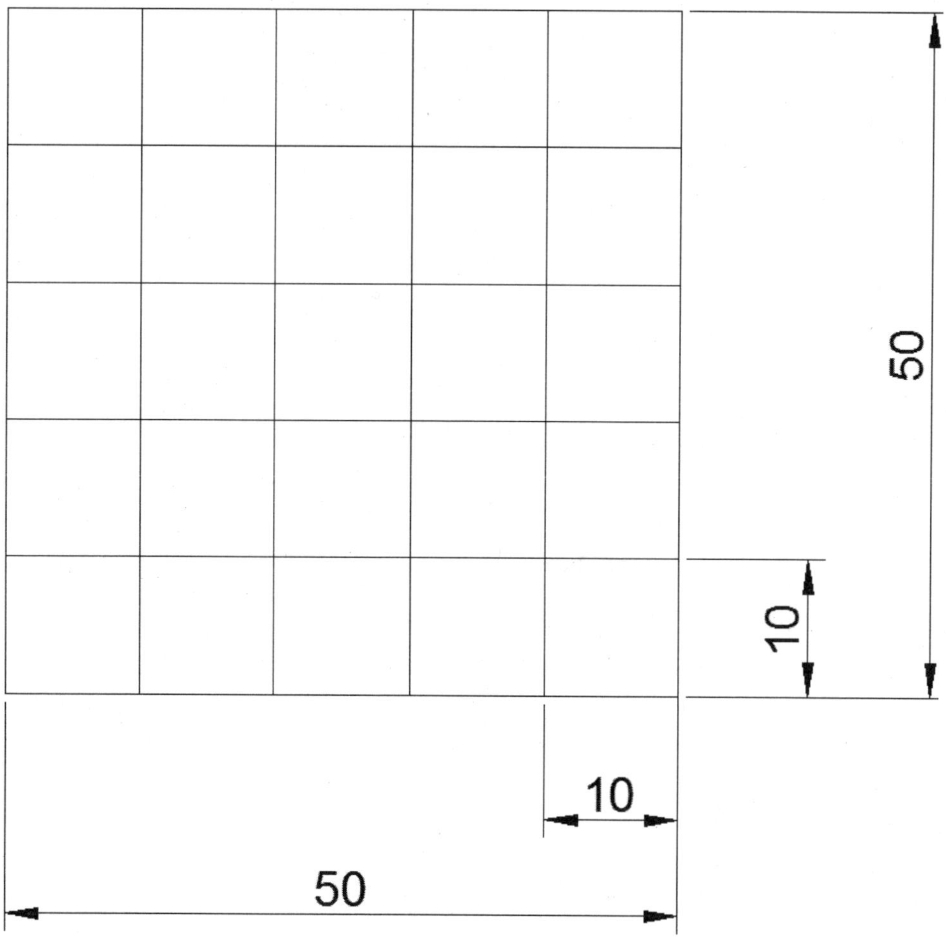

5. 다각형 (Polygon)

① 스케치 패널 → 작성 리본→ 직사각형 도구 (▼) → 폴리곤을 클릭합니다.

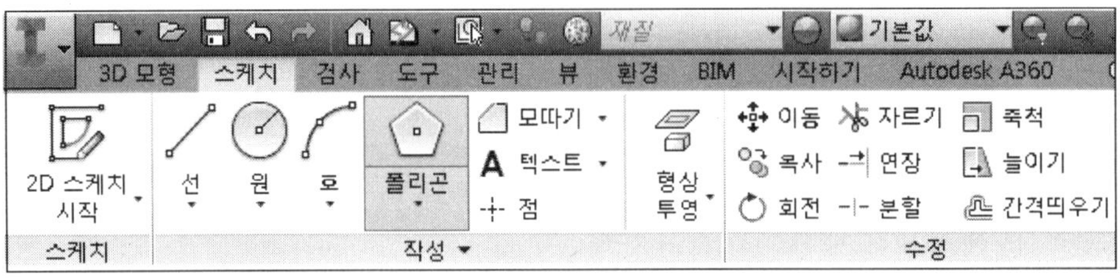

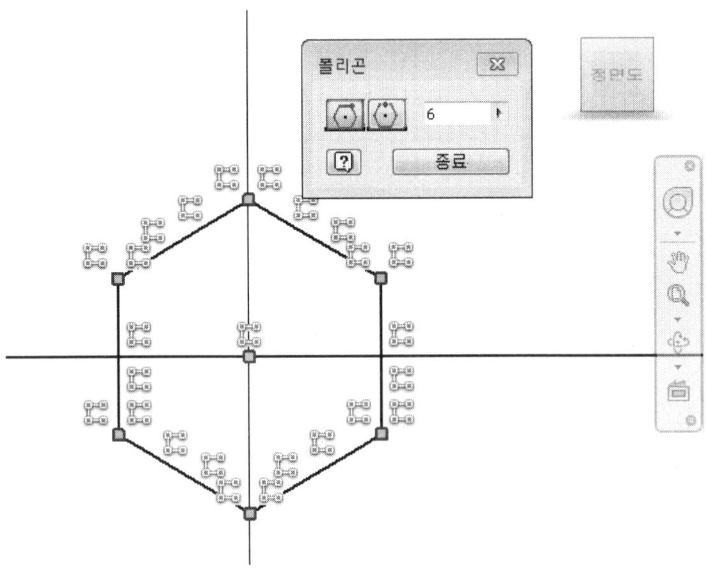

② 다각형 도구는 다각형 형상을 만들 때 사용됩니다. 표현식의 최대 범위는 120개 까지 이며 그 범위에 맞는 면을 갖는 다각형을 만들 수 있습니다.

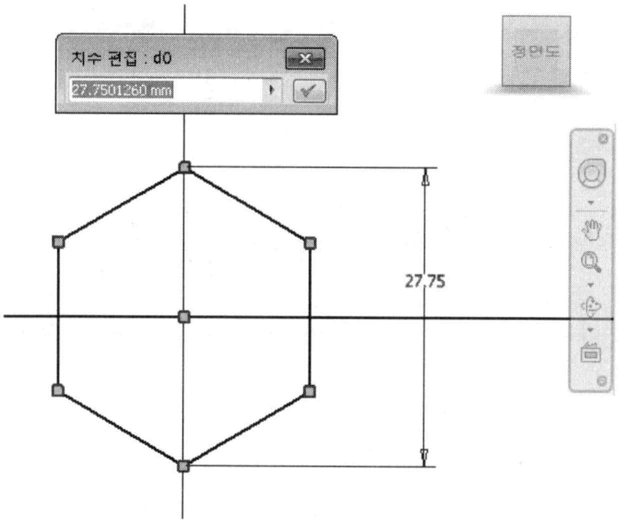

③ 다각형 의 작성은 작업 영역의 중심점 (0,0)을 클릭하여 시작점으로 선택하고 두 번째 점은 마우스를 좌, 우로 드래그 하여 다각형 세그먼트를 종료합니다. 다각형도 역시 선과 마찬가지로 치수편집 옵션을 이용하여 다각형 내접, 외접의 크기를 정확히 바꿀 수 있습니다.

연 습 문 제

예제 - 다각형 연습 1

▶ 2D 스케치 다각형 도구를 이용하여 아래의 그림을 완성하시오.

▶ 경로 : 스케치 → 그리기 → 다각형

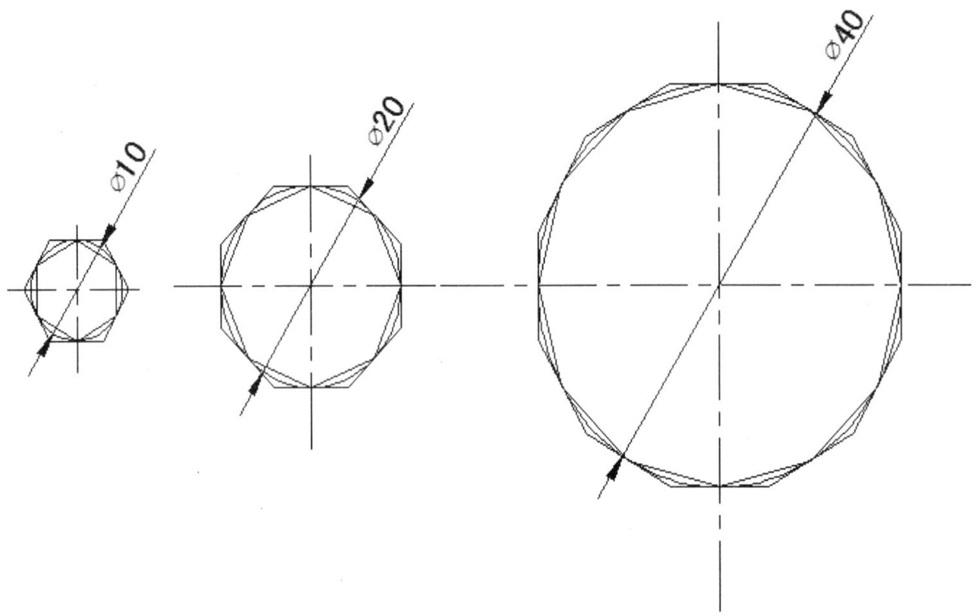

연 습 문 제

예제 - 다각형 연습 2

▶ 2D 스케치 다각형 도구를 이용하여 아래의 그림을 완성하시오.

▶ 경로 : 스케치 → 그리기 → 다각형

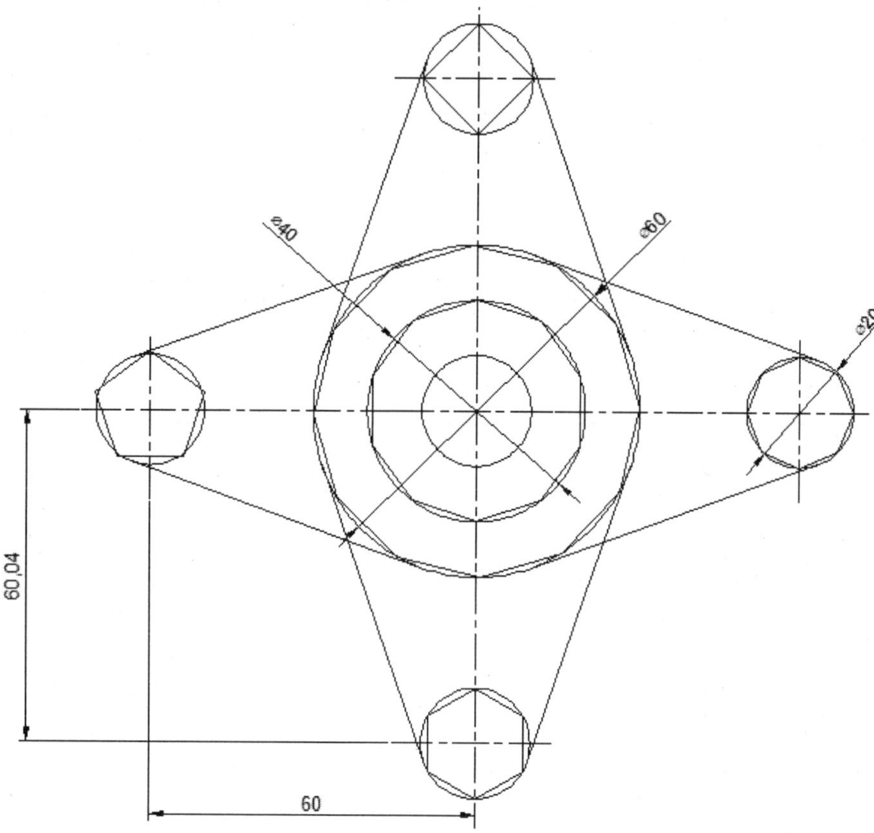

6. 모깍기 (Fillet)

① 스케치 패널 → 작성 리본→ 모깍기 도구를 클릭합니다.

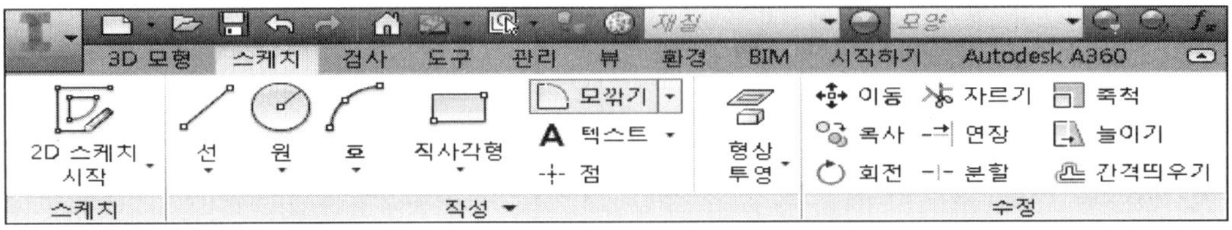

② 모깍기 도구는 두 선이 만나는 지점, 즉 직각으로 교차되는 부위에 반지름의 호를 그려주는 행위입니다. 기계가공 시 예리한 모서리 부를 제거하기 위해 사용되는 마무리 작업입니다. 작업 요령은 먼저 직사각형 도구를 선택하여 15x10mm의 직사각형을 그려 넣습니다.

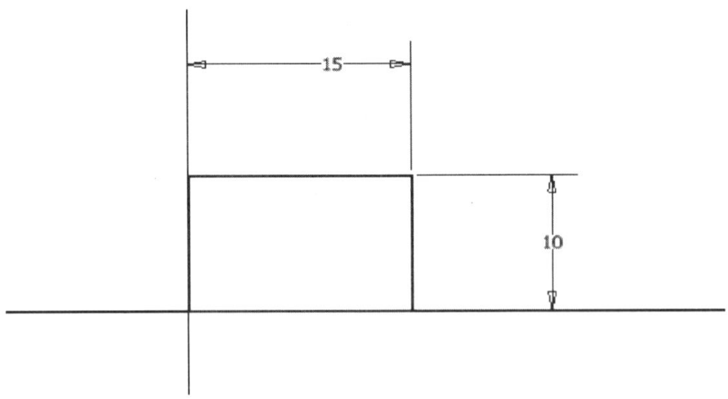

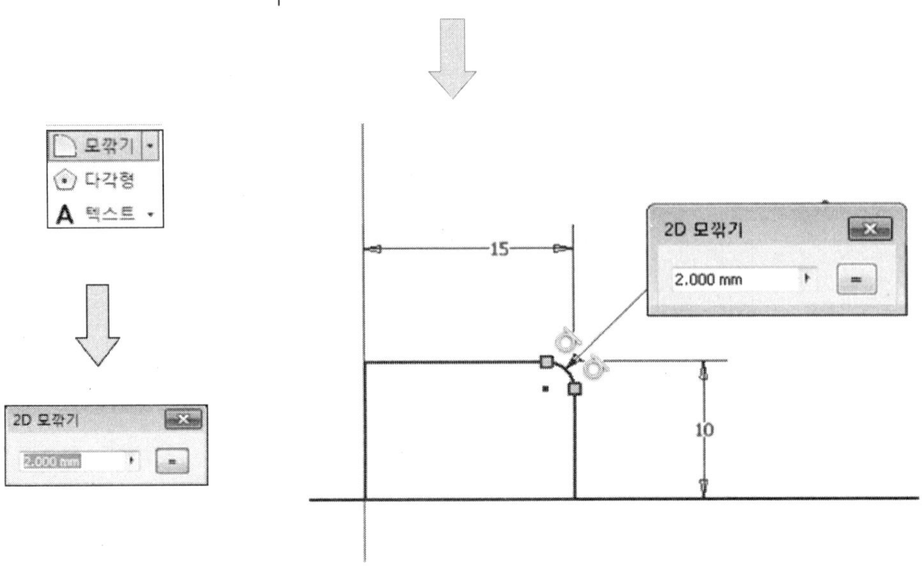

연 습 문 제

예제 - 모깍기 연습

▶ 2D 스케치 모깍기 도구를 이용하여 아래의 그림을 완성하시오.

▶ 경로 : 스케치 → 작성 → 모깍기

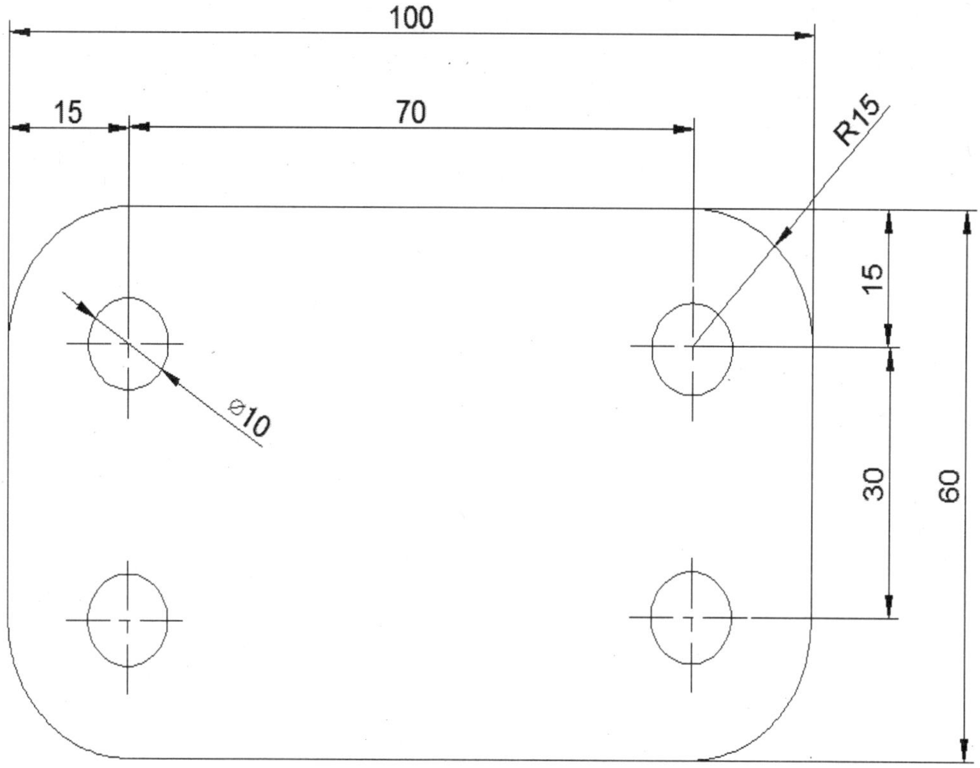

7. 모따기 (Chamfer)

① 스케치 패널 → 작성 리본→ 모따기 도구를 클릭합니다.

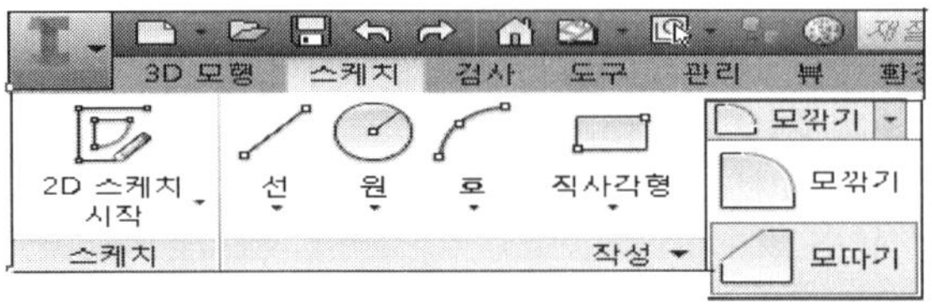

② 모따기 도구는 두 선이 만나는 지점, 즉 직각으로 교차되는 부위에 45도 각도의 선을 그려주는 행위입니다. 작업 순서는 먼저 직사각형 도구를 선택하여 15x10mm의 직사각형을 그려 넣은 후 모따기를 선택하여 우측 모서리를 2mm 가공합니다.

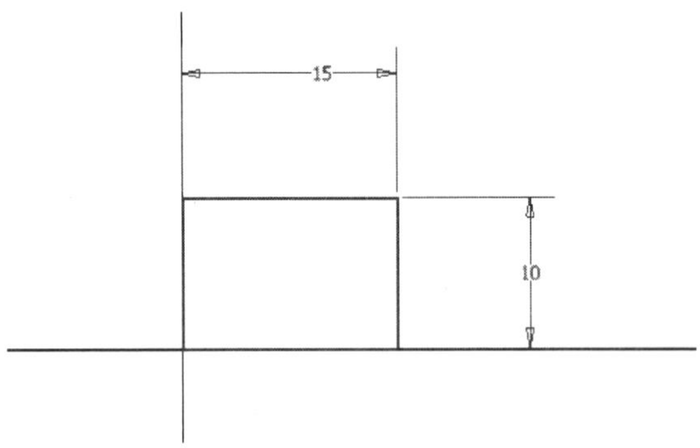

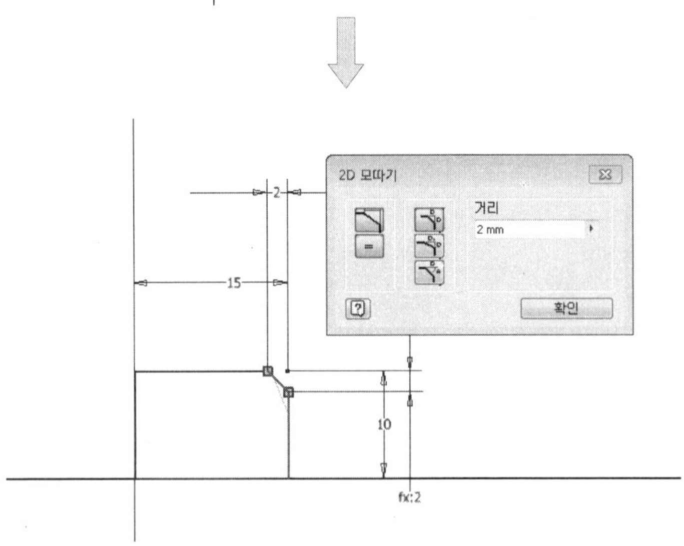

[Fig. 거리 형식으로 모따기]

③ 모따기 도구에는 3가지 옵션이 있습니다. 직각하는 두 선의 동일한 거리 선택과 길이를 다른 동일하지 않는 거리 선택, 거리와 각도를 가지는 방법의 선택으로 나누어집니다.

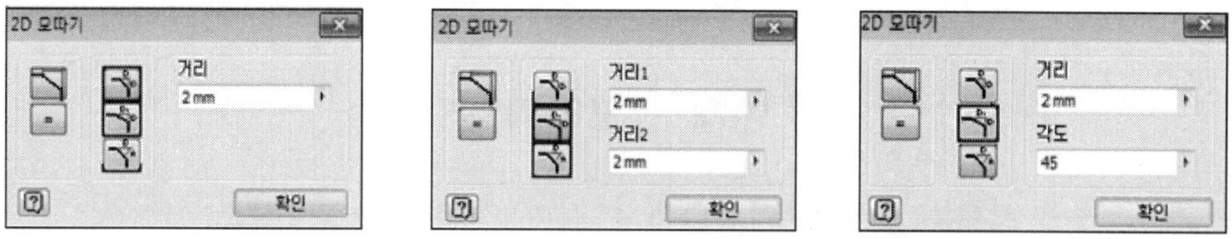

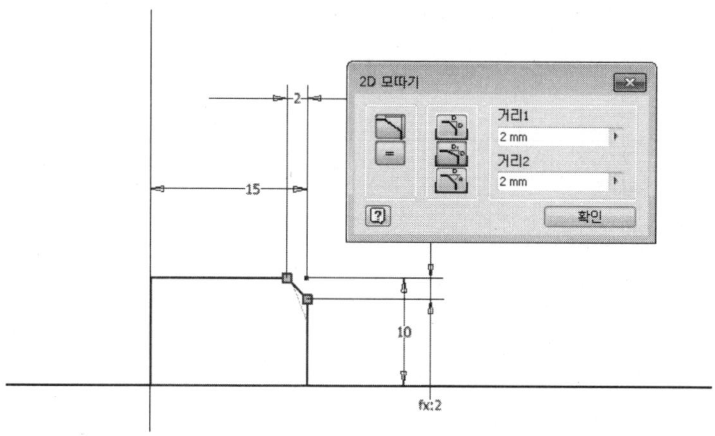

[Fig. 거리 x 거리 형식으로 모따기]

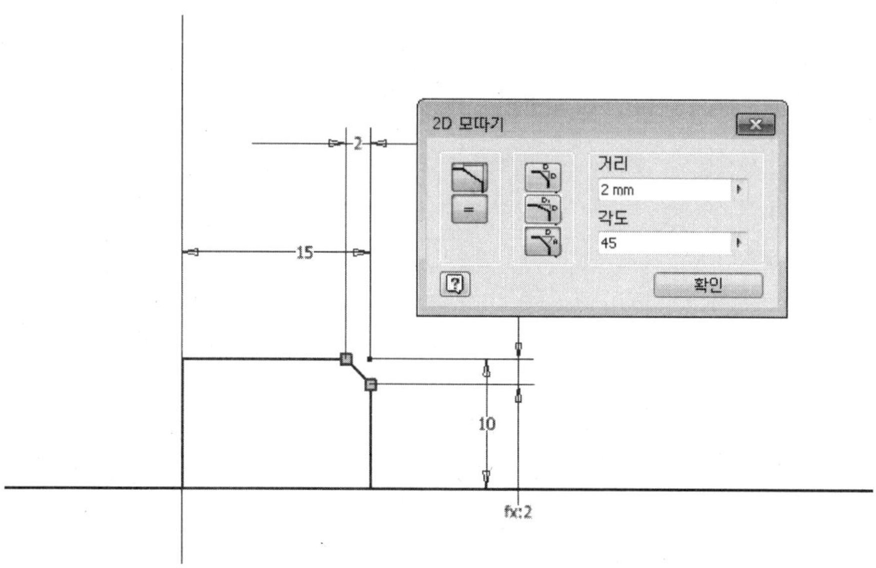

[Fig. 거리 x 각도 형식으로 모따기]

연 습 문 제

예제 - 모따기 연습

▶ 2D 스케치 모따기 도구를 이용하여 아래의 그림을 완성하시오.

▶ 경로 : 스케치 → 작성 → 모따기

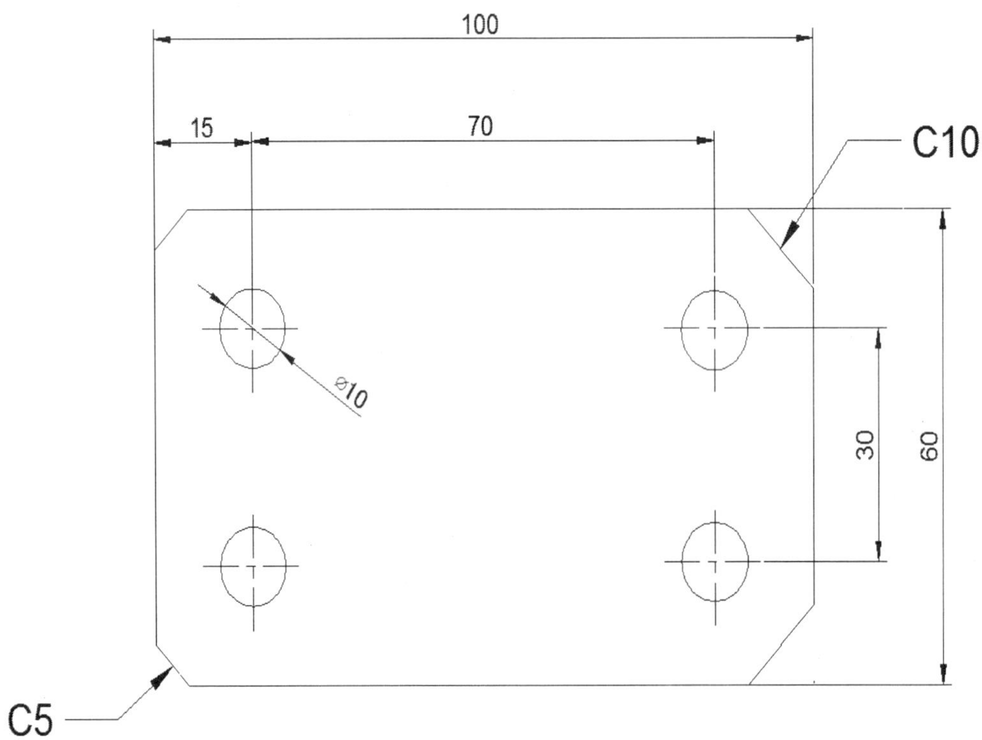

8. 형상투영

① 스케치 패널 → 작성 리본→ 형상투영 도구를 클릭합니다.

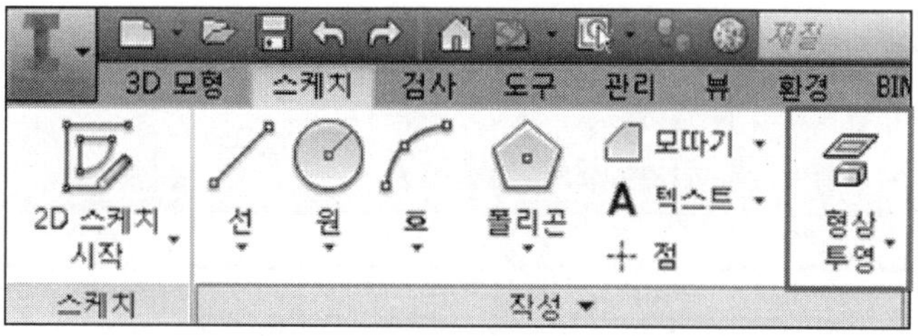

② 모서리, 꼭지점, 작업 피쳐, 루프 및 곡선을 기존 객체에서 현재 스케치 평면으로 투영합니다. 투영할 하나 이상의 객체를 클릭합니다. 그래픽 화면표시에서 마우스 오른쪽 버튼을 클릭하고 종료를 선택하여 명령을 마칩니다.

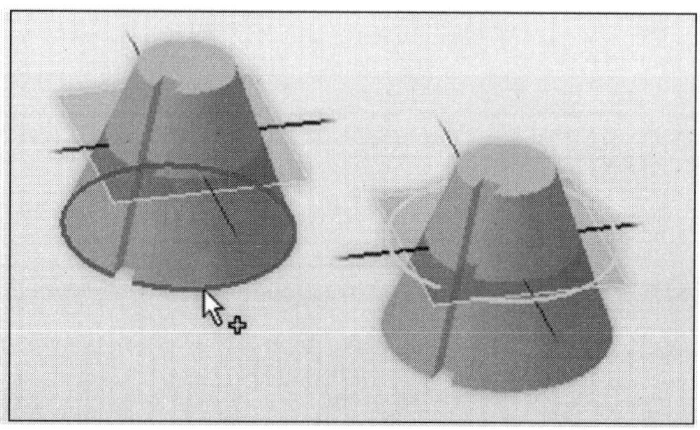

③ 형상투영은 작업 시초의 스케치 평면에서 작업을 마치고 작업 평면을 바꿀 때, 그 아래에 있는 형상을 새로 정한 작업평면 위로 투영시키기 위한 명령어입니다. 눈으로는 아래 평면이 그냥 보여서 작업이 가능할 듯 하지만, 컴퓨터는 하부의 이미지를 참고로 하지 않기 때문에 반드시 형상투영을 시켜서 작업을 진행하여야 합니다.

④ 참고로 작업 중 주 화면의 중심점이 없어지는 경우, 형상투영을 선택하고 검색기 창의 중심점을 클릭해서 중심점을 다시 만들어 주면 작업을 용이하게 할 수 있습니다.

9. 이동 (Move)

① 스케치 패널 → 수정 리본→ 이동 도구를 클릭합니다.

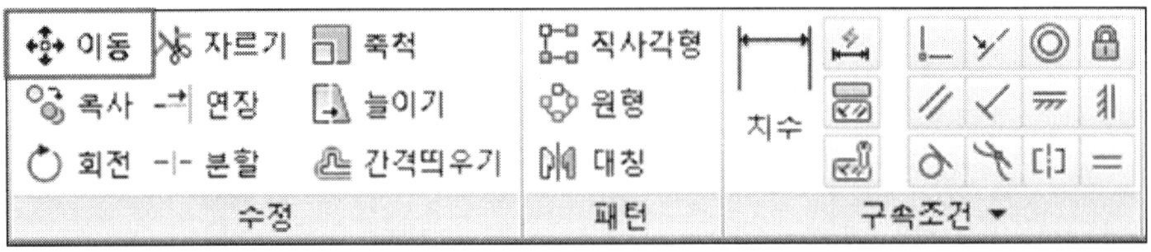

② 복사 옵션을 사용하면 복사, 하지 않으면 이동입니다. 프로파일을 선택한 다음, 한 점에서 다른 점으로 선택, 스케치 형상을 옮깁니다. 정확한 입력은 치수값을 입력합니다.

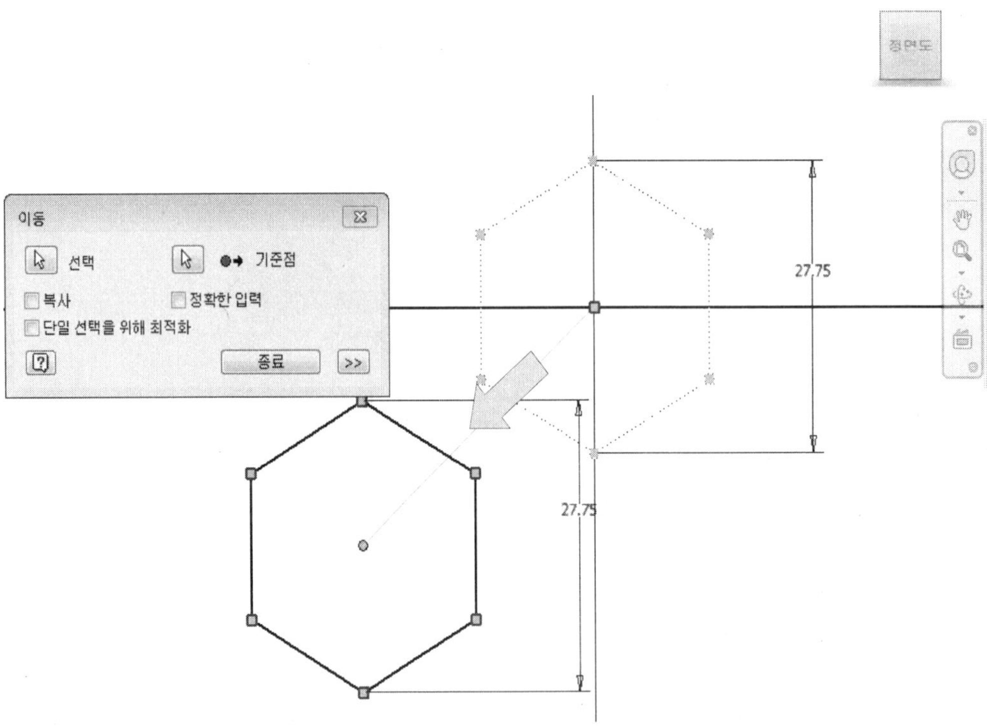

[Fig. 이동 명령어]

10. 복사 (Copy)

① 스케치 패널 → 수정 리본→ 복사 도구를 클릭합니다.

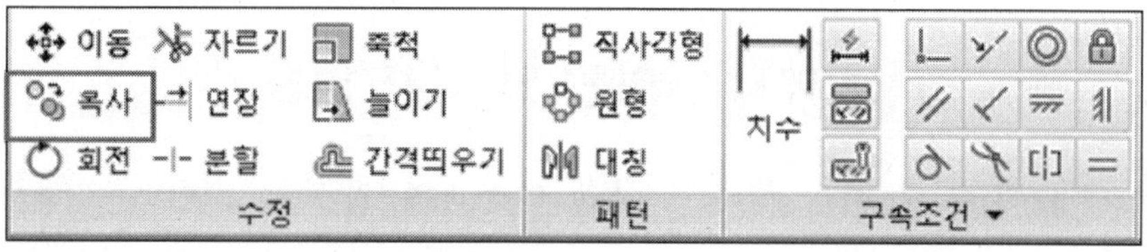

② 프로파일을 선택한 다음, 한 점에서 다른 점으로 선택, 스케치 형상을 복사합니다. 정확한 입력은 치수값을 입력합니다.

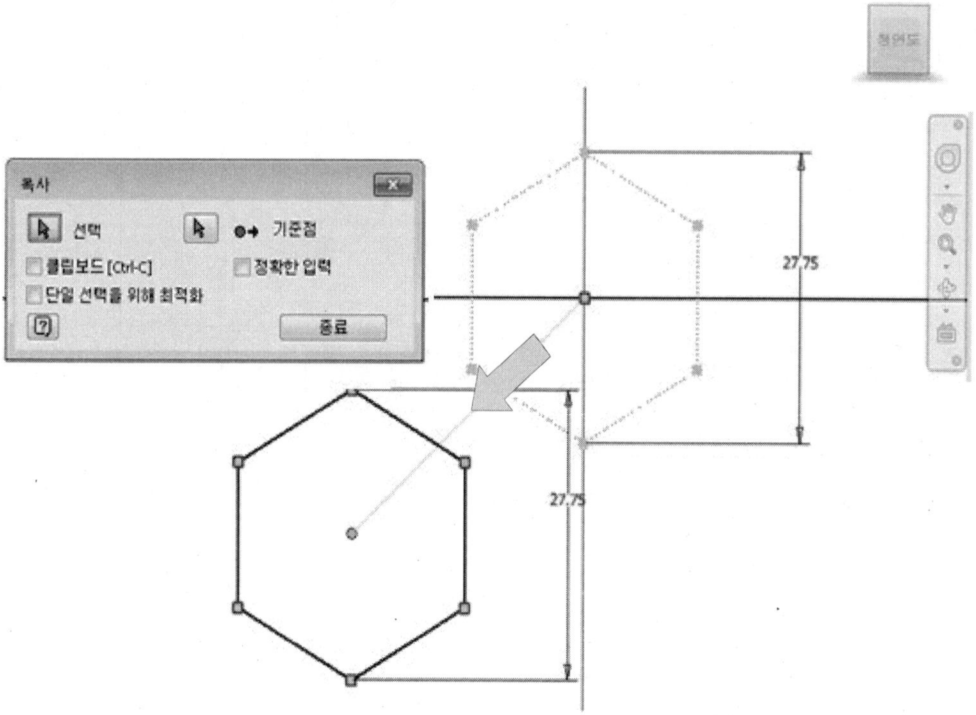

[Fig. 복사 명령어]

연 습 문 제

예제 - 이동 및 복사 연습

▶ 2D 스케치 이동 및 복사 수정 도구를 이용하여 아래의 그림을 완성하시오.

▶ 경로 : 스케치 → 수정 → 이동, 복사 (치수는 임의)

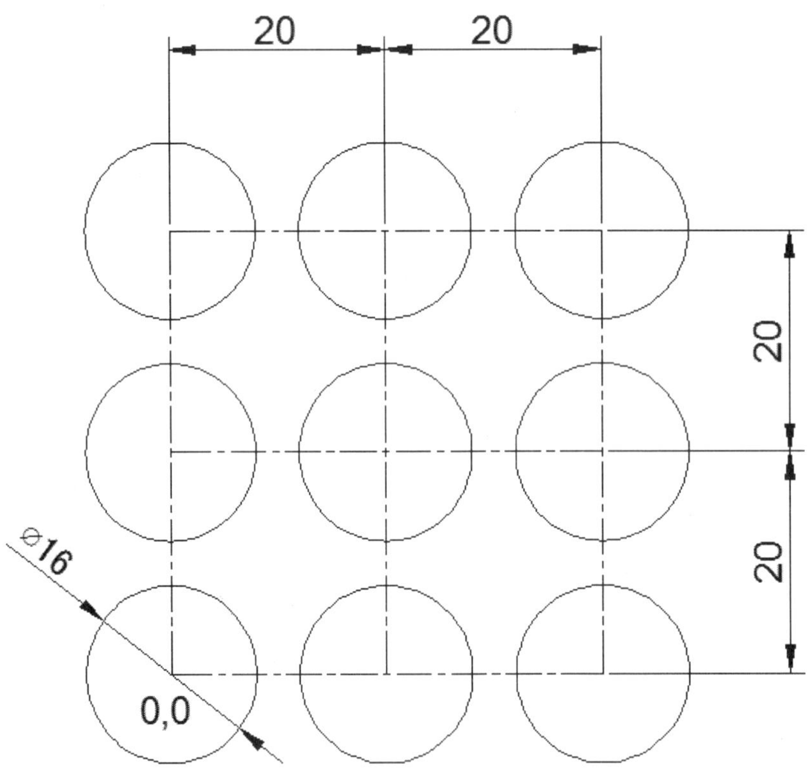

11. 회전 (Rotate)

① 스케치 패널 → 수정 리본→ 회전 도구를 클릭합니다.

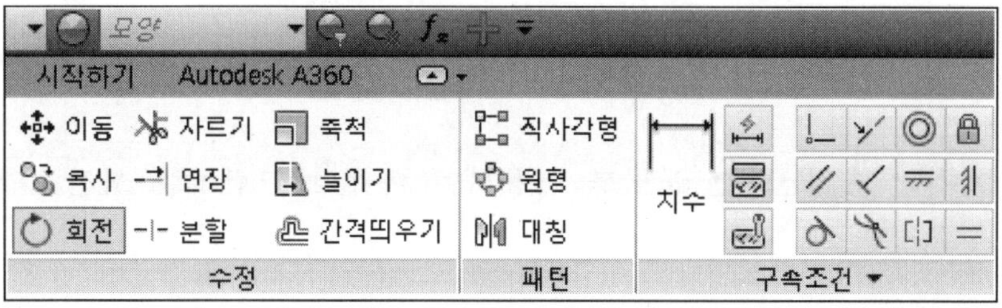

② 선택한 스케치 형상 또는 해당 형상의 사본을 지정한 중심점을 기준으로 회전합니다. 연습문제를 하기 위해, 우선 가로 x 세로가 40mm의 직사각형 명령을 이용하여 형상을 만듭니다. 앞의 직사각형 명령에서 설명한 [작성] 패널의 [직사각형] 아이콘을 이용합니다.

③ 해당 형상의 사본을 지정한 중심점을 기준으로 10도씩 회전을 합니다.

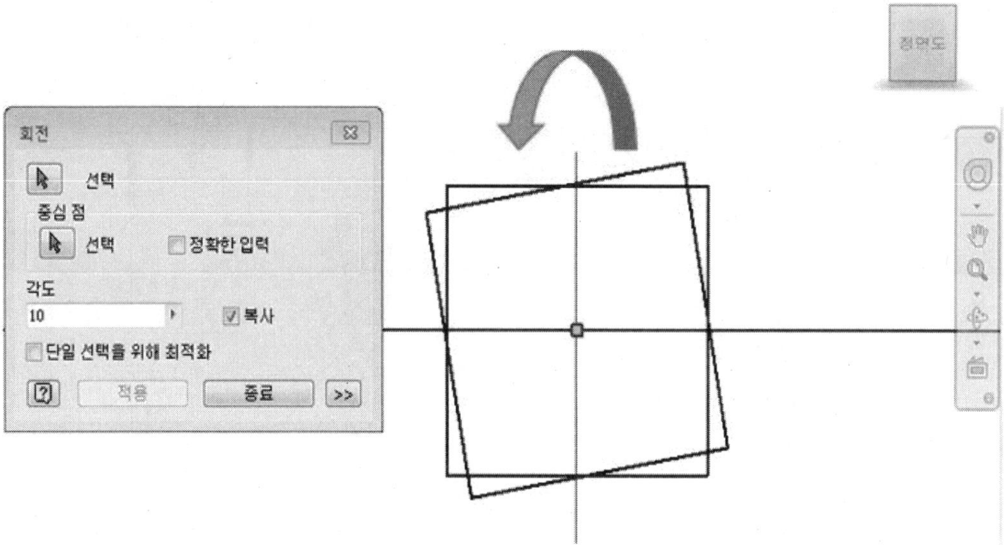

[Fig. 회전 명령어]

연 습 문 제

예제 - 회전 연습

▶ 2D 스케치의 수정, 회전 도구를 이용하여 아래의 그림처럼 회전 연습을 하세요.

▶ 경로 : 스케치 → 수정 → 회전

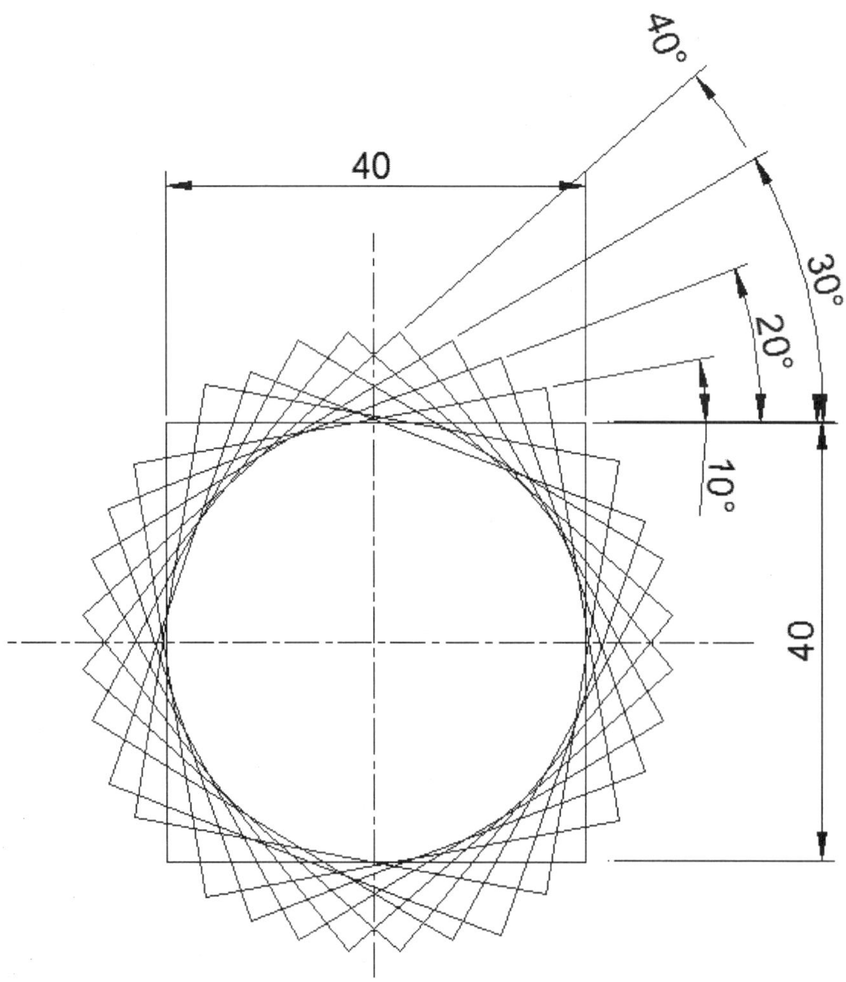

12. 자르기 (Trim)

① 스케치 패널 → 수정 리본→ 자르기 도구를 클릭합니다.

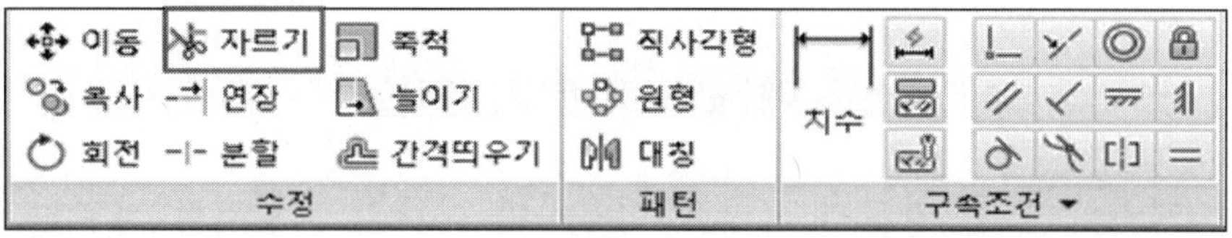

② 가장 가까운 교차선 또는 선택한 경계 형상까지 선을 자릅니다. 곡선 위에 커서를 놓으면 자르기 미리보기가 표시됩니다. 클릭하여 승인한 후 자릅니다.

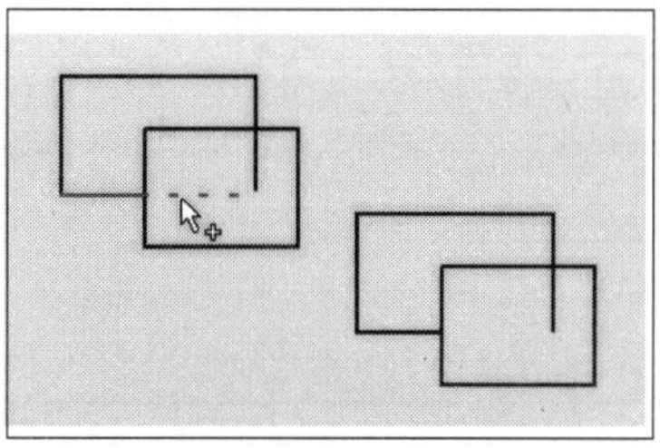

[Fig. 자르기 명령어]

③ 연습 문제 - 직사각형 80mm x 80mm를 그리고, 원 (반지름 10, 20)을 그려 도면을 완성시킵니다. 그리고 필요치 않은 부분을 하나 씩 잘라내는 연습을 합니다.

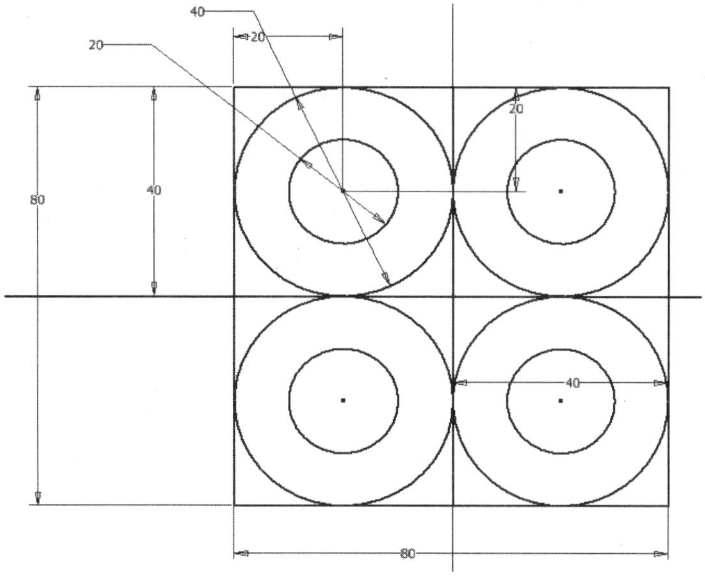

연 습 문 제

예제 - 자르기 연습

▶ 2D 스케치의 수정, 자르기 도구를 이용하여 아래의 그림처럼 자르는 연습을 하시오.

▶ 경로 : 스케치 → 수정 → 자르기

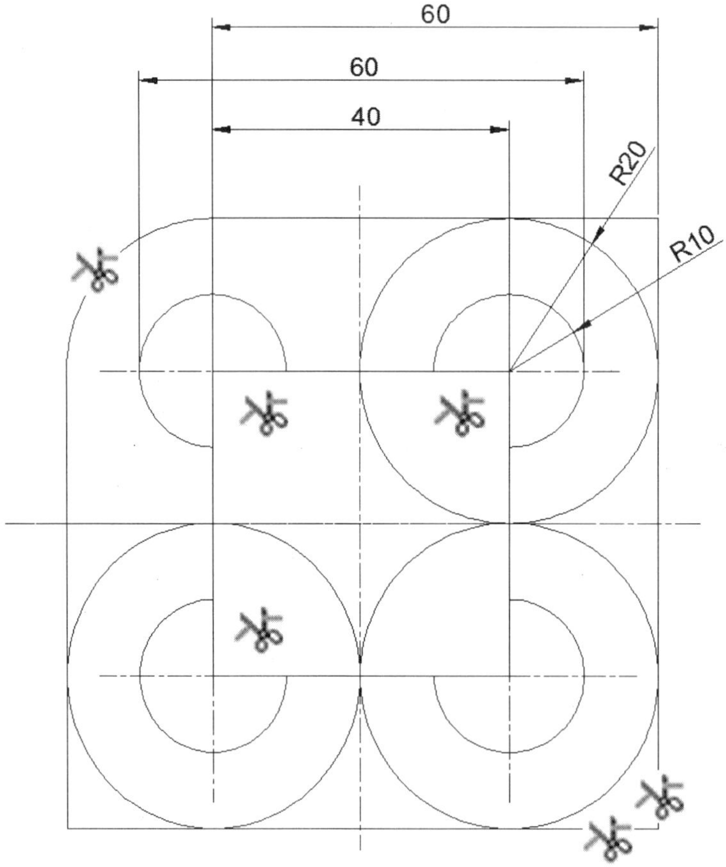

13. 연장 (Extend)

① 스케치 패널 → 수정 리본→ 연장 도구를 클릭합니다.

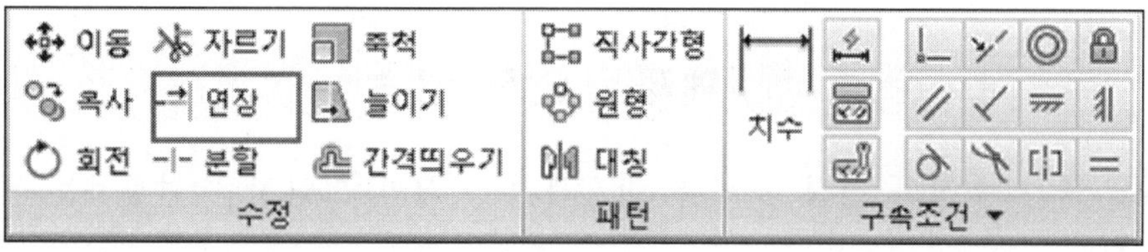

② 가장 가까운 교차곡선 또는 선택한 경계 형상까지 선을 연장합니다. 선 위에 커서를 올려 미리보기를 하면서 선을 연장을 합니다.

③ 연습문제 - 앞 장의 자르기 도면을 불러내어 자르기로 자른 선을 연장을 이용하여 다시 연결을 시도해 봅니다.

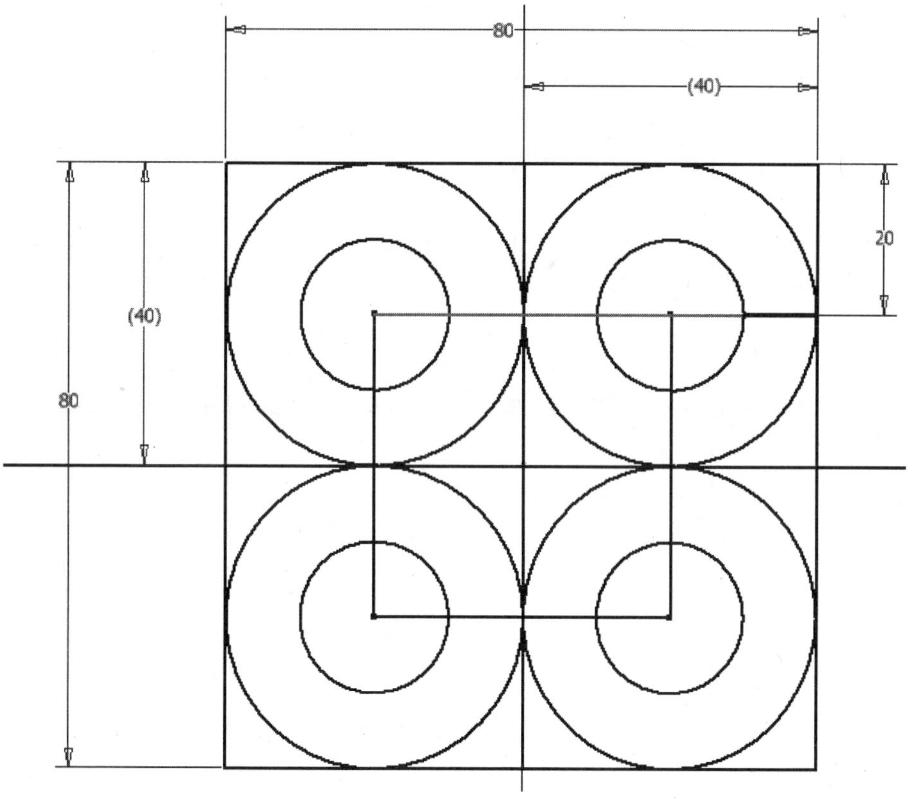

[Fig. 연장하기 명령어]

연습 문제

예제 – 연장 연습

▶ 2D 스케치 수정의 연장 도구를 이용하여 아래의 그림처럼 연장하는 연습을 하시오.

▶ 경로 : 스케치 → 수정 → 연장

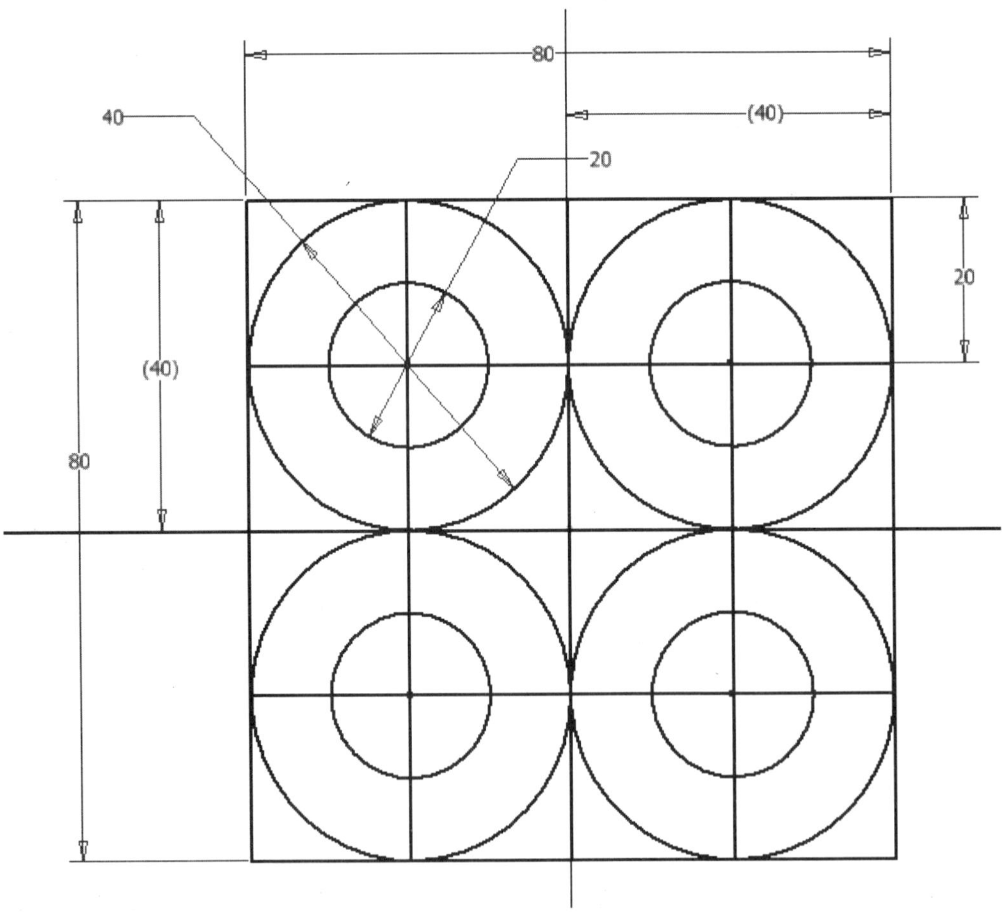

14. 분할 (Divide)

① 스케치 패널 → 수정 리본→ 분할 도구를 클릭합니다.

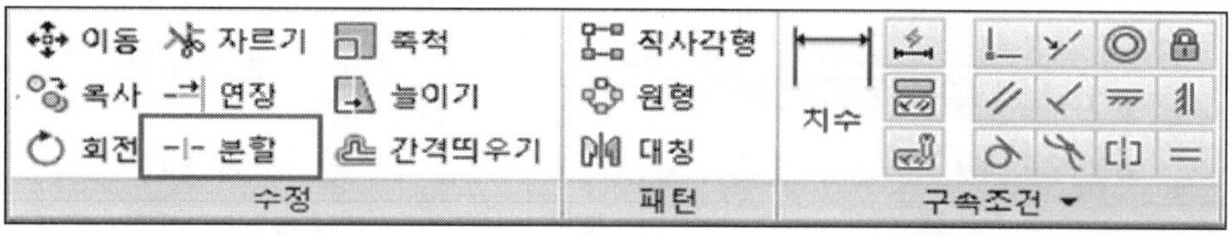

② 선의 도면 요소를 두 개 이상의 선으로 나누는 명령어입니다. 전체 선으로부터 분할 될 세그먼트 위에 커서를 올려놓으면 미리보기가 표시됩니다. 클릭을 하여 적용시킵니다.

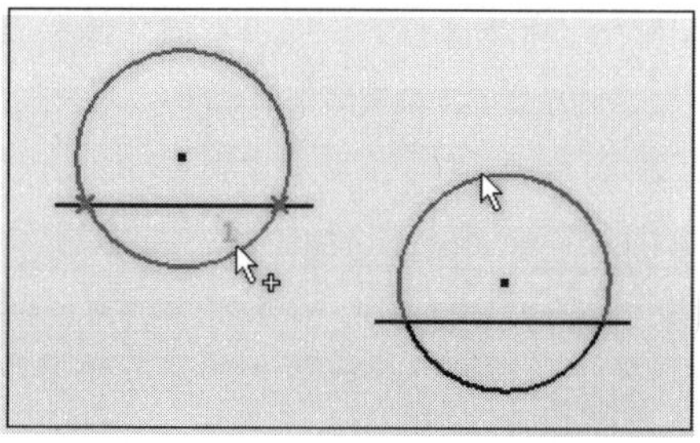

③ 직사각형 도구를 이용, 80mm x 80mm 도형과 중심을 통과하는 선을 그린 후, 모든 선을 분할하십시오.

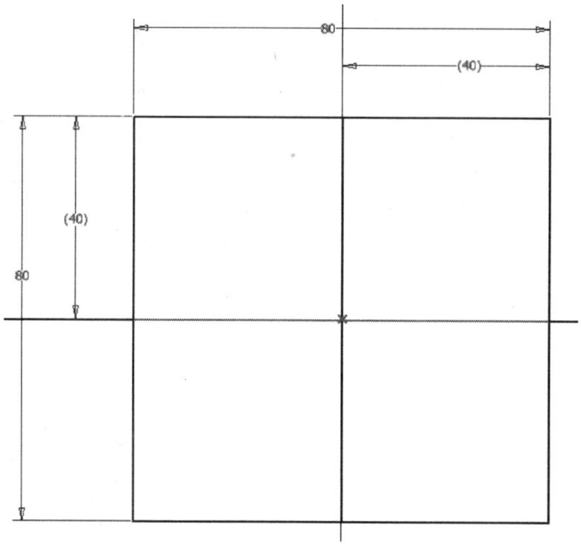

15. 축척 (Scale)

① 스케치 패널 → 수정 리본→ 축척 도구를 클릭합니다.

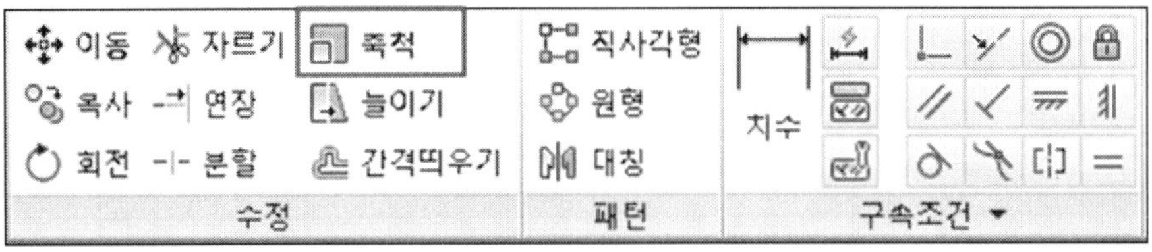

② 선택한 스케치 형상의 크기를 비례하여 늘리거나 줄이는데 사용하는 도구입니다.

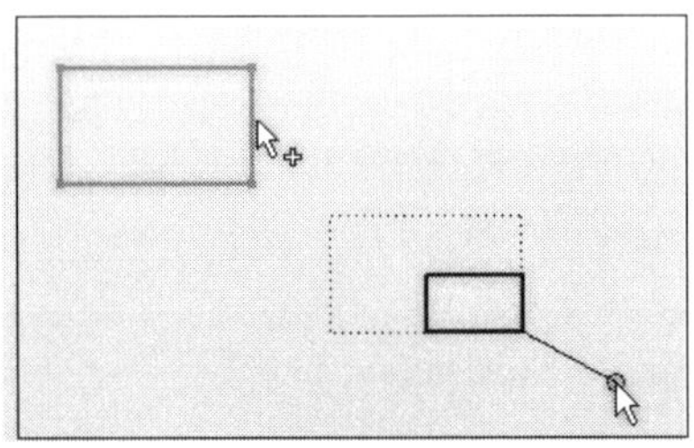

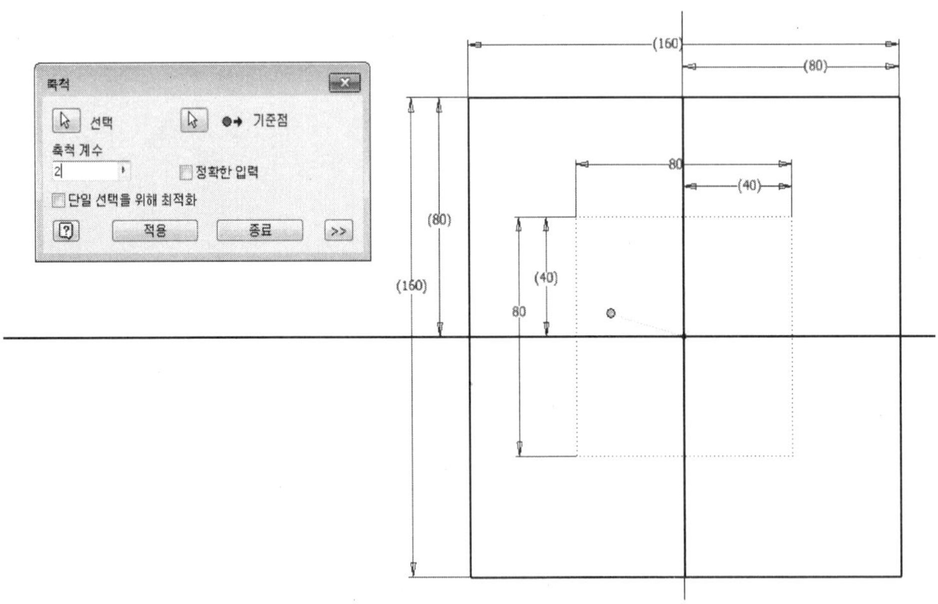

[Fig. 축척 명령어]

③ 연습 문제 - 아래 그림처럼 80mm x 80mm 크기의 스케치 형상에 2배 값을 입력하여 160mm x 160mm로 늘리는 작업을 해 봅니다.

16. 늘이기 (Stretch)

① 스케치 패널 → 수정 리본→ 늘이기 도구를 클릭합니다.

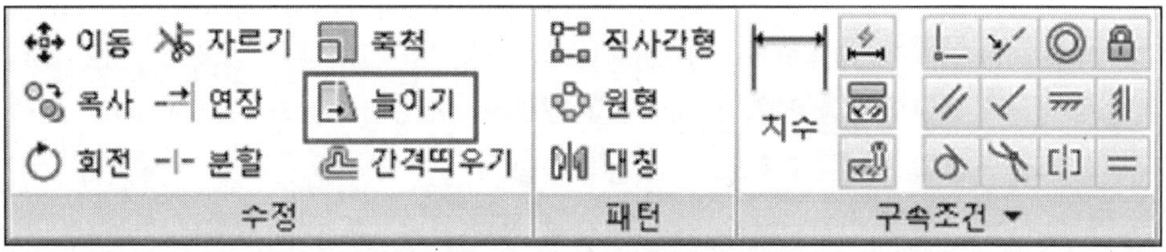

② 지정된 점을 사용하여 선택한 형상을 늘이는데 사용되는 도구입니다.

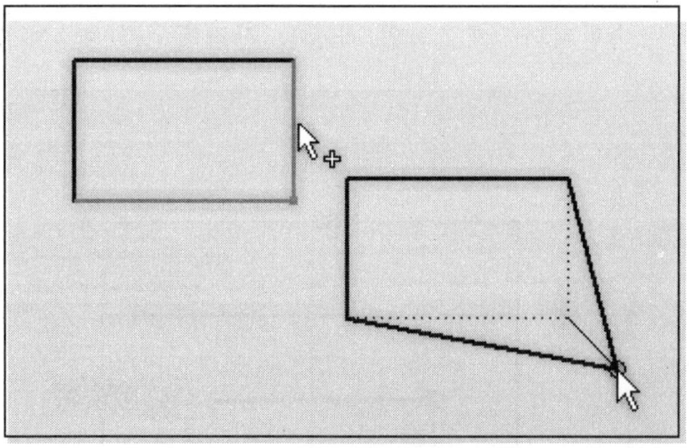

[Fig. 늘이기 명령어]

17. 간격띄우기 (Offset)

① 스케치 패널 → 수정 리본→ 간격띄우기 도구를 클릭합니다.

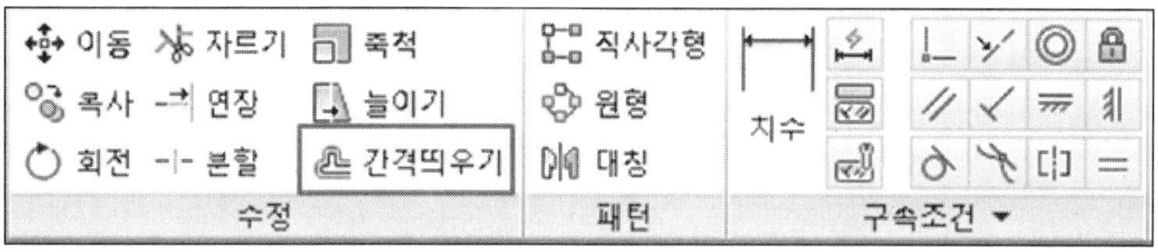

② 선택한 스케치 형상을 복제하고 동적으로 원점에서부터 간격을 띄울 때 사용합니다. 기본적으로 간격띄우기는 원래 형상으로부터 루프 등거리만큼 떨어져 선택된 형상을 구속합니다. 개별적인 곡선을 간격띄우기 할 수 있습니다.

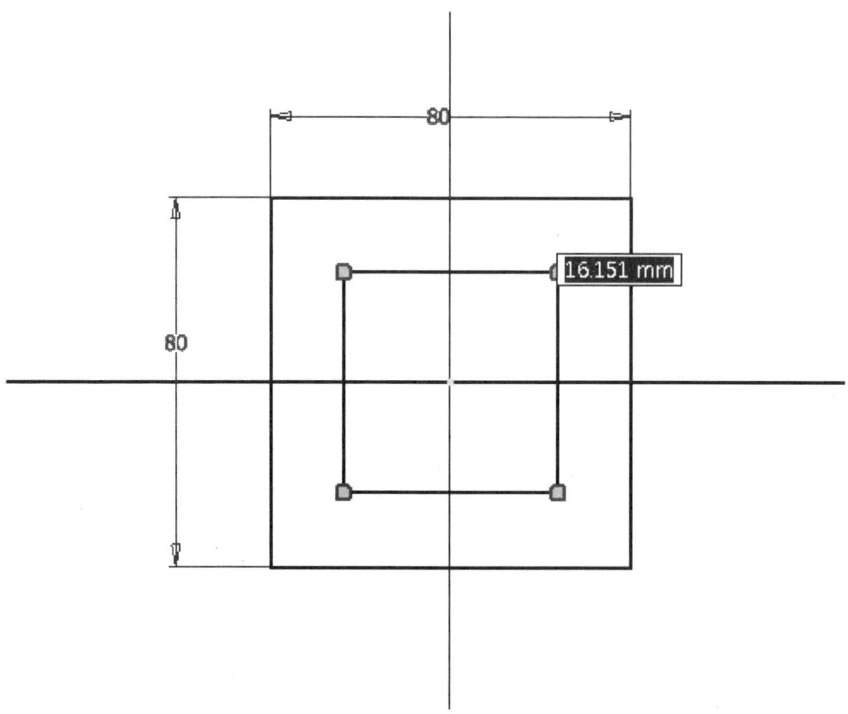

[Fig. 간격띄우기 명령어]

연 습 문 제

예제 - 간격띄우기 연습 1

▶ 2D 스케치 간격띄우기 수정 도구를 이용하여 아래의 그림을 완성하시오.

▶ 경로 : 스케치 → 수정 → 간격띄우기

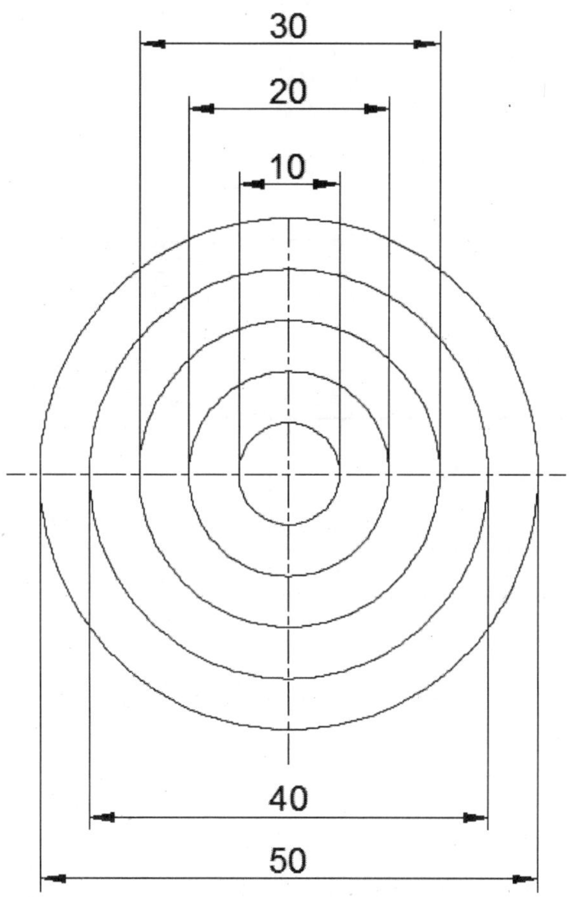

18. 직사각형 패턴

① 스케치 패널 → 패턴 리본→ 직사각형 도구를 클릭합니다.

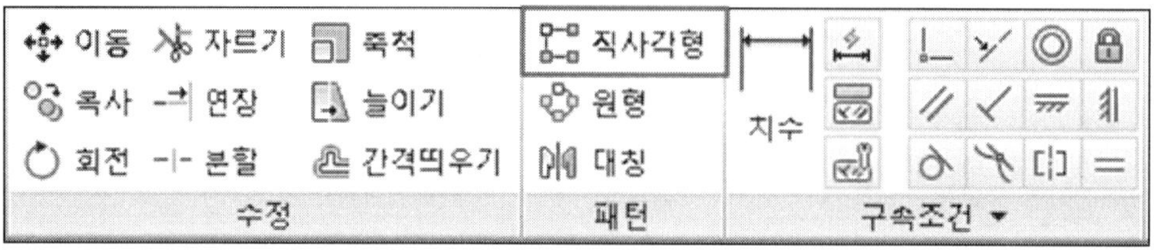

② 선택한 스케치 형상을 복제하고 행과 열로 배열합니다. 패턴화할 형상을 선택한 다음 방향, 사본간의 거리를 지정합니다. 모서리 또는 작업 피처를 선택하여 방향을 지정합니다.

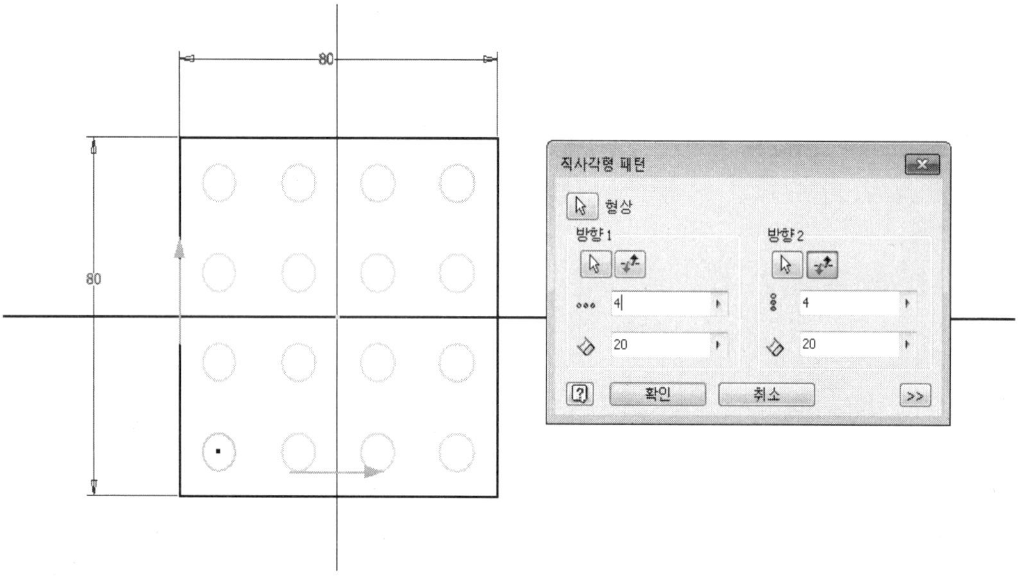

[Fig. 직사각형 배열 명령어]

③ 작업 요령 - 80mm x 80mm의 사각형을 그립니다. 그리고 10mm의 원을 그려 준비를 합니다. 복제하고 배열하고자 하는 스케치 형상(10mm원)을 선택합니다. 그리고 X방향으로 아래 방향의 선을 선택하고, Y 방향으로 왼쪽의 선을 선택하여 방향을 정합니다. 그리고 원하는 개수 (X, Y 방향으로 4개 씩)을 숫자로 입력하고 사본간의 거리 (20mm)를 입력하여 배열을 만듭니다.

연습 문제

예제 - 직사각형 패턴 연습

▶ 2D 스케치 직사각형 패턴 도구를 이용하여 아래의 그림을 완성하시오.

▶ 경로 : 스케치 → 패턴 → 직사각형

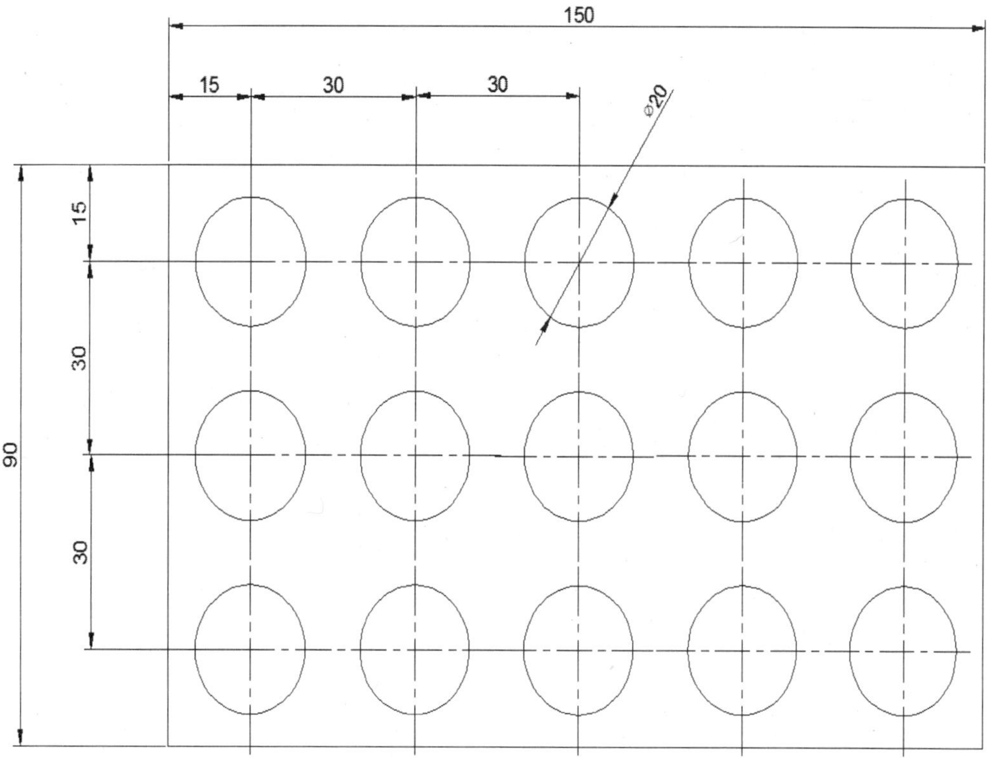

19. 원형 패턴

① 스케치 패널 → 패턴 리본→ 원형 도구를 클릭합니다.

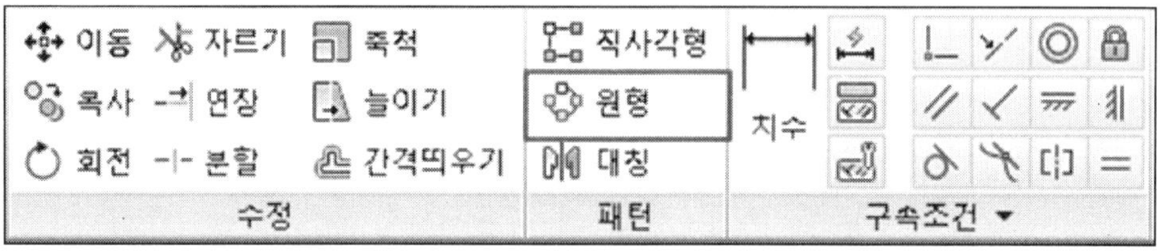

② 선택한 스케치 형상을 복제하고 원 패턴으로 배열합니다. 패턴화할 형상을 선택하고 축으로 사용할 점, 또는 꼭지점을 선택합니다. 그리고 사본 수와 각도를 지정해서 만듭니다.

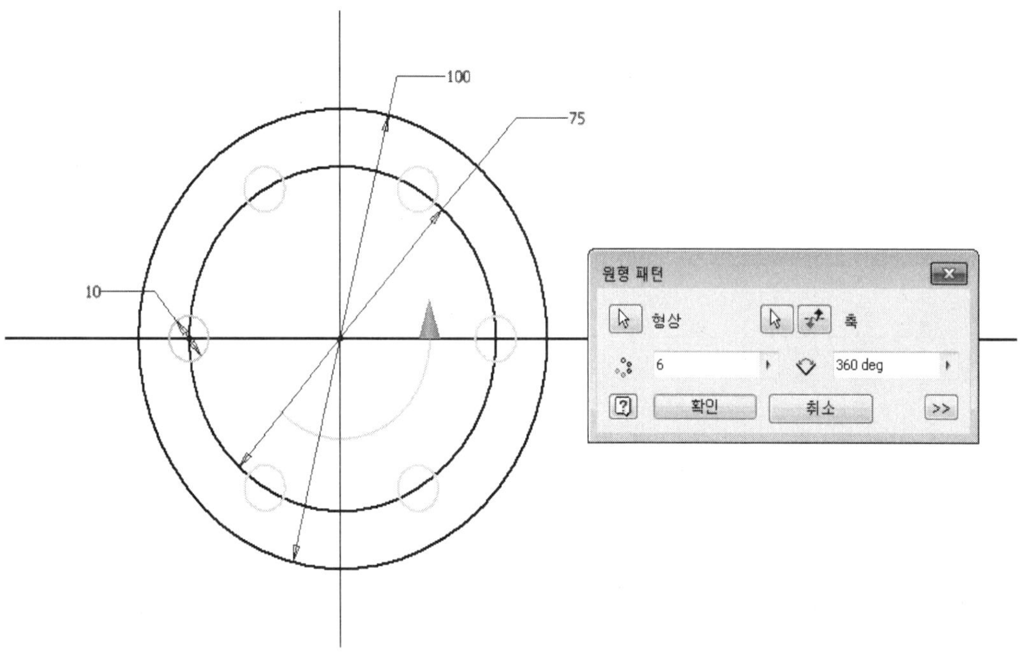

[Fig. 원형 배열 명령어]

③ 작업 요령 - 지름 100mm와 75mm인 두 개의 원을 그립니다. 그리고 지름 10mm인 작은 원을 그려 그 것을 복제하고 배열하고자 합니다. 먼저 복제하고 배열하고자 하는 스케치 형상(10mm 원)을 선택합니다. 그리고 축(중심점)을 선택하고, 원하는 사본의 개수(반시계 방향으로 6개)를 숫자로 입력하고 각도(360도)를 입력하여 원형배열을 완성시킵니다.

연습 문제

예제 - 원형 패턴 연습 1

▶ 2D 스케치 원형 패턴 도구를 이용하여 아래의 그림을 완성하시오.

▶ 경로 : 스케치 → 패턴 → 원형

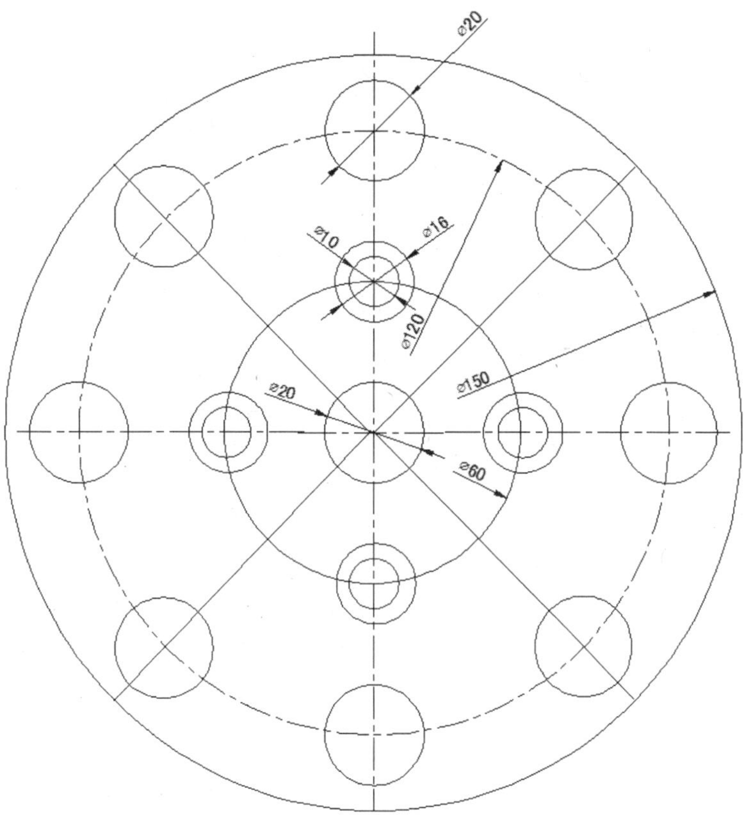

연 습 문 제

예제 - 원혈 패턴 연습 2

▶ 2D 스케치 원형 패턴 도구를 이용하여 아래의 그림을 완성하시오.

▶ 경로 : 스케치 → 패턴 → 원형

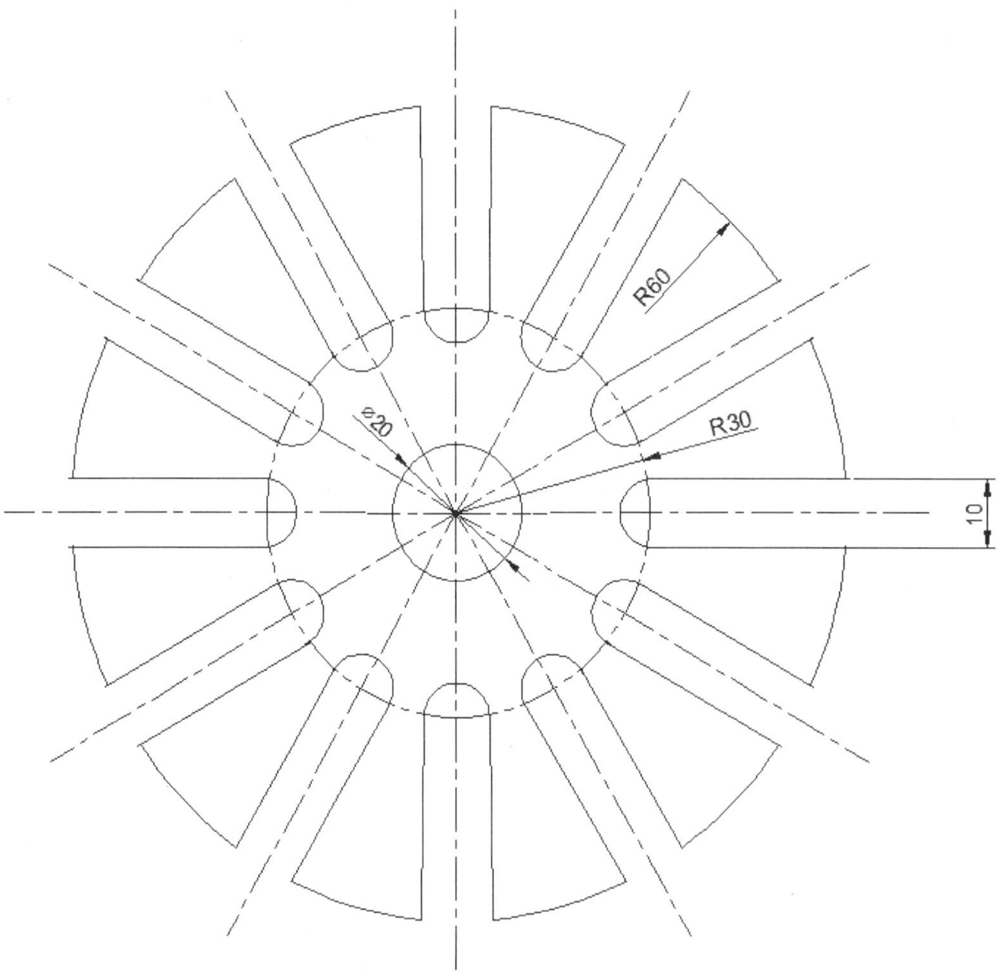

20. 대칭

① 스케치 패널 → 패턴 리본→ 대칭 도구를 클릭합니다.

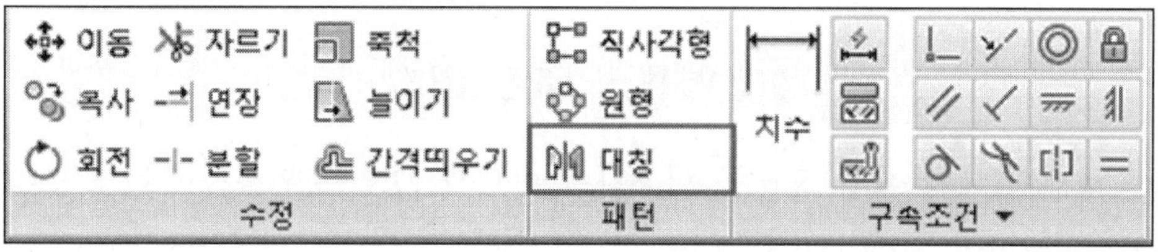

② 축에 대해 대칭된 스케치의 사본을 작성합니다. 축을 대칭으로 하여 다시 그리지 않고 좌, 우, 상, 하로 만들어진 스케치 사본을 복사, 배치할 때 매우 유용한 도구입니다.

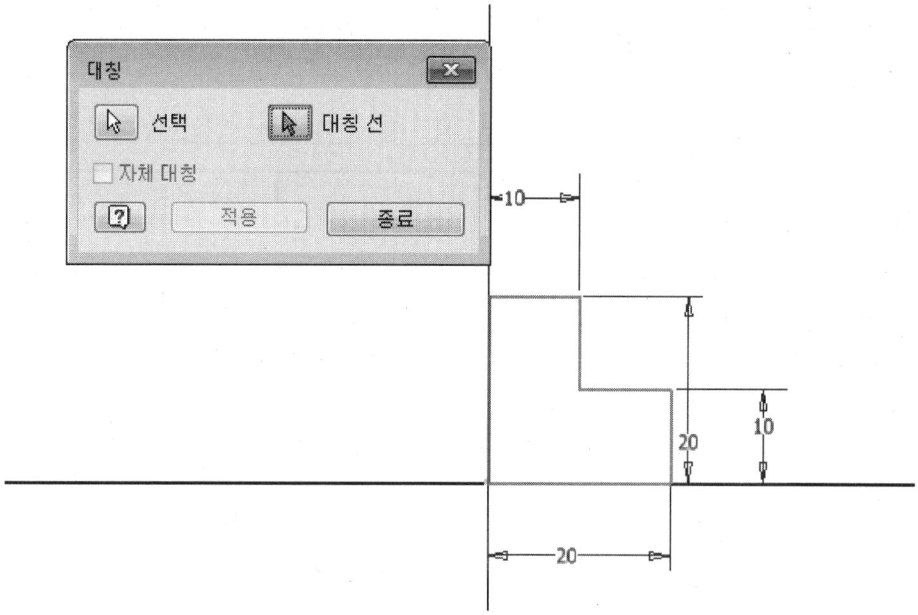

[Fig. 대칭 명령어]

③ 작업 요령 - 길이 각 10mm의 계단형상의 스케치 형상을 그립니다. 패턴 리본의 [대칭] 도구를 선택하여 대칭하고자 하는 대상을 선택합니다. 보조창의 대칭선을 선택하고 원하는 축을 지정하여 그 축을 중심으로 대칭을 완성합니다.

연 습 문 제

예제 - 대칭 연습

▶ 2D 스케치 대칭 패턴 도구를 이용하여 아래의 그림을 완성하시오.

▶ 경로 : 스케치 → 패턴 → 대칭

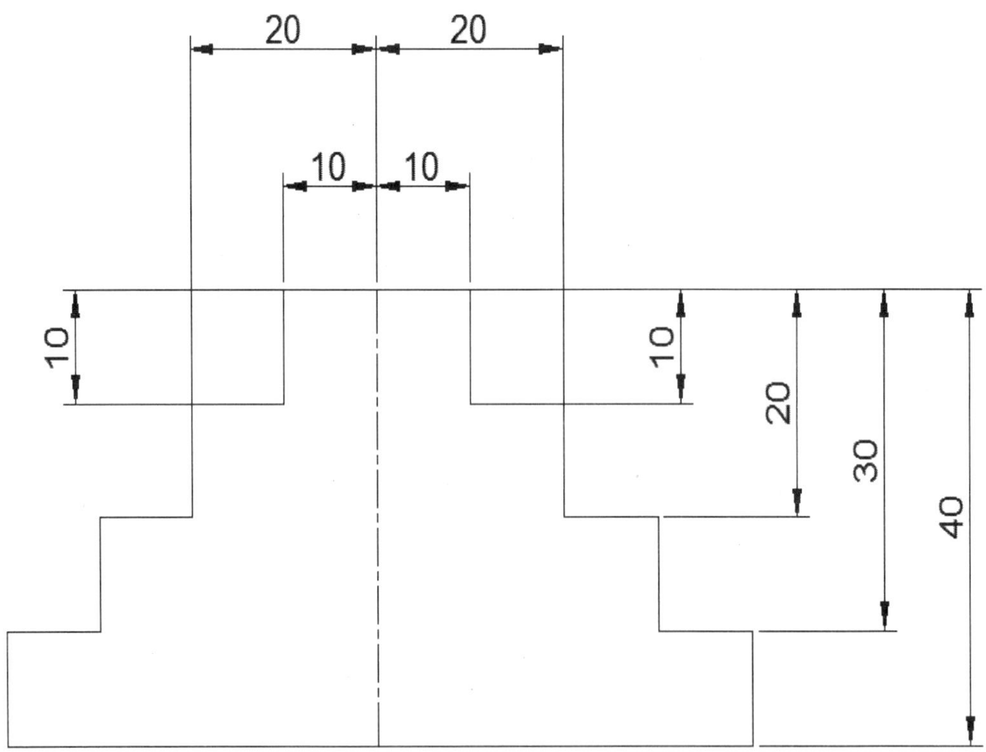

제4장

구속조건

이 장에서는 입체형상제작을 위한 X, Y, Z 3개방향의 자유도 에 대해 알아보고, 자유도의 고정 및 제한에 대한 지식과 개념을 익혀 봅니다.

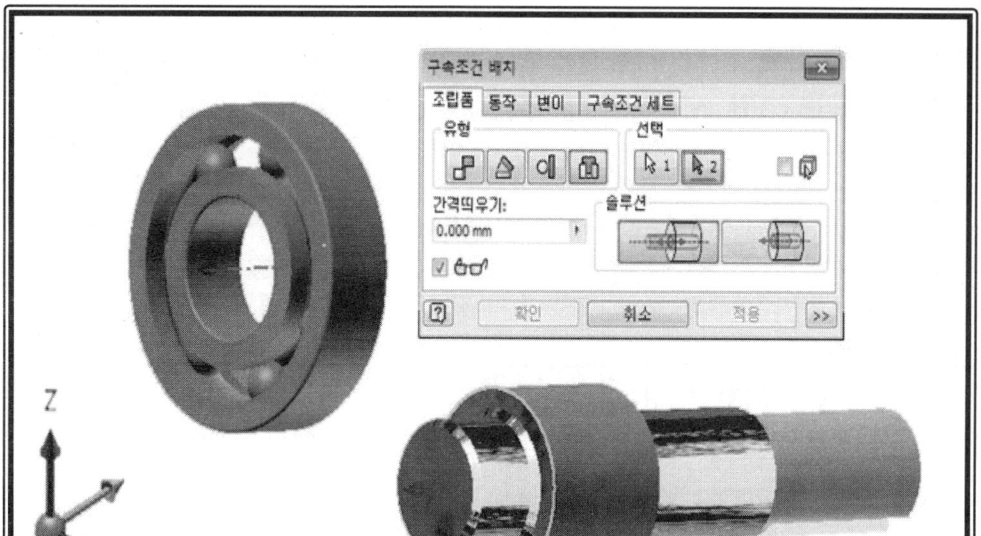

학습 목표

3차원 모델에서 자유도를 고정하고 제한하는 지식을 이해합니다.

학습 개요

인벤터에서 스케치상 프로파일이 가지는 위치나 방샹, 크기 등 형상을 변경할 수 있는 자유도에 대해 이해하고 적용해 봅니다.

일반 목표

도형의 구속조건에 있어 기본적으로 8개의 자유도가 있고, X,Y, Z 축으로 이동할 수 있는 변위 자유도와 그 축을 중심으로 회전하는 회전자유도의 개념을 익힙니다.

세부 목표

구속조건 수정을 위한 수평, 수직, 평행, 직각, 교차, 중간점, 곡성, 접견, 일치 등 구속조건의 수정범위를 선택하고 수정 할 수 있습니다.

4 구속조건

제4장 구속조건(Constraint)

1. 구속조건이란

입체 형상제작을 위해 3개 방향 자유도의 물체를 적절히 고정하고 부분적으로 제한하거나 제거하는 행위를 말합니다. 즉 자유도를 부분적으로 혹은 완전하게 구속하는 것을 말합니다. 구속조건이나 치수를 적용하여 모든 자유도를 없애버리면 스케치는 완벽하게 구속이 되고 자유도가 남은 상태가 되면 스케치는 불충분하게 구속이 된 것입니다. 그리고 과도하게 구속된 치수는 연계 치수 적용과 과도하게 구속된 상태의 경고가 표시됩니다.

2. 자유도

자유도는 스케치 상 프로파일이 가지는 위치나 방향, 크기나 형상을 변경할 수 있는 방법을 말합니다. 도형의 구속 조건에 있어 자유도는 기본적으로 6개가 있습니다. X, Y, Z 축으로 이동할 수 있는 변이 자유도와 X, Y, Z 축을 중심으로 회전하는 회전자유도가 그 것입니다. 그리고 (+) 방향과 (−) 방향까지 적용하면 총 12개까지의 자유도가 존재를 합니다.

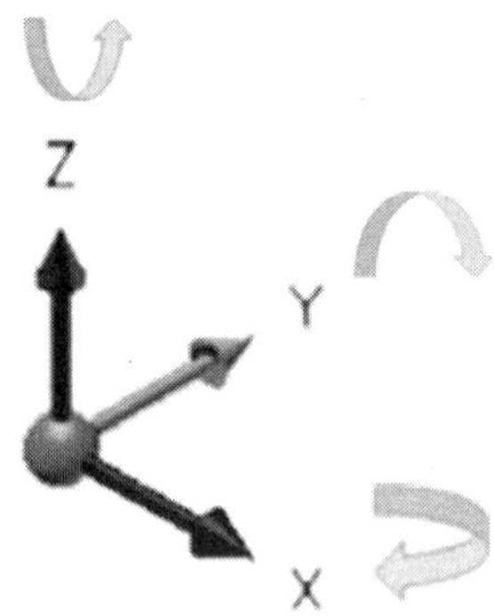

3. 구속조건의 종류

이 번 장에서는 일치 및 구속조건, 동일선상 구속조건, 동심 구속조건, 고정, 직각 구속조건, 평행 구속조건, 부드럽게, 동일 구속조건 등, 구속조건의 종류에 대해 살펴봅니다.

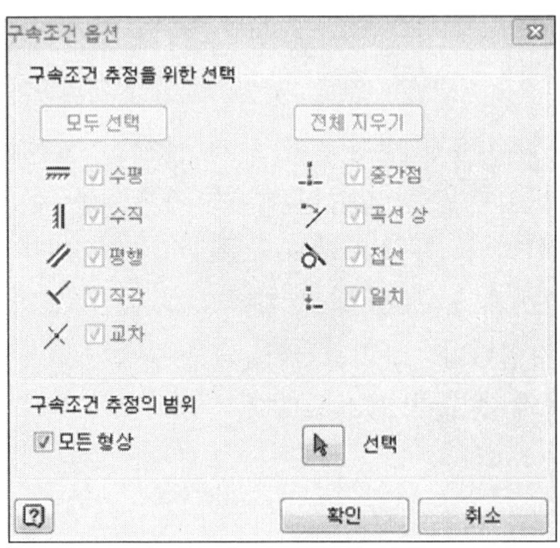

[Fig. 구속조건 옵션 화면]

① **일치 및 구속조건** ( ): 2D 및 3D 스케치의 다른 형상에 점을 구속합니다. 곡선과 일치하는 점은 다른 구속조건이나 치수로 인해 점을 이동할 수 없는 경우

이외에는 곡선을 따라 움직여 임의의 위치에 놓을 수 있습니다. 일치 구속조건으로 중간점이 구속될 경우 스케치 점이 작성됩니다.

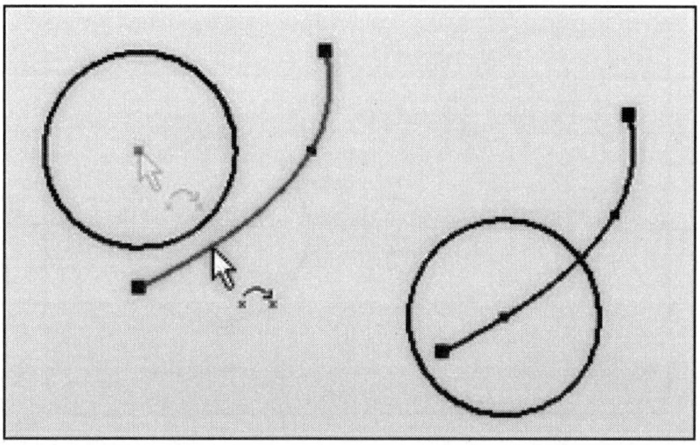

☞ 기능 설명 : 좌측 도형에서 원의 중심점과 아래의 붉은 색 호를 선택하면 우측 도형처럼 호가 점에 일치가 되는 구속조건입니다.

② **동일선상 구속조건** (): 두 개 이상의 선 세그먼트 또는 타원 축이 동일한 선에 놓이도록 합니다. 스케치에서 작성한 형상 외에도 구속조건에 포함할 가시적 모형 모서리와 꼭지점을 선택 할 수 있습니다. 선택한 곡선과 꼭지점은 스케치 평면에 자동으로 투영됩니다.

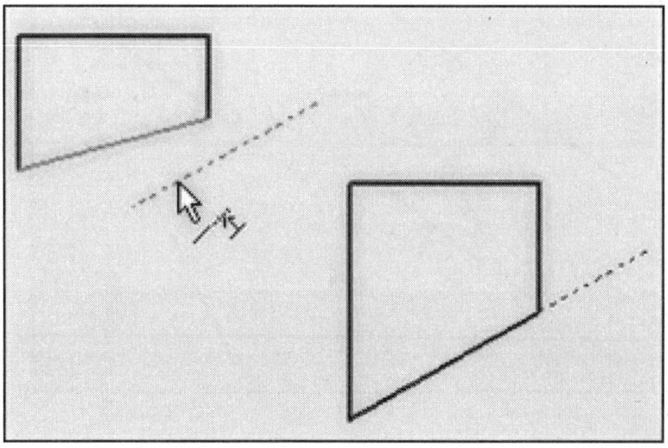

☞ 기능 설명 : 좌측 도형에서 선의 아래 하늘색 부분과 아래의 붉은 색 선을 선택하면 우측 도형처럼 붉은 색 선이 도형 하늘 색 선에 동일선상에 놓이는 구속조건입니다.

③ **동심 구속조건** () : 동일 중심점에 두 개의 호, 원 또는 타원을 구속합니

다. 두 개의 원, 호 또는 타원의 중심점에 이 구속조건을 적용하면 일치 구속조건을 적용한 것과 같은 결과를 얻을 수 있습니다.

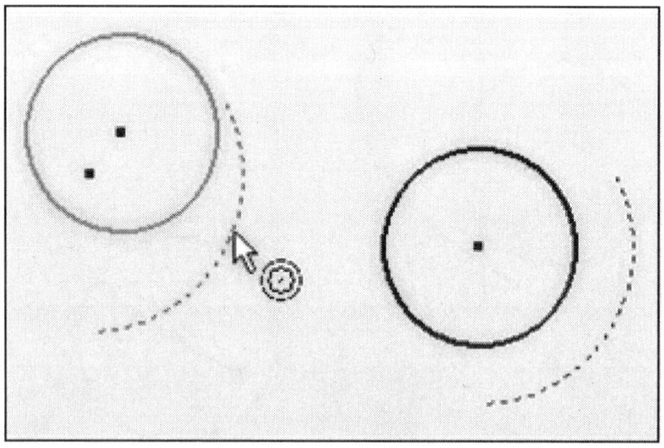

☞ 기능 설명 : 좌측 도형에서 원의 중심 부분과 아래의 붉은 색 원호를 선택하면 우측 도형처럼 붉은 색 원호가 하늘 색 원의 동일 중심 선상에 놓이는 구속조건입니다.

④ **고정** (🔒) : 스케치 좌표계에 상대적인 위치에 점과 곡선을 고정시킵니다. 스케치 좌표계를 이동하거나 회전하면 고정된 곡선이나 점도 함께; 이동합니다. 고정형상은 완전히 구속된 색상으로 나타납니다.

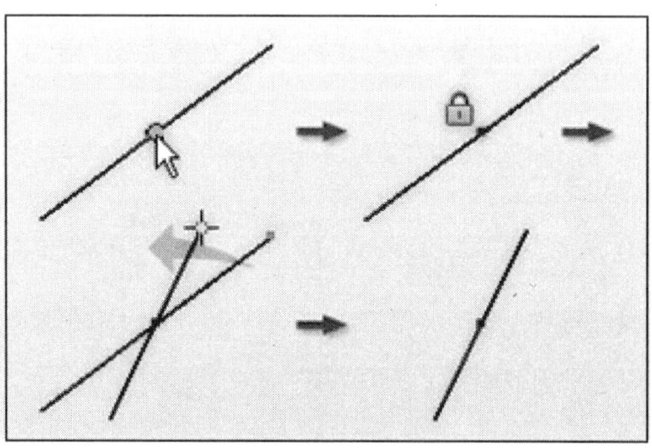

☞ 기능 설명 : 고정 구속조건은 작업 공간의 백그라운드 특정 지점에 스케치(점과 선, 곡선, 원의 중심, 원호 등)를 그릴 때, 그 스케치가 특정 위치에 고정이 되는 구속조건입니다. 위의 그림은 도형을 스케치 한 후 고정 구속조건을 부여한 선은 움직이지 않고, 나중에 그 위에 그린 선만 이동이 되는 구속조건입니다.

⑤ **평행 구속조건** ( ) : 선택한 선형 형상이 서로 평행으로 놓이도록 구속됩니다. 평행은 스케치 형상에 대해 사용할 수 있으며, 타원 축, 스플라인 핸들, 텍스트 모서리 및 가져온 이미지와 함께 사용할 수 있습니다.

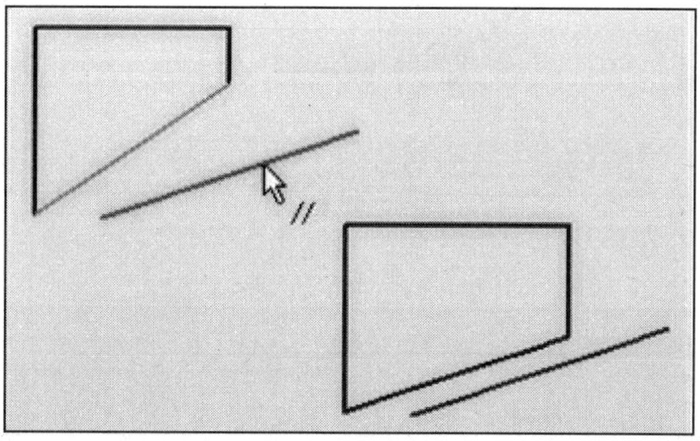

☞ 기능 설명 : 좌측 도형에서 하늘색의 선을 선택, 다시 그 아래 붉은 색 선을 선택하면 우측 도형처럼 붉은 색 선이 하늘 색 선의 기울기를 가지는 평행 구속조건입니다.

⑥ **직각 구속조건** ( ) : 선택한 선형 형상이 서로 직각으로 구속됩니다. 직각은 타원 축, 스플라인 핸들, 텍스트 모서리 및 가져온 이미지가 있는 스케치 형상에 사용할 수 있습니다.

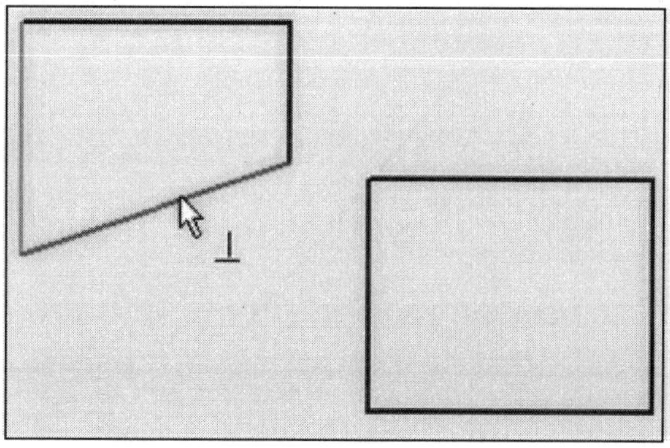

☞ 기능 설명 : 좌측 도형에서 하늘색의 선을 선택, 다시 그 아래 붉은 색 선을 선택하면 우측 도형처럼 붉은 색 선이 하늘 색 선의 직각이 되는 직각 구속조건입니다.

⑦ **부드럽게** ( ) : 곡률 연속(G2) 조건을 스플라인에 적용합니다. 곡선이나 스

플라인을 선택하여 곡률 구속조건을 적용한 다음 접하는 스플라인이나 곡선을 선택하여 구속조건을 적용합니다.

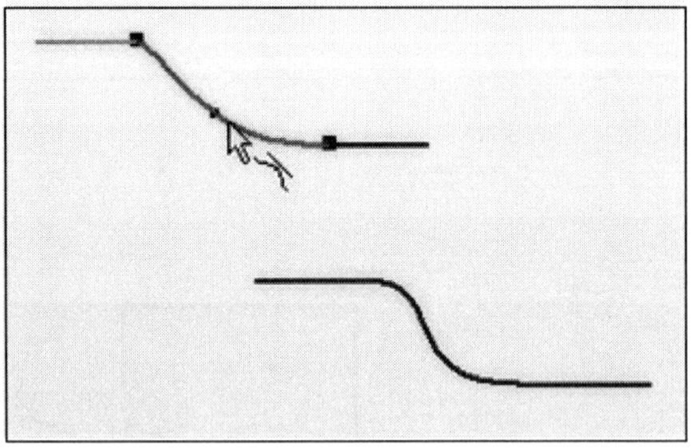

☞ 기능 설명 : 좌측 도형에서 하늘색의 선을 선택, 다시 그 아래 붉은 색 원호를 선택하면 우측 도형처럼 부드러운 곡률 연속조건을 가지는 스플라인에 적용되는 구속조건입니다.

⑧ **수평 구속조건** ( ) : 스케치 좌표계의 X 축에 평행이 되도록 선, 타원 축, 점 쌍을 생성합니다. 구속된 중간점에서 스케치 점을 작성합니다. 여러 개의 선이나 축을 수평으로 만들려면 선이나 축을 선택한 다음 수평 구속조건을 클릭합니다. 선택 항목에 끝점을 포함하지 않도록 합니다.

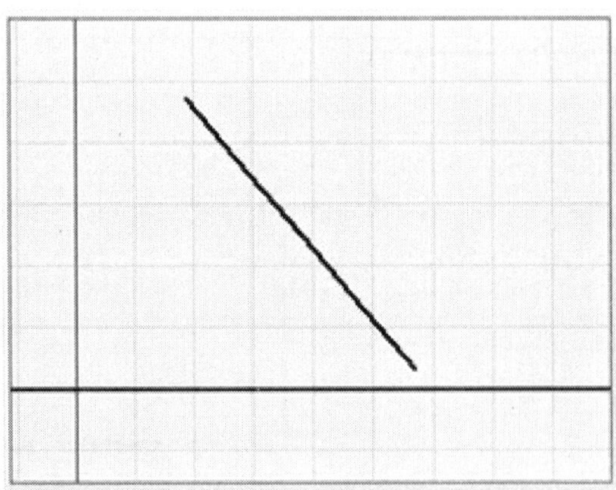

☞ 기능 설명 : 위의 도형에서 일정 각을 가지는 선의 스케치를 수평 구속조건을 선택 후, 지정을 해주면 수평이 적용되는 구속조건입니다. 정확하게 수평선을 긋기가 힘이 든다면 여러 번 지우고 다시 긋지 말고 수평 구속조건을 활용하면 정확하게 수평선을 그을 수 가 있습니다.

⑨ **수직 구속조건** ( ) : 선, 타원 축 또는 점의 쌍이 스케치 좌표계의 Y 축에 평행이 되도록 놓이게 합니다. 구속된 중간점에서 스케치 점을 작성합니다. 여러 개의 선이나 축을 수직으로 만들 수 있습니다. 선이나 축을 선택한 다음 수직을 클릭합니다. 선택항목에 끝점을 포함하지 않도록 합니다.

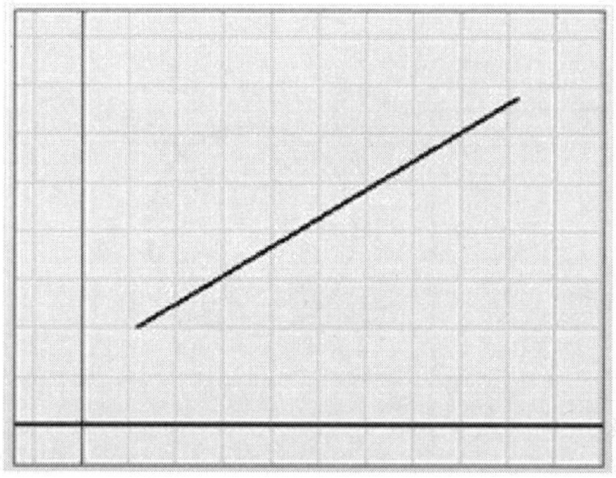

☞ 기능 설명 : 위의 도형에서 일정 각을 가지는 선의 스케치를 수직 구속조건을 선택 후, 지정을 해주면 수직이 적용되는 구속조건입니다. 정확하게 수평선을 긋기가 힘이 든다면 수직 구속조건을 활용하면 정확하게 수직선을 그을 수 가 있습니다.

⑩ **접선** ( ) : 스플라인의 끝을 포함하는 곡선을 다른 곡선에 접하도록 구속합니다. 접하게 할 두 곡선을 선택합니다.. 물리적으로 점을 공유하지 않더라도 곡선은 다른 곡선에 접할 수 있습니다. 해당 곡선이 있는 경우 구속조건이 고려됩니다.

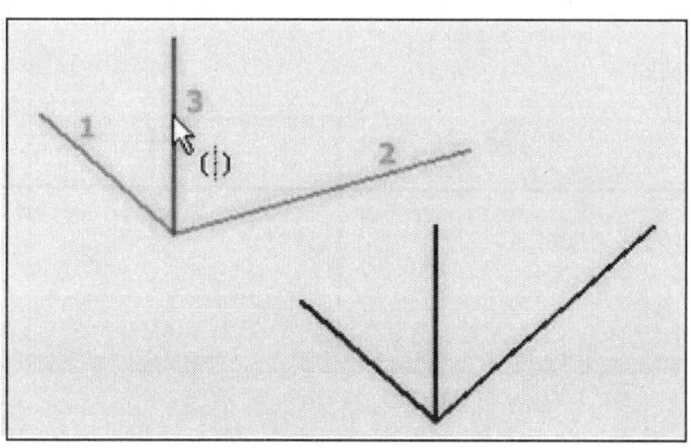

☞ 기능 설명 : 좌측 도형에서 선을 선택, 다시 그 오른 쪽의 원을 선택하면 곡선과 직선이 서로 만나 서로 접하게 하는 구속조건입니다.

⑪ **대칭** ( ) : 선택한 선 또는 곡선이 선택한 선을 기준으로 대칭되도록 구속합니다. 대칭으로 구속될 두 개의 객체를 선택합니다. 그런 다음 객체가 대칭될 기준이 될 선을 선택합니다. 선택한 형상에 구속된 세그먼트는 구속조건을 적용할 때 방향도 다시 조정됩니다.

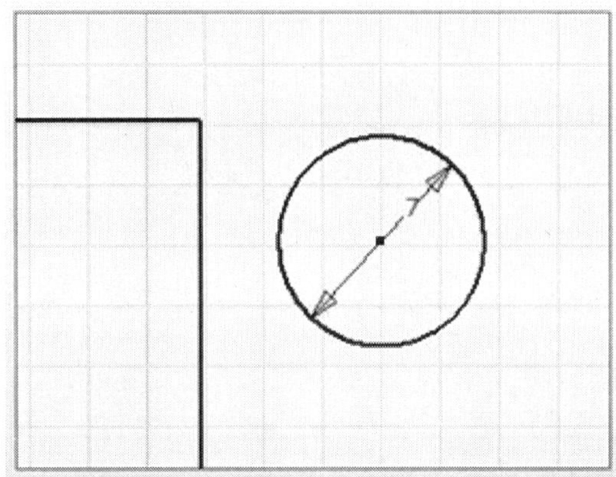

☞ 기능 설명 : 좌측 도형에서 1번의 하늘색 선과 2번을 선택하고 서로 대칭이 될 기준선(3번 붉은색)을 선택합니다. 결과는 우측 도형에서 보는 바와 같이 3번 붉은 선을 기준으로 서로 대칭이 되도록 도와주는 구속조건입니다.

⑫ **동일** (=) : 선택된 원과 호가 동일한 반지름을 갖거나 선택된 선이 동일한 길이를 갖도록 구속합니다. 여러 개의 호나 원이 동일한 반지름을 갖거나 여러 개의 선이 동일한 길이를 갖도록 구속할 수 있습니다. 형상을 선택한 다음 동일 구속조건 명령을 클릭합니다.

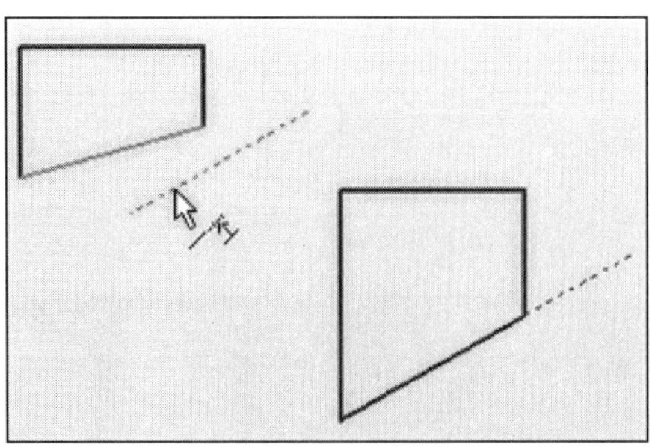

☞ 기능 설명 : 좌측 도형에서 1번의 하늘색 선과 2번을 선택하면 우측 도형에서 보는 바와 같이 원과 호, 선택된 선이 동일한 길이 값을 가지도록 서로 동일하게 되도록 도와주는 구속조건입니다.

4. 구속조건 (Constraint) 연습

예제

▶ 아래 도면의 작성을 통해 구속조건 수평, 수직, 직각, 평행, 접선 등에 대해 알아봅니다.

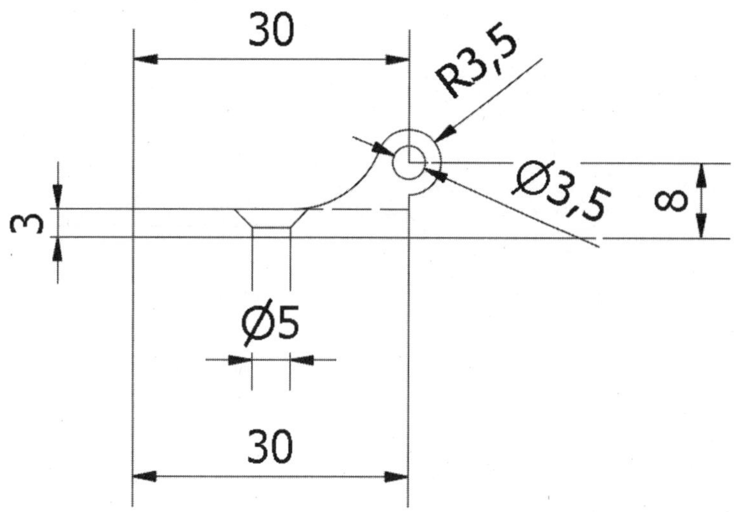

[Fig. 구속조건 실습을 위한 2D 스케치 예제]

① 위의 도면을 작성하기 위해서 2D 스케치 → 작성 → 선, 원을 선택하여 아래와 같이 그림을 그립니다.

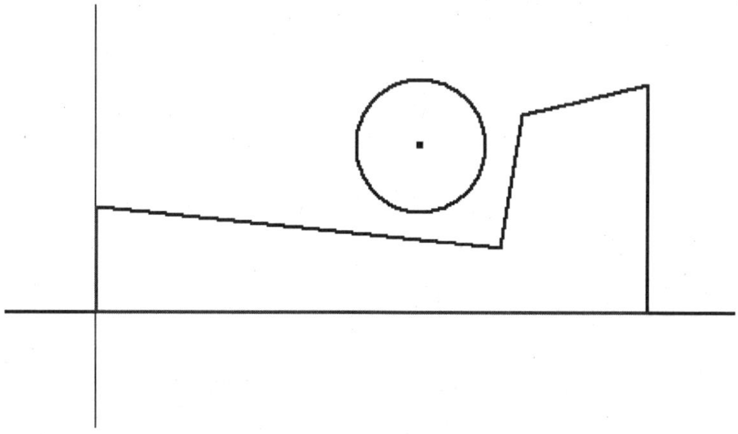

① 구속조건 패널의 수평, 수직, 직각, 접선 명령어를 클릭하고 도면에서 잘 못 그려진 도형들 하나하나 씩 선택을 합니다.

▶ 수평, 수직

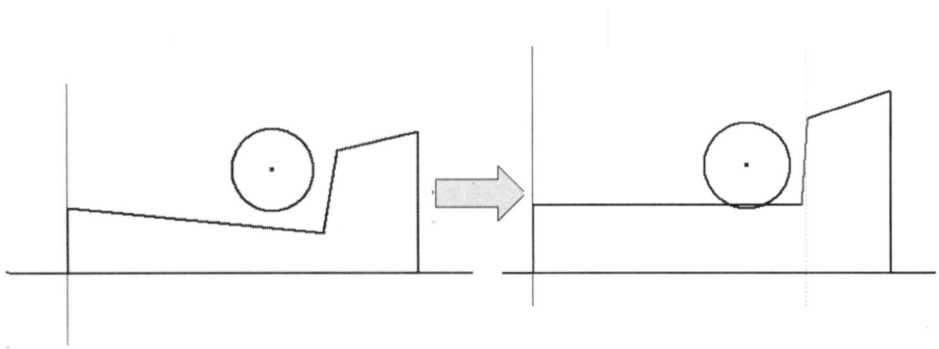

▶ 직각, 접선

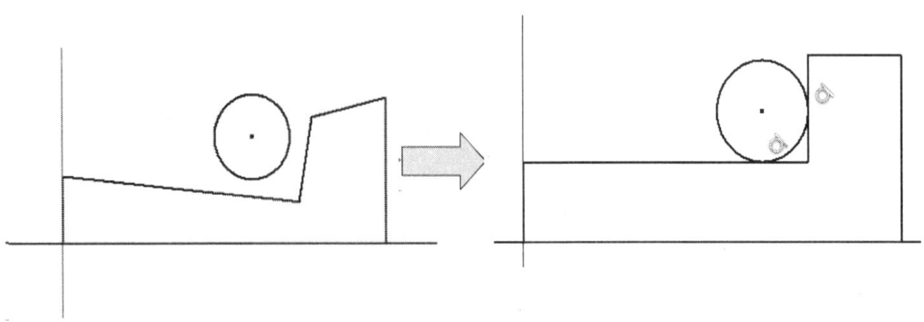

▶ 동일, 자르기

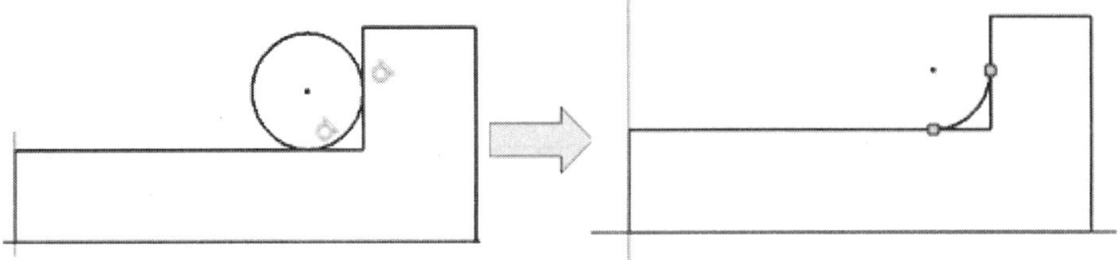

▶ 동심

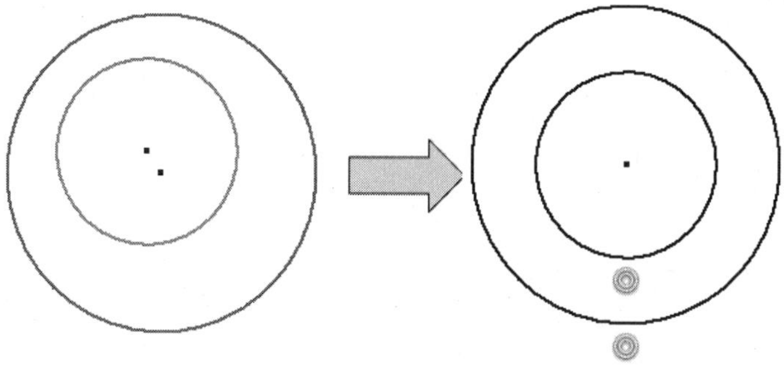

▶ 평행

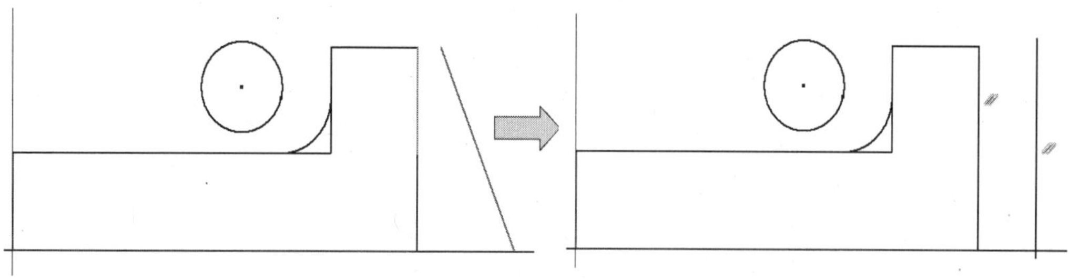

▶ 구속조건 표시하기

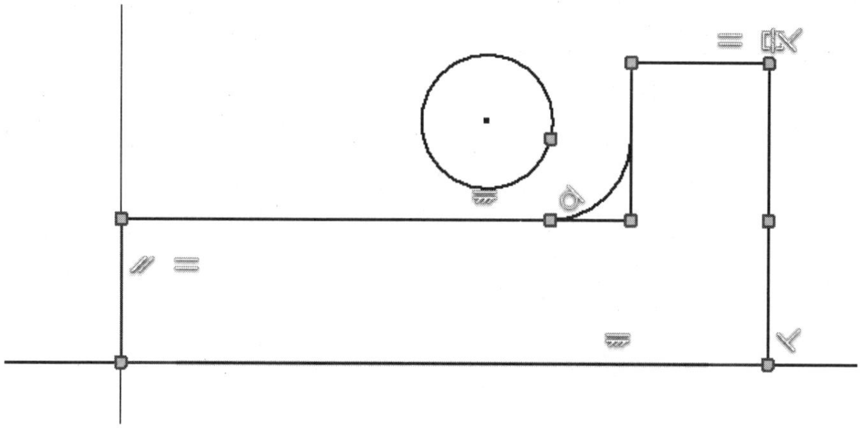

제5장

부품

이 장에서는 피처, 모델링의 3차원 형상 부품에 대한 내용과 매개변수를 이해하고, 실습을 통해 부품을 작성하며 실무를 익힙니다.

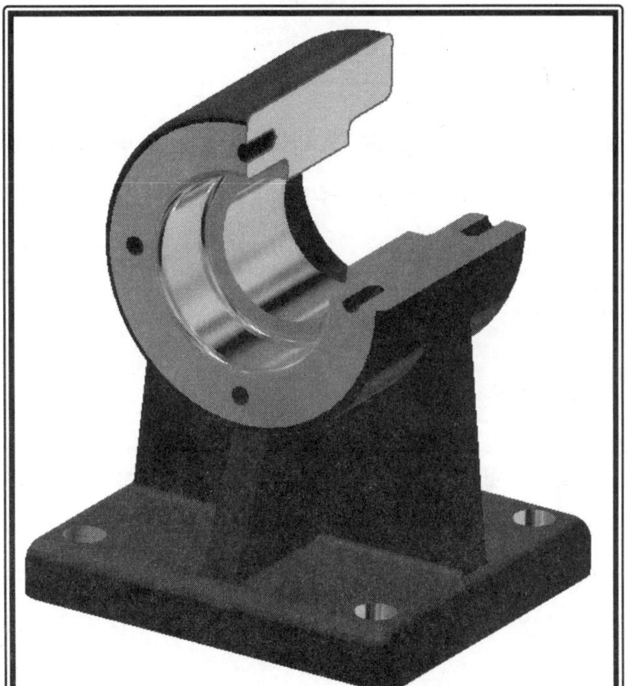

학습 목표

3차원 모델링 모형의 개념에 대해 배우고 부품 형상을 이해합니다.

학습 개요

3차원 모델 부품 모형에 대한 일반적인 개념에 대해 배우고 부품의 전반적인 개념을 익혀 실무에 적용해 봅니다.

일반 목표

부품 작성을 위한 명령어 도구창을 통해 부품 모형 이해를 위한 실무 각 기능 명령어를 익히고, 보다 더 효율적으로 도면을 작성하는 법을 배우게 됩니다.

세부 목표

3차원 피처작성 메뉴인 돌출, 회전, 로프트, 스윕, 리브, 코일, 엠보싱, 전사 등의 작성 명령어와 구멍, 모깍기, 모따기 등 수정 패널들을 애해 할 수 있습니다. 각종 패턴 패널과 브라켓과 부시, 샤프트, 전동기 부품 등을 직접 실습해 봅니다.

5 부품

제5장 부품(Part)

1. 3D 부품 (Part) 개념

인벤터 2016에서 부품(Part)이라는 것은 2D 스케치 (프로파일) 명령어를 종료하고 나서 행해지고 만나는 공정입니다. 궁극적으로 3차원 결과물을 얻기 위한 생성 대상으로서, 스케치 명령을 마치고 완료되는 모형 (Part 혹은 Feature)을 생성하는 결과물입니다.

2. 도구창의 구성

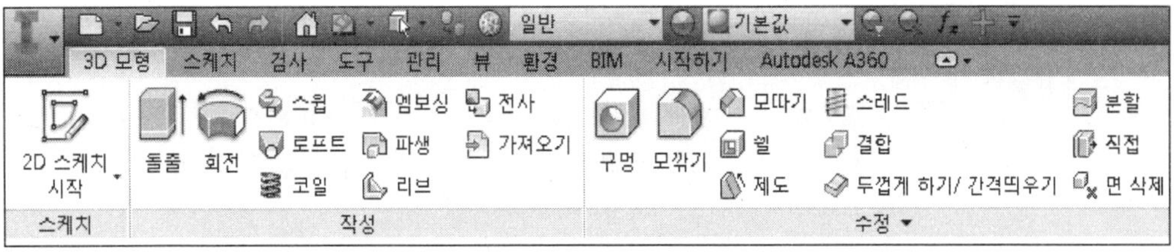

2-1. 스케치 패널

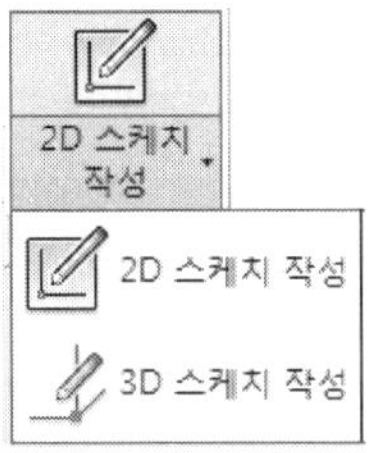

- 스케치 패널은 부품 생성을 위한 프로파일을 만드는 것으로 2D 스케치 작성과 3D 스케치작성으로 구성이 되어 있습니다. 2D 스케치는 X,Y 좌표값이 필요, 3D 스케치 작성 시에는 X,Y,Z 3방향의 좌표값이 필요합니다. 3D스케치는 스윕, 로프트 등의 경로를 가지는 모형을 설계할 때 사용됩니다.

2-2. 작성 패널

▶ 3D 피쳐 작성에 있어 가장 기본이 되는 패널 입니다.

돌출, 회전 명령어는 부품작성 모델 명령어중 가장 많이 사용되는 명령어이고, 결합, 절단, 교차 등의 하부 선택 조건이 있습니다. 그 외에 스윕, 로프트, 코일, 엠보싱, 파생, 리브, 전사 등이 있습니다.

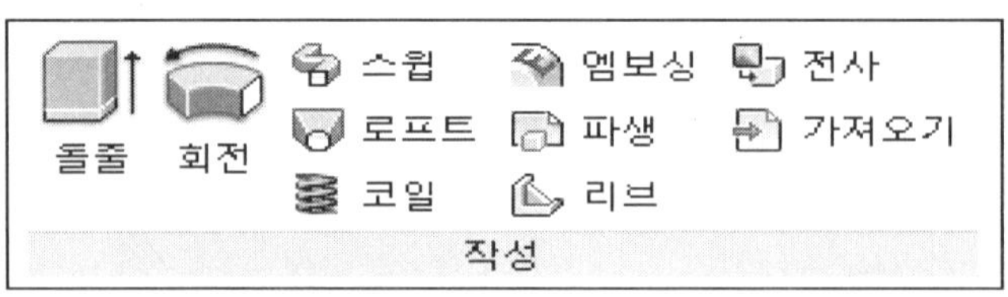

2-3. 수정 패널

▶ 수정 패널은 1차로 가공이 된 부품 형상에 제 2의 가공을 할 때 사용되는 명령어들을 모아놓은 패널 입니다. 3차원 모델링 Tool은 일반 기계가공 방식과 유사해서 소재를 이용하여 평면가공을 하고 구멍과 모서리 부의 예리부(Burr)를 제거하고, 나사가공을 하는 등 순차적으로 이루어집니다.

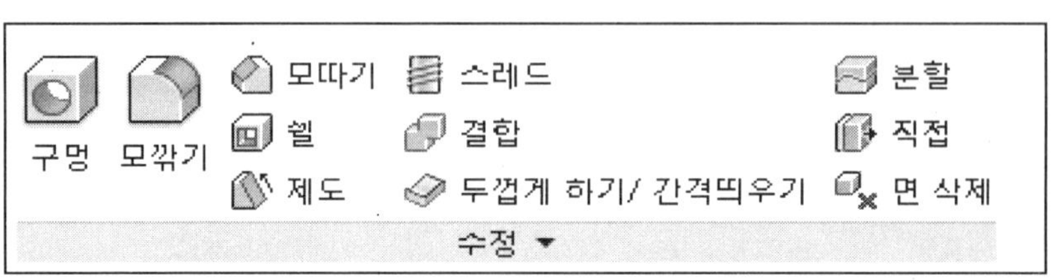

수정 패널 에는 구멍, 모깍기, 모따기, 쉘, 면 기울기, 스레드, 분할, 결합, 면 이동, 객체복사, 본체이동, 굽힘 등의 명령어를 모아 놓은 패널 입니다.

2-4. 작업 피처 패널

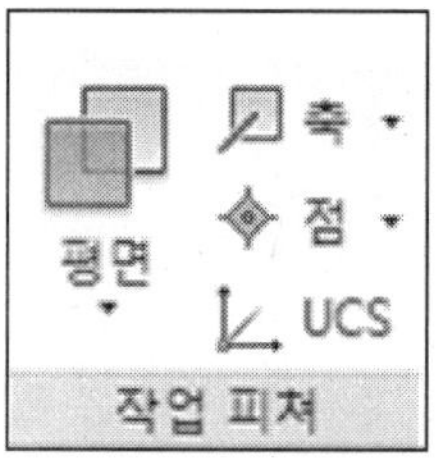

▶ 인벤터 검색기 창에서 제공되는 원점의 좌표를 살펴보면 기본적으로 XY평면, YZ평면, XZ평면, X축, Y축, Z축, 중심점이 있습니다.

이것은 작업자가 3D 모델링 하고자 스케치 작업으로 프로파일을 생성 할 때 원하는 평면을 얻기 위해 제공되는 패널 입니다.

【평면】, 【간격띄우기】, 【3점】, 【모서리】, 【곡면】 등 선택사항이 있습니다.

2 -5. 패턴 패널

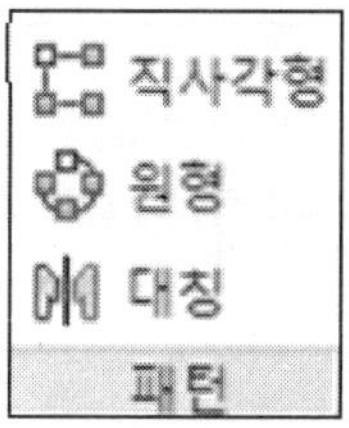

▶ 패턴 패널은 【직사각형】, 【원형】, 【대칭】 등이 있는데, 이것은 하나 이상의 피쳐 또는 본체를 복사하고 일정 방향으로 경로를 따라 특정 개수, 간격을 가진 배열을 나타냅니다. 이 때 배열을 만들 때는 스케치가 아닌 피쳐, 즉 3D 모델링 부품을 선택하는 것이 2D 배열과 다른 점입니다.

2-6. 곡면 패널

▶ 부품의 면 또는 퀼트에 두께를 추가하거나 또는 제거하는 등의 새로운 솔리드를 작성, 결합, 절단, 삭제 할 때 사용되는 명령어들을 모아놓은 패널 입니다.

2-7. 변환 패널

▶ 일반 부품을 판금 부품으로 변환을 할 때 사용되는 패널 입니다. 부품을 판금으로 지정하면 판금 탭을 사용할 수 있게 됩니다. 판금 고유 매개 변수가 매개 변수 리스트에 포함됩니다. 즉 판금부품에서 이 정보에 대한 값을 입력하면 소프트웨어는 사용자가 설계하는 대로 해당 값을 적용합니다.

3. 부품 시작하기

① 바탕화면의 프로그램 아이콘을 실행, 주 화면 새로 만들기의 【부품】 탭을 클릭합니다.

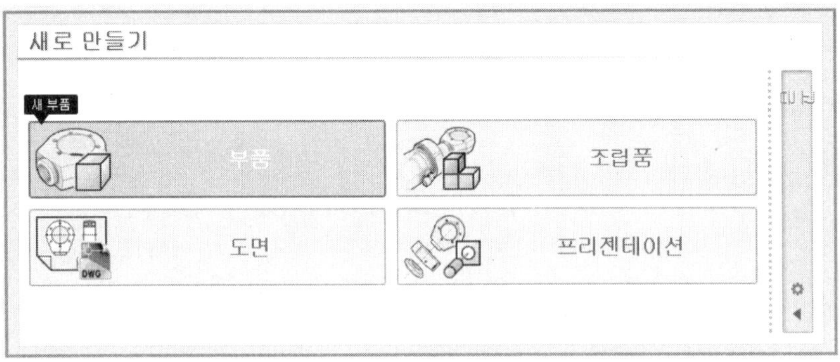

② 혹은, 【시작하기】 메뉴에서 【새로 만들기】를 선택, 【부품(standard.ipt)】를 클릭합니다.

[Fig. 새로 만들기 옵션 화면]

3-1. 2D 스케치 시작

① 주 화면에서 【2D 스케치 시작】 이라는 도구를 클릭합니다. (배경 화면은 연두색)

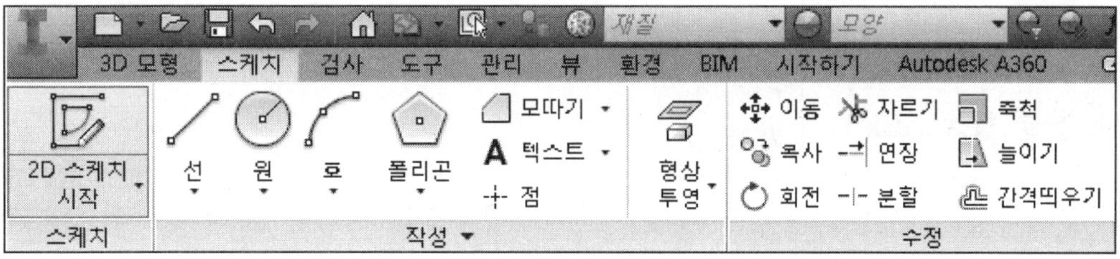

② 초기화면에서 작업자가 모델링을 하기 위한 작업공간 (평면) 을 얻기 위한 과정입니다. 가장 기본적인 X-Y 평면, 혹은 X-Z 평면 등 적절한 평면을 선택하여 2D 스케치를 시작합니다.

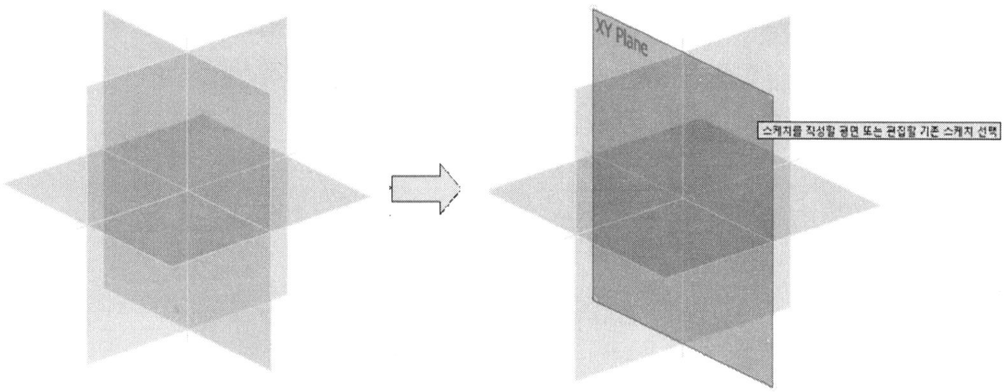

[Fig. 스케치 평면 (X-Y 평면) 선택]

■ 사각형 (Rectangle)

부품 작성을 위해 【2D 스케치 시작】으로 모델링을 시작합니다.

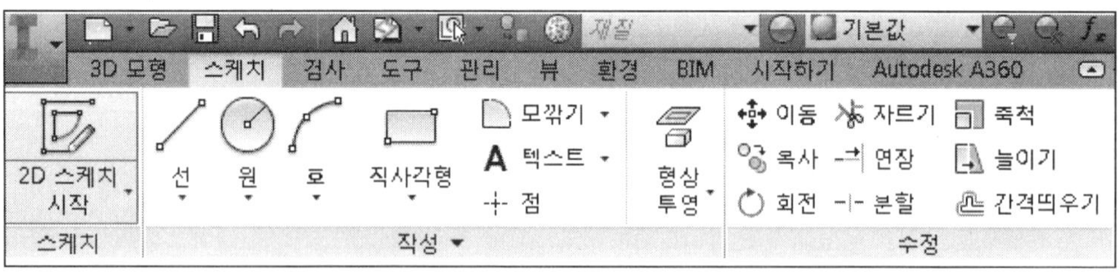

3-2. 작성패널

1) 돌출 (Extrude)

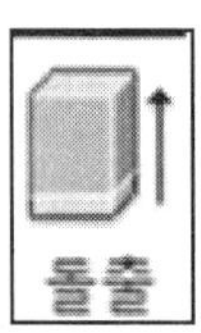

▶ 돌출 도구는 2D 스케치를 마치고 난 프로파일을 원하는 파라메트릭 값으로 솔리드를 만드는 역할을 합니다. 스케치를 피처로 만드는 가장 기본적이면서 널리 사용되는 명령어입니다.

▶ 육면체를 만들기.

① 스케치 패널 → 작성 리본 → 【직사각형】 도구를 클릭합니다.

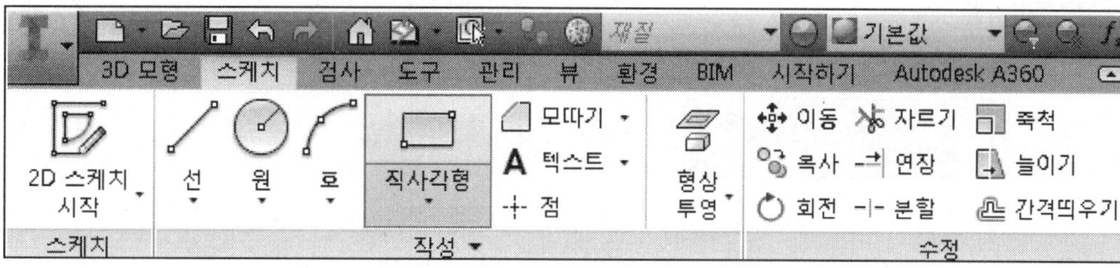

② 설계 시 가급적이면 중심을 기준으로 좌우로 직사각형을 그려줍니다.

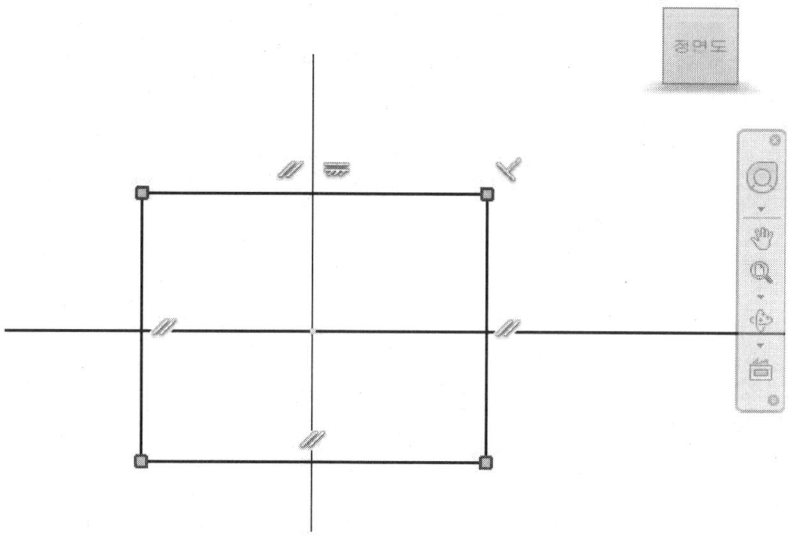

③ 구속조건의 【치수】 도구를 클릭하여 가로, 세로 50mm 씩 직사각형을 만듭니다.

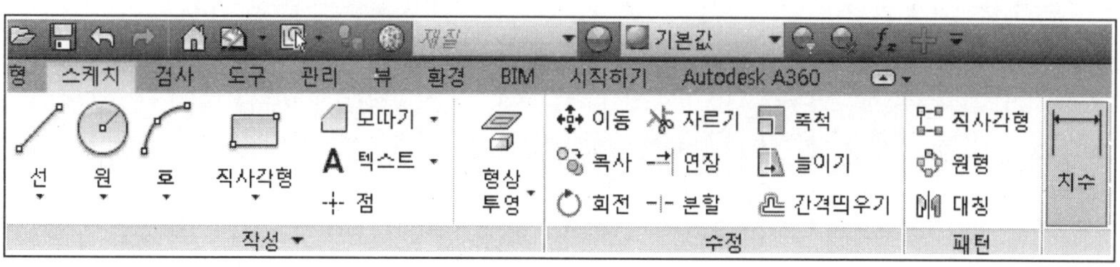

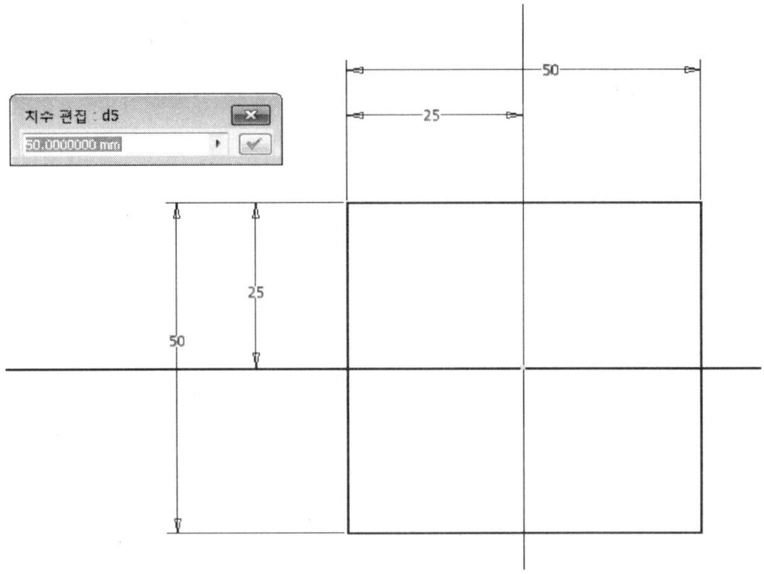

④ 스케치 작업 후 피처 작성을 위해 【스케치 마무리】를 눌러 작업을 종료합니다.

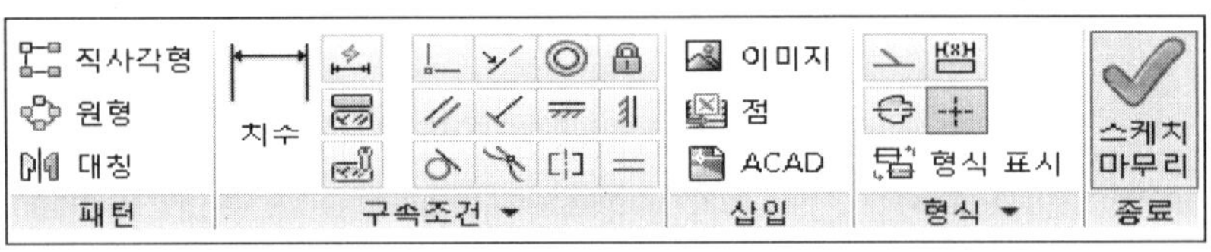

⑤【스케치 마무리】를 누르면 화면은 아래와 같이 바뀌며 모델링 준비를 합니다.

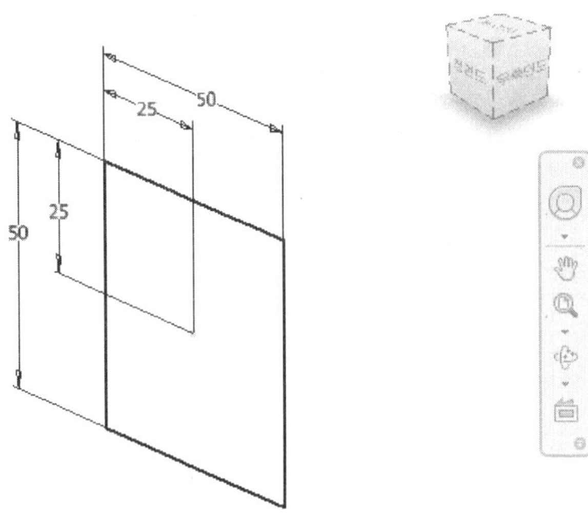

⑥ 화면은 3차원 모델링을 위한 3D 모형리본으로 바뀝니다. (배경 화면은 회색). 아래 인터페이스 중 【돌출】 도구를 선택하여 파라메트릭 값 50mm를 입력, 모형을 완성시킵니다.

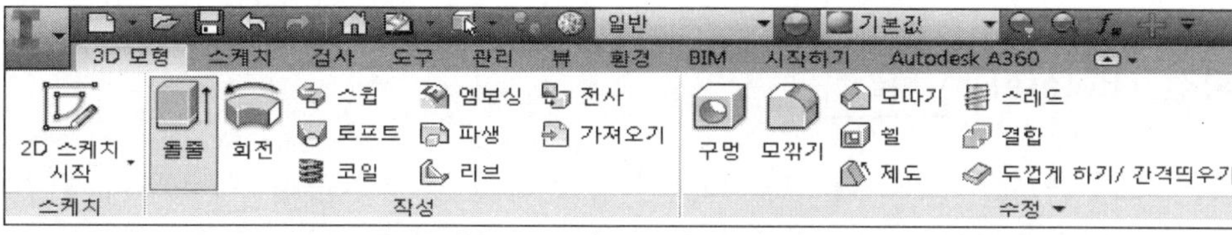

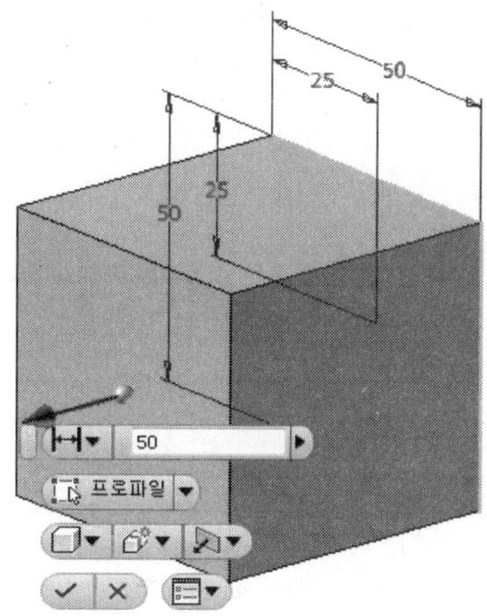

⑦【확인】을 눌러 작업을 종료하고, 【저장】 명령으로 저장시킵니다.

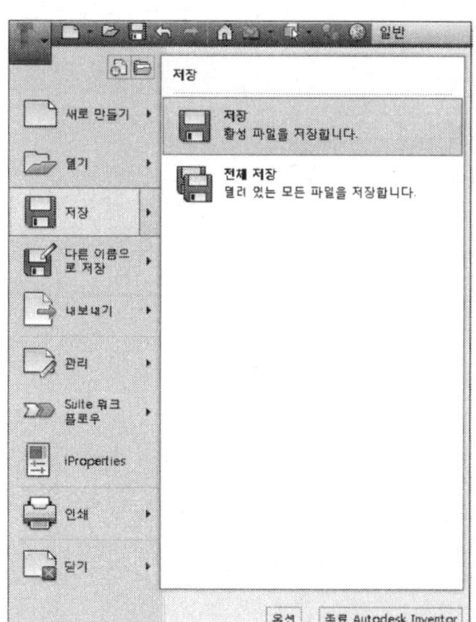

⑧ [인벤터 2016연습]이라는 폴더를 만들고 『육면체.ipt』라는 파일이름으로 【저장】시킵니다.

2) 회전 (Rotate) 

▶ 회전 도구는 2D 스케치를 마치고 난 프로파일을 중심축을 이용하여 회전을 시켜 모델링을 만드는 도구입니다. 돌출과 함께 가장 기본적이면서 널리 사용되는 명령어 중 하나입니다.

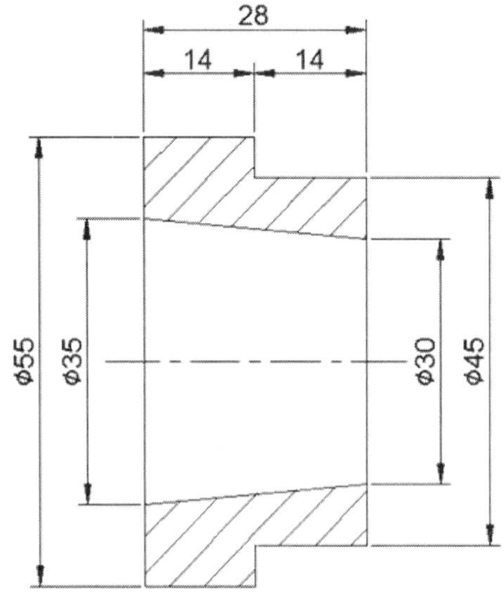

① 프로파일 만들기 - 회전

2D 스케치 - 【선】 명령어를 이용하여 위에 나타난 도면 중심선을 기준으로 절반을 그립니다. 구속조건 탭의 【치수】를 선택하여 도면을 완성시킨 후 【스케치 마무리】를 선택합니다.

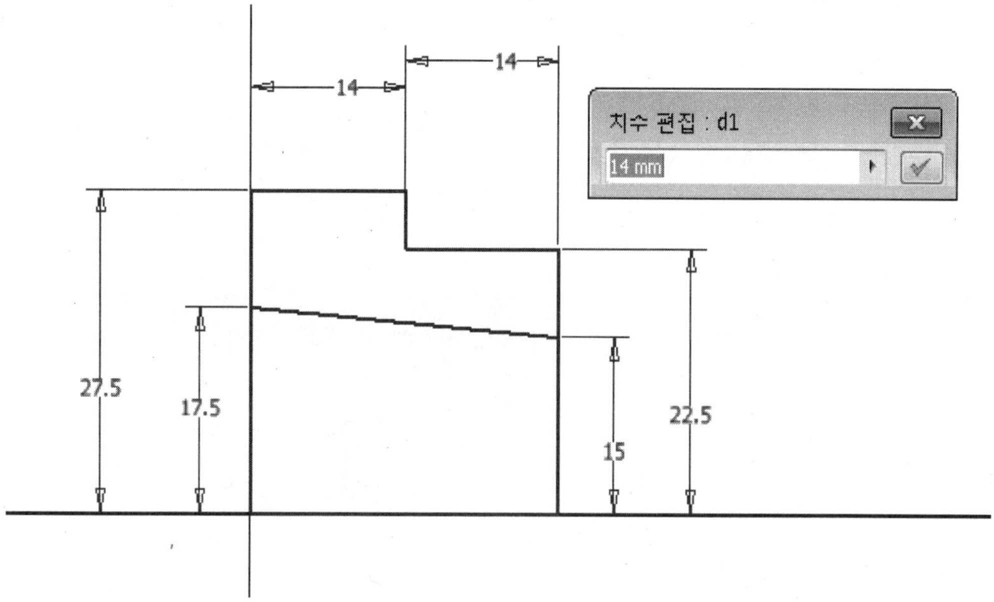

② 3D모형의 【회전】을 선택합니다. 프로파일은 붉은색으로 보이는 프로파일을 선택하고, 범위는 【전체】를 선택합니다. 마지막으로 축 선택은 맨 아래 보이는 붉은 선을 선택 후 【확인】을 눌러 작업을 종료합니다.

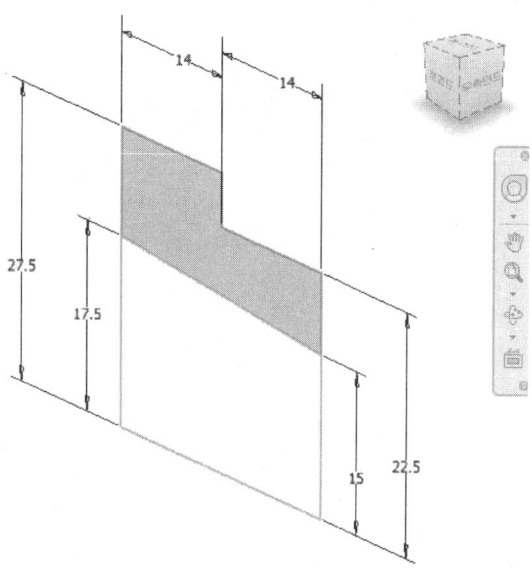

③ 중심선을 기준으로 만들어진 3차원 모델링의 회전 피처입니다. 이 기능은 가장 기본적이고 단순한 회전 명령어에 대한 설명입니다. 2D스케치, 3D스케치, 작업평면 추가 등으로 훨씬 더 복잡하고 정교한 회전 명령을 할 수 있으며 이는 뒷

장에서 다시 설명하도록 하겠습니다.

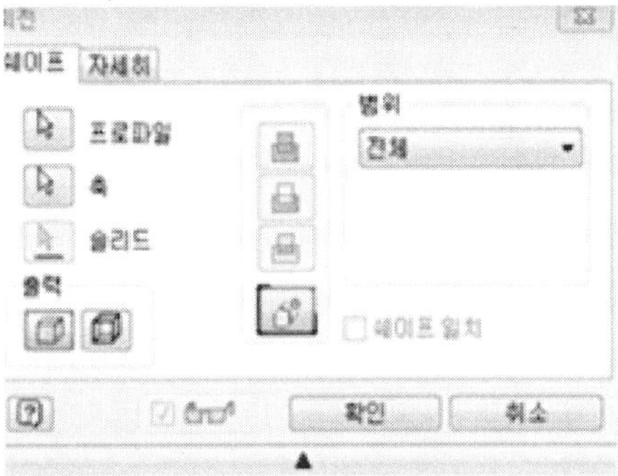

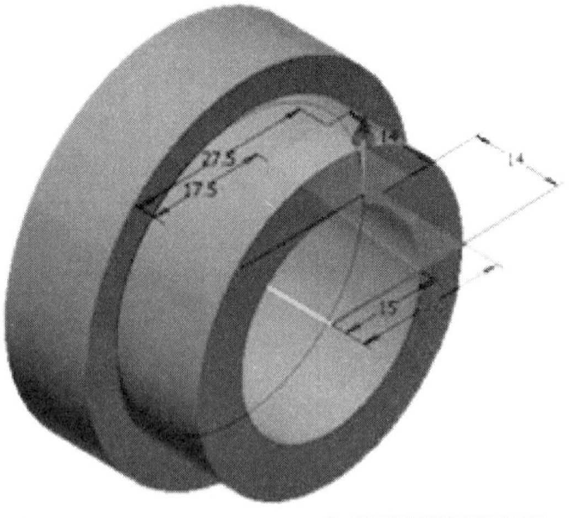

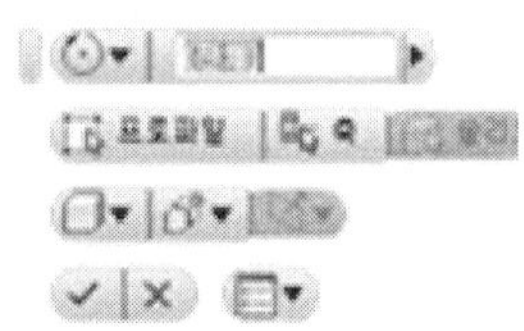

3) 로프트 (Loft)

▶ 로프트 명령은 두 개 이상 스케치 사이에 전환 쉐이프를 만드는데 사용되는 도구입니다. 리본메뉴 3D 모형에서 작성 인터페이스의 【로프트】 도구를 선택합니다. 곡선을 가진 유선 전화기, 헤어드라이어와 같은 모형제작에 이용됩니다.

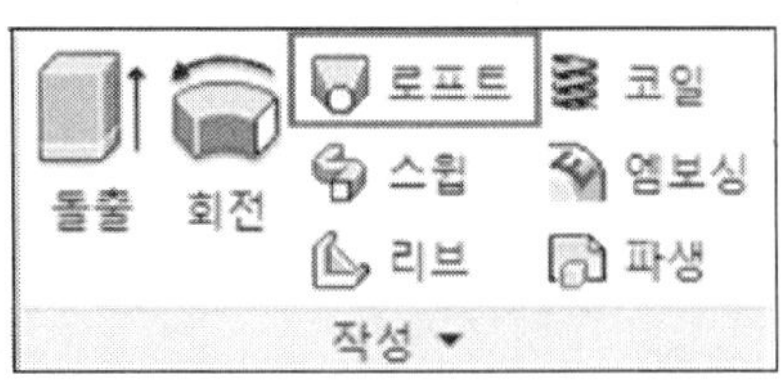

▶【로프트】 도구를 클릭하면 아래와 같이 새로운 창이 열립니다. 【곡선】, 【상태】, 【변이】로 나누어져 있고, 곡선은 각각 합집합( ), 차집합( ), 교집합( ), 새 솔리드( )로 세부적인 구분이 되어 있습니다.

▶ 합집합( ) : 피쳐를 더하거나 추가해서 생성되는 가장 일반적인 결합 형태입니다.

▶ 차집합( ) : 만들어진 피쳐에서 일정부분을 빼거나 제거해서 생성되는 형태입니다.

▶ 교집합( ) : 교차되는 부분에 해당 되는 부분만 남겨두고 그것만 생성하는 결합입니다.

▶ 새 솔리드( ) : 작업 중인 본체에 새로운 솔리드 본체를 생성하여 더하는 방식입니다.

로프트 예제 익히기

① 【새로 만들기】, 【standard.ipt】로 파일 작성을 시작합니다. 평면 창에서 【XY 평면】을 선택해서 스케치를 시작할 준비합니다.

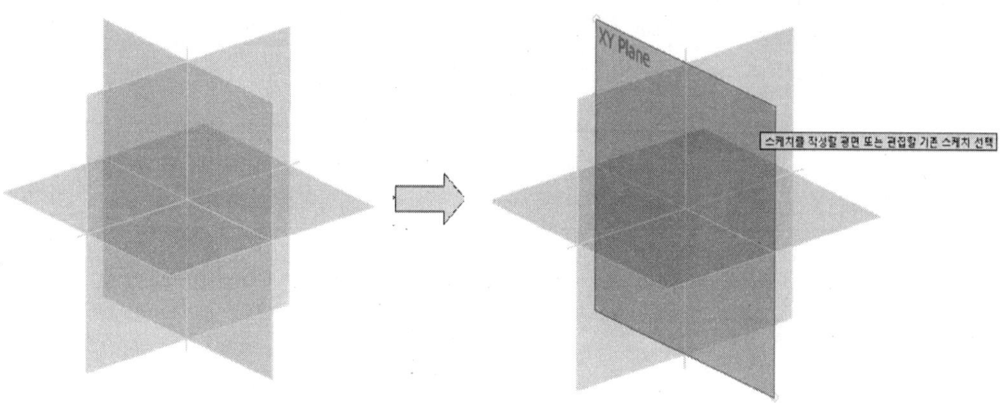

② 주 화면이 켜지면 【2D 스케치 시작】 → 【직사각형】 도구를 이용하여 중심선 기준 좌우대칭으로 50x 50mm 직사각형을 그립니다.

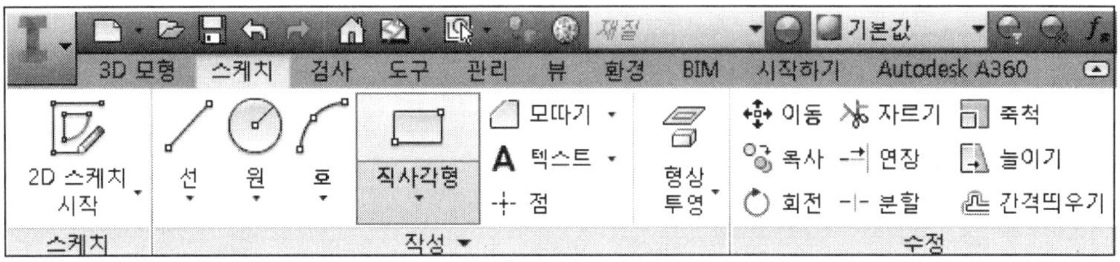

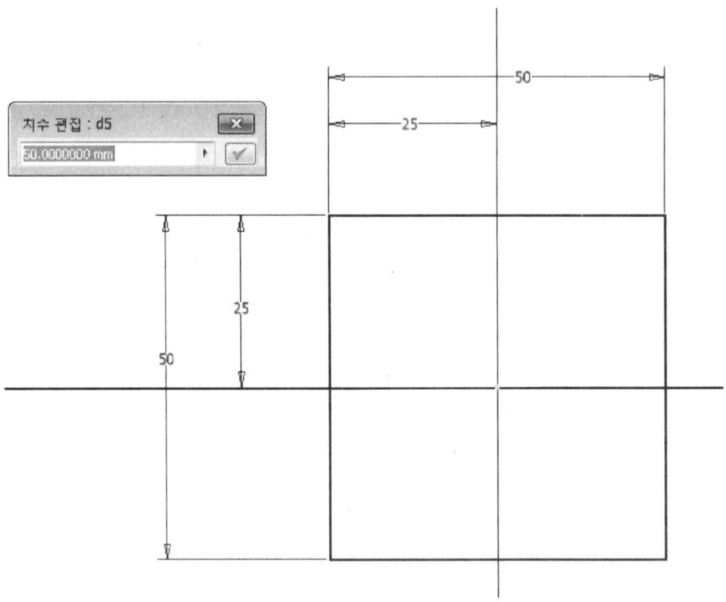

③【치수】를 선택, 도면을 완성 시킵니다. 먼저 첫 번 째 평면 【스케치 마무리】를 선택합니다.

④ 다시 【평면】을 눌러 두 번째 검색기창의 【XY 평면】을 선택, 새로운 작업평면을 만들고 층간의 거리는 50mm로 합니다.

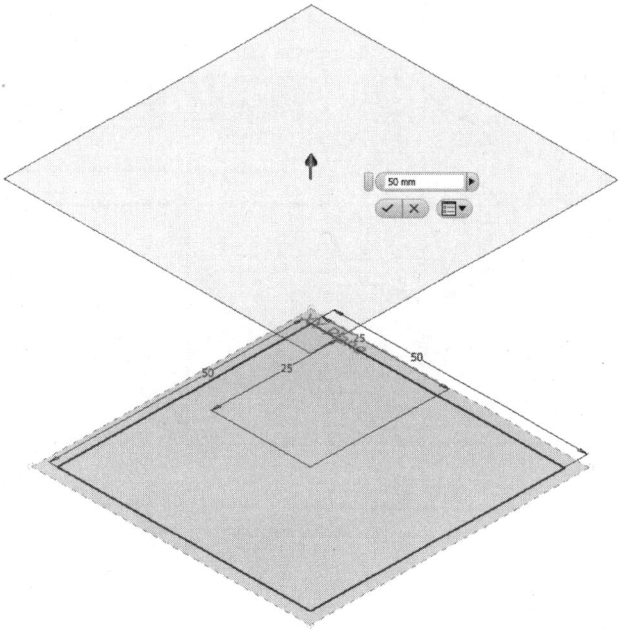

⑤【2D 스케치 시작】 → 스케치 면을 작업평면에 클릭을 합니다.

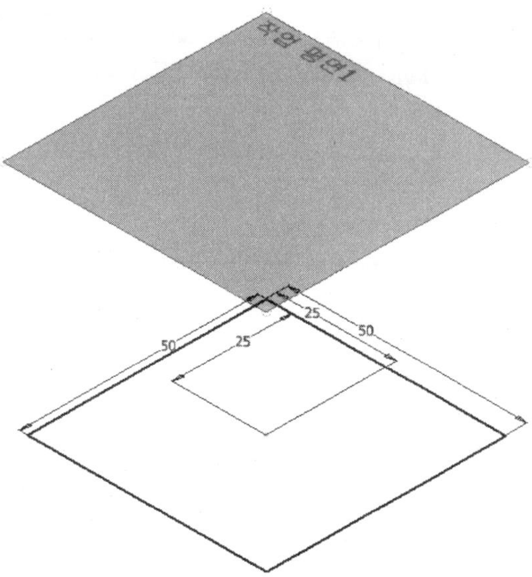

⑥ 【원】 도구를 이용하여 중심선 기준의 50mm 원을 그립니다. 【스케치 마무리】를 선택하여 두 번째 평면을 완성합니다.

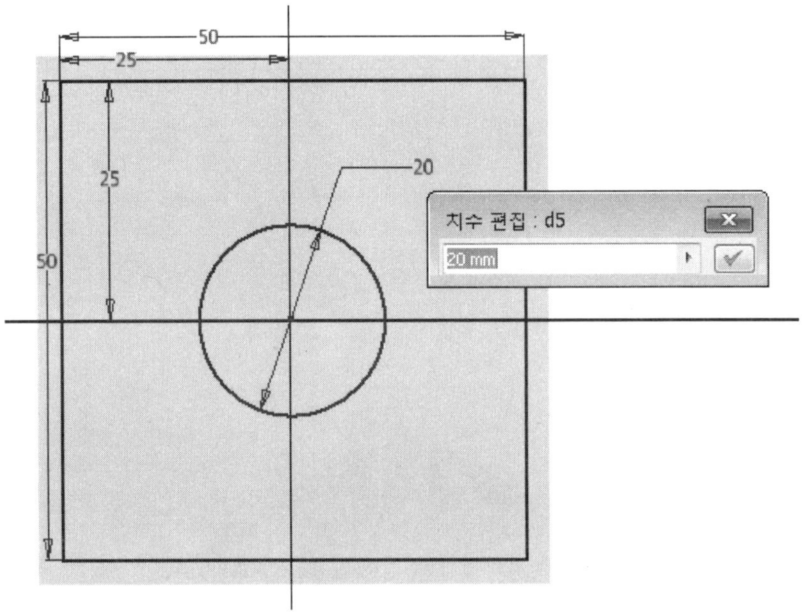

⑦ 다시 【평면】을 눌러 검색기창의 【XY 평면】을 선택, 세 번째 작업평면을 만들고 평면의 거리는 100mm로 합니다.

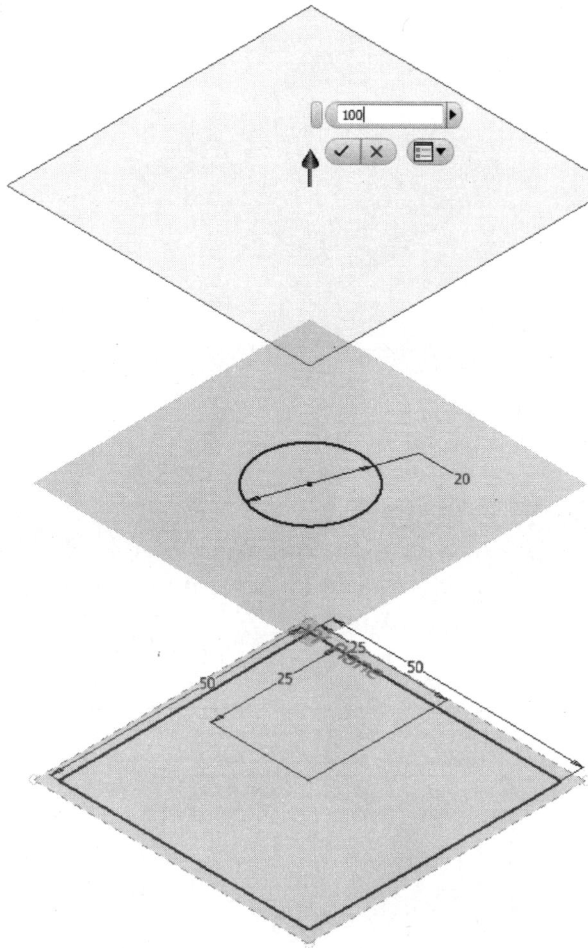

⑧【2D 스케치 시작】 → 스케치 면을 작업평면에 클릭을 합니다. 이번에는 사각형을 그리지 않고 【형상투영】 을 선택하여 첫 번째 평면에서 사각형을 선택하여 투영을 시킵니다.

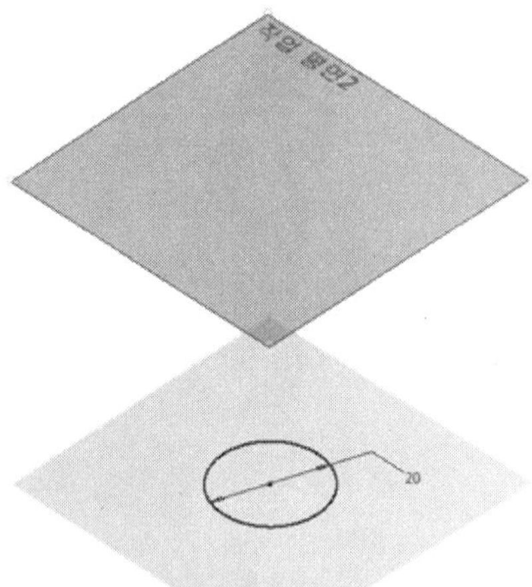

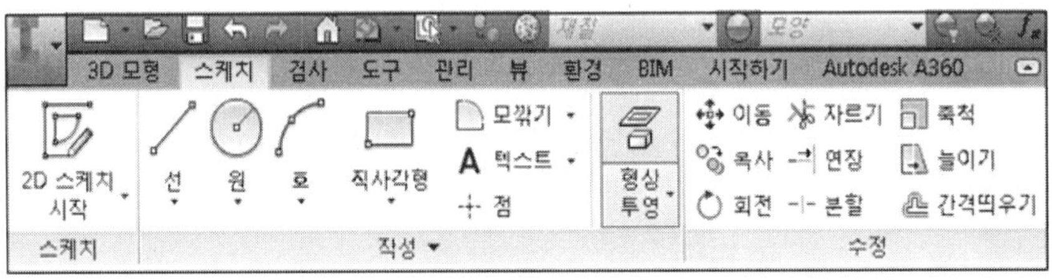

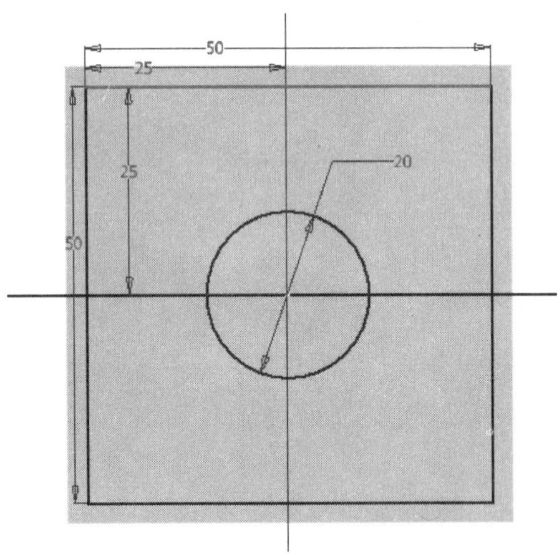

✓ 피처 작성 - 로프트 작업

▶ 앞 장에서 만든 프로파일을 이용하여 3D 피처 제작을 위해 로프트 명령을 선택합니다. 선택사항 중에서는 레일( ), 중심선( ), 면적 로프트 ( ) 가 있습니다. 이 중에서 【레일】을 선택합니다.

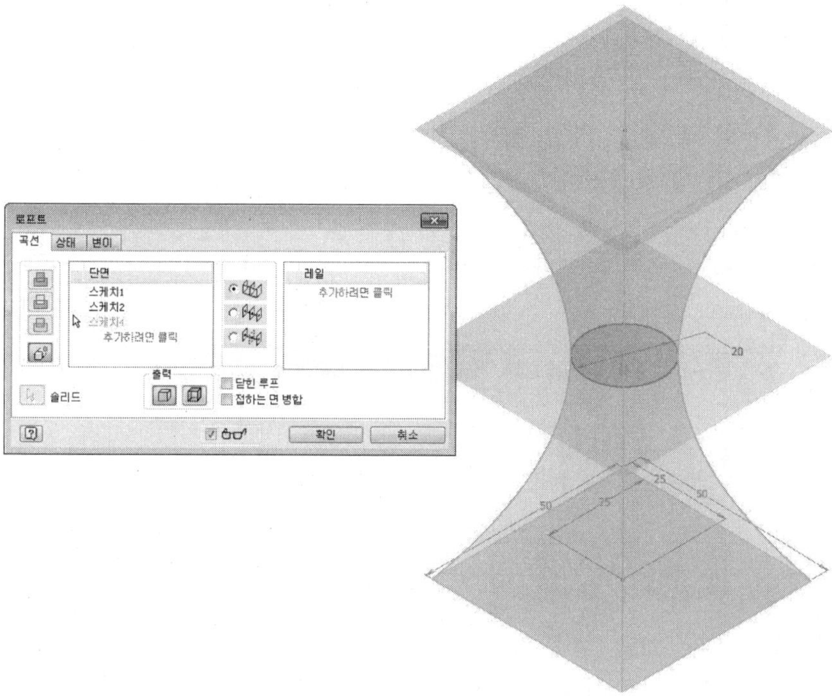

▶【단면】을 선택, 도면의 1차 직사각형 선택, 다시 【단면】을 선택 2차원을 선택, 【단면】을 선택, 3차 직사각형을 선택합니다.

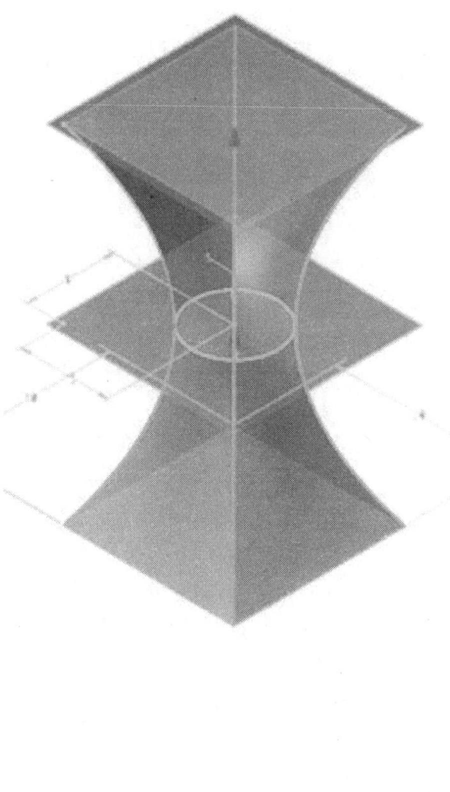

4) 스윕 (Sweep) 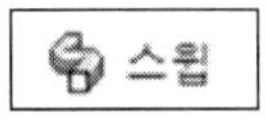

▶ 스윕 명령은 곡면 모델링 기법 중의 하나로, 다면(多面)의 스케치 프로파일이 일정한 경로를 따라 3차원 모델을 생성하는데 사용되는 도구입니다. 선택한 경로를 따라 여러 개의 스케치 프로파일을 피쳐 또는 솔리드로 작성합니다. 배관 라인이나 단품의 곡면을 처리하는 모형제작에 사용됩니다.

▶ 3D 모형의 작성 인터페이스에서 【스윕】 도구를 선택하면 아래와 같이 새로운 창이 열립니다. 스윕 메뉴 중에서 프로파일은 2D 스케치로, 경로는 3D 스케치로 정의하기 위해 선택이 됩니다. 출력은 솔리드와 곡면으로 구성되어 있습니다.

각각 합집합( ), 차집합( ), 교집합( ), 새 솔리드( )로 세부적인 구분이 되어 있고 유형에서 방향은 경로( )와 병렬( )이 있습니다.

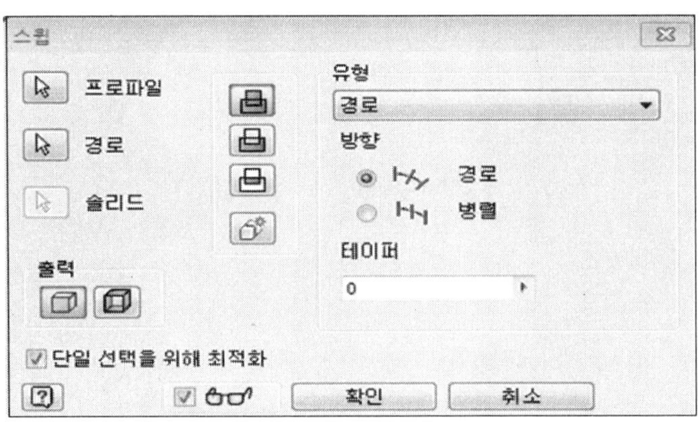

▶ 출력 파일은 스윕의 앞장의 다른 모형툴과 마찬가지로 스윕 피쳐가 솔리드인지 곡면인지를 선택해서 작업하기 위해 만들어 졌습니다. 솔리드는 열리

거나 닫힌 프로파일로부터 솔리드의 피쳐를 생성하고, 곡면은 열리거나 닫힌 프로파일로부터 곡면 피쳐를 생성합니다. 스윕이 다른 피쳐와 결합, 절단, 교차하는지를 지정하기 위해서 연산 선택을 합니다.

▶ 연산 선택은 각각 합집합, 차집합, 교집합, 새 솔리드에 대한 세부적인 구분을 설명합니다.

▶ 합집합( ) : 피쳐를 더하거나 추가해서 생성되는 가장 일반적인 결합 형태입니다.

▶ 차집합( ) : 만들어진 피쳐에서 일정부분을 빼거나 제거해서 생성되는 형태입니다.

▶ 교집합( ) : 교차되는 부분에 해당 되는 부분만 남겨두고 그것만 생성하는 결합입니다.

▶ 새 솔리드( ) : 작업 중인 본체에 새로운 솔리드 본체를 생성하여 더하는 방식입니다.

▶ 유형 선택은 경로와 병렬에 대한 세부적인 구분을 설명합니다.

경로( ) : 스케치된 프로파일과 스윕 경로를 유지하면서 3D 피처를 생성합니다.

병렬( ) : 원래의 프로파일에 평행하게 스윕 파일이 유지되며 피처를 생성합니다.

프로파일 만들기 - 스윕

① 작업평면은 【XY평면】을 선택, 【직사각형】 도구를 이용, 가로 50mm x 세로 10mm의 직사각형을 그립니다.

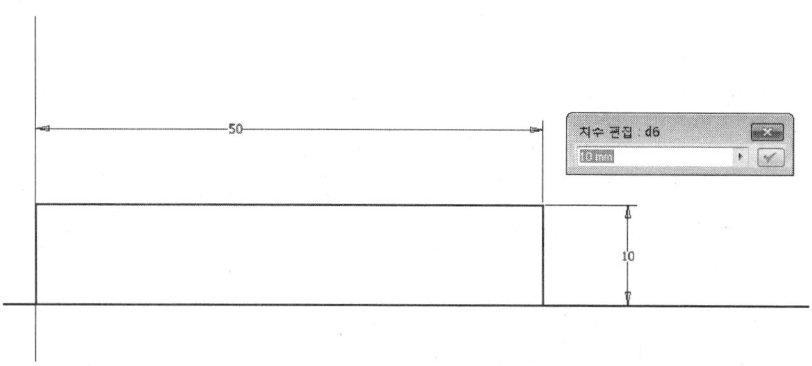

▶ 도형 작성 후 【스케치 종료】를 선택합니다.

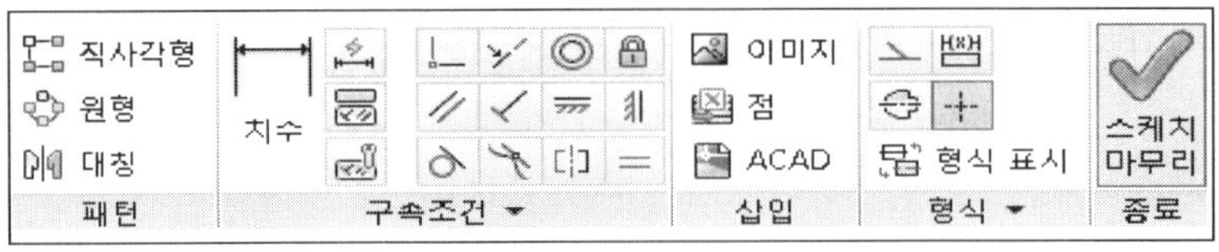

② 3D모형의 【돌출】을 선택, Z값으로 10을 입력합니다.

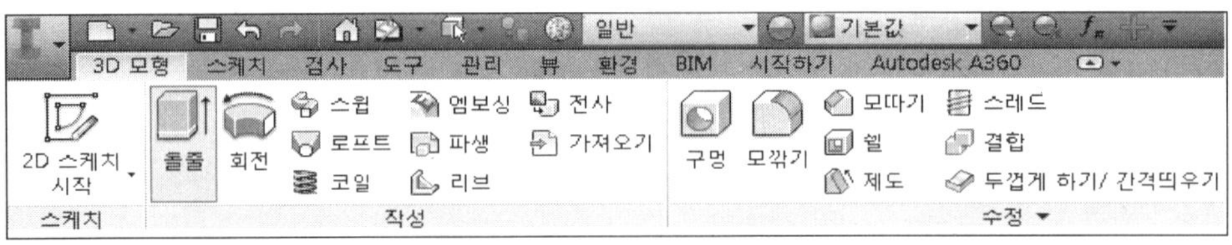

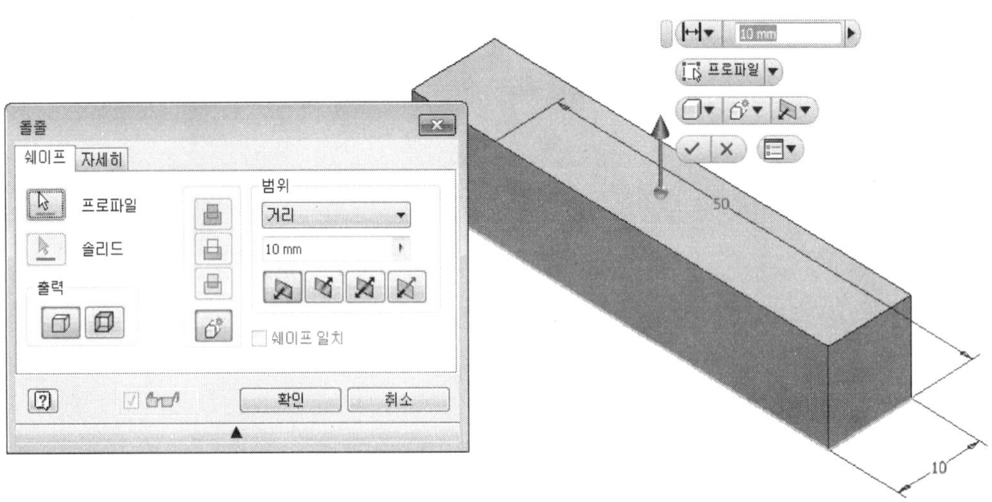

③ 【스윕】 기능의 명령어를 이용, 손잡이 펜스를 직사각형 옆에 그려 붙이는 작업을 합니다.

【2D 스케치 시작】을 선택, 솔리드의 새로운 면을 선택, 스케치 작업을 합니다.

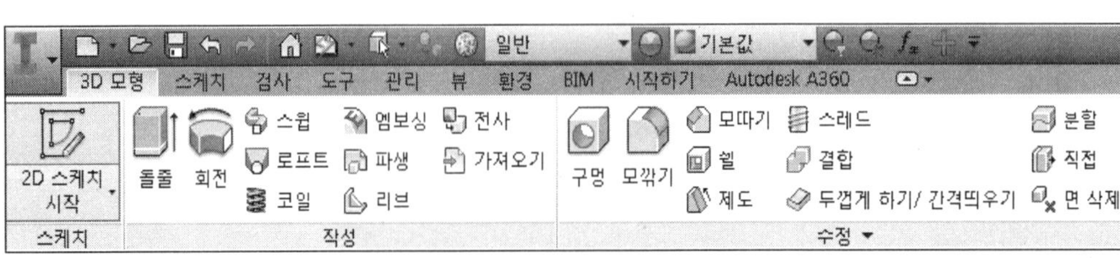

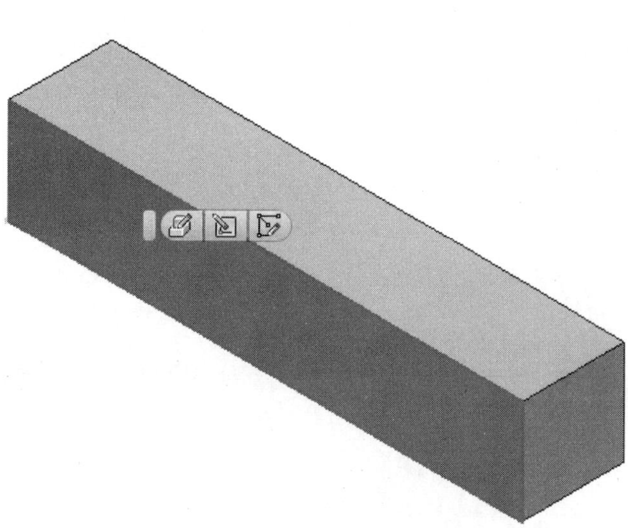

④ 2D 스케치의 【점】을 작성하고, 【치수】를 클릭, 그림처럼 5mm씩 값을 입력하여 점의 위치를 정해 줍니다.

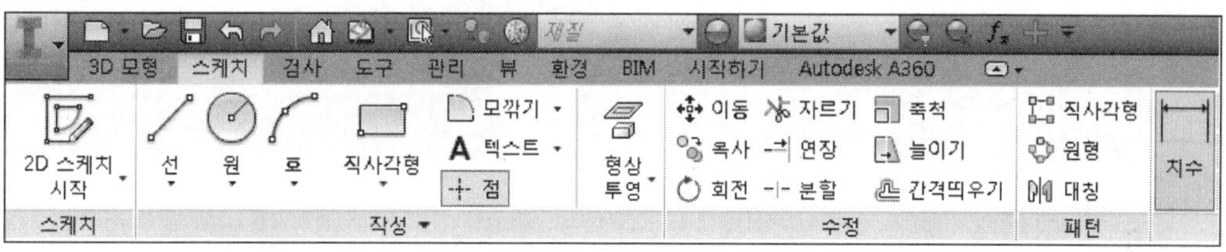

⑤ 2D 스케치 아래 화살표를 【3D스케치】를 선택한 후, 메뉴에서 【선】을 선택합니다.

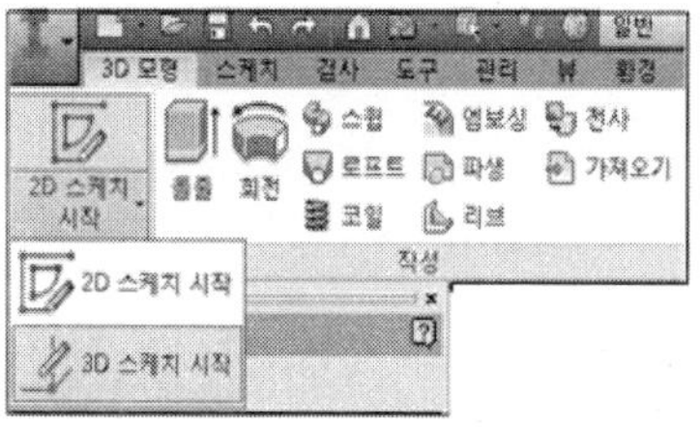

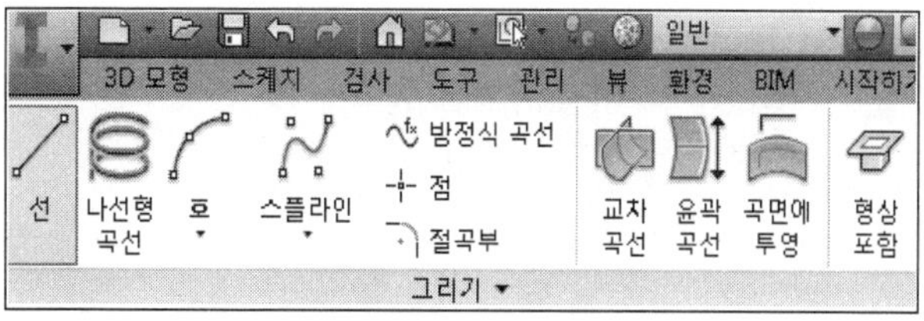

▶ 첫 번째 지점에서 트라이어드를 참조하여 X=0, Y=10, Z=0를 입력합니다. 이것은 트라이어드에서 보는 바와 같이 다른 축은 그냥 두고 Y 방향으로만 10mm 간다는 뜻이 됩니다.

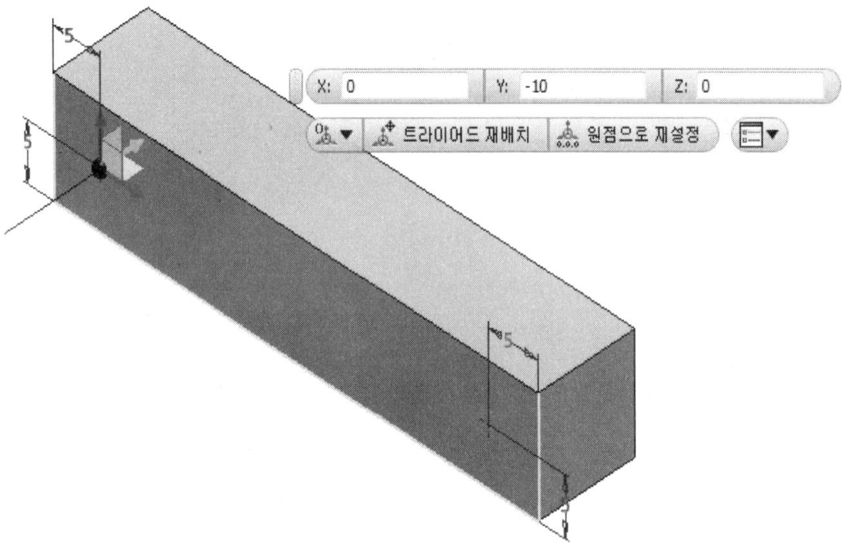

▶ 정확한 입력을 위해 입력창을 불러내는 방법은 【그리기】 리본 화살표를 클릭하여 드롭메뉴를 불러낸 후 【정확한 입력】을 선택합니다.

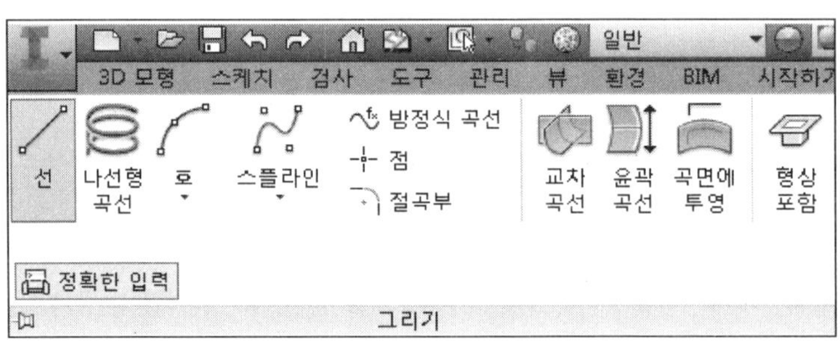

▶ 같은 방법으로 이번에는 X 방향으로만 40mm를 보냅니다. X=20, Y=0, Z=0 입력합니다.

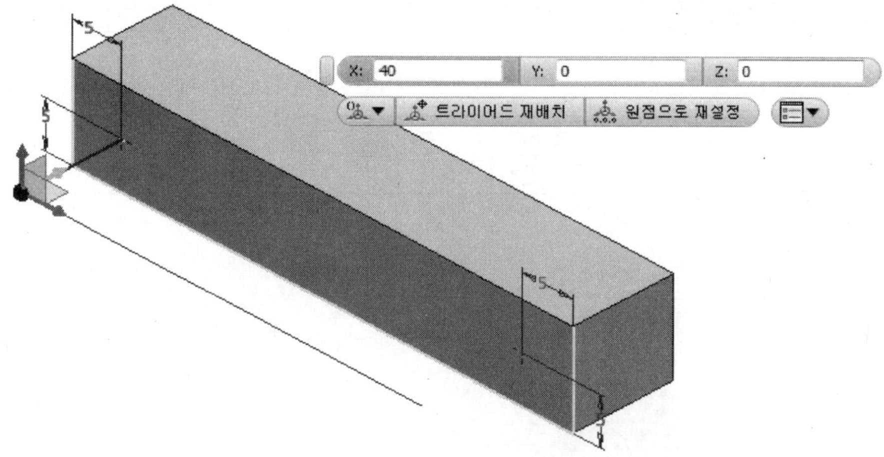

▶ 마지막으로 이번에는 Z 방향으로만 10mm를 보냅니다. X=0, Y=10, Z=0 입력 합니다.

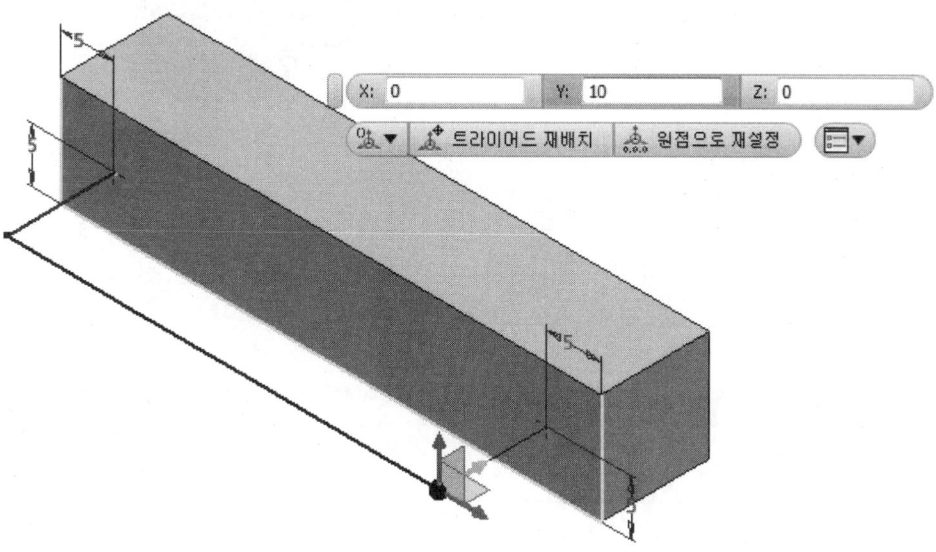

⑥ 우측 마우스 버턴을 클릭한 후 3D 스케치 마무리로 종료를 합니다.

⑦ 3D 스케치 직각부를 라운딩 처리를 합니다. 그리기 인터페이스의 【절곡부】를 선택합니다. 절곡부의 하부 메뉴 새로운 창이 열리면 2.5를 (R=2.5) 입력 합니다.

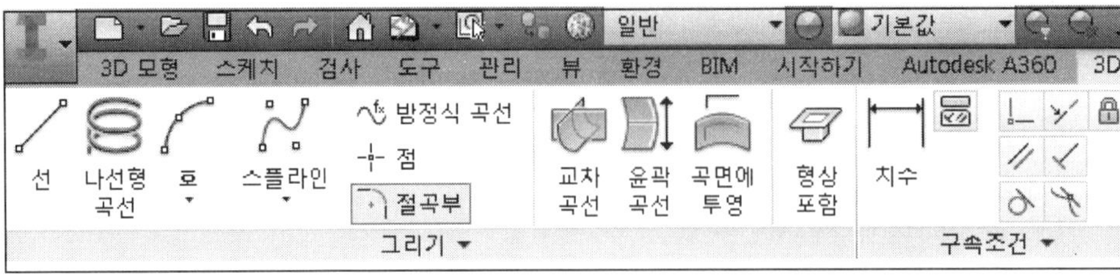

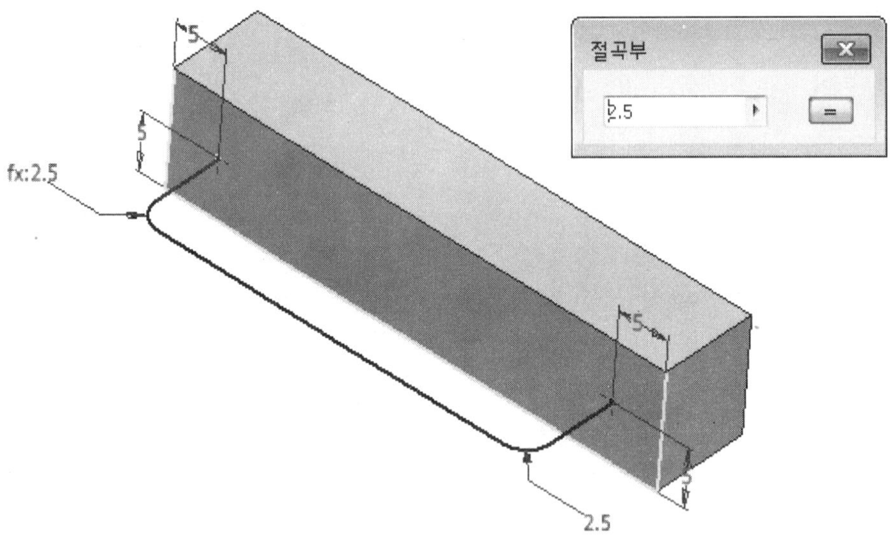

▶ 절곡을 마침으로서 스윕의 경로가 완성되었습니다. 이제는 이 경로를 따라 생성될 피처의 프로파일을 만들기 위해 【2D 스케치】를 선택 후 작업 면을 선택합니다.

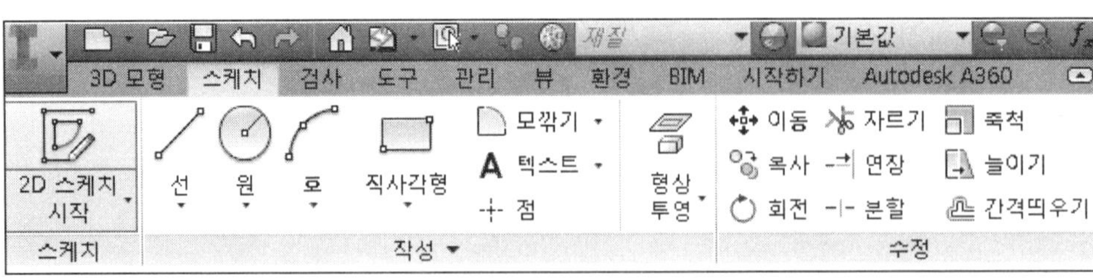

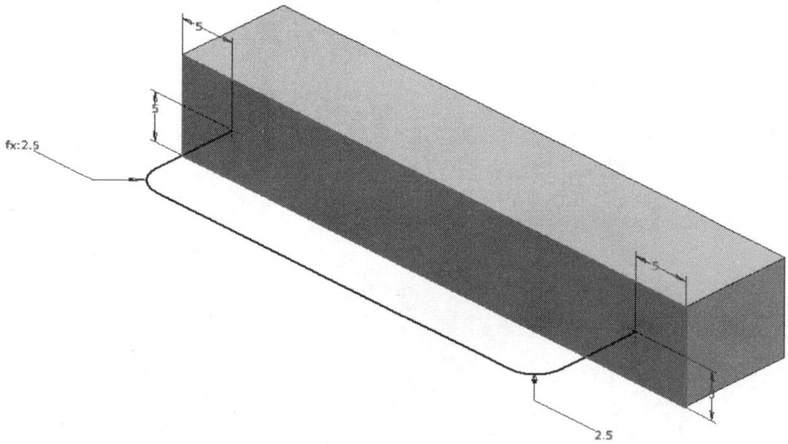

⑧ 2D 스케치의 【원】 명령어를 이용하여 3mm의 원을 그립니다. 구속조건 탭의 【치수】를 선택하여 도면을 완성시킨 후 【스케치 마무리】를 선택하여 스케치를 종료합니다.

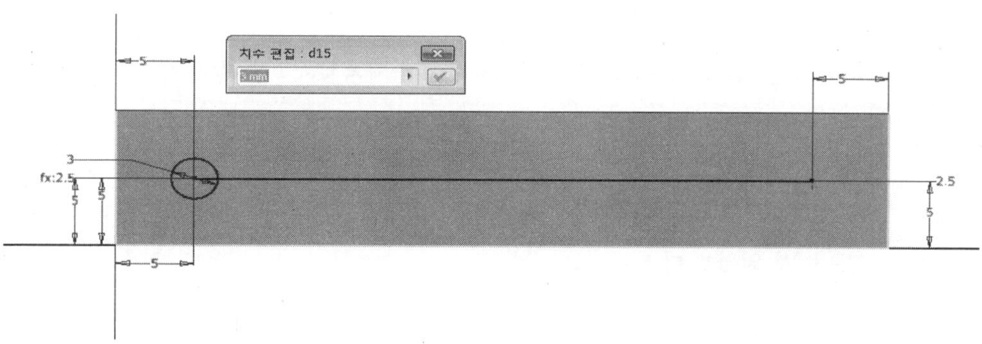

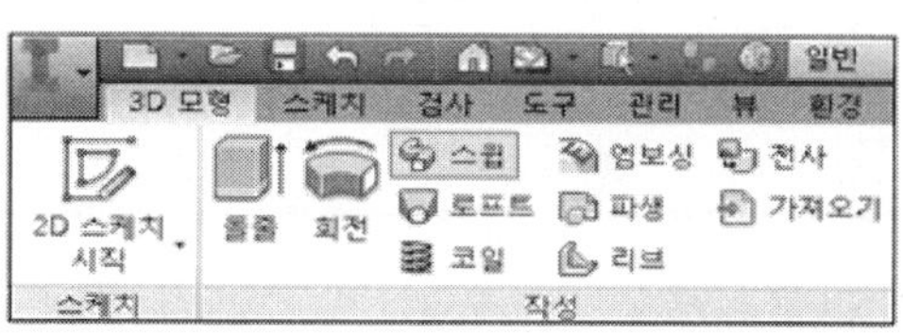

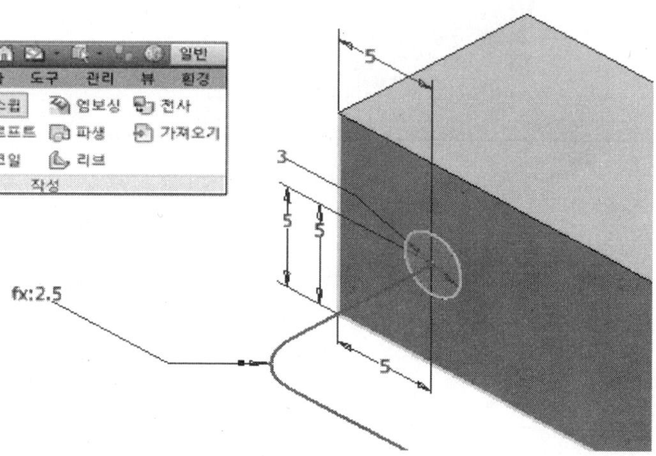

⑨ 3D 모형의 【스윕】 명령어를 선택하고 스케치 프로파일을 선택합니다.

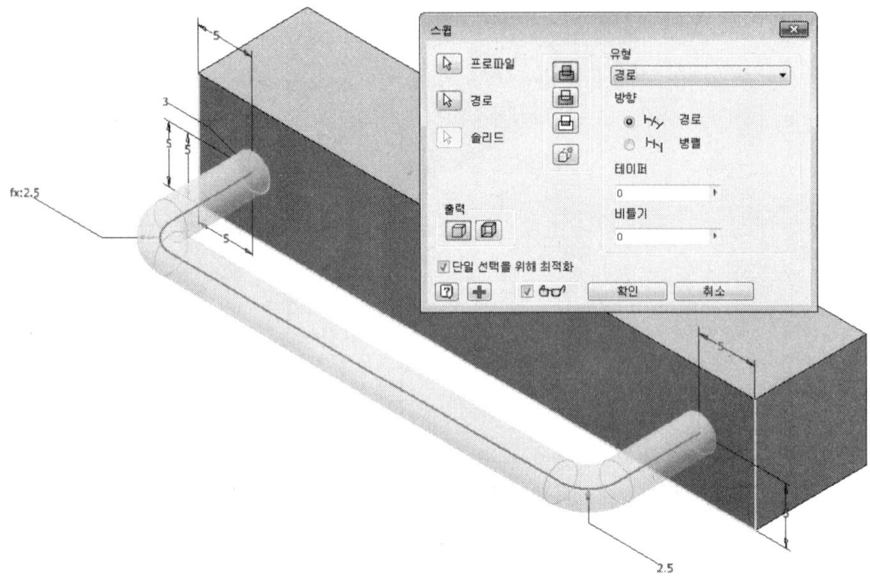

⑩ 【프로파일】은 원을 선택, 【경로】는 3D 스케치로 그린 형상을 선택, 작업을 완료합니다.

▶ 스윕 명령은 위에서 본 것처럼 일정한 경로를 따라 나아가는 배관이나 라인에도 사용되지만 헤어드라이어 같은 여러 가지 곡면을 가지는 곡면의 모델링에도 널리 사용됩니다.

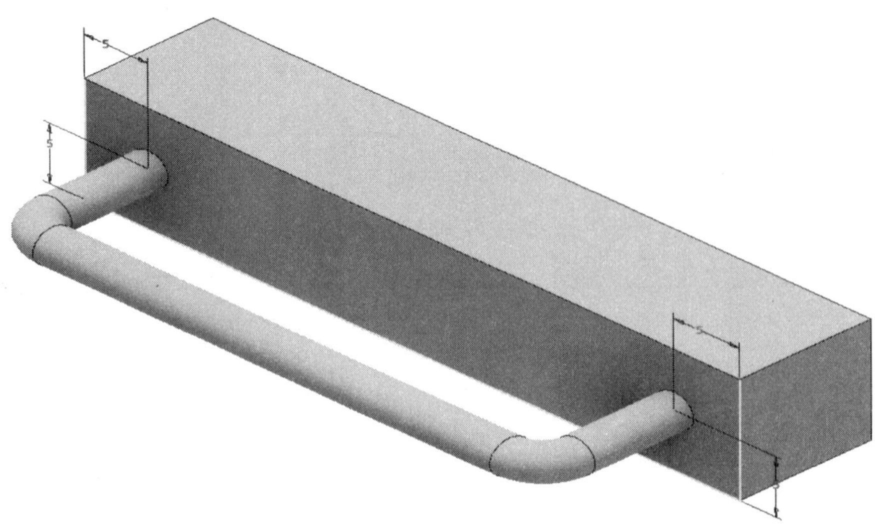

5) 리브 (Lib)

▶ 【리브】는 두께가 얇은 몸체를 보강하기 위해 재료 단면에 직각으로 덧붙이는 보강재를 만듭니다. 【리브】는 쉐이프와 두께의 옵션 값을 입력, 지정된 거리로 투영되어 모델을 만듭니다.

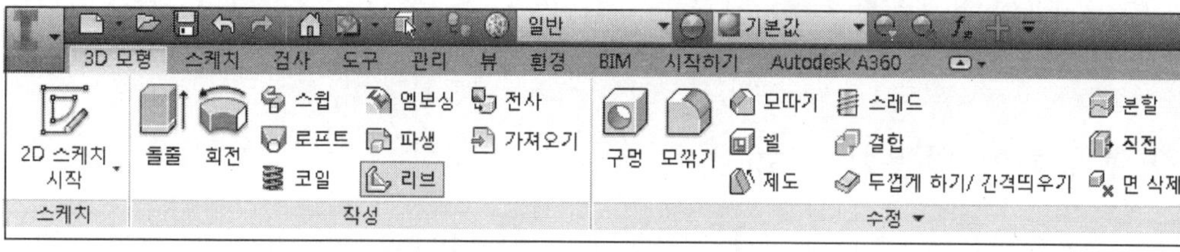

▶ 3D 모형의 작성 인터페이스에서 【리브】 명령어를 선택하면 아래와 같이 새로운 창이 열립니다. 【리브】 메뉴 중에 쉐이프와 기울기, 보스 등 옵션이 있습니다. 메뉴 좌측에 스케치 평면에 수직 ( )과 스케치 평면에 평행( ) 옵션이 있습니다.

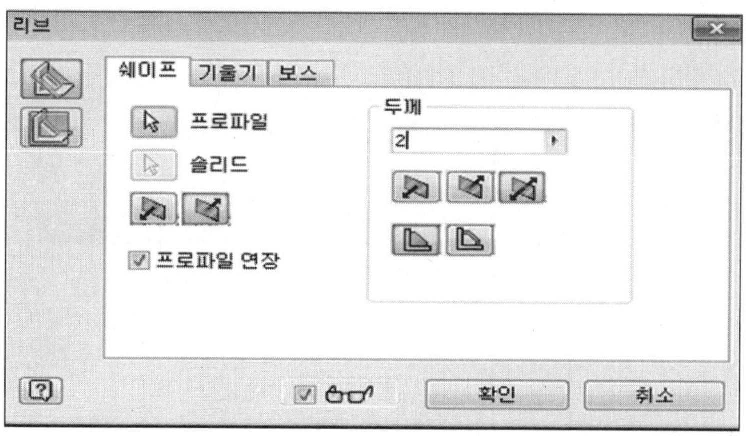

▶ 스케치 평면에 수직 ( ) : 리브 형상을 스케치 평면에 수직이 되게 돌출시킵니다.

▶ 스케치 평면에 평행 ( ) : 리브 형상을 스케치 평면에 평행하게 돌출시킵니다.

▶ 두께 : 리브 또는 웹의 생성 폭의 값을 정하는 역할을 합니다.

▶ 반전 (): 리브 형상 구현을 위해 프로파일 두께를 정할 때, 한 쪽 방향에만 적용하거나, 반대편의 면으로, 혹은 양쪽 면으로 리브를 만들 것인가 결정하는 옵션입니다.

▶ 면 거리 지정 () : 다음 면 까지 리브를 종료하거나, 특정거리를 입력하여 원하는 두께의 리브를 만들 때 사용하는 옵션입니다.

프로파일 만들기 - 리브

① 스케치 탭의 【선】 도구를 이용하여 두께는 10mm, 폭 60mm의 형상을 가진 'L' 자 형태의 프로파일을 만듭니다.

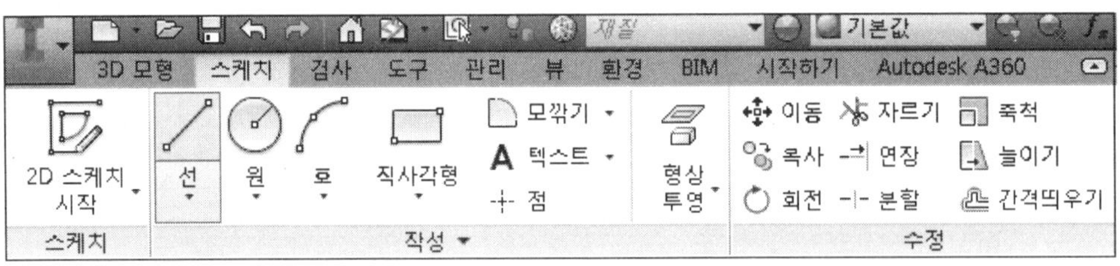

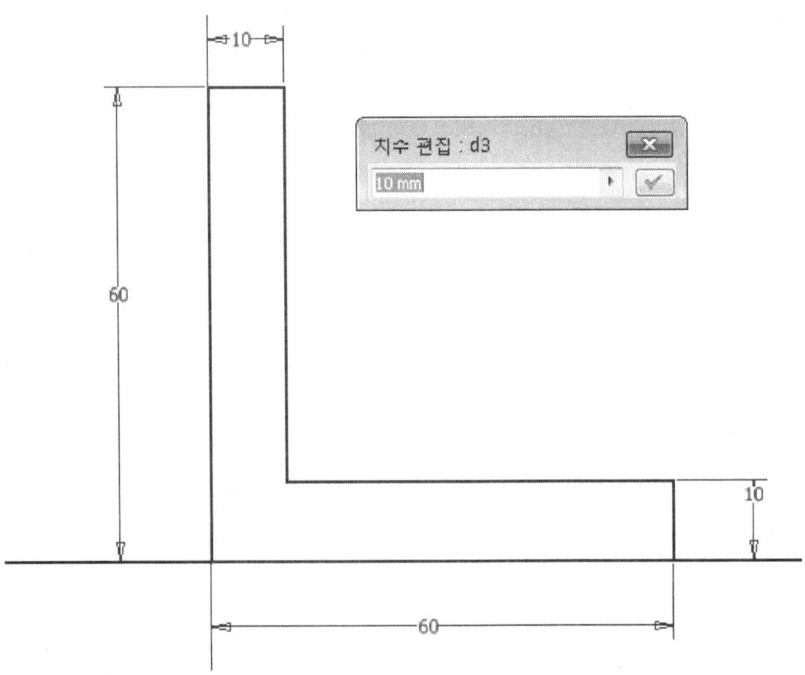

▶ 프로파일 작성 후, 【스케치 마무리】를 눌러 종료를 합니다.

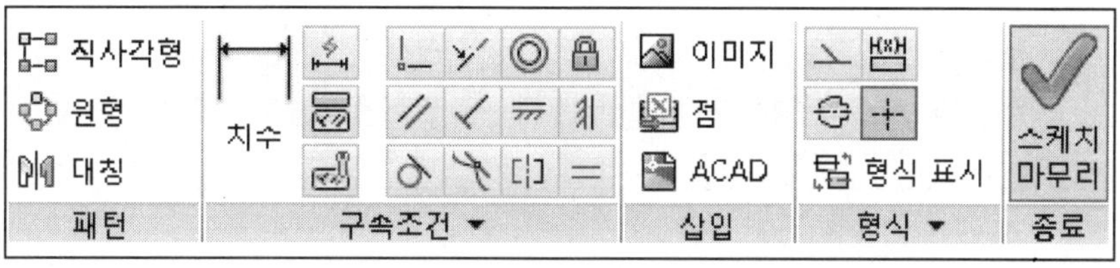

② 돌출 - 3D 스케치의 작성 인터페이스 내 【돌출】 명령어를 선택, 거리 60mm를 줍니다.

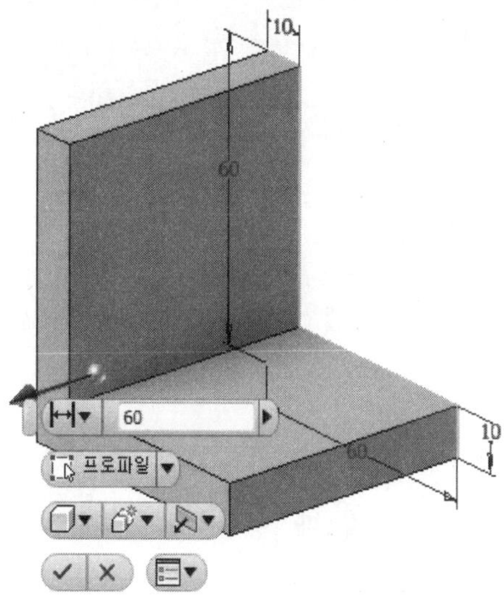

③ 3D 스케치의 작업 피쳐 인터페이스의 【평면】을 선택하고 형상의 세 모서리를 선택합니다. 【2D 스케치 작성】을 선택하고 작업평면을 클릭, 해당평면에 프로파일 【선】을 만듭니다.

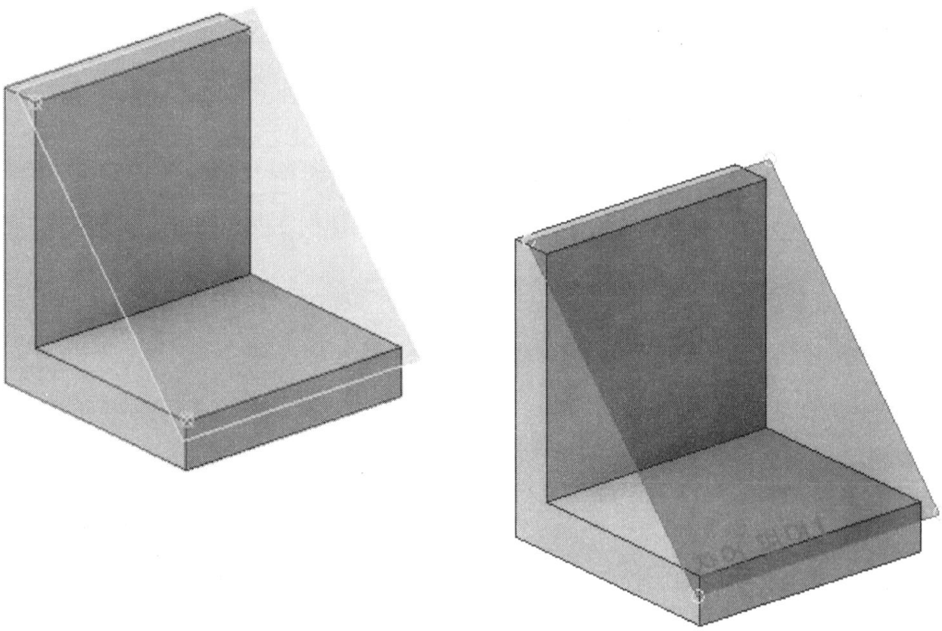

▶ 선을 그릴 때 형상투영(형상 투영)을 눌러 왼 쪽 그림처럼 모서리를 투영시켜 줍니다.

④ 구속조건의 【치수】를 30으로 입력, 정확하게 피쳐의 절반에 위치 후 종료 합니다.

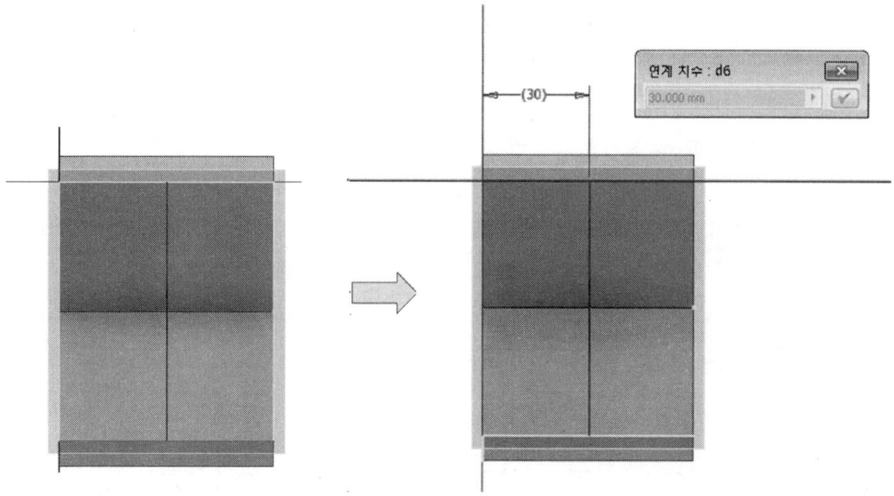

⑤ 3D 모형의 【리브】를 선택 후 모형의 중간의 하늘색 선을 선택하고 리브의 두께는 10mm, 방향은 양방향을 선택한 후 확인을 눌러 종료합니다.

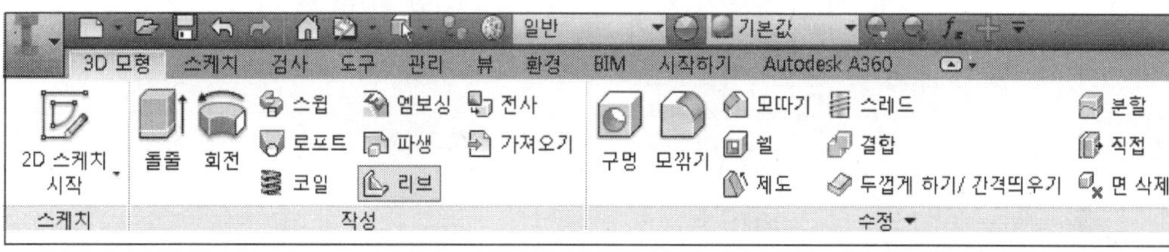

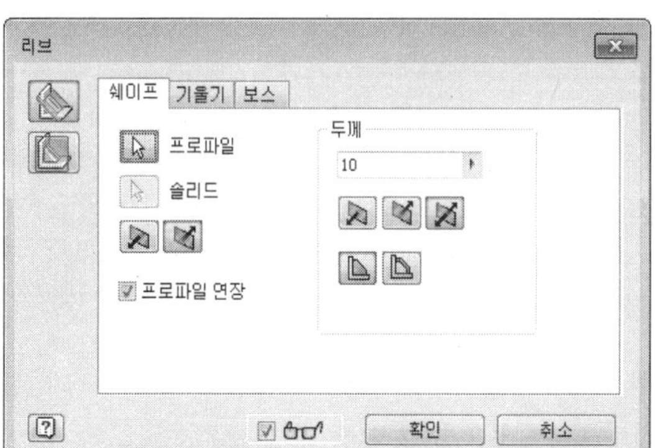

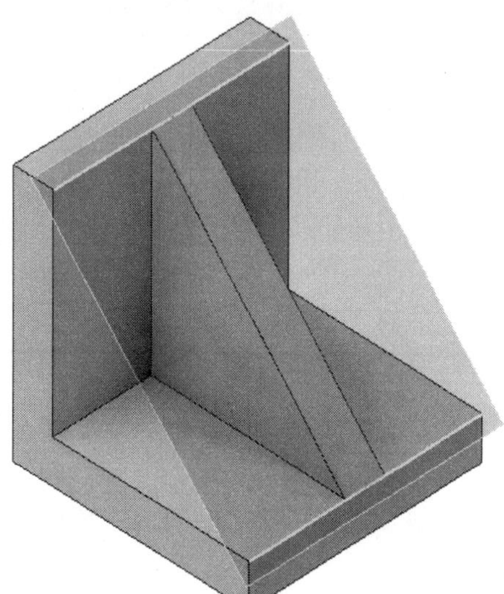

6) 코일 (Coil) 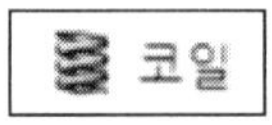

▶ 코일 명령은 원통형 곡면에 나선 기반의 피치를 가지는 스프링이나 스레드 등 회전 축의 피쳐 또는 형상 모델링을 만드는 도구입니다.

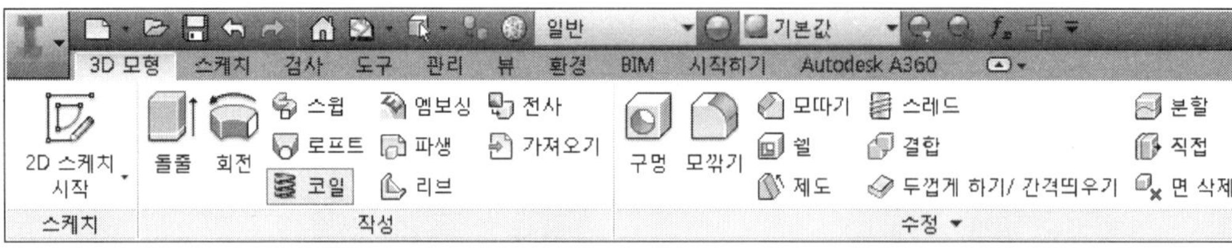

▶ 3D 모형 - 작성 인터페이스 - 【코일】 명령어를 선택하면 아래와 같이 새로운 창이 열리고, 【코일 쉐이프】 와 【코일 크기】, 【코일 엔드】의 하부 선택 사항이 있습니다.

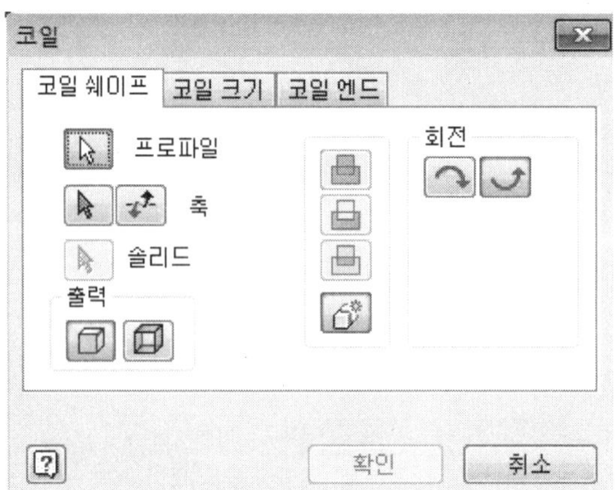

- 코일 쉐이프에는 프로파일과 회전축의 설정, 그리고 회전 방향의 설정을 정하는 하부 선택 사항이 있습니다. 솔리드와 곡면은 3D 모형 - 작성 인터페이스 모두에 똑같이 적용이 됩니다. 역시 합집합(결합), 차집합(절단), 교집합(교차)도 동일하게 적용됩니다.
- 코일 크기에는 나선의 각 회전에 대한 높이 증가를 지정하거나, 코일 사이의 간격 및 코일 높이 지정, 피치와 회전수를 지정, 회전축을 중심으로 코일의 테이퍼 유무의 지정을 할 수 있는 세부 선택사항이 있습니다. 코일 끝 면의 마무리 형태도 지정할 수 있습니다.

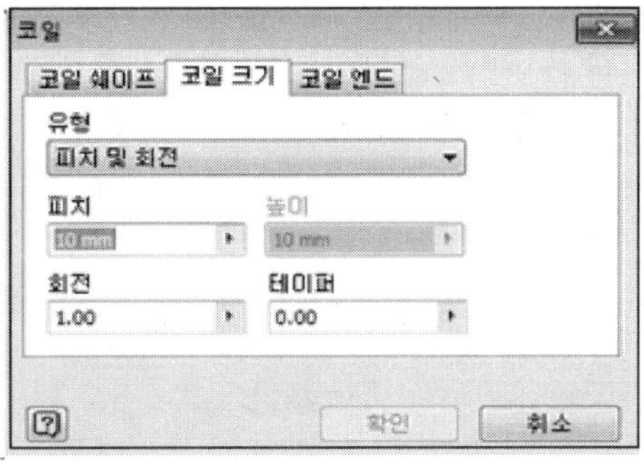

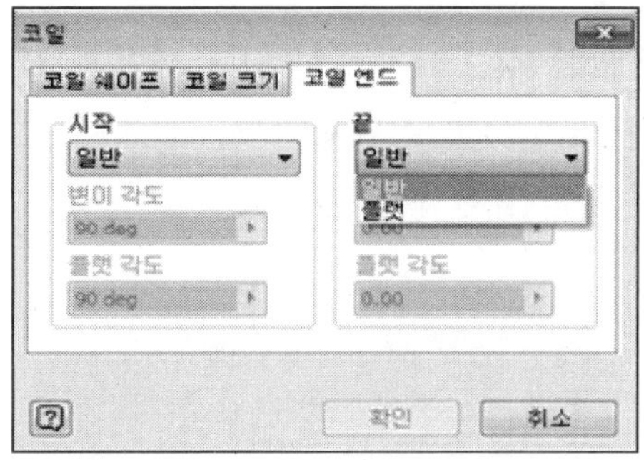

프로파일 만들기 - 코일

① 선경 (스프링 재료의 지름 3mm), 중심경 20mm와 높이 30의 크기를 가지는 스프링을 모델링하고자 합니다. 【원】, 【선】 도구를 이용하여 원과 선을 그려 프로파일을 완성합니다.

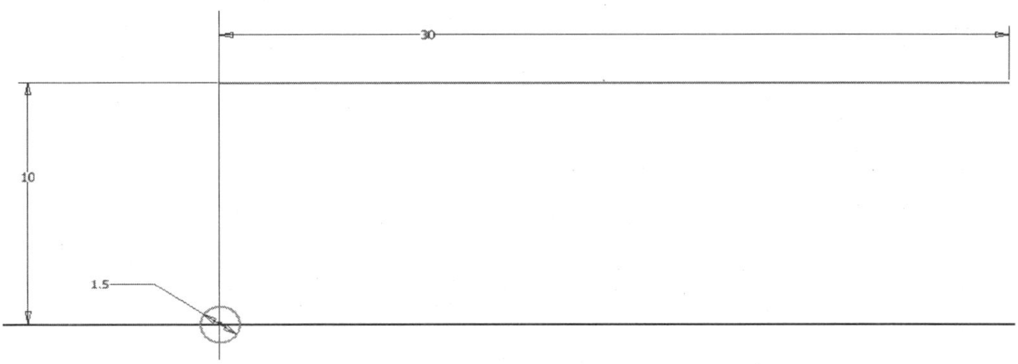

▶ 스케치 마무리를 선택하여 프로파일 작성을 종료합니다.

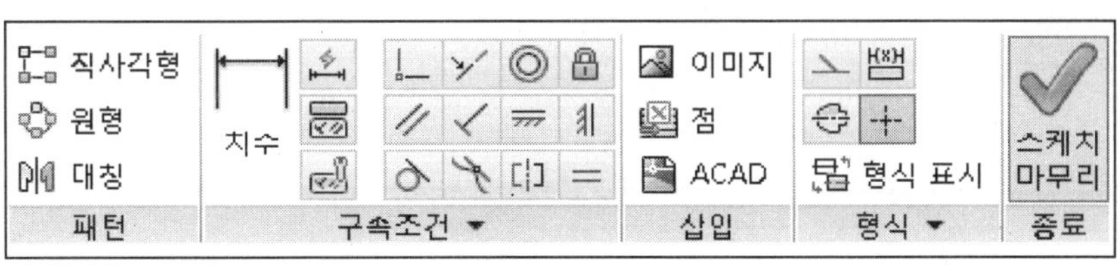

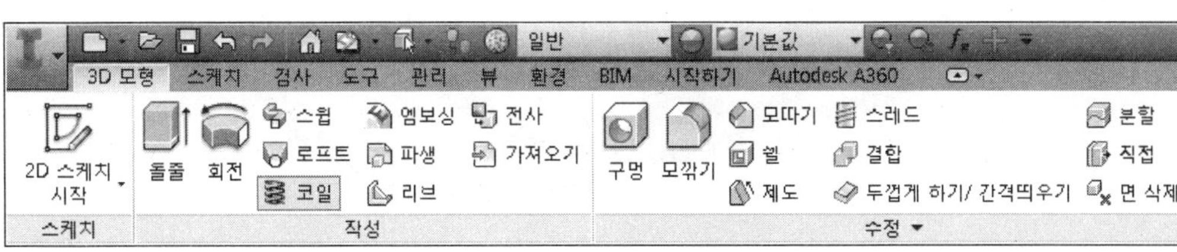

② 3D 모형 - 작성 - 코일을 선택합니다.

▶【코일 쉐이프】에서 프로파일은 원을, 축은 선을 선택, 솔리드로 출력, 회전은 좌회전을 선택합니다. 【코일 크기】 탭에서 피치는 10mm, 회전수는 5회전으로 입력을 합니다.

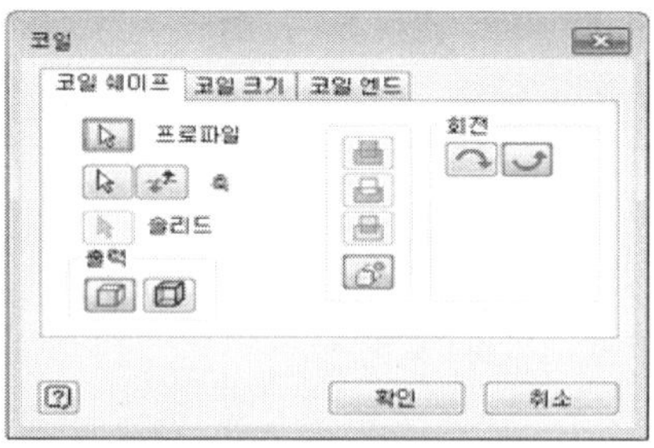

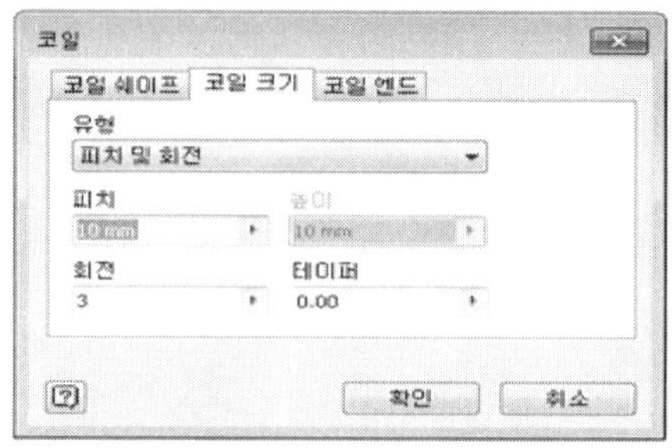

▶【코일 엔드】 탭에서 시작은 플랫, 끝은 일반으로 설정합니다.

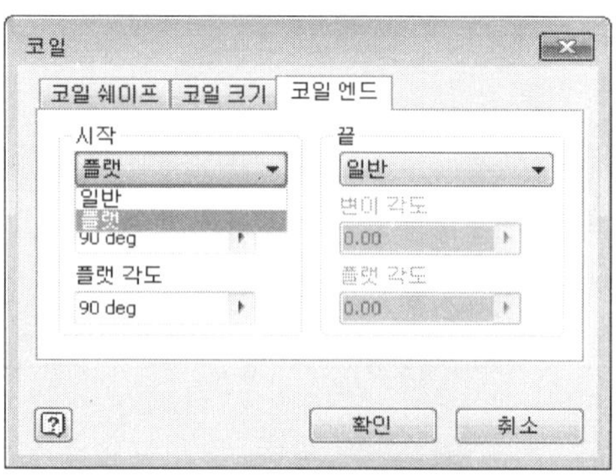

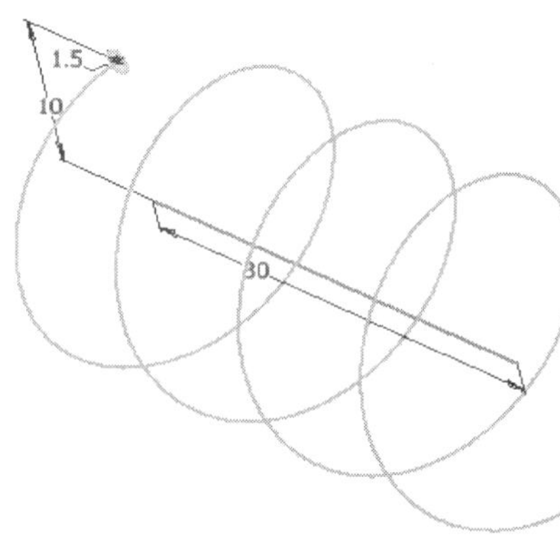

③ 【확인】을 눌러 코일 명령을 종료합니다.

7) 엠보싱 (Embossing) 

▶ 엠보싱은 사각형 모형 면이나 원통형 곡면에 프로파일을 돌출 혹은 함몰시키는 도구로, 프로파일을 모형 표면에 음각, 양각의 처리를 합니다.

▶ 3D 모형 - 작성 인터페이스 - 【엠보싱】 도구를 선택합니다. 새로운 창이 열리고 하부 세부 선택사항들이 있습니다. 면으로부터 양각 엠보싱(), 면으로부터 음각(), 면으로부터 볼록/오목() 등이 있고 깊이(두께)를 지정하는 창(

)과 원통기둥의 경우 둥근 면을 따라 감싸기는 기능인 면에 감싸기 도 있습니다.

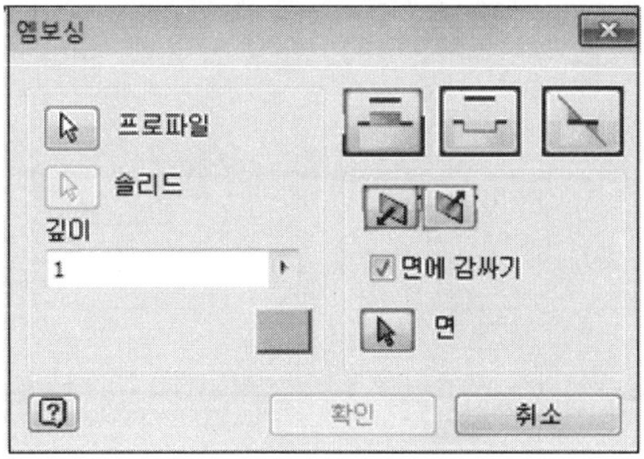

▶ 면으로부터 양각 () : 프로파일 영역을 볼록하게 만드는 역할을 합니다.

▶ 면으로부터 음각 () : 프로파일 영역을 오목하게 만드는 역할을 합니다.

▶ 면으로부터 볼록/오목()

▶ () : 깊이(두께)를 지정합니다.

▶ 원통 면의 경우 둥근 면을 따라 감싸기 할 때는 면에 감싸기를 사용합니다.

프로파일 만들기 - 엠보싱

① 스케치 패널 → 작성 리본→ 【원】 도구를 클릭합니다.

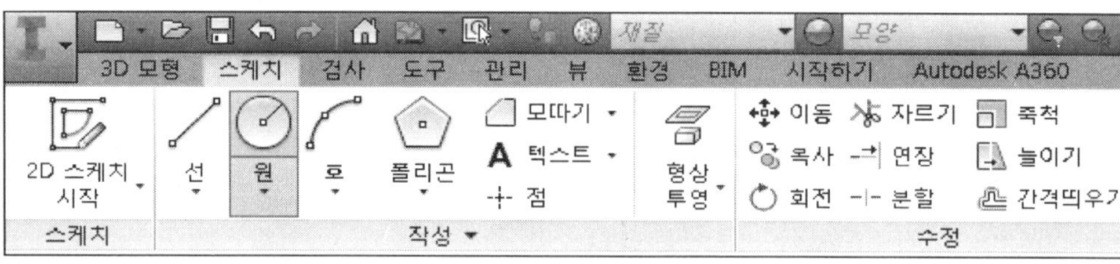

(2D스케치 - 연두색 배경)

② 직경 50mm의 원을 그리고 【치수】 도구를 클릭, 50mm 원을 들고 마무리를 합니다.

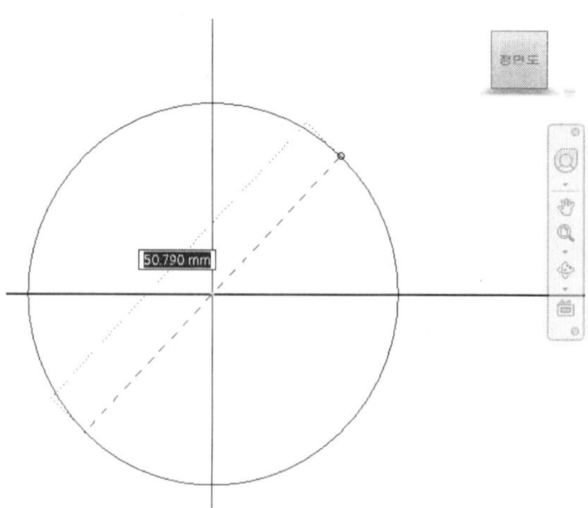

③ 화면은 3차원 모델링을 위한 3D 모형리본에서 (3D 모델링 - 회색 배경). 아래 인터페이스 중 【돌출】을 선택하여 파라메트릭 값은 범위 『거리』, 치수는 50mm를 입력하고, 선택은 접합으로 하고 【확인】 모형을 완성 후 저장합니다. (파일명 : 원기둥.ipt)

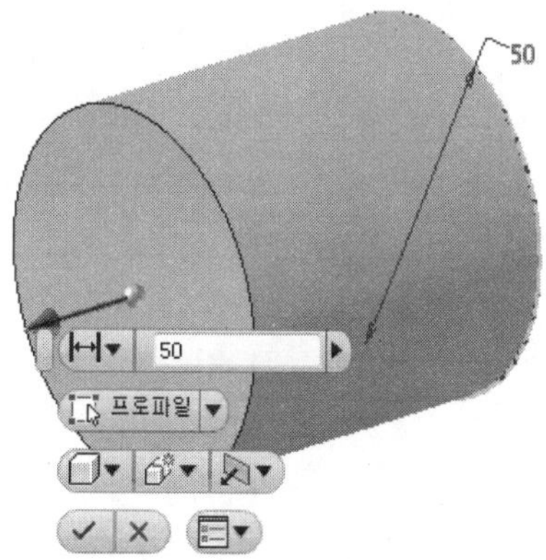

④ 원통부에 【작업평면】을 만들어 줍니다. 검새기 창에서 【XZ평면】을 선택하고 나서 원통의 둥근 면을 선택합니다. 원통의 작업평면에 생긴 노란색의 가장자리부를 클릭 하고 스케치를 시작합니다.

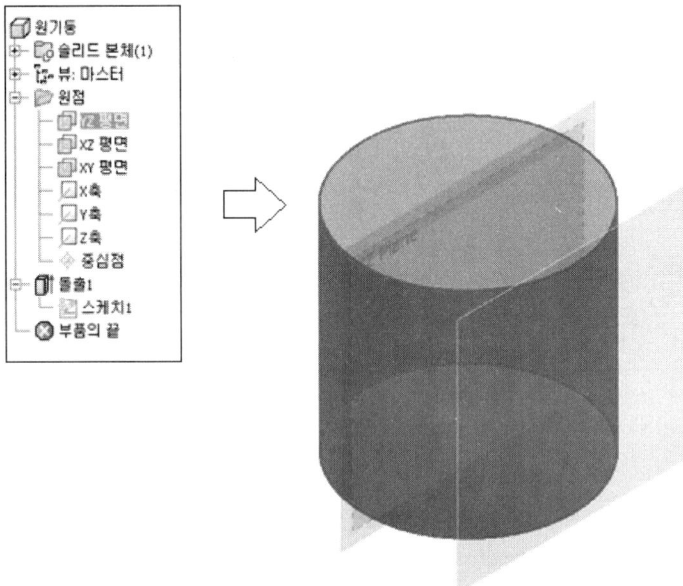

⑤ 【텍스트】를 선택합니다. 글씨는 Inventor, 크기는 3.5mm로 합니다.

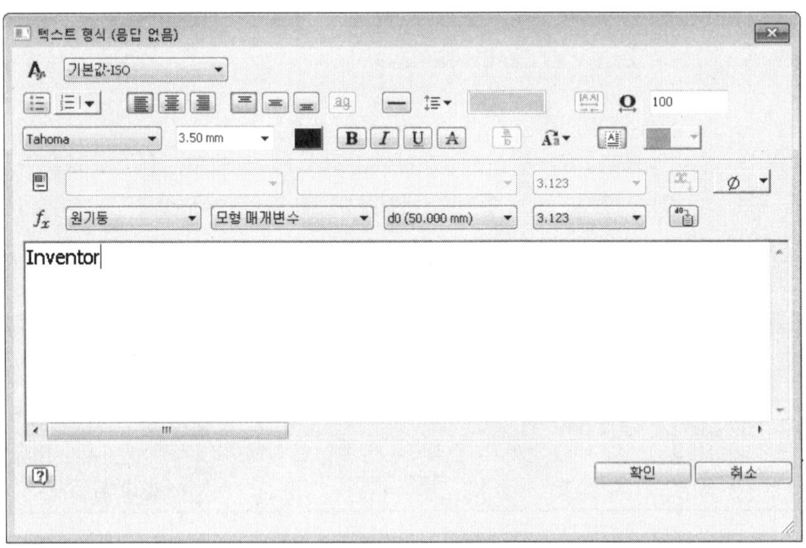

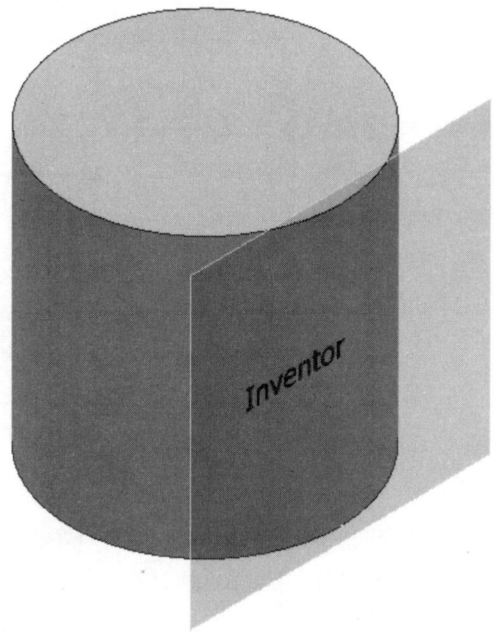

⑥ 스케치 마무리로 종료를 합니다.

⑦ 3D모형 - 작성 - 엠보싱을 선택합니다.

⑧ 【프로파일】은 글씨(Inventor)를 선택, 【돌출】, 【면에 감싸기】 선택, 【면】은 원통면을 지정해 줍니다.

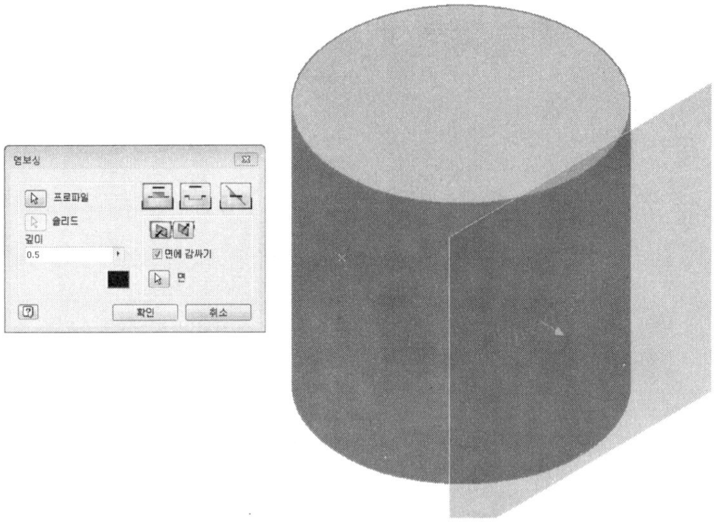

⑨ 스케치 마무리를 눌러 작업을 종료합니다. 우측마우스를 눌러 작업평면의 【가시성】을 해제하여 작업평면을 감추어 봅니다.

8) 전사 전사

▶ 전사는 모형의 표면에 회사로고나 스티커, 제품의 명판 등의 이미지를 적용하여 전사 피쳐를 작성하기 위한 도구입니다. 전사가 가능한 이미지는 비트맵, JPG, TIFF, TGA 등 거의 모든 이미지 파일과 MS 워드 문서, 엑셀 스프레드시트까지 가능합니다.

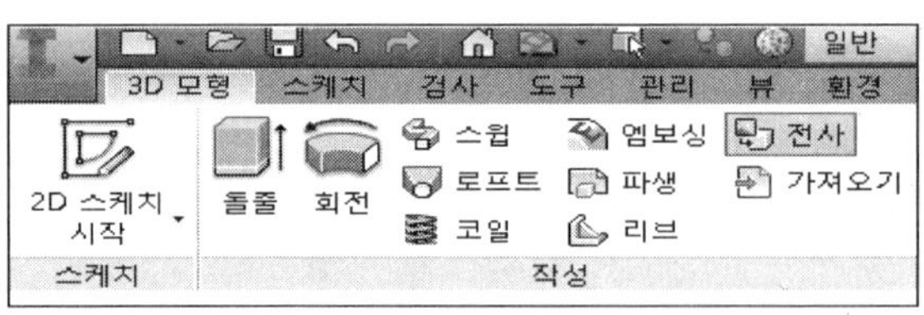

▶ 3D 모형 - 작성 인터페이스 - 전사 명령어를 선택하면 아래와 같이 새로운 창과 함께 이미지를 선택과 면 선택, 면에 감싸기, 체인 면 등의 기능이 있습니다.

- 이미지 : 전사할 이미지를 선택합니다.
- 면 : 이미지가 전사될 모형의 표면을 선택합니다.
- 면에 감싸기 : 이미지를 모형의 곡면에 감싸는 표현을 할 때 사용합니다.
- 체인 면 : 모서리 부와 같은 인접 면에 전사를 하고자 할 때 사용합니다.

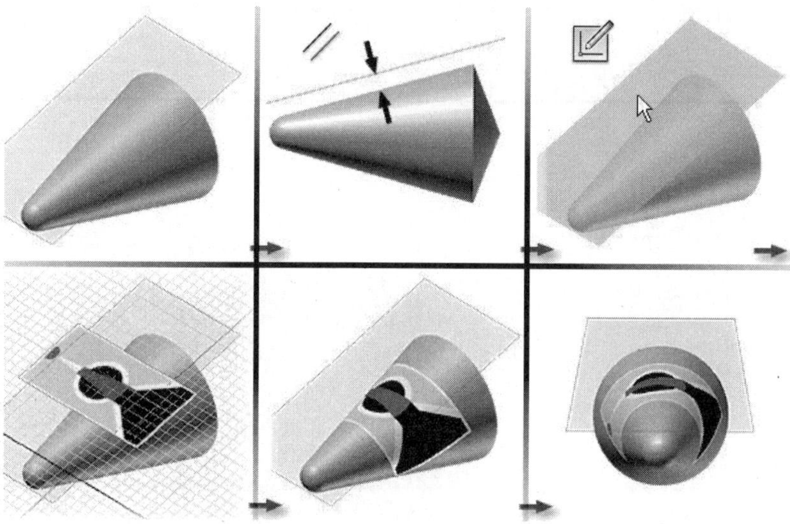

프로파일 만들기 - 전사

① 파일 불러오기로 앞 장에서 만든 【원기둥.ipt】 파일을 불러옵니다.

② 원통부에 【작업평면】을 만들어 줍니다. 검새기 창에서 【XZ평면】을 선택, 원통의 둥근 면을 선택합니다. 원통의 작업평면에 생긴 노란색의 가장자리부를 클릭 하고 스케치를 시작합니다.

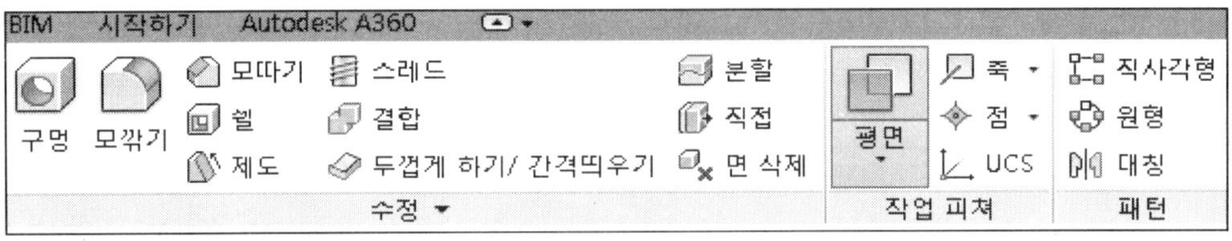

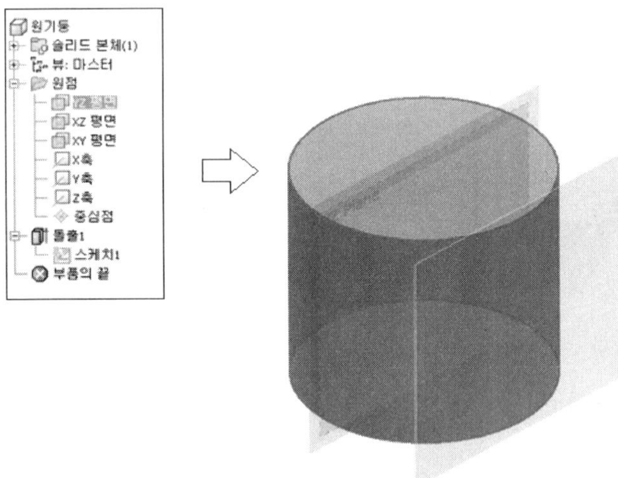

③ 【이미지】를 선택합니다. 검색기 창에서 미리 준비한 이미지 파일하나를 선택합니다. 여기서는 미리 Autodesk 로고를 준비했습니다. 마우스를 이용 작업평면에 이미지를 붙입니다.

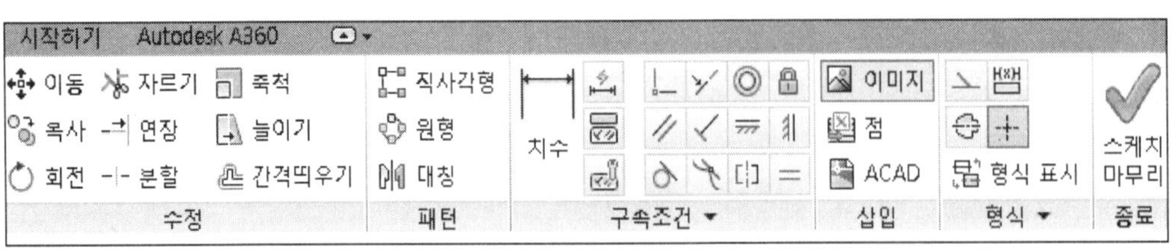

④ 우측 마우스 버턴을 눌러 사용자 UI에서 【확인】를 선택합니다.

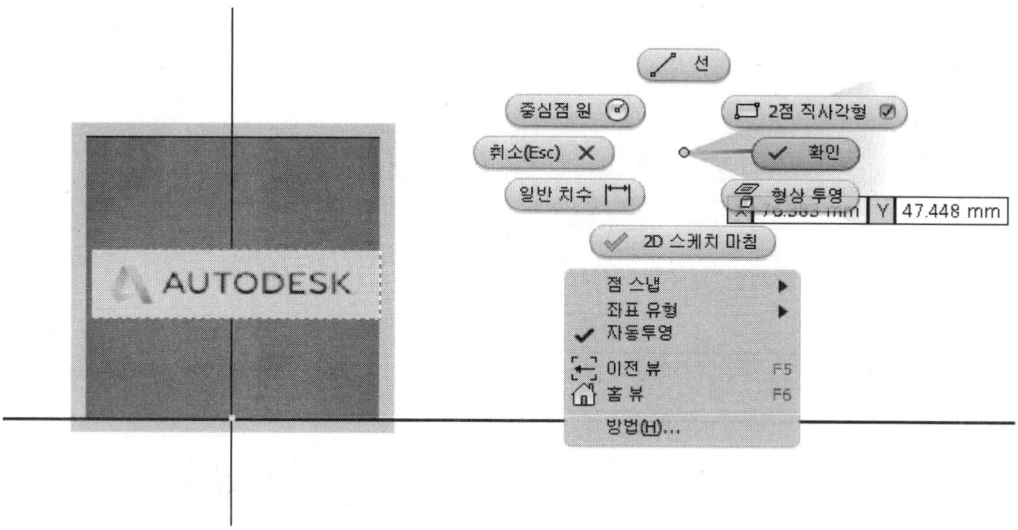

⑤ 스케치 마무리로 종료를 합니다.

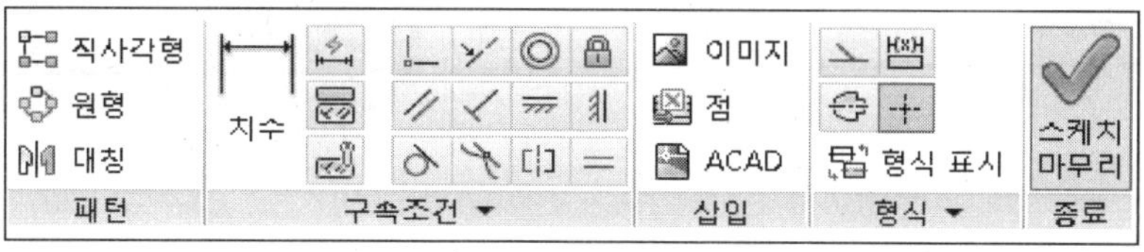

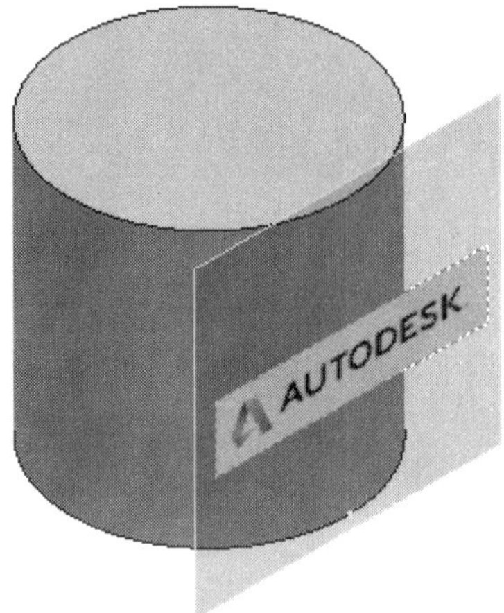

⑥ 3D 모형의 【전사】 아이콘을 선택합니다. 옵션은 【면에 감싸기】를 선택합니다.

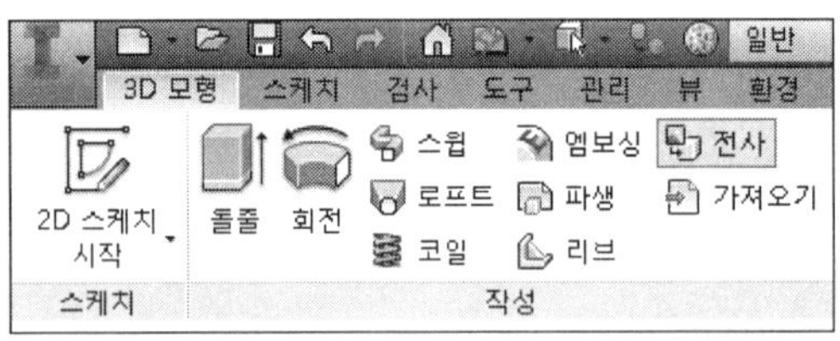

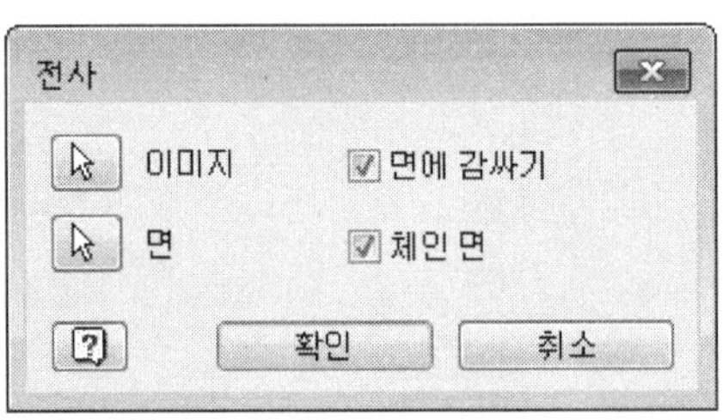

⑦ 이미지는 작업평면에 있는 이미지를 선택하고, 면은 모형의 원통 면을 선택합니다. 면에 감싸기와 체인 면을 선택 후 【확인】를 선택합니다.

3-3. 수정 패널

1) 구멍 (Hole)

▶ 스케치 점 또는 형상 선택 사항에 따라 구멍을 만듭니다. 단순구멍, 틈새 구멍, 탭 구멍 또는 테이퍼 탭 구멍을 작성하고 스레드 데이터 시트에서 스레드 유형을 포함 시킬 수 있습니다. 【카운터 보어】, 【카운터 싱크】 또는 【구멍치수】의 공차를 지정할 수도 있습니다.

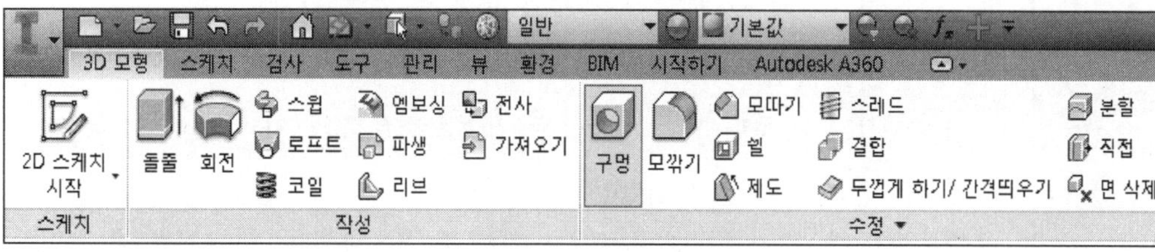

▶ 3D 모형 - 수정 리본 - 【구멍】 도구를 선택합니다. 배치는 【선형】과 【시작스케치】, 【원형】, 【동심】 등이 있습니다.

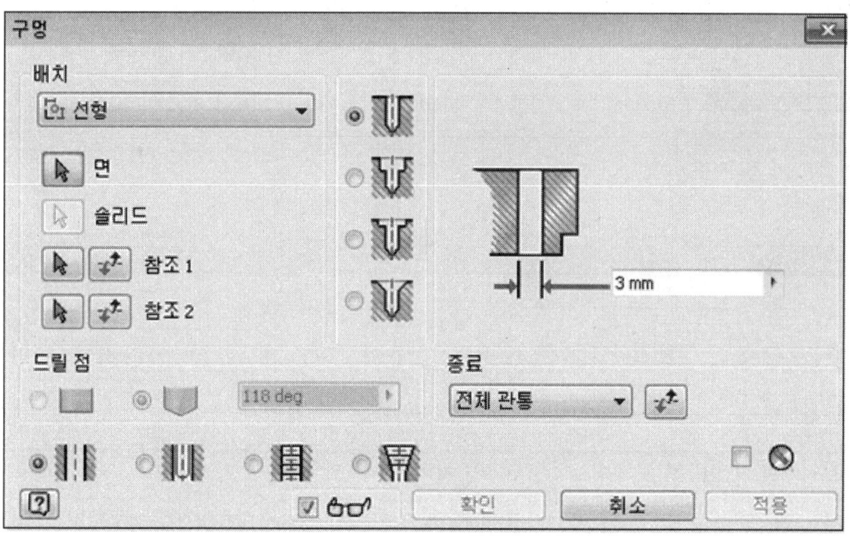

▶ 배치 명령

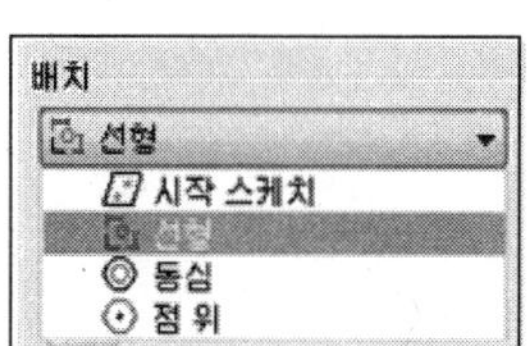

- 선형 : 선과 면을 선택하여 구멍을 가공하는 배치입니다.
- 시작스케치 : 스케치의 중심점을 만들고 구멍을 가공하는 배치입니다.
- 동심 : 동심부위를 선택하여 구멍을 시작, 가공하는 배치입니다.
- 점 위 : 특정 점을 선택하고 그 점을 기준으로 방향을 선택하여 구멍을 가공합니다.

▶ 구멍의 형태

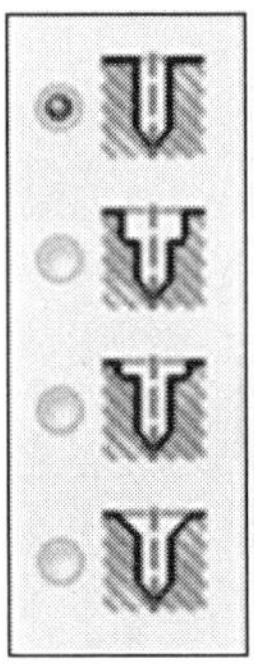

- 가장 일반적인 드릴 작업을 위한 구멍의 형태입니다.
- 카운터보링 : 볼트 조립 시 볼트 머리부를 안착을 위한 구멍가공입니다.
- 접촉공간 : 카운터보링보다 낮은 기계요소부품의 자리 안착을 위한 구멍입니다.
- 카운터싱킹 : 카운터보링 유사, 계단형 홀 대신에 cone형상의 구멍입니다.

▶ 구멍 끝의 형태

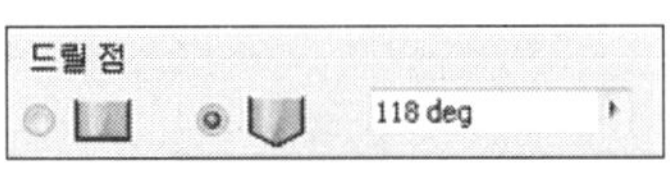

- 플랫 : 구멍의 끝면이 평평한 가공형태입니다.
- 각도 : 일반적인 드릴의 규격 날은 118도입니다.

▶ 구멍의 구분

- 단순 구멍 : 구멍의 구분이 단순한 모양의 구멍 가공으로 일반적인 구멍입니다.
- 틈새 구멍 : 틈새구멍으로 구멍을 가공하는 배치입니다.
- 탭 구멍 : 탭 모양으로 구멍을 가공하는 배치입니다.
- 테이퍼 구멍 : 구멍의 모양이 테이퍼가 져서 기울기를 가진 모양의 구멍입니다.

▶ 종료 : 구멍 가공을 끝마감 하는 방식에 대한 구분입니다.

- 거리 : 일정 거리 값을 입력하여 구멍가공을 종료하는 방법입니다.
- 전체 관통 : 모형 전체를 관통하는 구멍가공 방법입니다.
- 지정 면 까지 : 모형의 형태를 직접보고 선택하여 구멍가공을 마감하는 방법입니다.

▶ 드릴 : 드릴의 폭(경)과 길이를 입력합니다.

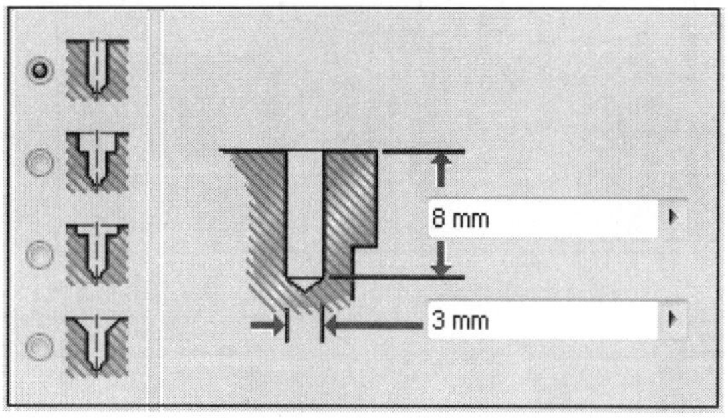

▶ 카운터보어 : 드릴의 폭(경)과 전체길이 및 보어 자리깊이, 넓이를 입력합니다.

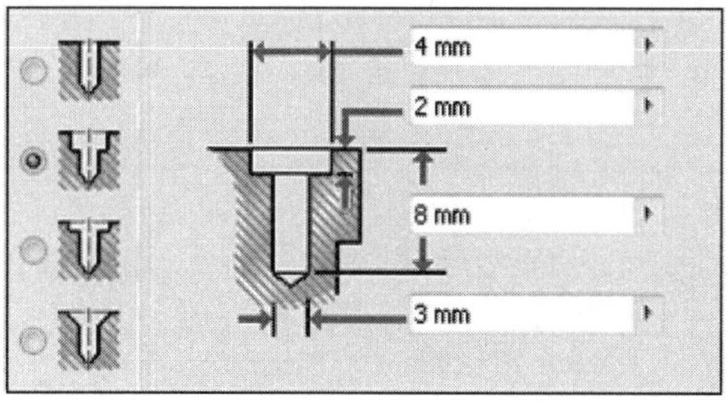

▶ 접촉공간 : 드릴의 폭(경)과 전체길이 및 접촉부의 자리깊이, 넓이를 입력합니다.

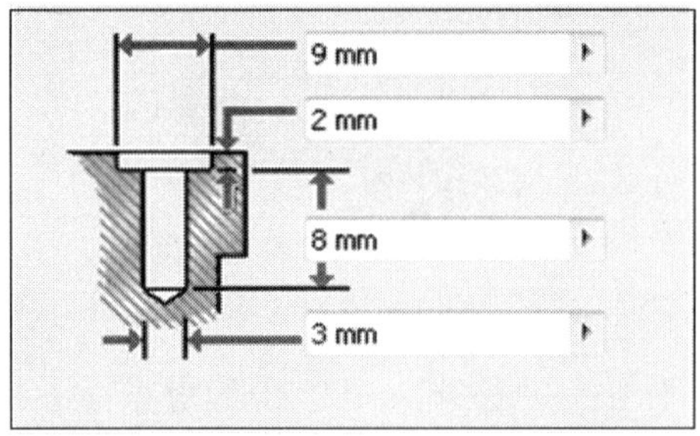

▶ 카운터싱킹 : 드릴의 폭(경)과 전체길이 및 접촉부의 각도, 넓이를 입력합니다.

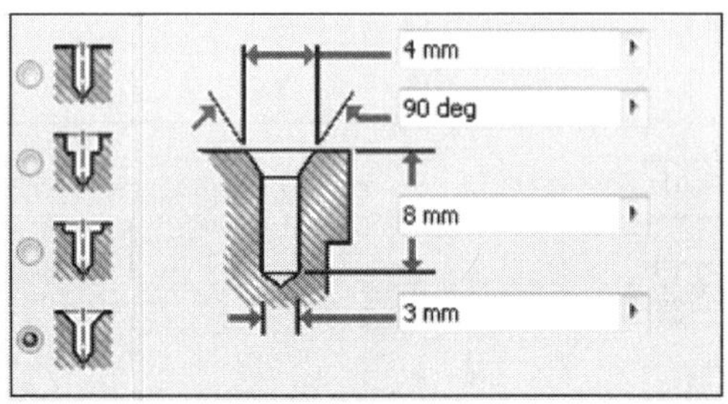

따라하기 - 구멍

① 2D 스케치 탭의 【직사각형】 도구 이용하여 100mm x 60mm 의 직사각형을 그립니다. 다음 【스케치 마무리】, 3D모형의 【돌출】, 치수 10으로 된 사각면체를 만듭니다.

② 【저장】 을 합니다 (파일명 : 플레이트.ipt) 향 후 이 파일을 불러내어 계속 사용할 것입니다.

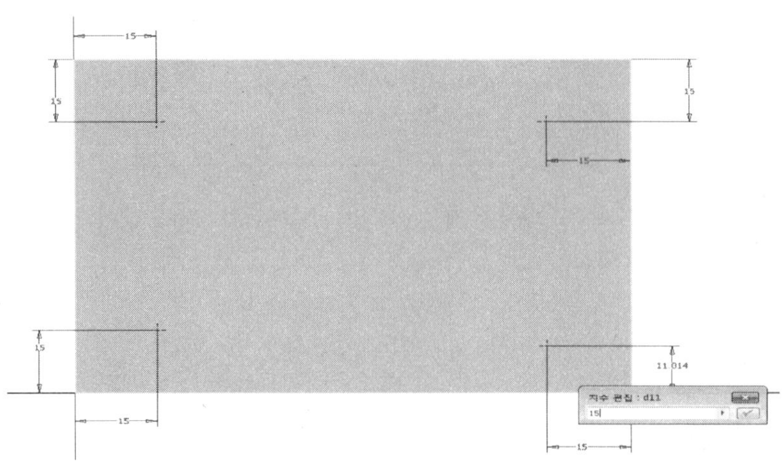

③ 【2D 스케치】로 윗면을 선택, 그림처럼 【점】 도구를 선택한 후 4개소에 점을 찍어줍니다.

④ 【치수】 도구로 각각 가로 x 세로 15mm 수정해서 도면을 완성시킵니다.

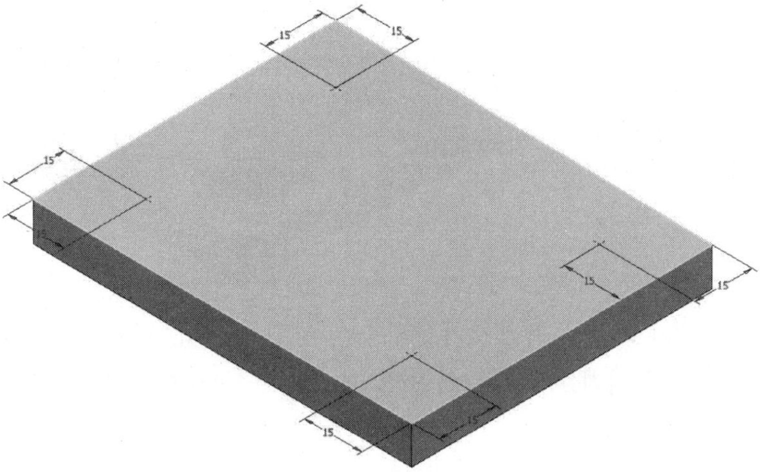

⑤ 스케치 마무리로 종료를 한 뒤 4 군데 점을 드릴, 카운터보링, 접촉공간, 카운터 싱킹 명령어로 하나 씩 구멍을 가공해 본다.

▶ 드릴 가공 - 시작스케치, 전체 관통, 크기는 15mm 로 하고 저장합니다. 파일명은 구멍

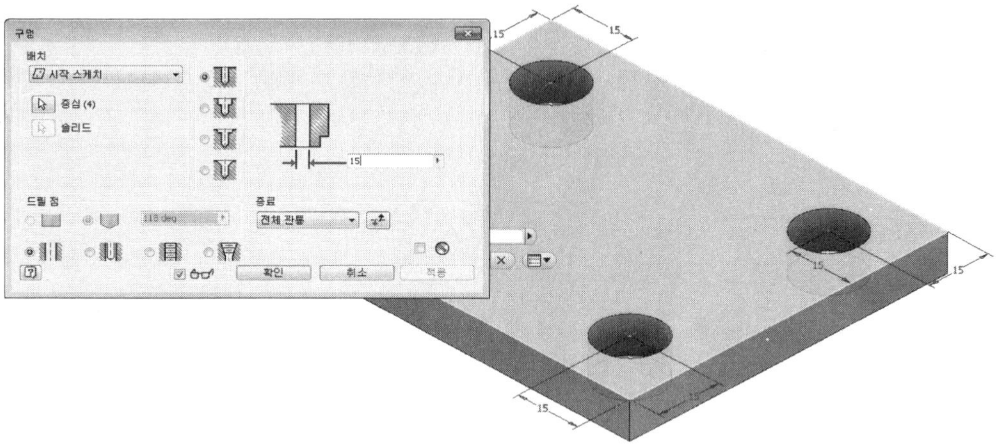

▶ 카운터 보링 가공 - 시작스케치, 머리부 지름 15mm, 머리깊이 5mm, 몸체부 지름 10mm로 합니다. 파일명 카운터 보링으로 저장합니다.

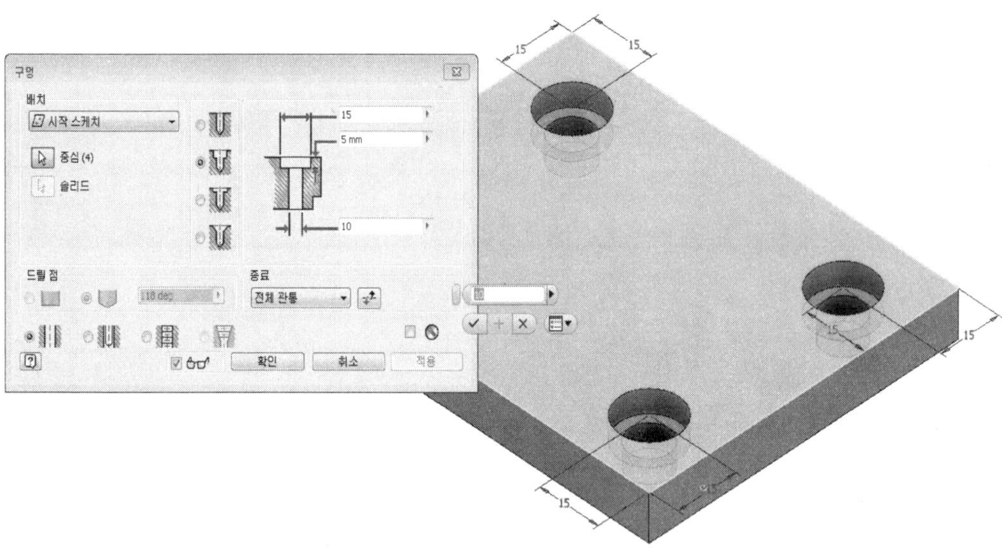

▶ 접촉공간 가공 - 시작스케치, 머리부 지름 15mm, 머리깊이 2mm, 몸체부 지름 10mm로 합니다. 이 작업은 둥근 머리볼트조립을 위한 최소한의 자리파기 작업입니다. 파일 이름을 접촉공간으로 명명, 저장합니다.

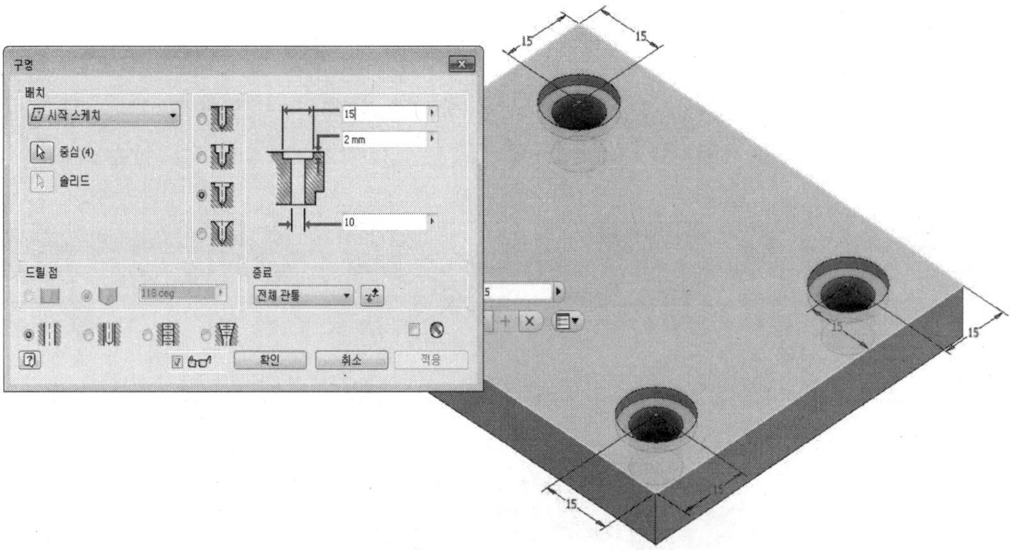

▶ 카운터싱킹 가공- 시작스케치, 머리부 지름 15mm, 머리각도 90도, 몸체부 지름 10mm로 합니다. 이 작업은 접시머리 볼트 조립을 위한 작업입니다. 파일 이름을 카운터 싱킹으로 저장합니다.

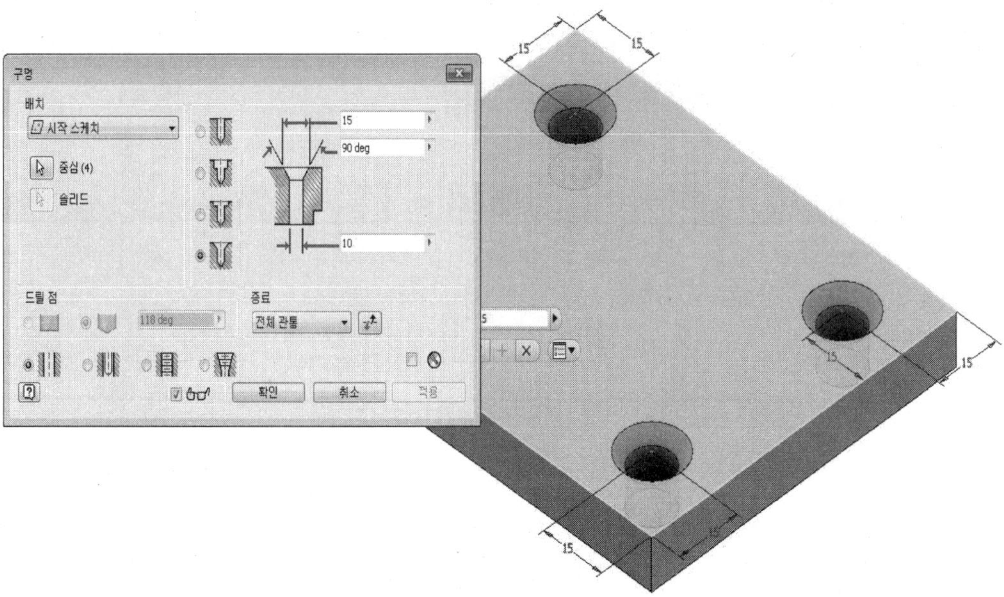

2) 모깍기 (Round) 

▶ 기계 가공 면 모서리에 둥근 라운딩을 줄 때 사용하는 도구입니다. 구성요소의 내부/외부 모서리, 면 또는 전체 둥근 모깍기를 작성할 수 있습니다.

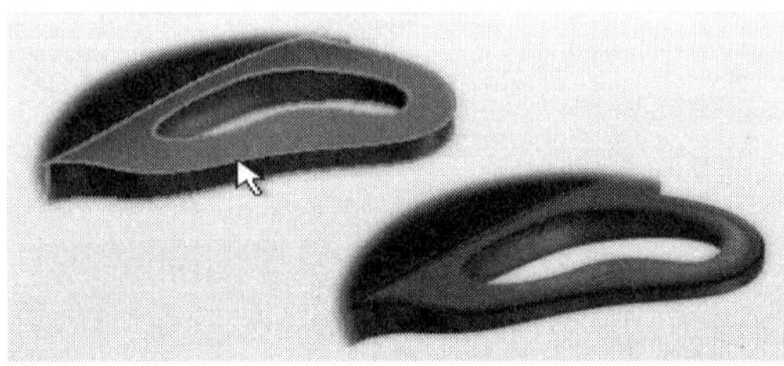

■ 3D 모형 - 수정 인터페이스 - 【모깍기】 명령어를 선택합니다. 상수와 변수 그리고 세트백의 세부 사항이 있습니다. 단일작업에서 작성된 모든 모깍기는 단일 피처가 됩니다.

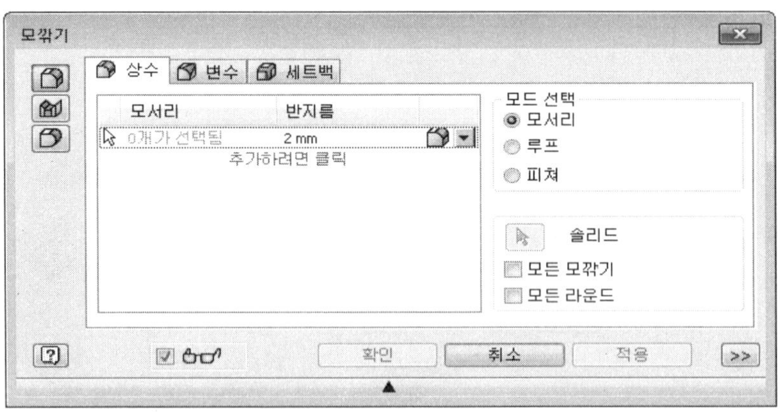

▶ 상수 탭 : 상수 반지름 모깍기를 추가하기 위한 매개변수를 설정합니다. 모서리와 루프, 피쳐의 모드를 선택할 수 있고, 모서리를 추가해서 계속 모깍기를 실행할 수 있습니다.

▶ 변수 탭 : 변수 반지름 모깍기를 추가하기 위한 매개변수를 설정합니다.

▶ 세트백 탭 : 교차하는 모서리의 모깍기 사이에 접하는 연속변이를 정의합니다.

따라하기 - 모깍기

① 파일 불러오기로 앞 장에서 만든 【드릴링.ipt】 파일을 불러옵니다.

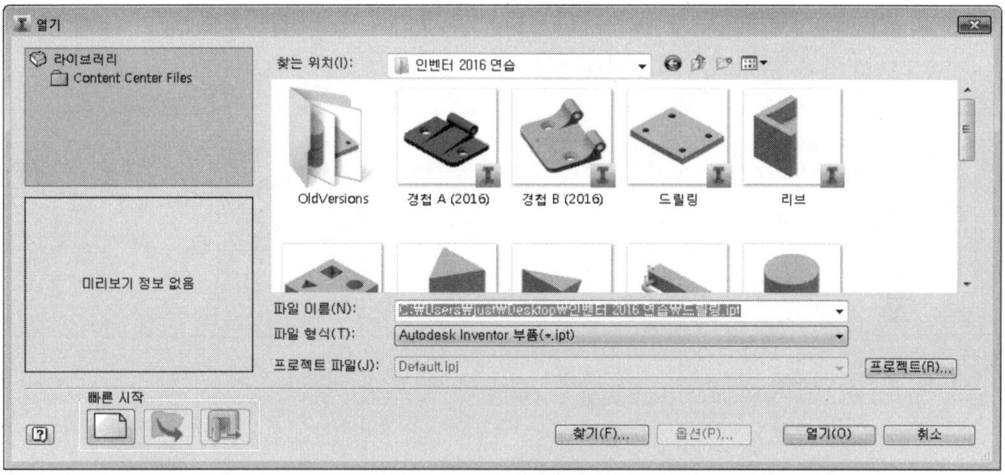

② 3D 모형 - 수정 - 【모깍기】를 선택 합니다.

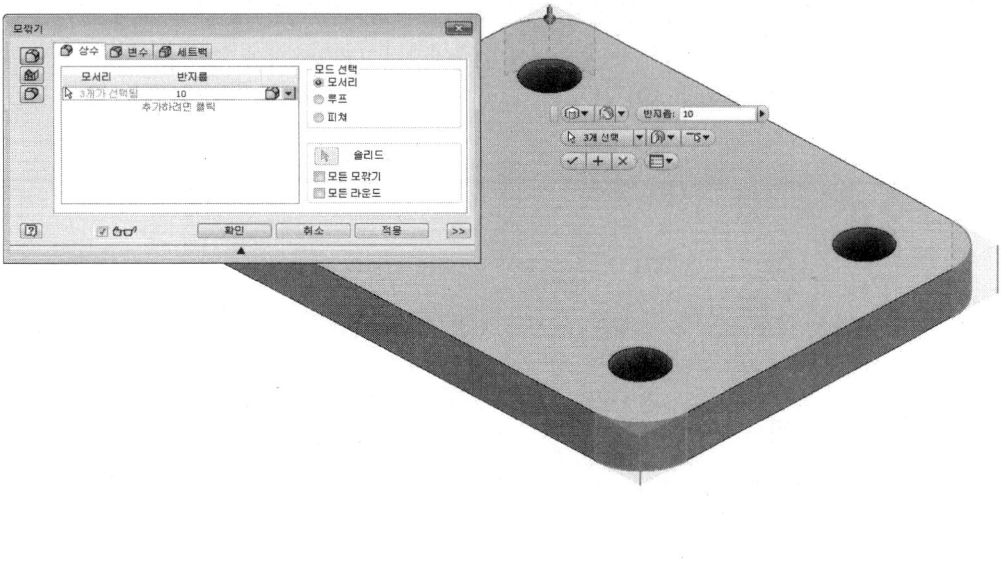

③ 반지름 10mm로 하여, 모서리 4개 부위를 선택, 모깎기, 라운딩 처리를 합니다.

3) 모따기 (Chamber) 

▶ 모따기 명령어는 단품 또는 다수의 부품 모서리에 일정거리와 각도로 모따기를 할 때 사용하는 도구입니다. 1개의 거리, 거리 및 각도 또는 2개의 거리로 모따기를 정의할 수 있습니다.

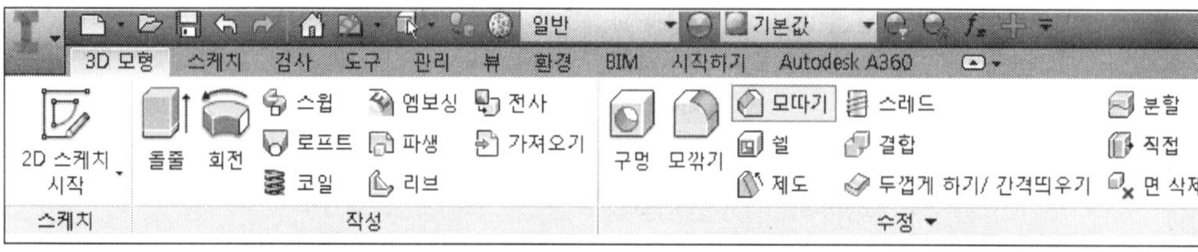

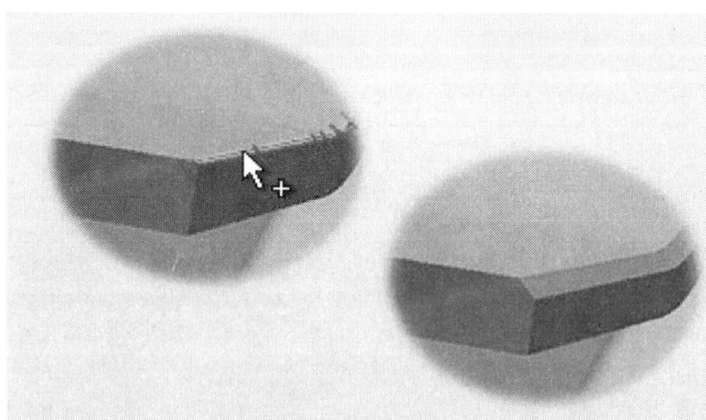

① 3D 모형 - 수정 리본 - 【모따기】 도구를 선택합니다. 모따기 방법을 지정하고 모서리를 개별적으로 선택해서 작업을 마무리 합니다. 모따기 도구에는 3가지 옵션이 있습니다. 직각하는 두 선의 동일한 거리 선택과 길이를 다른 동일하지 않는 거리 선택, 거리와 각도를 가지는 방법의 선택으로 나누어집니다.

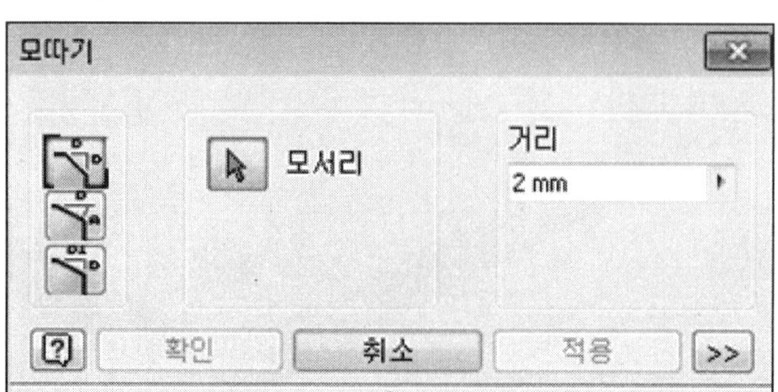

따라하기 - 모따기

▶ 파일 불러오기로 앞 장에서 만든 【드릴링.ipt】 파일을 불러옵니다.

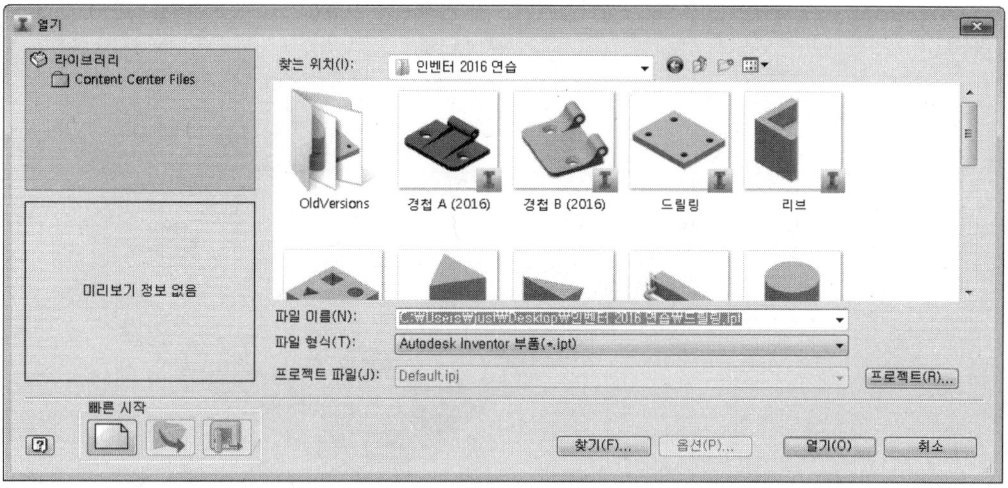

① 3D 모형 - 수정 - 【모따기】를 선택 합니다.

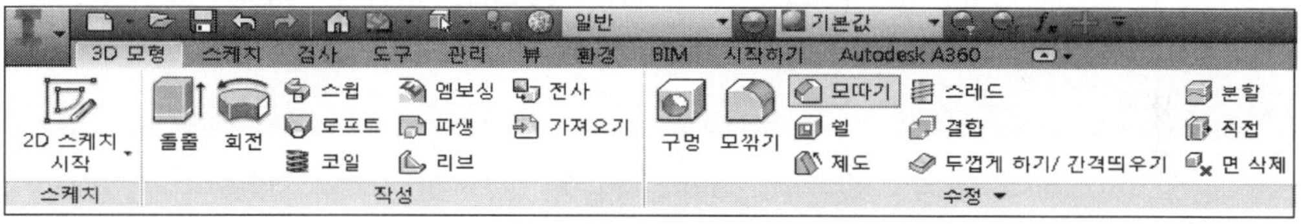

② 3D 모형 - 수정 - 모따기 선택해서 모따기 【D x D】 (거리 x 거리)를 선택합니다. 거리 값은 10mm, 4 군데 모서리부를 선택하여 모따기 피쳐를 만들어 봅니다.

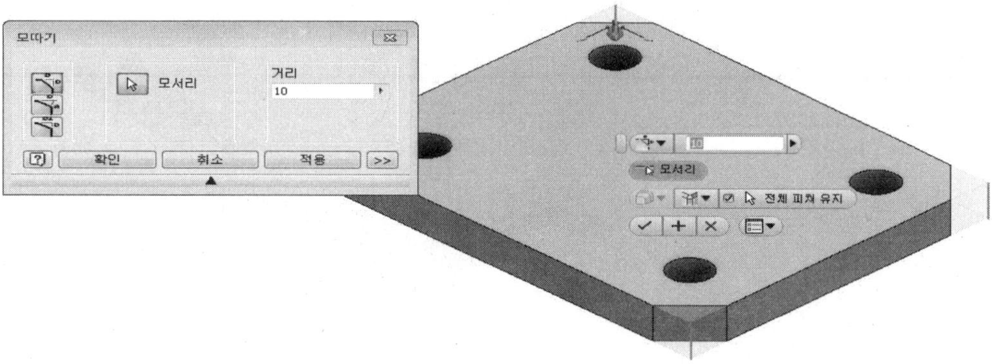

③ 3D 모형- 수정- 【모따기】 선택해서 모따기 【D x A】 (거리 x 각도)를 선택합니다. 【거리】 값은 10mm, 각도는 45도, 면부터 먼저 선택 후, 모서리부를 선택하여 모따기를 합니다.

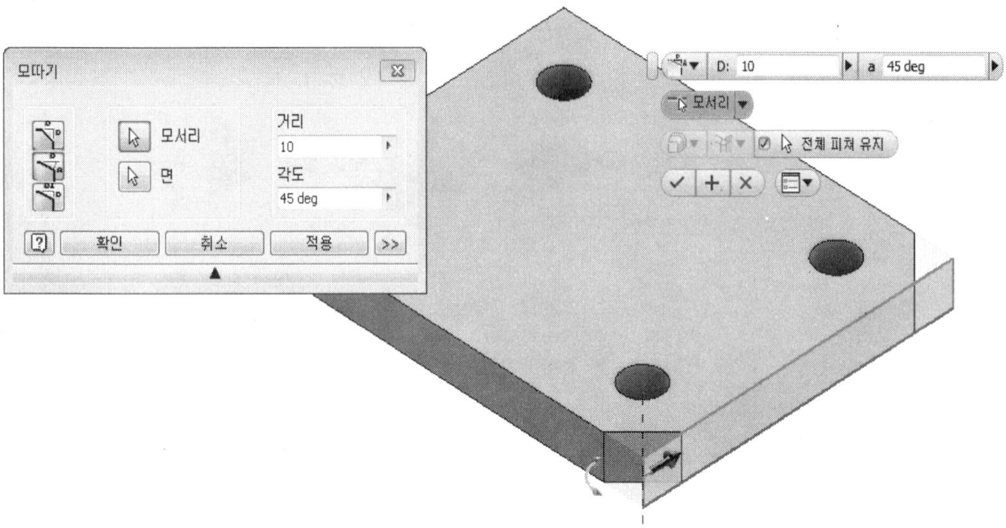

④ 3D 모형- 수정- 【모따기】 선택해서 옵션 【D1 x D】 (거리 x 거리)를 선택합니다. 【거리1】의 값은 5mm, 【거리2】는 2mm, 한 면은 5mm, 또 다른 면은 2mm로 모따기가 됩니다.

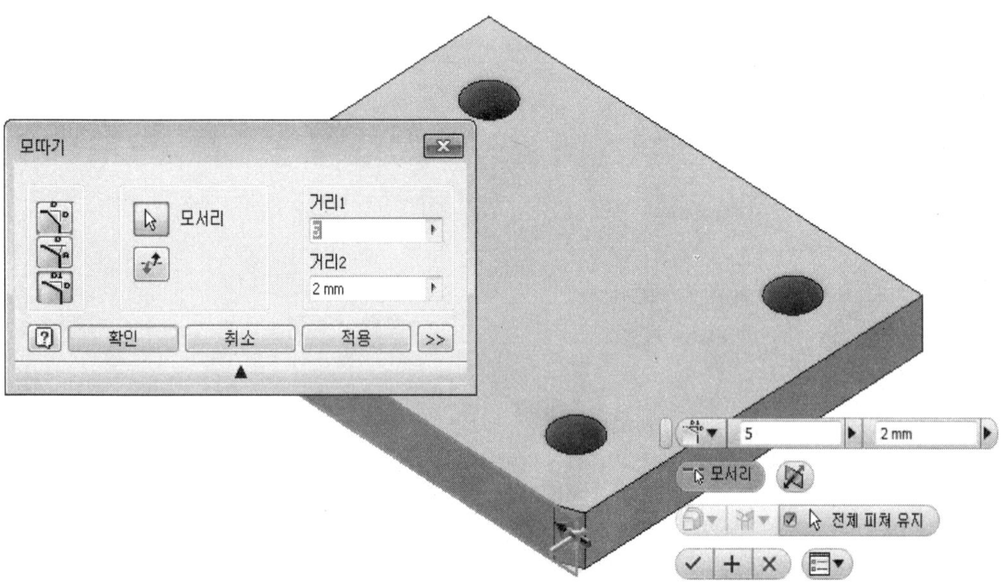

4) 쉘 (Shell)

▶ 쉘 명령어는 모형 제작을 하는데 있어, 일정 두께의 두께 만 남겨두고 부품 내부의 솔리드를 제거하는데 사용되는 도구입니다.

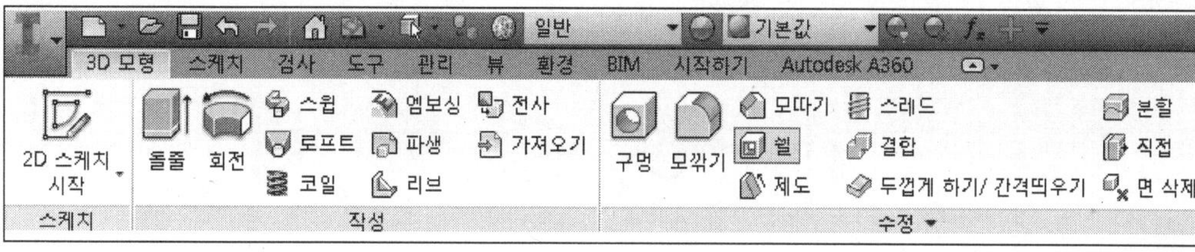

부품 내부에서 재질을 제거하여 지정된 두께의 벽으로 속이 빈 구멍을 제작합니다. 제거할 면을 선택하여 개구부를 작성합니다. (예제는 1mm 두께의 쉘 제작과정 입니다)

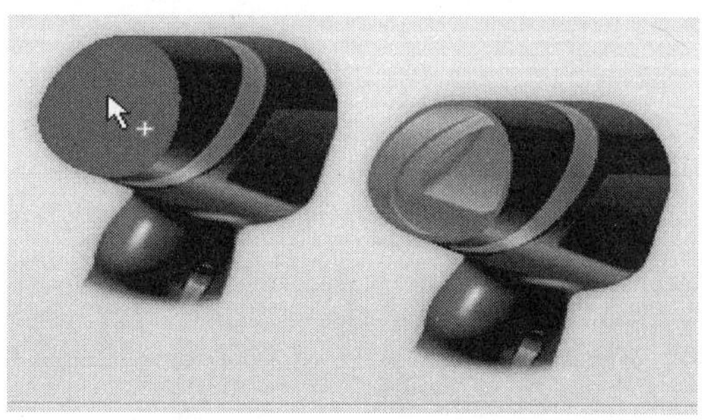

- 내부 : 모형 내부 쉘의 벽 간격 띄우기를 합니다.
- 외부 : 모형 내부 쉘의 벽 간격 띄우기를 합니다.
- 양쪽 : 모형 내, 외부에 동일한 간격 쉘 간격 띄우기를 합니다.

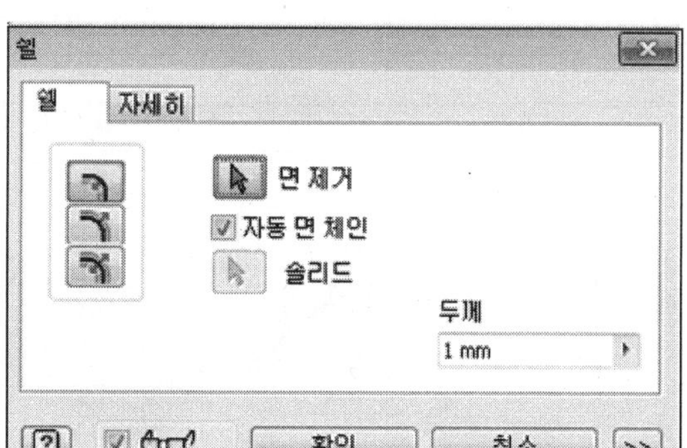

따라하기 - 쉘

▶ 파일 불러오기로 앞 장 부품파트 에서 만든 【플레이트.ipt】 파일을 불러옵니다.

① 3D 모형 - 수정 - 【쉘】을 선택 합니다.

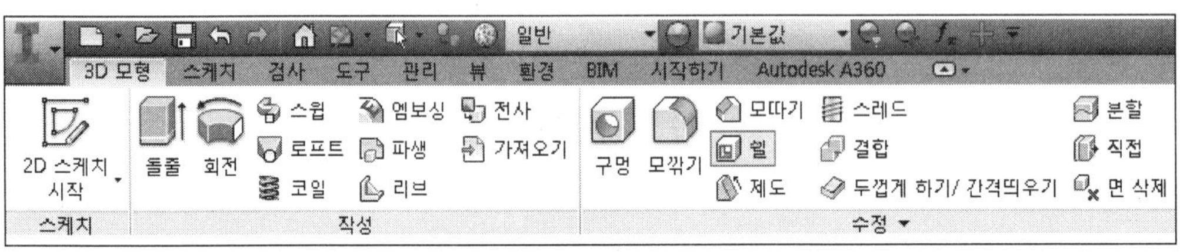

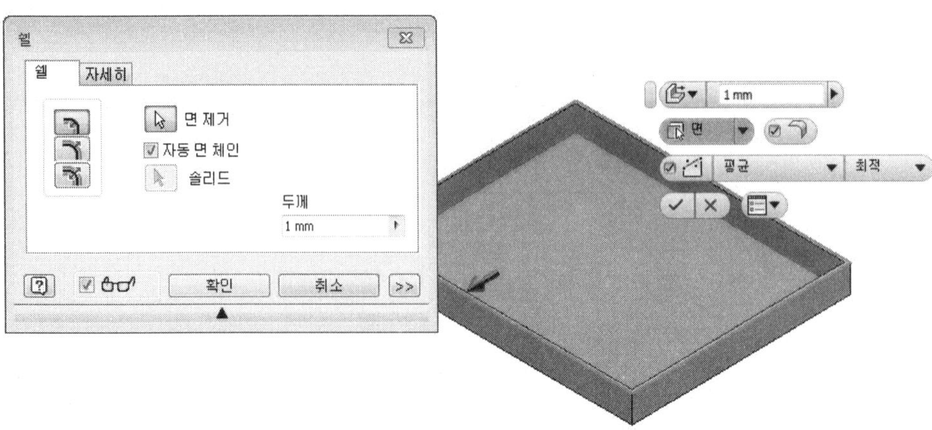

② 3D 모형 - 수정 - 【쉘】 명령어를 선택해서 면 제거, 내부를 선택 후 남기는 면을 두께 1mm로 정하고 평면 모형을 선택합니다. 【확인】을 눌러 작업을 종료합니다.

5) 제도 제도

▶ 면 기울기 명령어는 모형의 지정된 면에 기울기를 적용 하는데 사용되는 도구입니다.

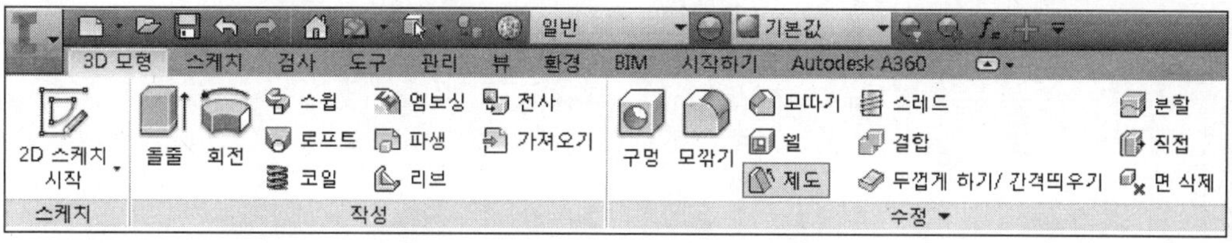

기울기의 종류는 고정된 모서리 또는 고정된 평면, 그리고 분할 선으로 구분됩니다. 기존 피쳐의 고정된 평면이나 작업평면으로부터 기울기가 계산됩니다.

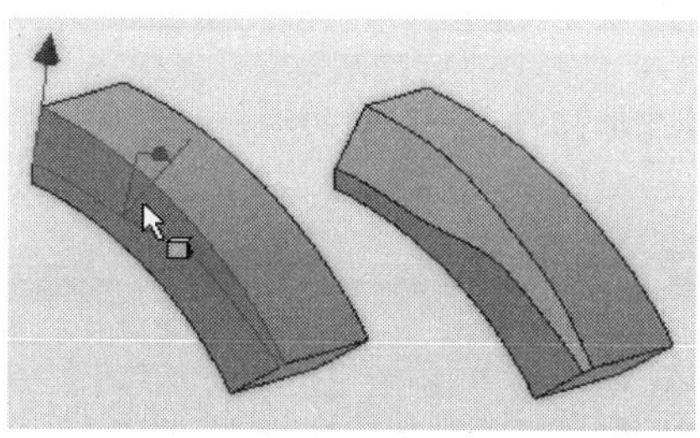

- 고정 모서리 : 기존 피처의 평면이나 모서리를 선택, 한 방향으로 면 기울기를 합니다.
- 고정된 평면 : 기존 피처의 고정된 평면을 선택, 양 방향으로 면 기울기를 합니다.
- 분할 선 : 2D 또는 3D 스케치에 대한 기울기가 적용이 됩니다.

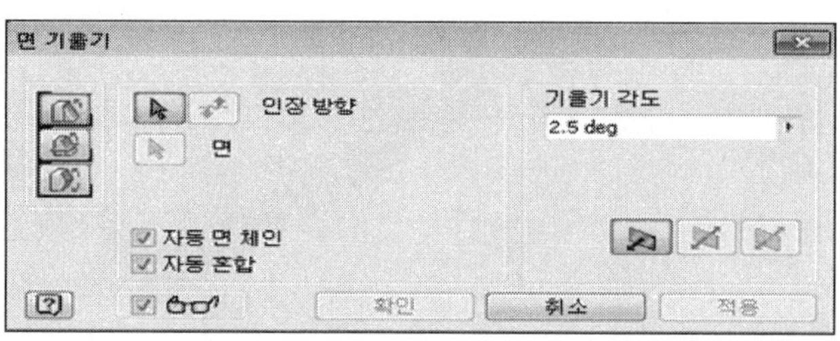

따라하기 - 제도

▶ 파일 불러오기로 부품 【구멍】 파트 에서 만든 【플레이트.ipt】 파일을 불러옵니다.

① 3D 모형 - 수정 - 【제도】를 선택 합니다.

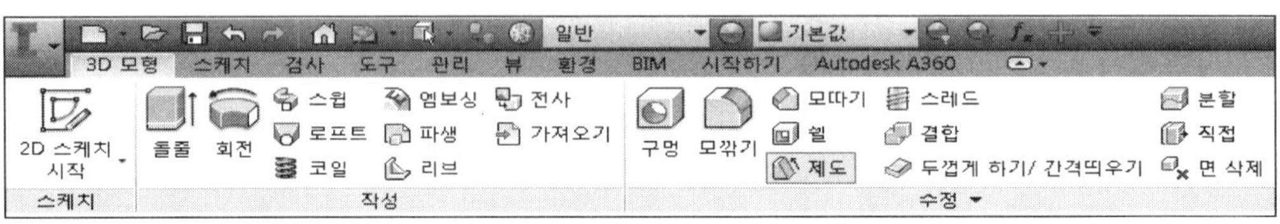

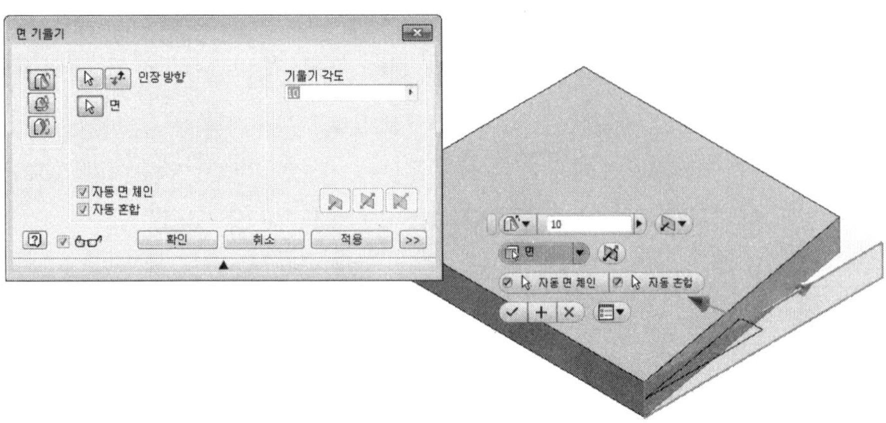

② 고정된 모서리, 인장은 X,Y 방향, 단방향, 기울기 각도는 10도, 면은 평면을 선택합니다.

6) 스레드 (Thread)

▶ 스레드 명령어는 모형의 표면에 볼트를 만드는데 사용되는 도구입니다. 구멍, 샤프트, 스터드 또는 볼트에 스레드를 작성합니다.

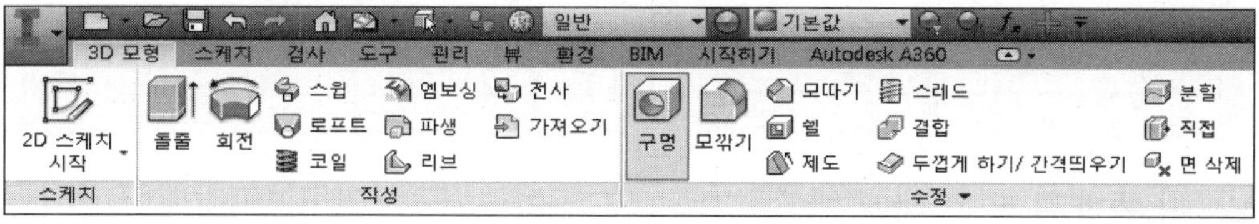

▶ 스레드 위치, 스레드 길이, 간격띄우기, 방향, 유형, 공칭크기, 클래스 및 피치를 지정할 수 있습니다. 스레드 데이터는 사용자화가 가능한 스프레드시트에서 발생합니다.

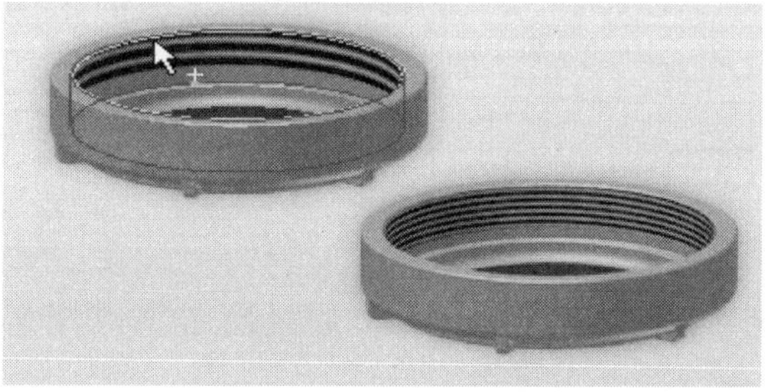

▶ 스레드를 표현할 위치와 스레드의 유형 별 사양을 정의하는 옵션 대화상자를 세부 메뉴로 두고 있습니다.

- 위치 : 스레드가 될 모형 위치를 표시합니다.
- 사양 : 스레드 유형과 볼트의 크기, 클래스 등을 선택합니다. ANSI 미터나사와 ISO 등 기타 여러 가지 종류의 나사를 표현 할 수 있는 선택 사항들이 있습니다.

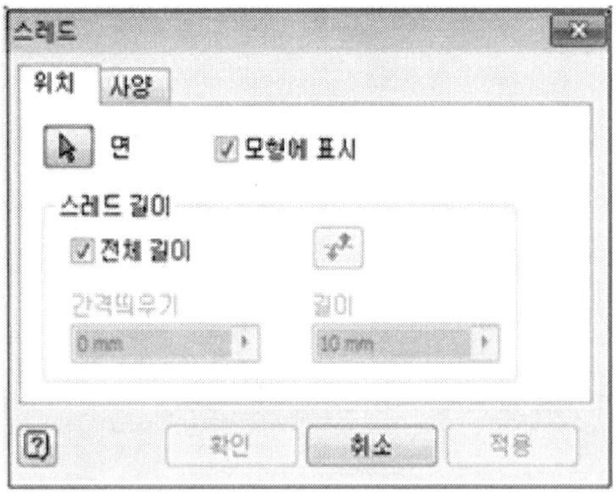

따라하기 - 스레드

▶ 2D 스케치 탭의 【선】 도구를 이용하여 아래 그림처럼 2D 프로파일을 만듭니다. (프로파일 작성 설명 생략)

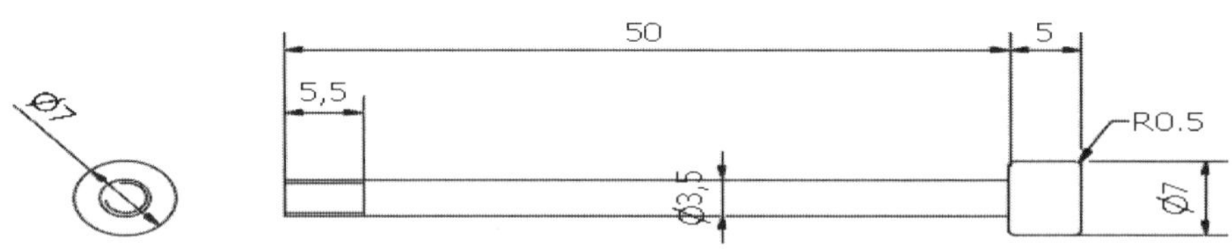

① 3D 모형의 【회전】 명령어를 선택, 모형을 만든 후 확인을 눌러 작업을 종료합니다.

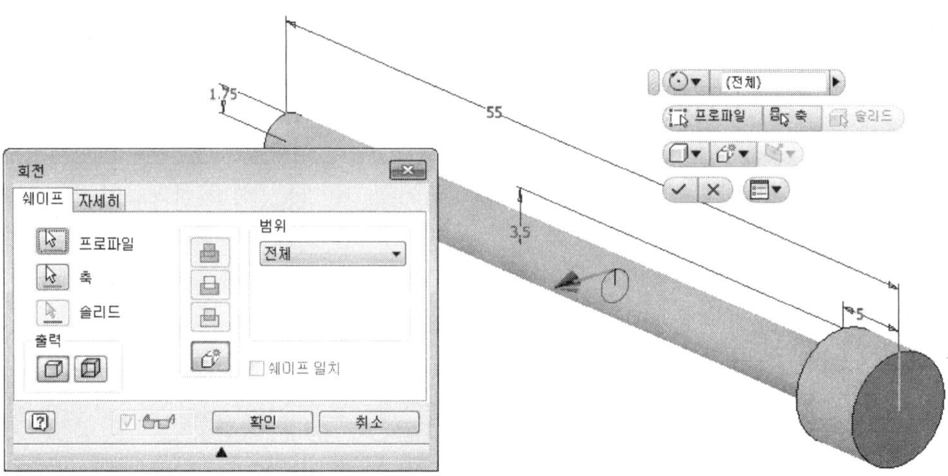

② 3D 모형의 【모깍기】 명령으로 머리 모서리부 2개소에 0.5mm 모깍기를 합니다.

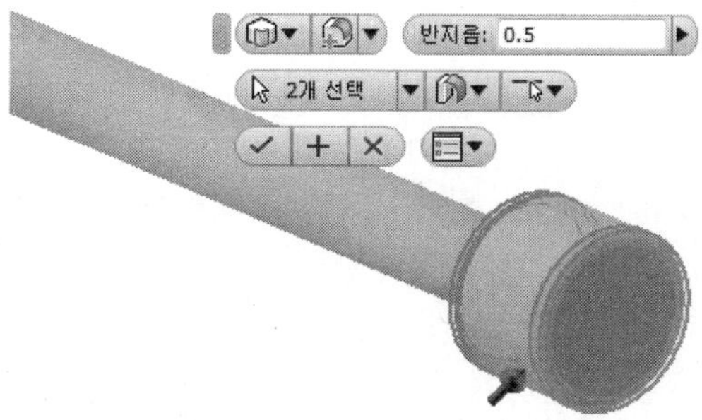

③ 3D 모형 - 수정 - 【스레드】 명령어를 선택, 모형의 왼쪽 나사 부위를 위치 표시합니다.

사양은 ANSI Metric Profile로, 크기는 M6, 피치는 M6x1로 지정하고 오른나사를 클래스는 6g로 만든 후 확인을 눌러 작업을 종료합니다.

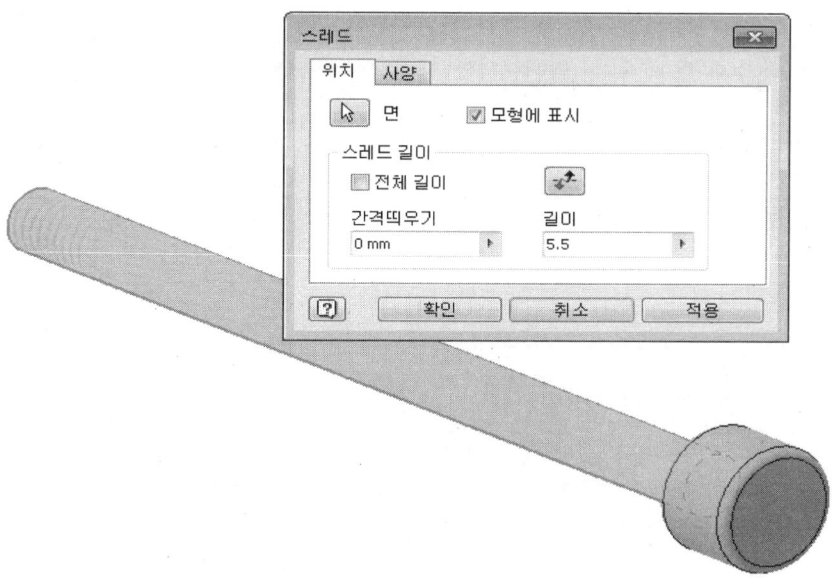

▶ 이 밖에 스레트의 유형을 보면, ANSI (American National Standards Institute) 미터 나사, 유니파이 나사, ISO (International Standards Organization) 미터나사, JIS (Japan Industrial Standards) 파이프나사, 테이퍼 나사, DIN (Deutsche Industric Normen) 테이퍼, 파이프 테이퍼 나사 등 기타 여러 가지 나사의 형태를 제공합니다.

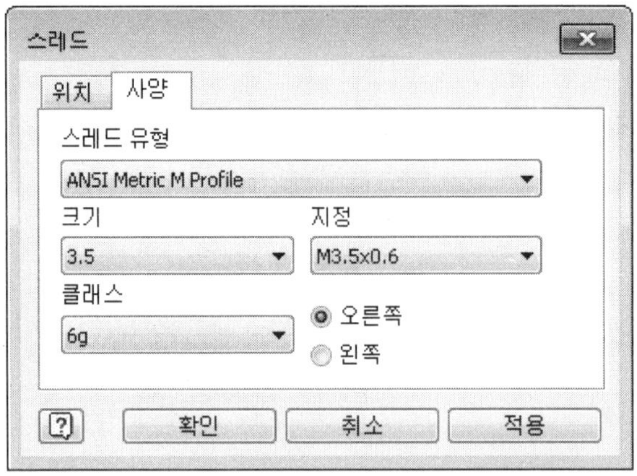

▶ 인벤터에서는 ANSI (American National Standards Institute) Metric Profile 이 기본값으로 정해져 있고 가장 많이 사용되어지는 나사형식입니다.

7) 결합

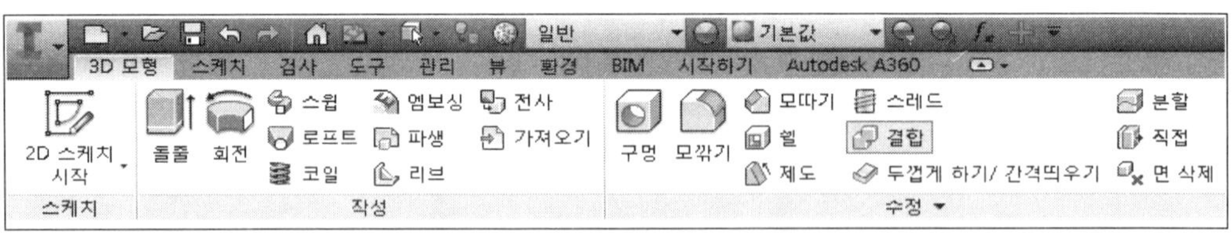

▶ 결합은 둘 이상의 모형 면 본체에서 결합, 잘라내기 또는 교차 작업을 수행하는 도구입니다.

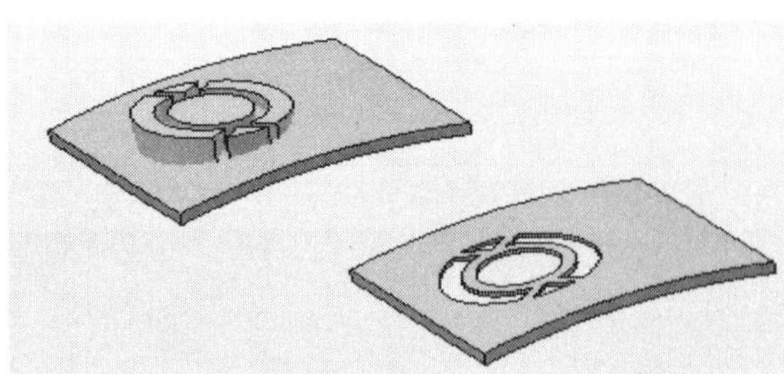

8) 두껍게 하기 / 간격 띄우기

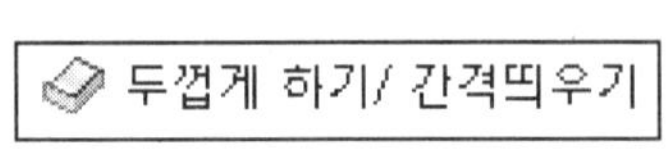

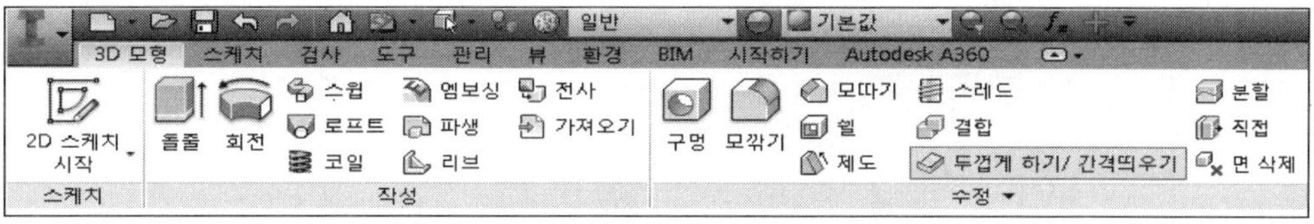

▶ 부품의 면 또는 퀼트에 두께[를 추가 또는 제거하거나, 부품 면 또는 곡면에서 간격띄우기 곡면을 작성하거나, 새 솔리드를 작성합니다.

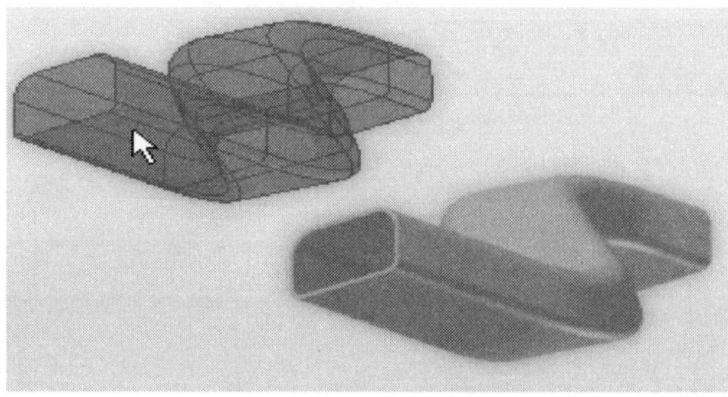

✓ 따라하기 - 두껍게 하기 / 간격 띄우기

▶ 2D 스케치 탭의 【선】 도구를 이용하여 아래 그림처럼 2D 프로파일을 만듭니다. (프로파일 작성 설명 생략)

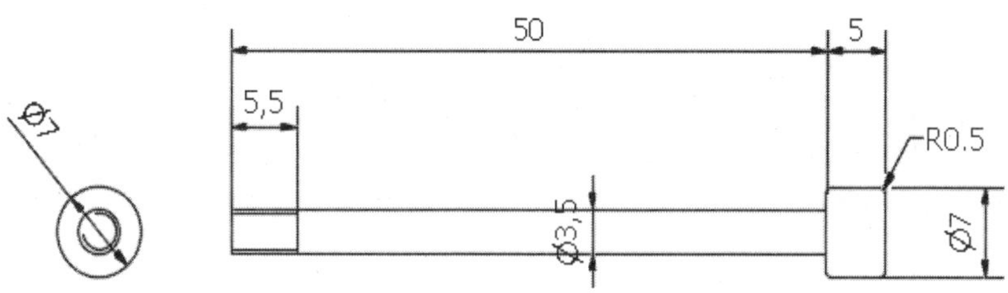

① 3D 모형의 【두껍게하기 / 간격띄우기】 명령어를 선택, 모형을 선택, 【확인】 합니다.

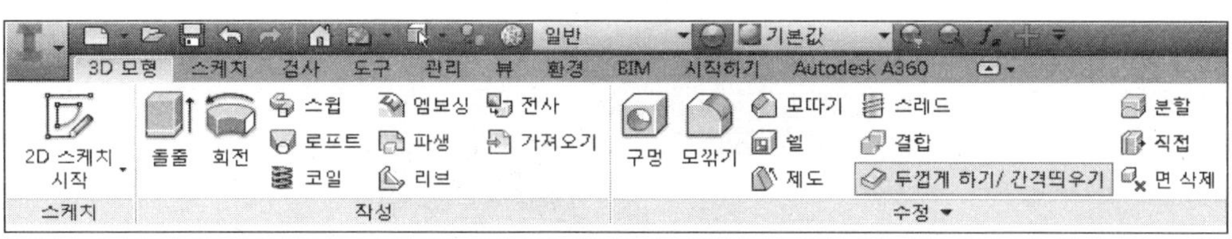

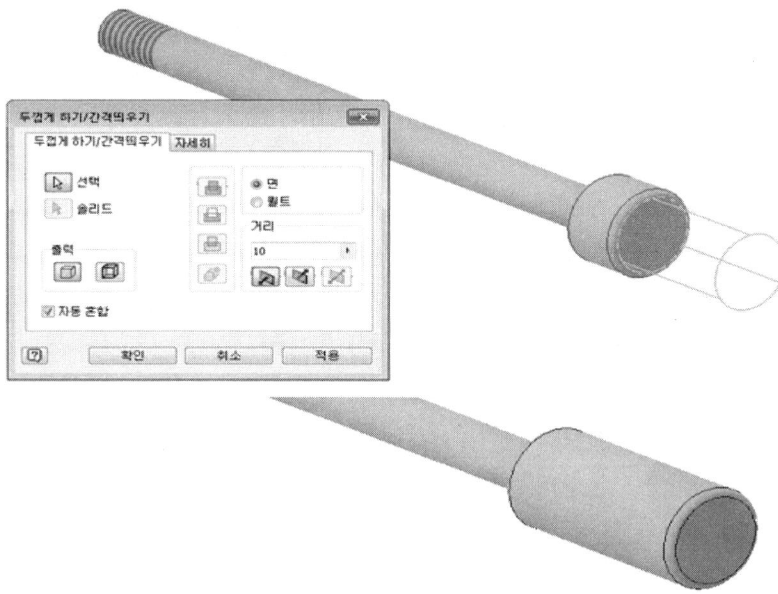

9) 분할 

▶ 분할 명령어는 모형 면을 분할하고, 모형의 단면을 절단하고 제거하거나 혹은 다중 모형체로 분할하는 역할을 하는 도구입니다.

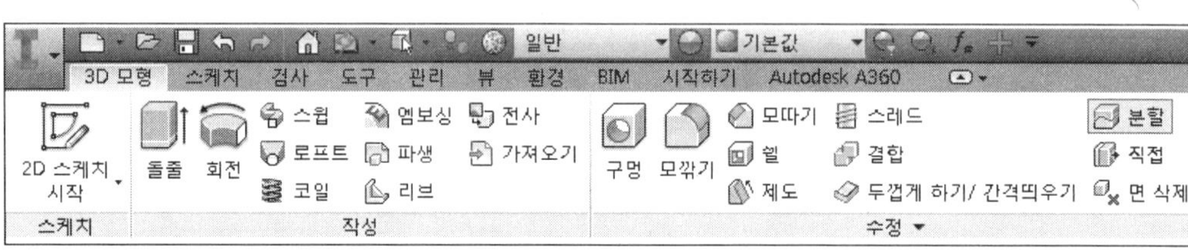

방법 옵션에는 면 분할, 솔리드 자르기, 솔리드 분할을 지정하는 역할을 하는 세부 명령을 두고 있습니다.

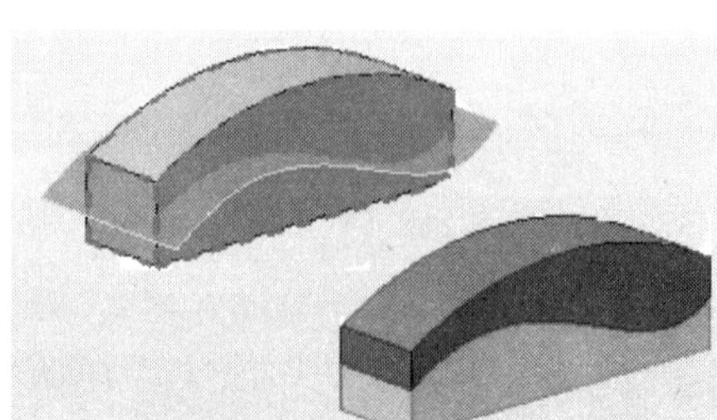

10) 직접 

▶ 직접 도구는 가져온 데이터 및 파라메트릭 모형을 편집하는 도구입니다.

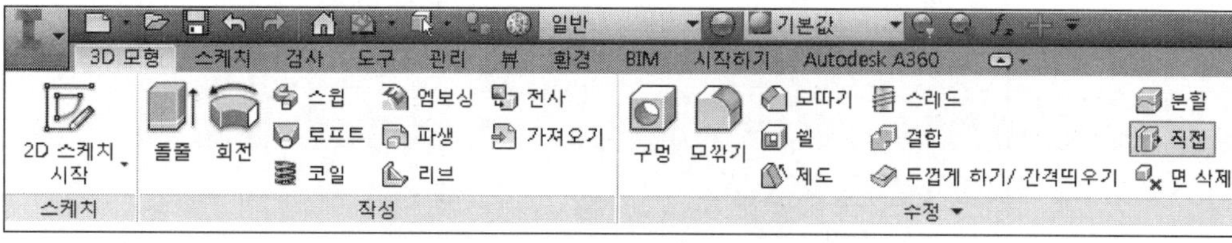

▶ 형상을 직접 조작하여 모형의 피처의 크기, 쉐이프 또는 위치를 조절합니다. 편집도 가능하며 매개 변수를 업데이트 할 수 있는 직접편집이 있습니다.

11) 굽힘 

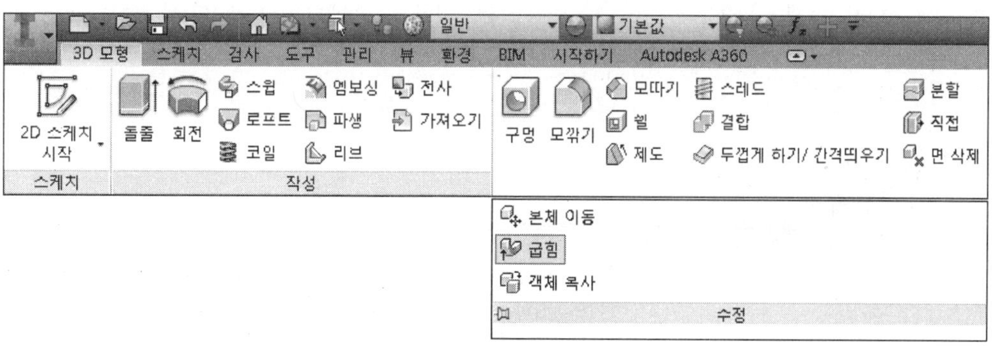

▶ 굽힘은 모형의 절곡 부를 굽히는데 사용하는 도구입니다. 2D 스케치 명령어의 선을 사용하여 절곡부 접선 위치를 정한 후, 굽히려고 하는 【각도】, 【방향】, 【면】 등을 지정할 수 있으며, 굽힘 대상이 파이프이거나 사각

기둥이거나 솔리드에 치수를 적용하여 작업을 하는 명령어입니다.

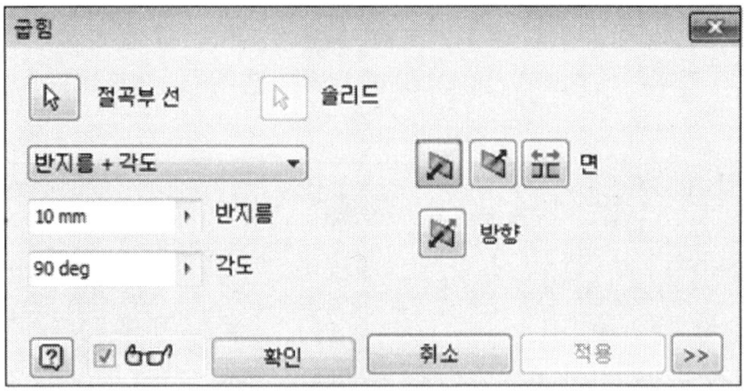

▶ 옵션 대화상자를 보면 【절곡부 선】, 【솔리드】, 【반지름+각도】, 【면】과 【방향】으로 세부 메뉴를 두고 있습니다.

- 절곡부 선 : 절곡을 하기 위한 기준선을 지정합니다. 2D 스케치에서 작성을 합니다.
- 반지름 : 절곡을 하기 위한 소재부의 반지름 크기를 지정해 줍니다.
- 각도 : 절곡하고자 하는 임의의 각을 정해 줍니다.
- 면 : 왼쪽 절곡 부, 오른쪽 절곡 부, 양쪽 절곡 부로 나누어집니다.
- 방향 : 절곡부의 방향을 전환합니다.

따라하기 - 굽힘

① 2D 스케치 탭의 【직사각형】 도구를 이용, 5mm x 100mm 사각 프로파일을 만듭니다. 3D 모형의 【돌출】 도구를 선택, 5mm 돌출 모형을 만든 후 【확인】, 작업을 종료합니다.

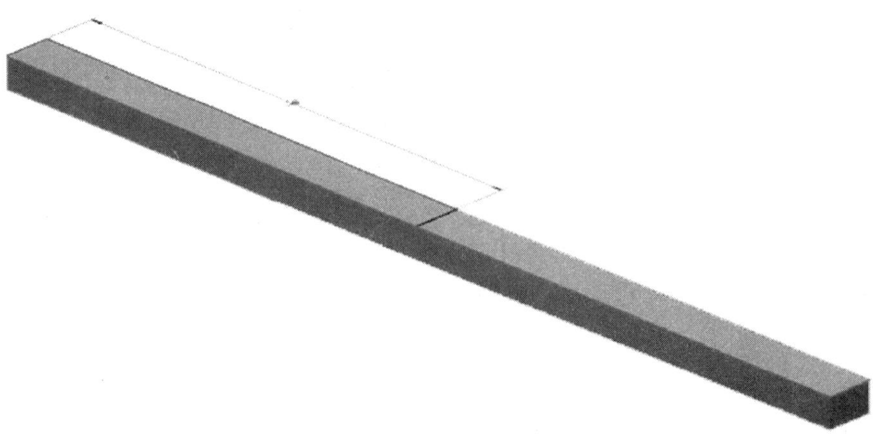

② 2D 스케치 탭의 【선】 도구를 이용, 50mm 위치에 선을 그리고, 【치수】 도구를 통해 위치를 수정 완료합니다.

③ 3D 모형의 【굽힘】 도구를 선택합니다.

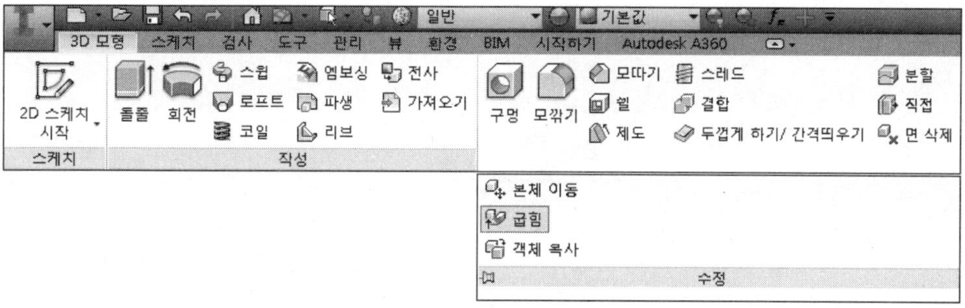

④ 50mm 위치의 프로파일 절곡부 선을 선택 합니다. 반지름은 10mm, 각도는 90도, 절곡면은 오른 쪽 절곡부로 선택한 뒤 적용을 눌러 형상을 만들고 【확인】으로 종료를 합니다.

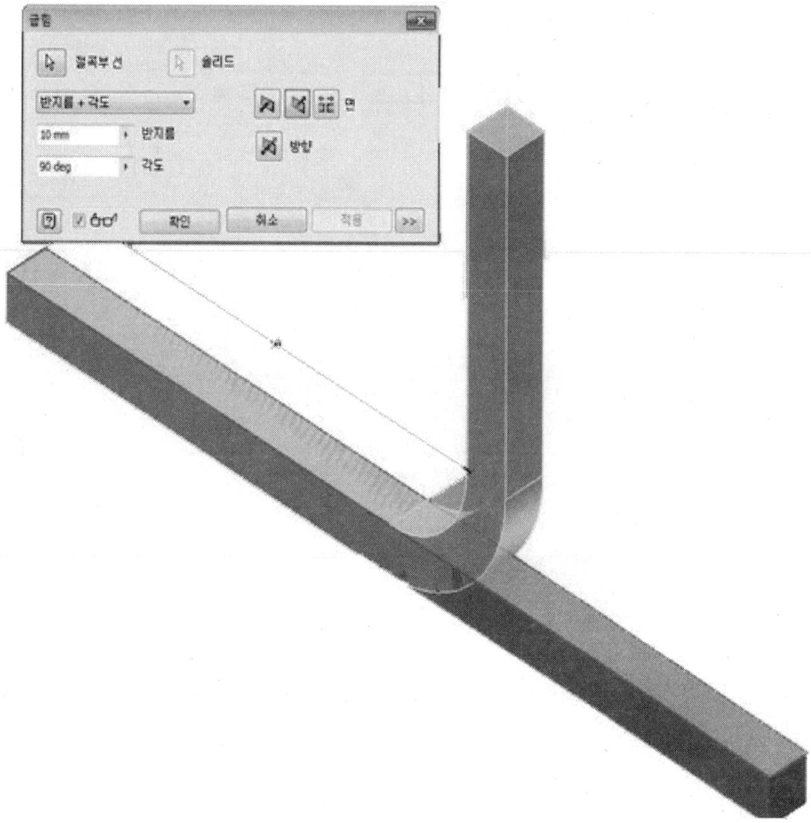

▶ 모형의 굽힘 면과 방향, 반지름 값과 각도를 바꾸어 3D 피쳐의 굽히는 연습을 해 보도록 합니다. 기타 원형, 혹은 파이프 등의 프로파일을 이용하여 소재를 굽히는 연습을 합니다.

3-4. 패턴 패널

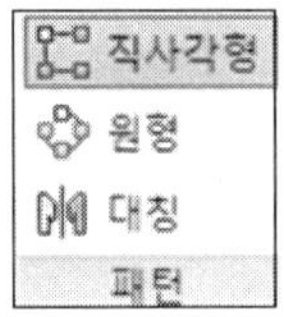

1) 직사각형

▶ 하나 이상의 피처 또는 본체를 복사하고 수직, 수평 방향으로 이동 경로를 따라 특정 개수와 간격을 가진 배열을 만드는 도구입니다. 이 때 배열을 만들 때는 스케치가 아닌 피처, 즉 3D 모형을 선택하는 것이 2D 배열과 다른 점입니다.

따라하기 - 직사각형 패턴

① 2D 스케치【직사각형】 도구를 이용, 100 x 50, 두께 5mm의 모형을 만듭니다.

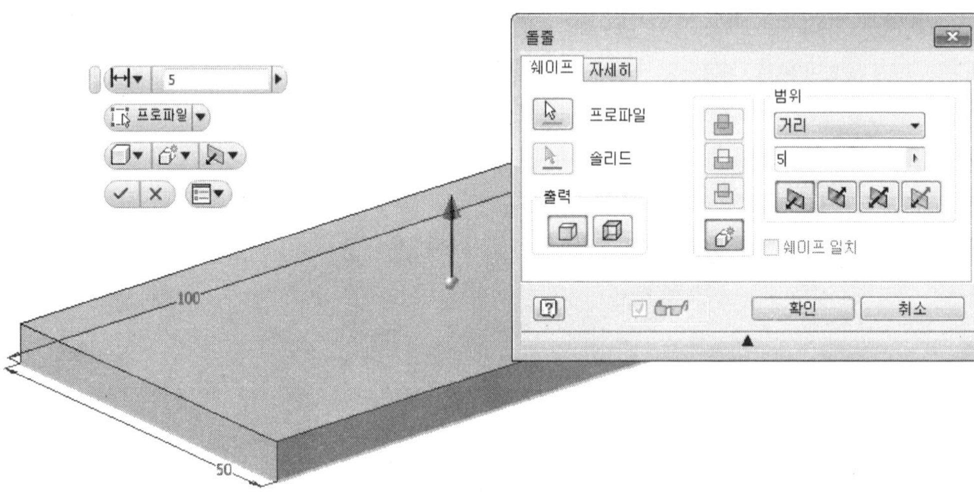

② 다시 2D 스케치를 선택, 직사각형 모형 평면을 지정하고 지름 10mm의 원을 그립니다.

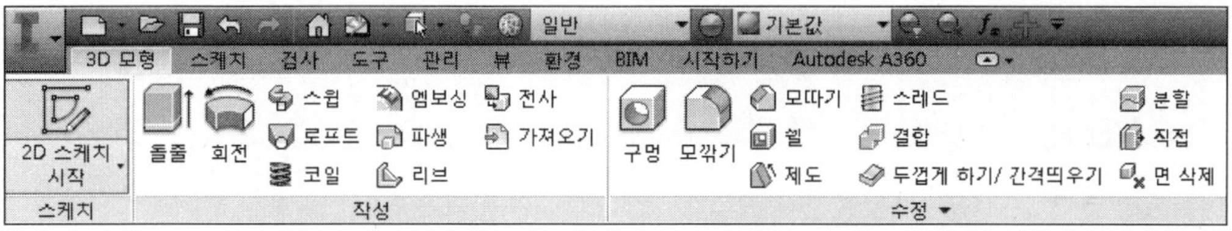

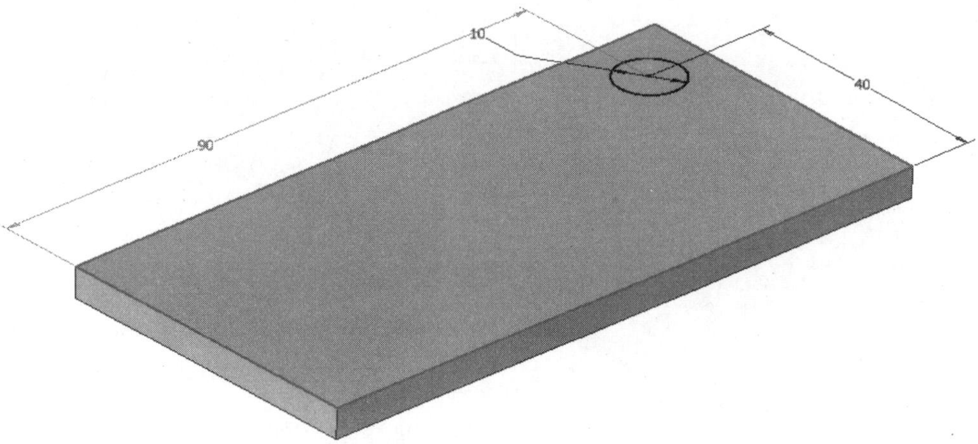

③ 3D 모형의 【돌출】 도구를 선택, 가공형태는 【차집합】, 치수는 5mm를 입력 후 【확인】을 눌러 작업을 종료합니다.

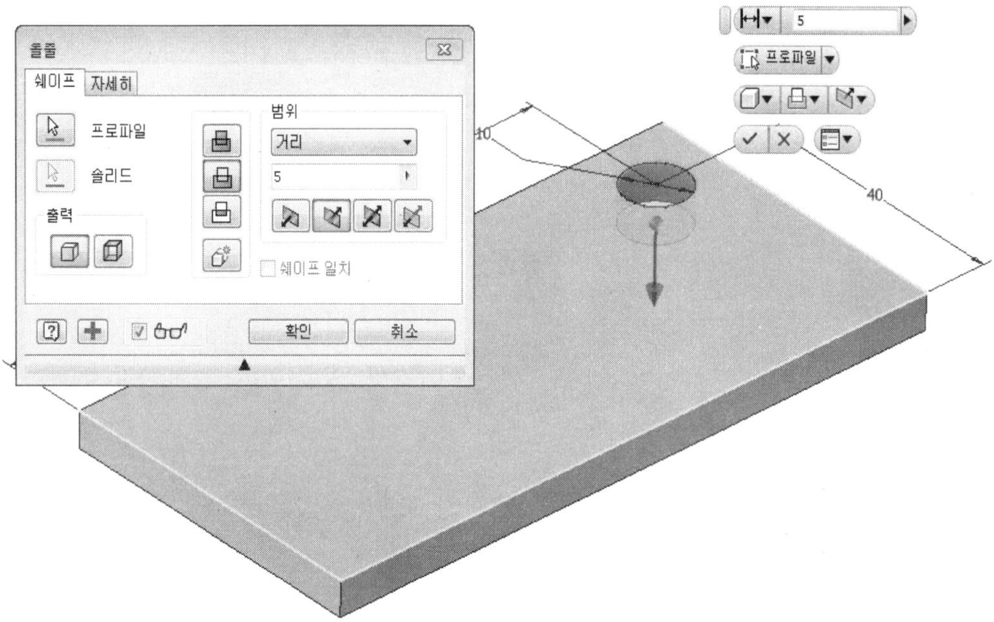

④ 3D 모형의 【직사각형】 패턴 도구 선택, 방향 1로 X축, 패턴의 갯수 2개, 거리 25mm입력, 방향 2로 Z축, 패턴의 개수 5개, 거리 20mm를 입력한 후 【확인】을 눌러 종료합니다.

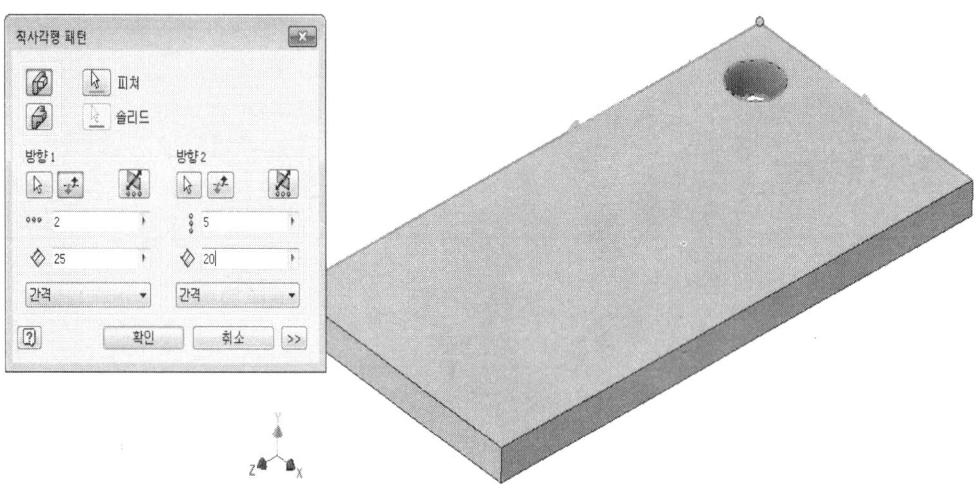

2) 원형

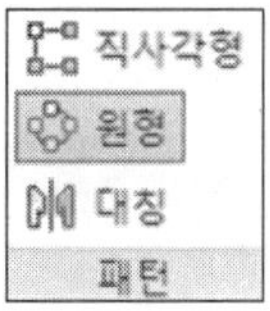

▶ 하나 이상의 피처 또는 본체를 복사하고 회전 방향으로 P.C.D (Pitch Center Diameter)를 따라 특정 개수와 각도를 가진 배열을 만드는 도구입니다. 이때도 역시 배열을 만들 때는 스케치가 아닌 피처, 즉 3D 모형을 선택하는 것이 2D 배열과 다른 점입니다.

따라하기 - 직사각형 패턴

① 2D 스케치 【원】 도구를 이용, 100 과 50, 두께 5mm의 모형을 만듭니다.

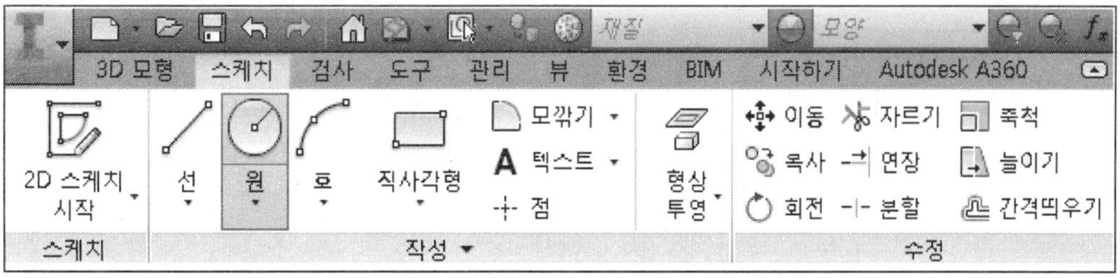

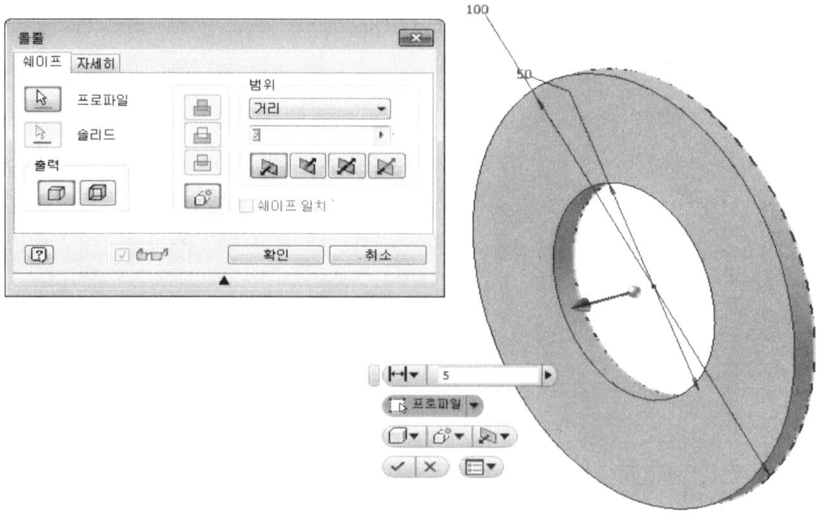

② 2D 스케치 작성으로 PCD 80을 가진 10mm의 구멍을 그려 프로파일을 완성 후 3D 모형의 돌출 도구 (옵션 차집합) 선택, 모형을 완성합니다.

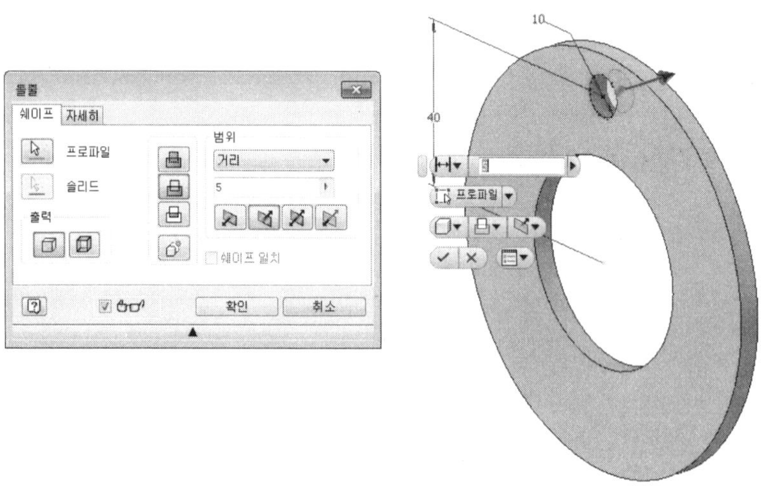

③ 3D 모형의 【원형】 패턴 도구를 선택, 대상 피쳐는 10mm 원형 피쳐를 선택하고, 회전축은 중앙의 회전축을 선택한 후 【확인】을 눌러 원형 패턴을 종료합니다.

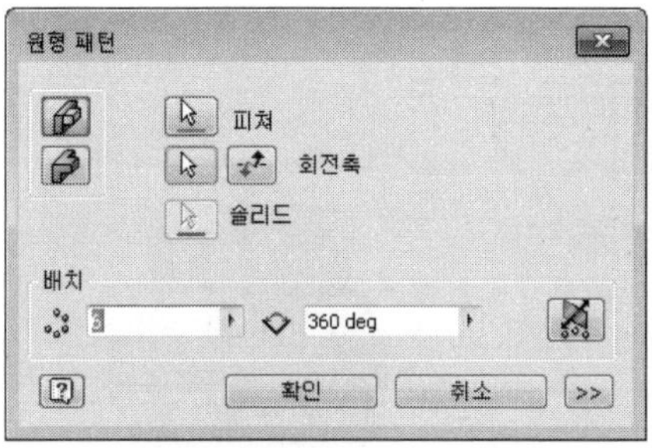

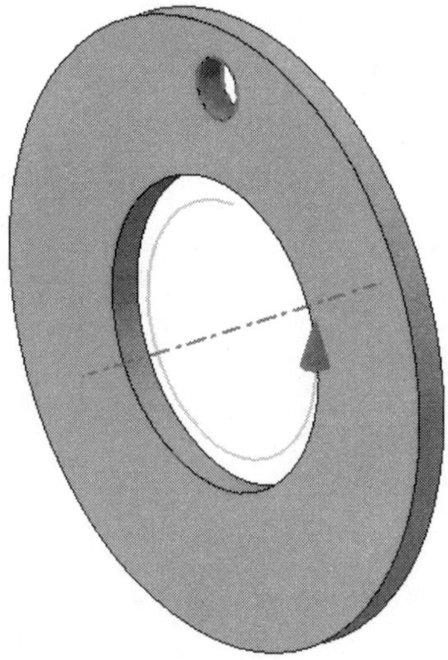

3) 대칭

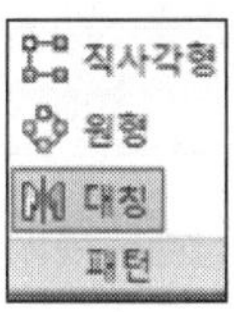

▶ 3D 모형의 피처를 생성하고 선, 축과 면을 기준으로 마주보고 있는 편으로 복사를 하거나 이동을 해서 형상을 만드는 도구입니다. 이 때 대칭을 만들 때는 스케치가 아닌 피처, 즉 3D 모형을 선택하는 것이 2D 대칭과 다른 점입니다.

따라하기 - 대칭

① 2D 스케치 【원】 도구를 이용, 3D 모형 【돌출】 도구를 이용하여 아래 그림과 같은 도형을 만듭니다. (설명 생략)

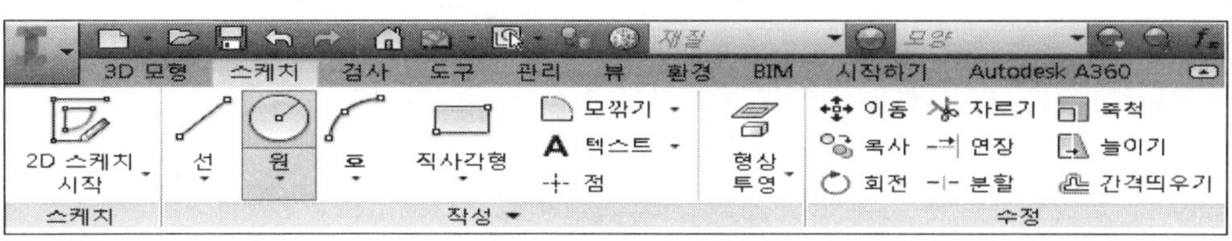

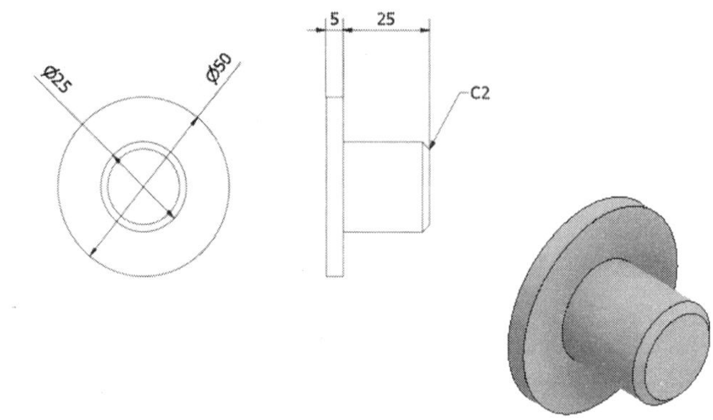

② 3D 모형의 【대칭】 도구를 선택, 【피처】는 피처 전체를, 【대칭평면】은 좌측 넓은 면을 선택합니다.

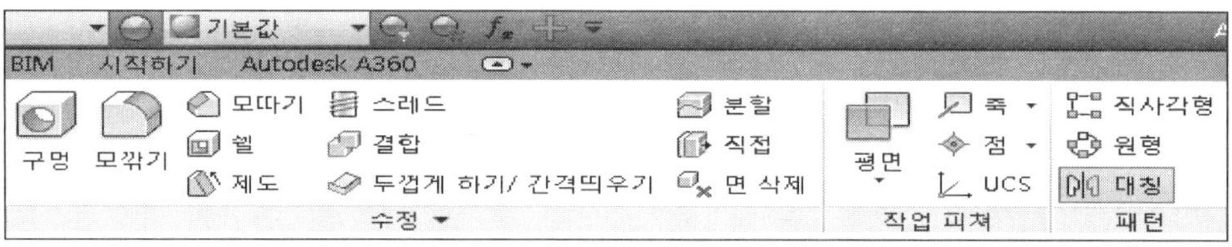

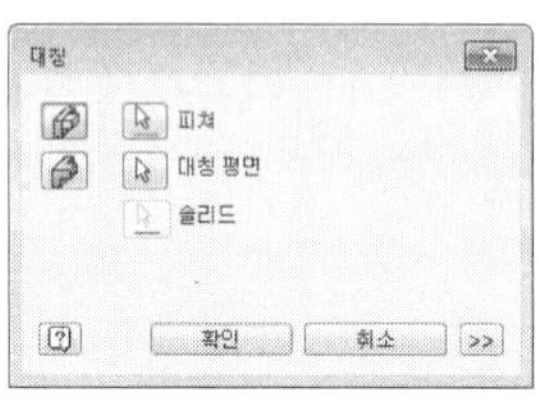

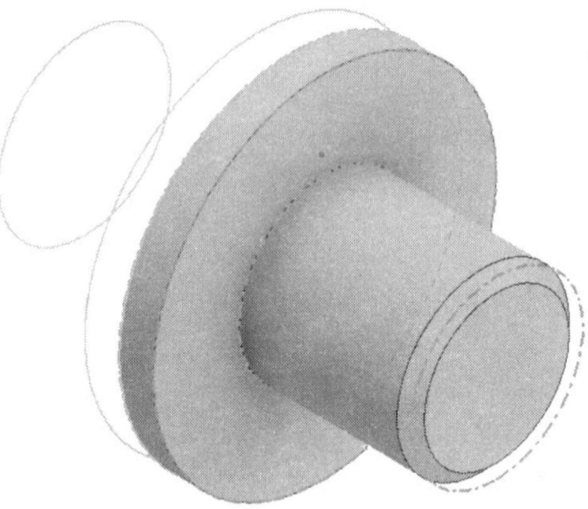

③ 【확인】을 눌러 대칭 명령을 종료합니다.

부품 연습

이 장에서는 원시화면과 모델링의 3차원 형상 부품에 대한 내용을 연습하고 실습을 통해 부품을 작성하며 익힙니다.

3-5. 연습문제

1. 원시도형 만들기

① 바탕화면의 프로그램 아이콘을 실행, 주 화면 새로 만들기의 【부품】 탭을 클릭합니다.

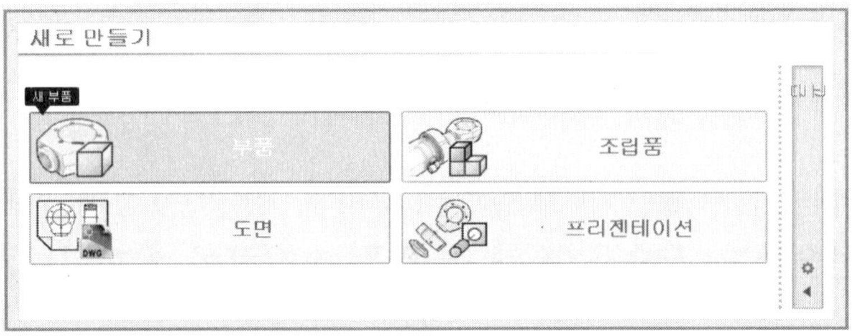

② 혹은, 【시작하기】 메뉴에서 【새로 만들기】를 선택, 부품 (standard.ipt)를 클릭합니다.

[Fig. 새로 만들기 옵션 화면]

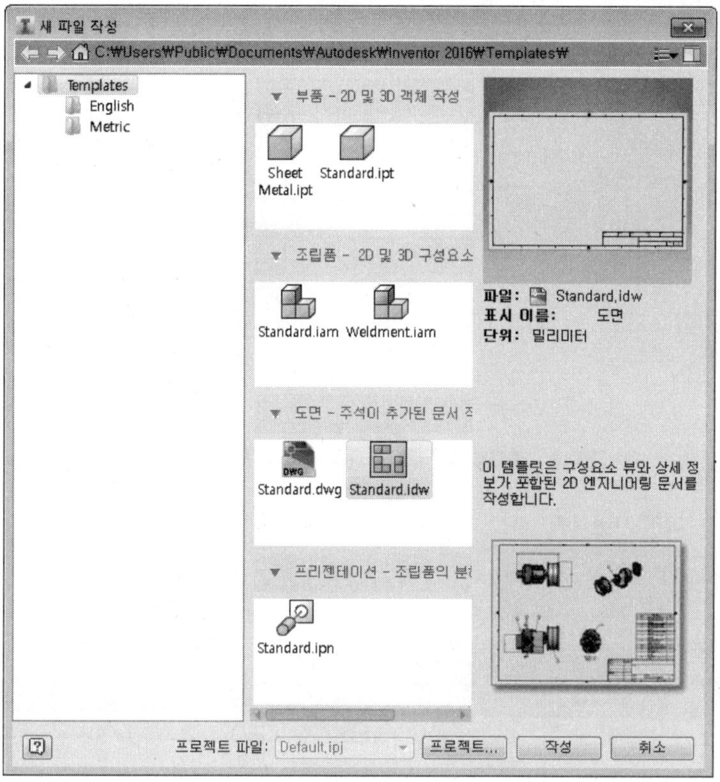

1) 육면체 만들기 (Cube)

① 주 화면에서 【2D 스케치 시작】 이라는 명령어를 클릭합니다. (배경 화면 연두색)

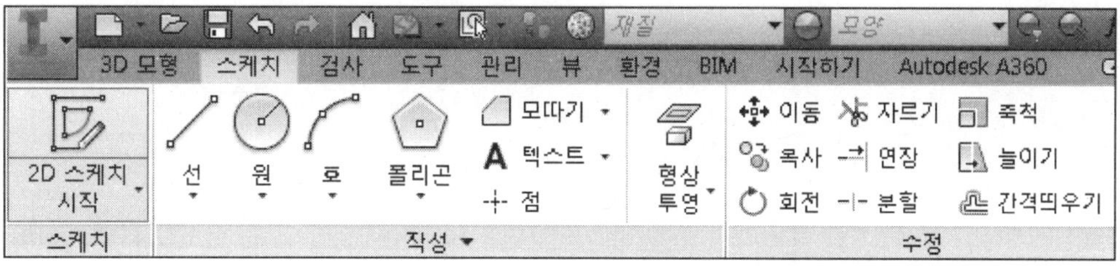

② 초기화면에서 작업자가 모델링을 하기 위한 작업 공간 (평면) 을 얻기 위한 과정입니다. 가장 기본적인 【XY 평면】 을 선택하여 2D 스케치를 시작합니다.

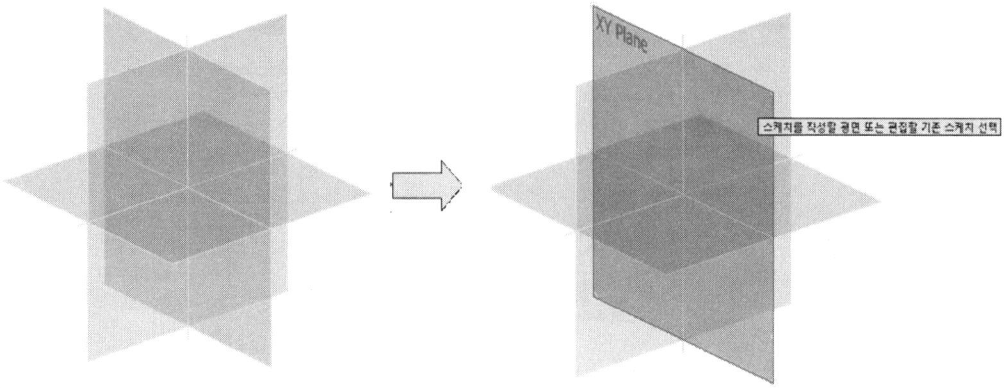

[Fig. 스케치 평면 (X-Y 평면) 선택]

■ 사각형 (Rectangle)

① 스케치 패널 → 작성 리본→ 【직사각형】 도구를 클릭합니다.

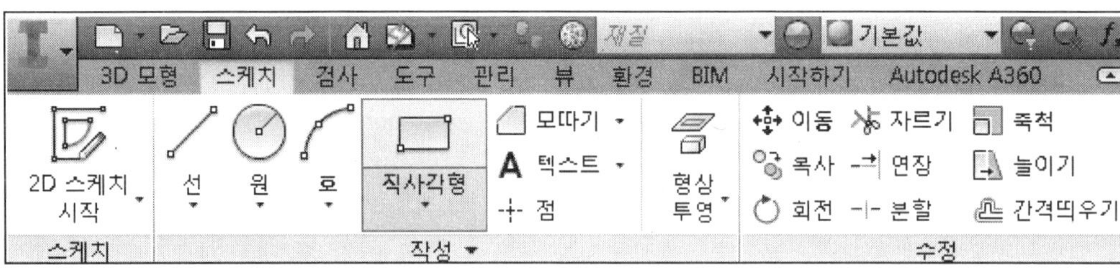

② 설계 시 가급적이면 중심을 기준으로 좌우로 직사각형을 그려줍니다.

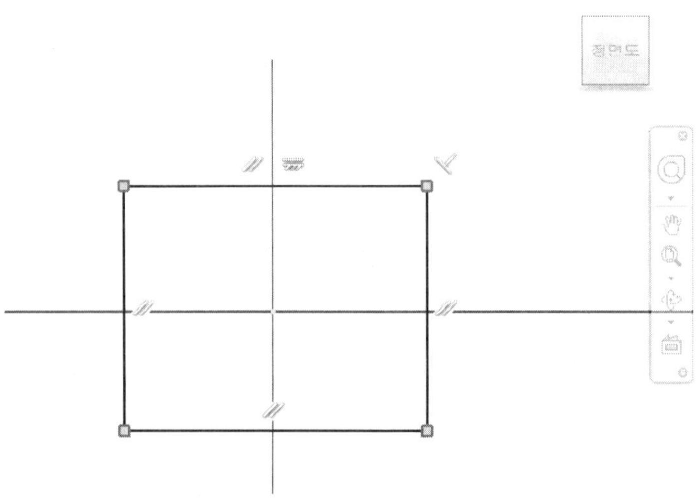

③ 구속조건의 【치수】 도구를 클릭하여 가로, 세로 200mm 씩 직사각형을 만듭니다.

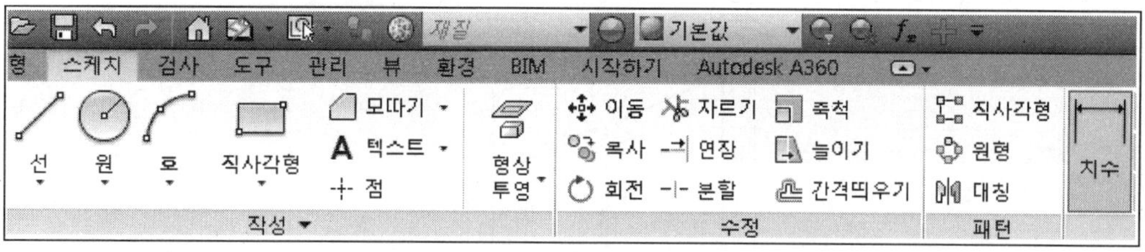

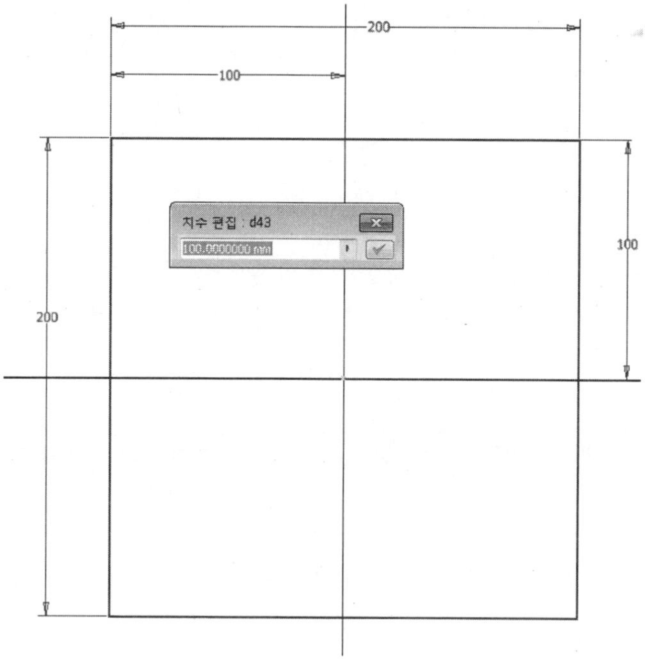

④ 스케치 작업 후 피처 작성을 위해 【스케치 마무리】 를 눌러 작업을 종료합니다.

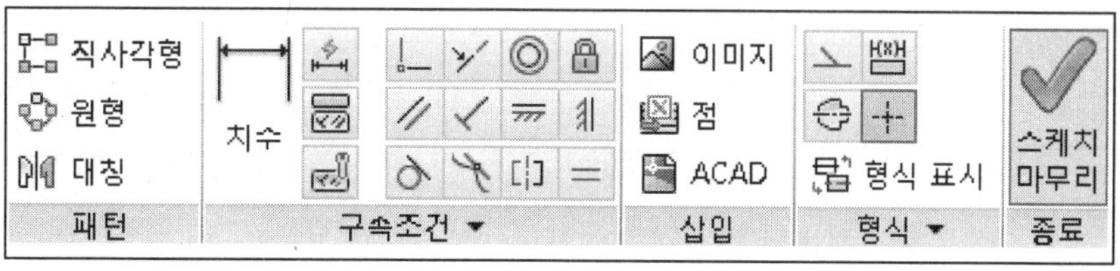

⑤ 【스케치 마무리】 를 누르면 화면은 아래와 같이 바뀌어 모델링 준비를 위한 대기를 합니다.

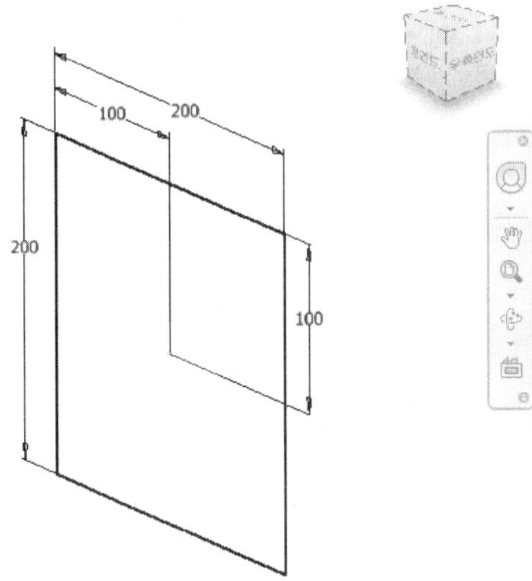

⑥ 화면은 3차원 모델링을 위한 3D 모형리본으로 바뀝니다. (배경 화면은 회색). 아래 인터페이스 중 【돌출】을 선택하여 파라메트릭 값 50mm를 입력하여 모형을 완성시킵니다.

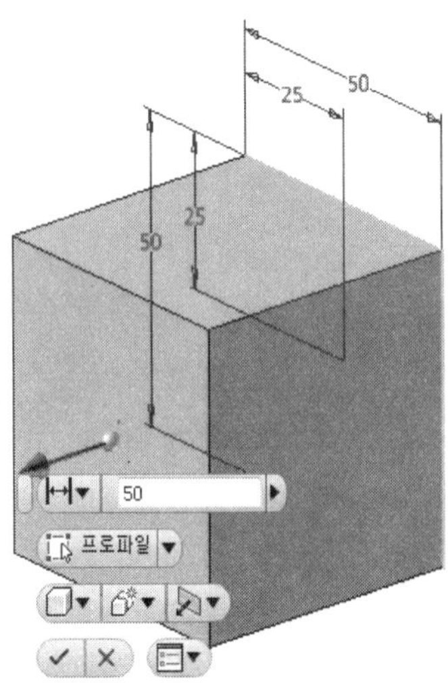

⑦ 【확인】 을 눌러 작업을 종료합니다.

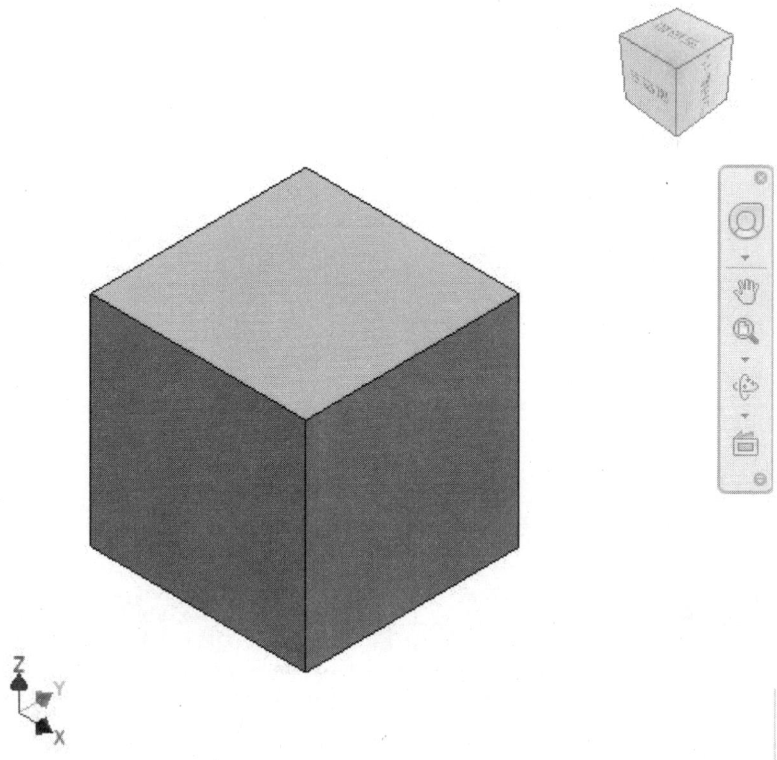

2) 원기둥 만들기 (Pillar)

① 스케치 패널 → 작성 리본→ 【원】 도구를 클릭합니다.

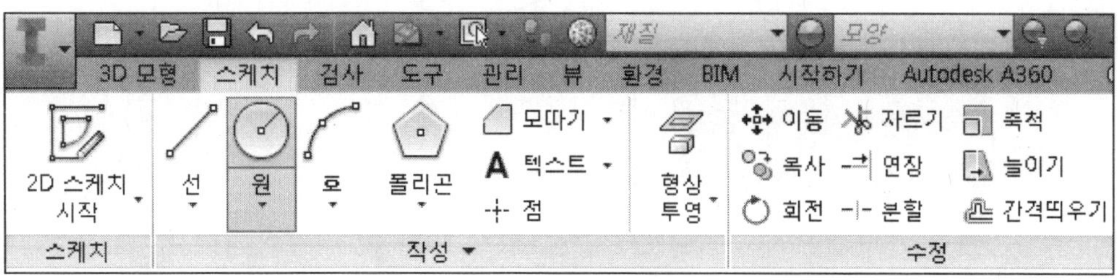

② 중심점을 찍고 떼면서 마우스를 우측으로 옮겨가며, 약 직경 50mm의 원을 그려 줍니다.

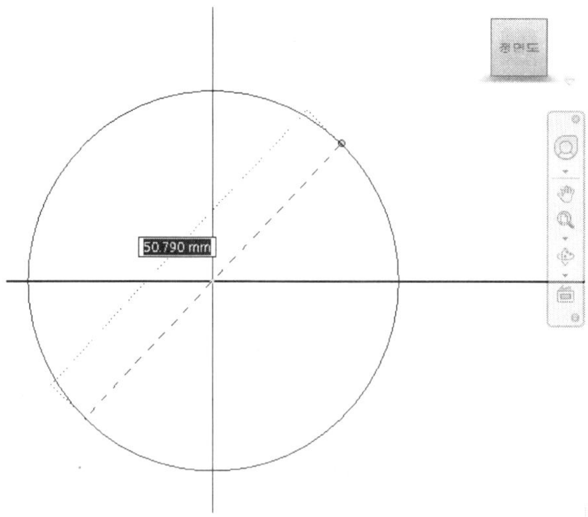

③ 구속조건의 【치수】 도구를 클릭, 50mm 원을 만듭니다.

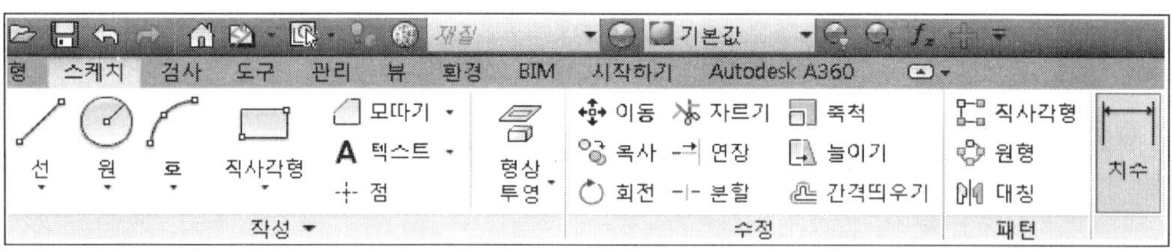

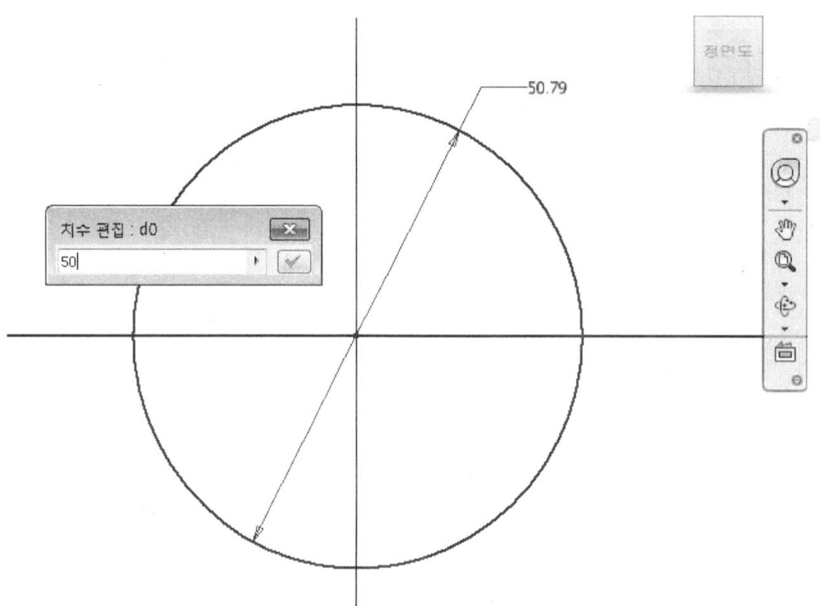

④ 스케치 작업 후 피처 작성을 위해【스케치 마무리】를 눌러 작업을 종료합니다.

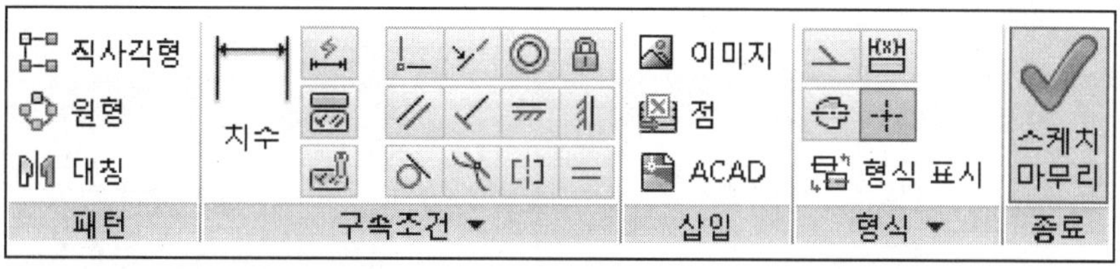

⑤【스케치 마무리】를 누르면 화면은 아래와 같이 바뀌어 모델링 준비를 위한 대기를 합니다.

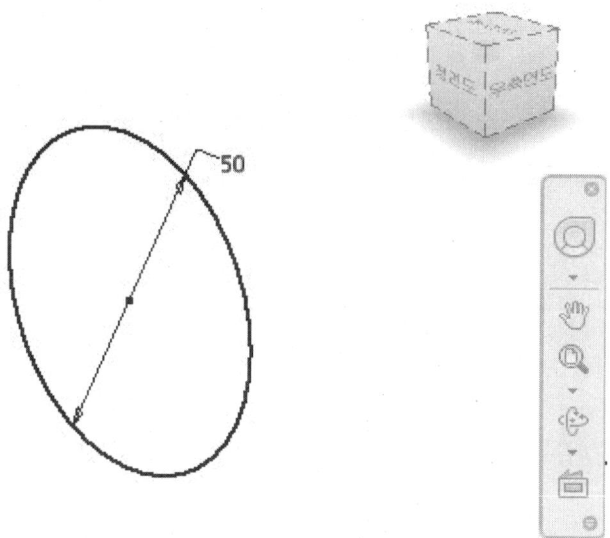

⑥ 화면은 3차원 모델링을 위한 3D 모형리본으로 바뀝니다. (3D 모델링 배경색 - 회색). 아래 인터페이스 중 【돌출】을 선택하여 파라메트릭 값은 범위 『거리』, 치수는 50mm를 입력하고, 선택은 차집합으로 하고 【확인】 모형을 완성시킵니다.

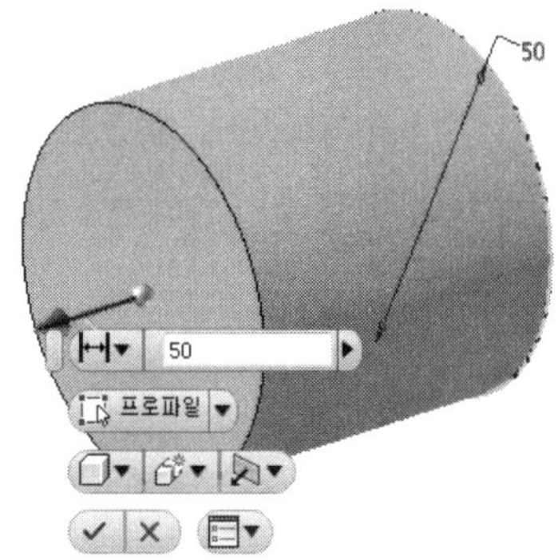

⑦ 만들어 둔 [인벤터 2016연습] 폴더에 『원기둥』 이라고 파일이름을 입력한 뒤, 【저장】 명령으로 작업 내용을 저장시킵니다.

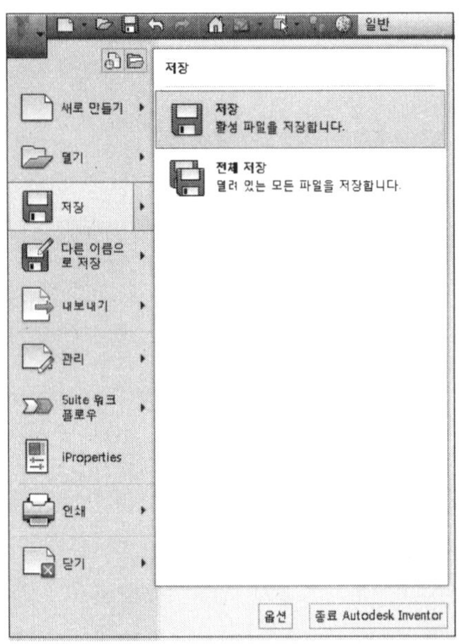

3) 구 만들기 (Sphere)

① 스케치 패널 → 작성 → 【원】 도구를 선택합니다.

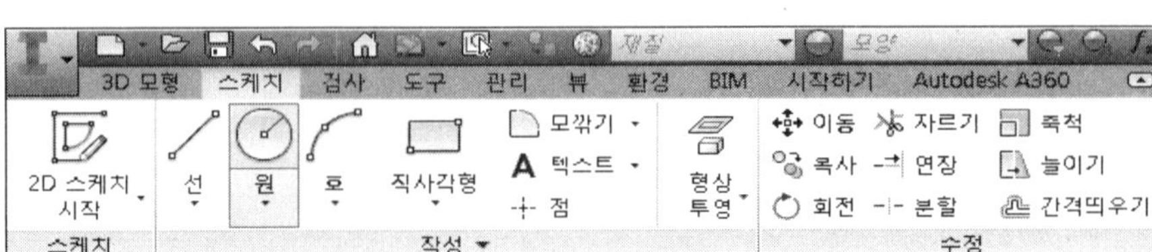

② 마우스를 중심점을 찍고 떼면서 커서를 움직여 원을 그려 준 후 구속조건의 【치수】 도구를 선택, 원의 지름을 50mm로 수정합니다.

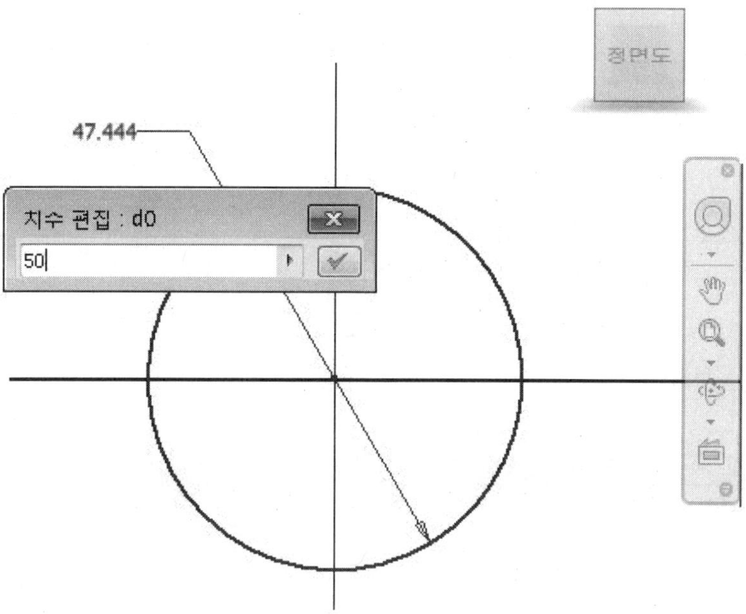

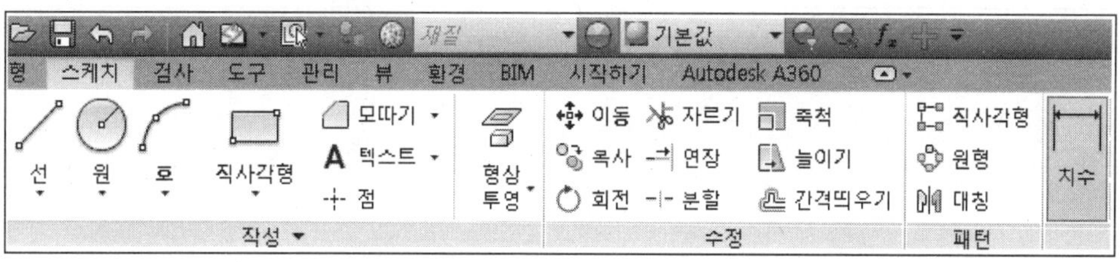

③ 반원을 그리기 위해 작성 탭의 【선】 을 선택하고 원의 절반을 통과하는 선을 긋습니다.

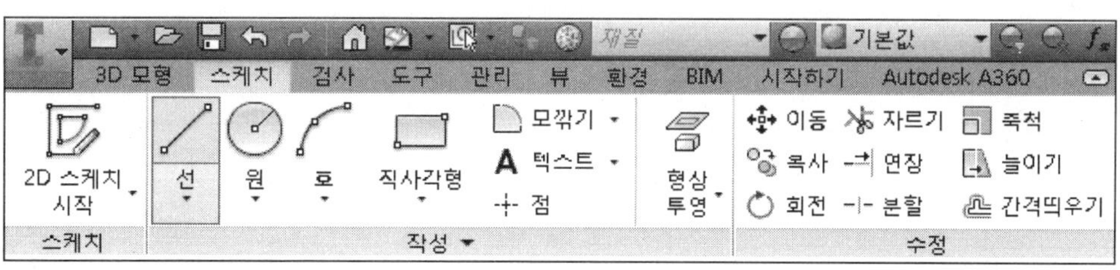

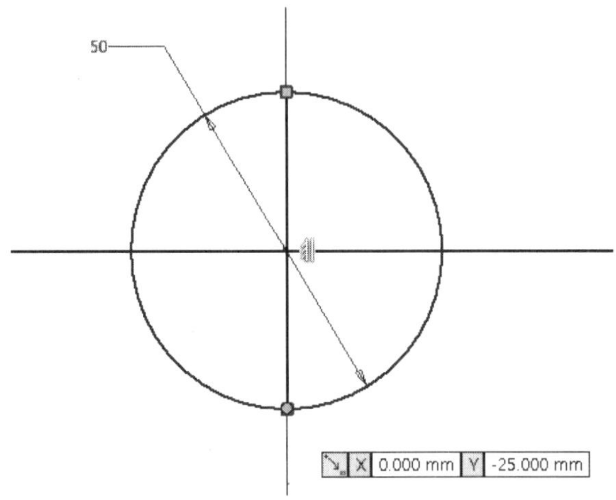

④ 수정 탭의 【자르기】를 선택, 그림과 같이 원의 절반을 잘라줍니다.

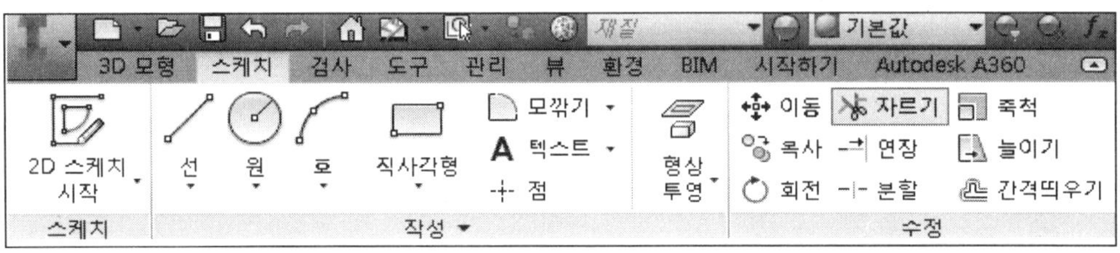

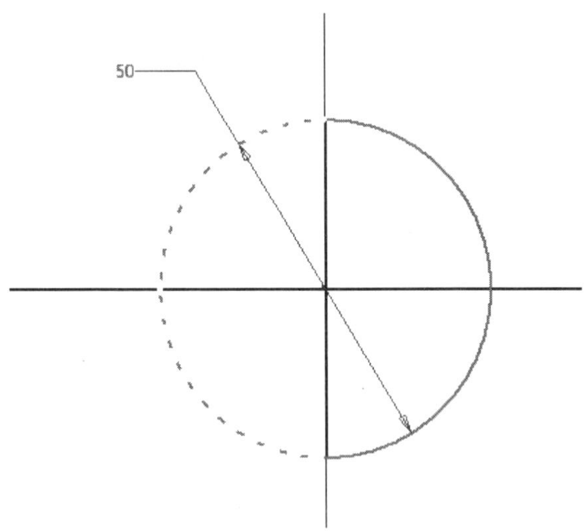

⑤ 스케치 작업 후 피처 작성을 위해 【스케치 마무리】를 눌러 작업을 종료합니다.

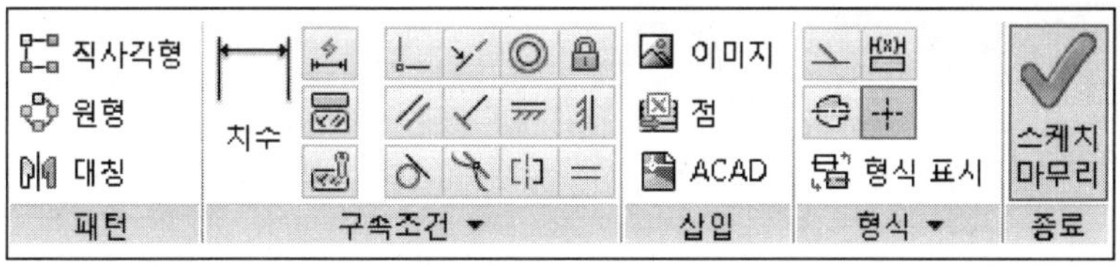

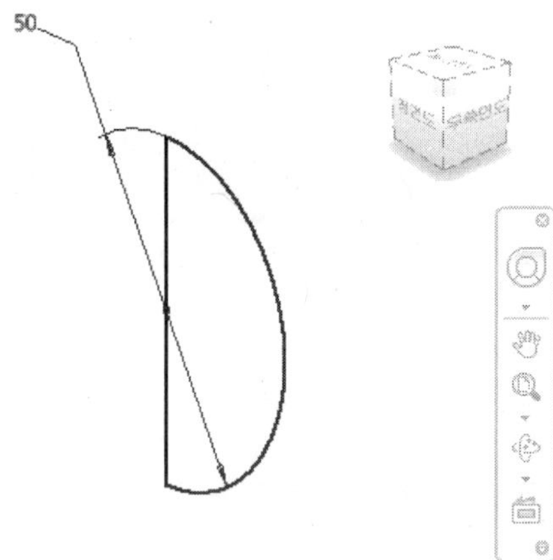

⑥ 화면은 3D 모형리본으로 바뀌고 인터페이스 중【회전】을 선택합니다.

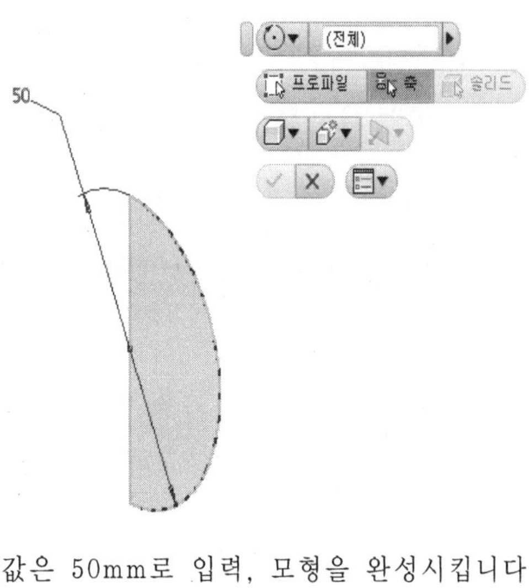

⑦ 돌출 파라메트릭 범위는 【거리】, 값은 50mm로 입력, 모형을 완성시킵니다.

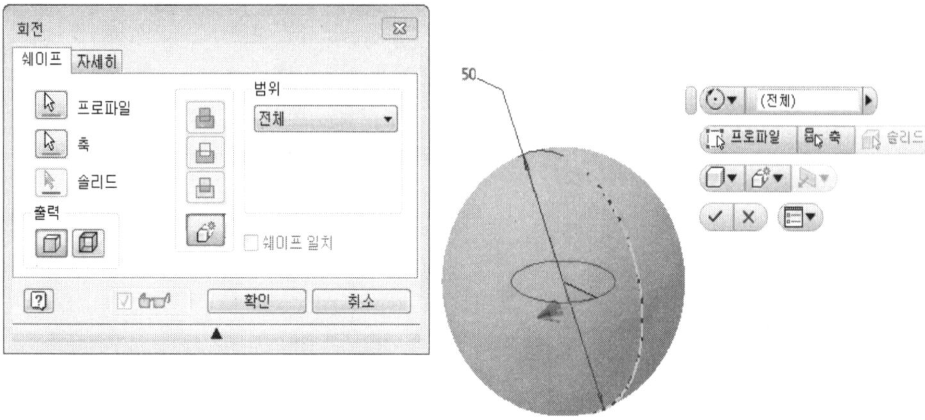

⑧ 미리 만들어 둔 [인벤터 2016연습] 폴더에 파일이름 『원구』라고 입력, 【저장】 명령으로 작업 내용을 저장시킵니다.

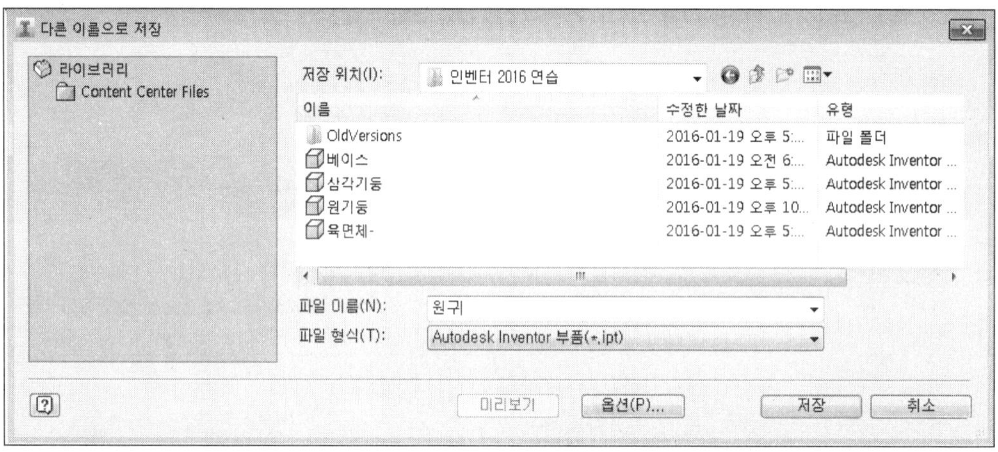

4) 튜브 만들기 (Tube)

① 스케치 패널 → 작성 → 【원】을 선택해서 다음과 같이 그려줍니다.

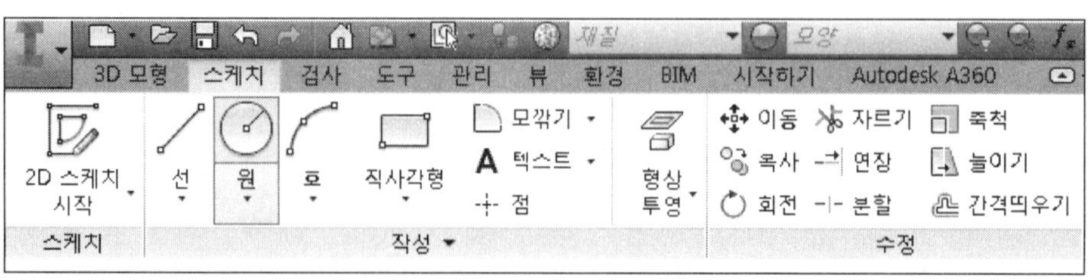

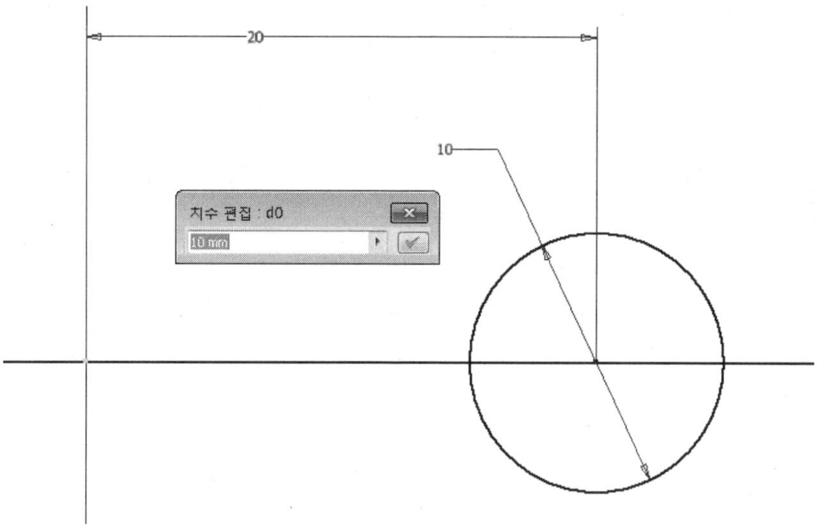

② 3D 모형 → 작성 → 【회전】을 선택, 검색기창에서 【Z축】을 선택합니다.

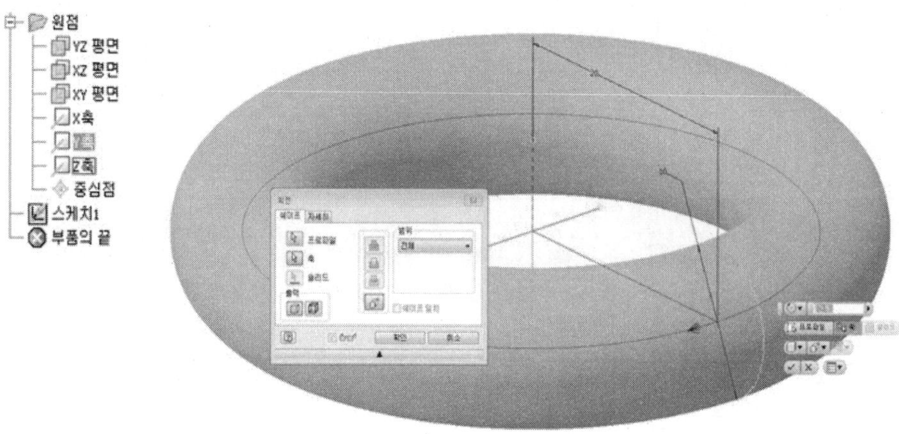

5) 삼각뿔 만들기 (Pyramid)

① 첫 번째 프로파일 만들기 - 【2D 스케치 시작】, 【XZ평면】, 【직사각형】 도구를 선택합니다.

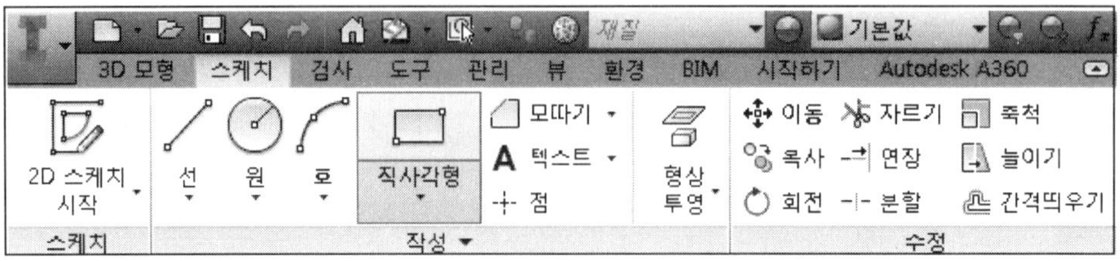

② 중심을 기준으로 좌우로 직사각형을 그려 준 후 구속조건의 【치수】 도구를 선택, 가로, 세로의 길이를 50mm로 수정합니다.

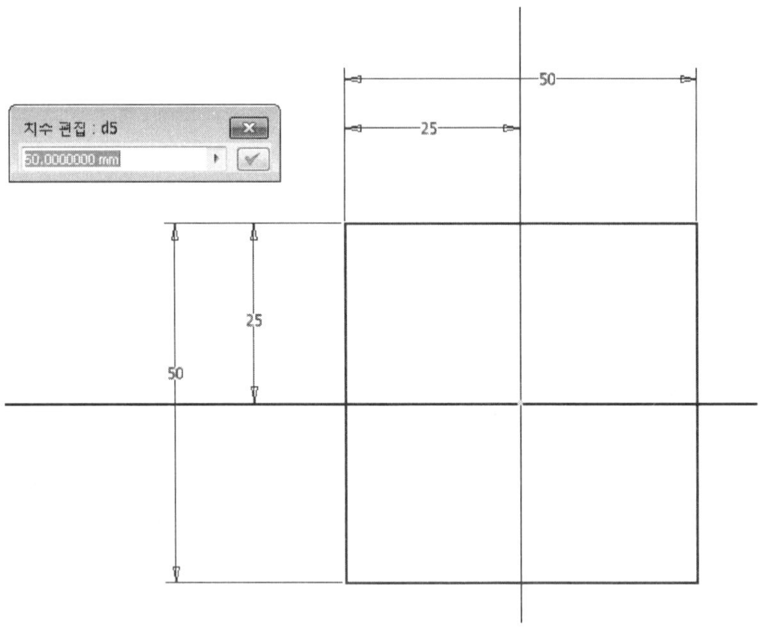

▶ 구속조건의 【치수】 도구입니다.

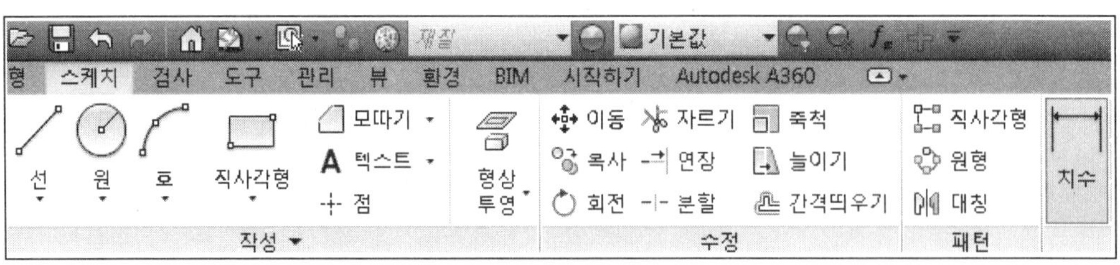

③ 스케치 작업 후 피처 작성을 위해 【스케치 마무리】를 눌러 작업을 종료합니다.

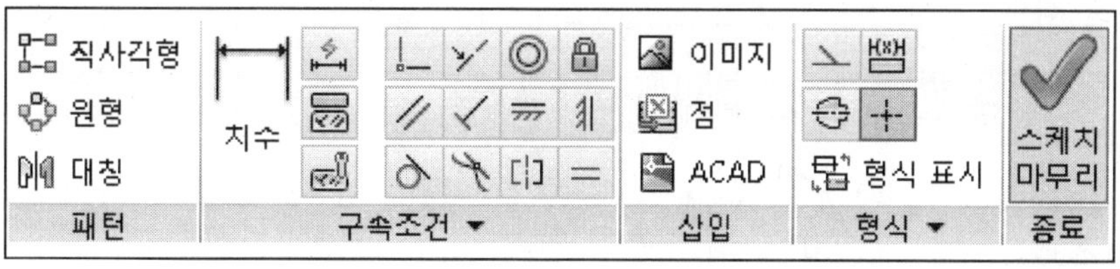

④ 두 번째 프로파일 만들기 - 【평면】 도구 선택, 삼각뿔은 원기둥이나 육면체의 일직선상으로 동일한 정보와 다릅니다. 로프트 작업을 위해서 다른 형상(사각형, 점)을 위한 작업평면을 추가로 만들어야 합니다. 그래서 하나의 점을 더 만들어 줍니다.

⑤ 검색기창에서 【XZ】 평면을 클릭하고, 새로 생긴 작업평면의 가장자리 끝 부분을 왼쪽 마우스로 선택한 후 위로 당겨줍니다. 치수값 입력 창에서 50을 입력하여 50mm를 띄웁니다.

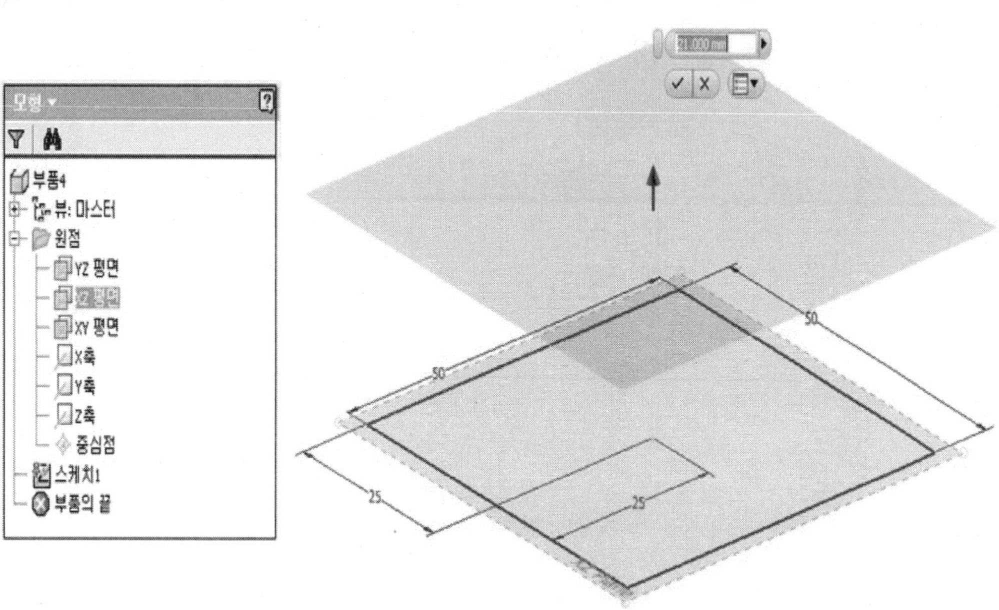

⑥ 주 화면에서 【2D 스케치 시작】 이라는 명령어를 클릭한 후 새로 만든 작업평

면을 찍어, 신규 작업평면에 스케치를 시작합니다.

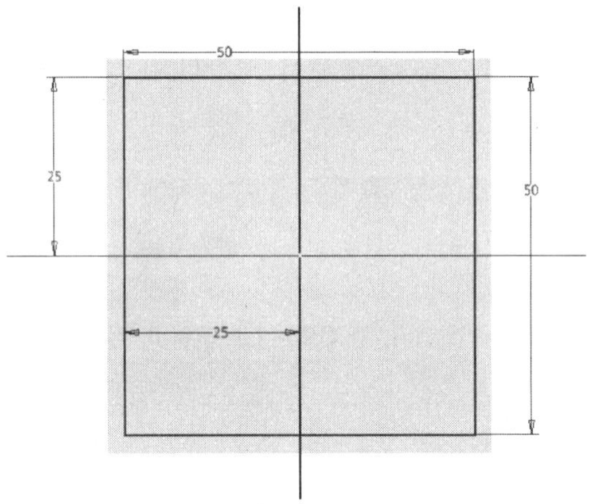

⑦ 【점】을 클릭하여 작업평면의 중심선이 겹치는 중심점에 찍습니다.

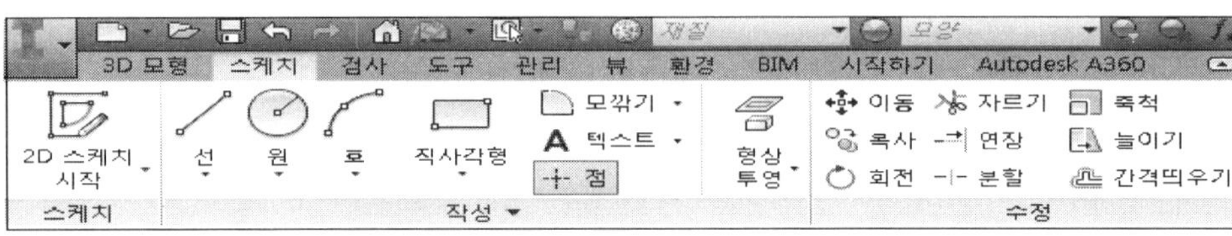

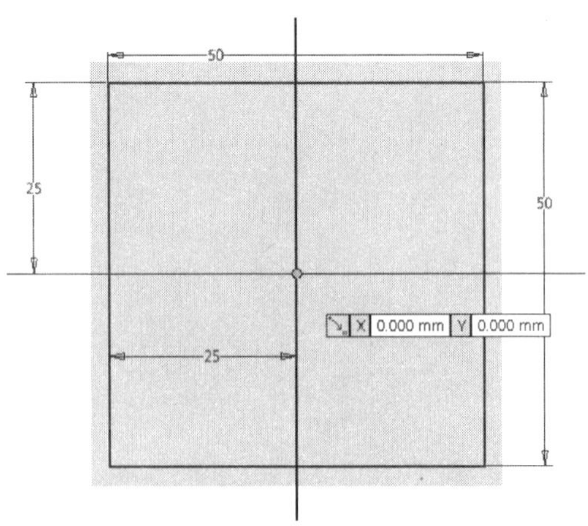

⑧ 스케치 작업 후 피처 작성을 위해 【스케치 마무리】를 눌러 작업을 종료합니다.

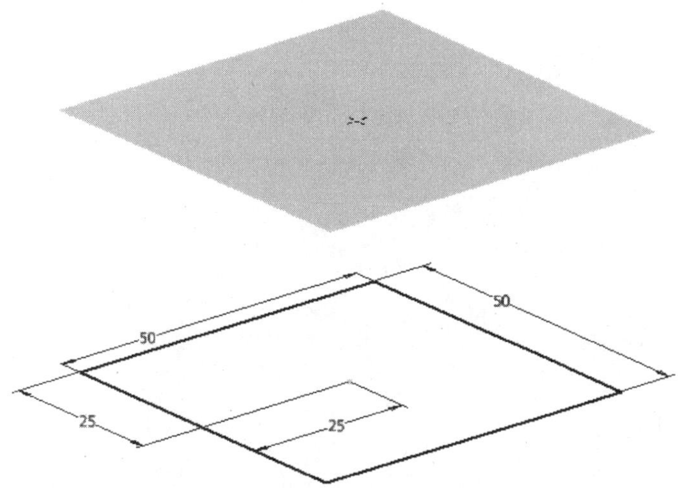

⑨ 3차원 모델링을 위한 3D 모형리본. 아래 인터페이스 중 【로프트】를 선택합니다. 단면 스케치는 밑면의 사각 프로파일과 작업평면의 점을 선택 후 【확인】으로 작업을 종료합니다.

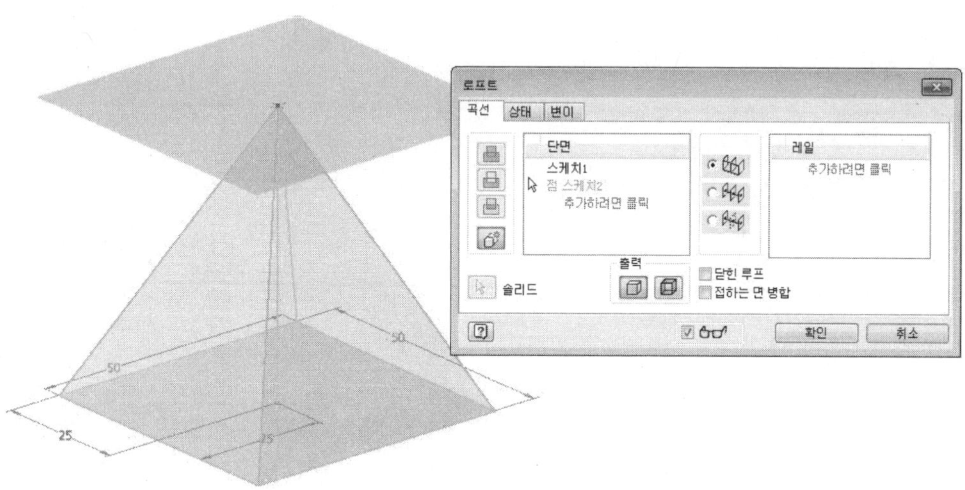

⑩ 작업평면을 우측 마우스 버턴을 클릭, 사용자 UI 창이 나타나면 【가시성】을 클릭하여 해제를 합니다 .

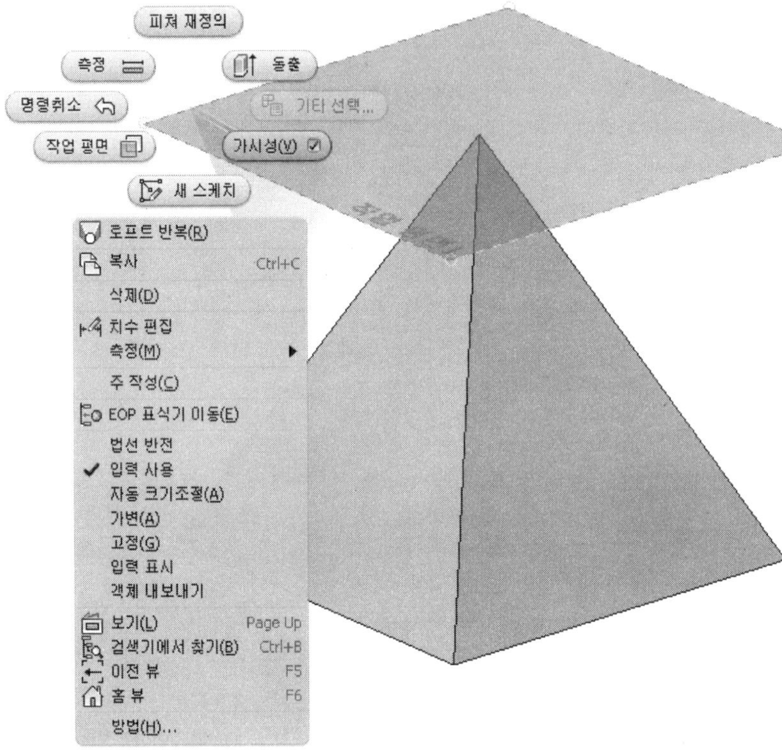

⑪ 미리 만들어 둔 [인벤터 2016연습] 폴더에 파일이름 『삼각뿔』이라고 입력, 【저장】 명령으로 작업 내용을 저장시킵니다.

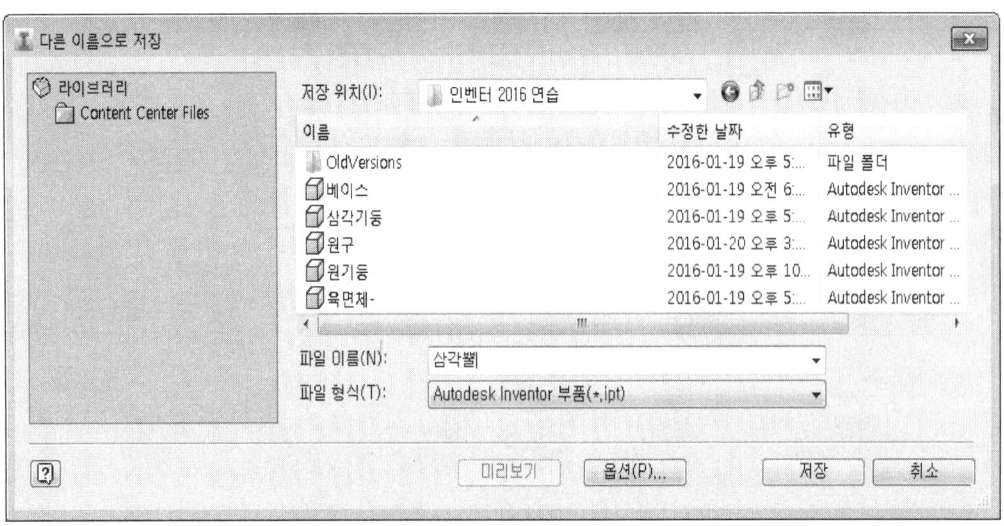

6) 원뿔 만들기 (Cone)

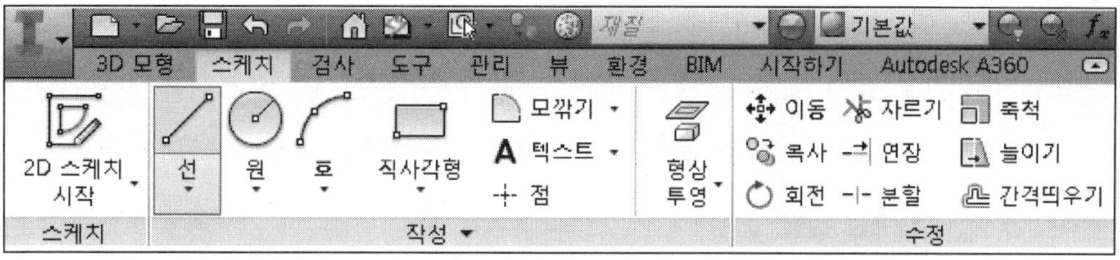

① 스케치 패널 → 작성 → 【선】을 선택해서 다음과 같이 그려줍니다.

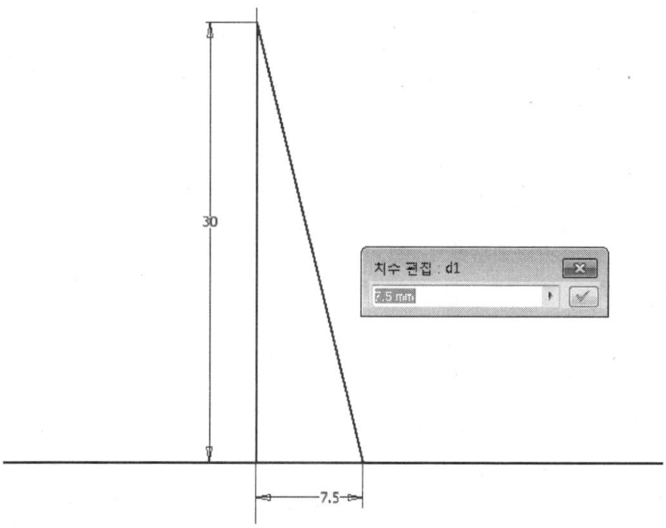

② 치수 30mm, 7.5mm 입력 후, 3D 모형 → 작성 → 【회전】을 선택, 중간축을 선택합니다.

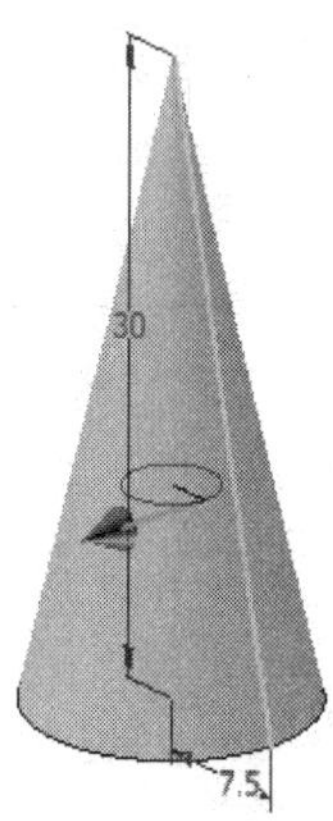

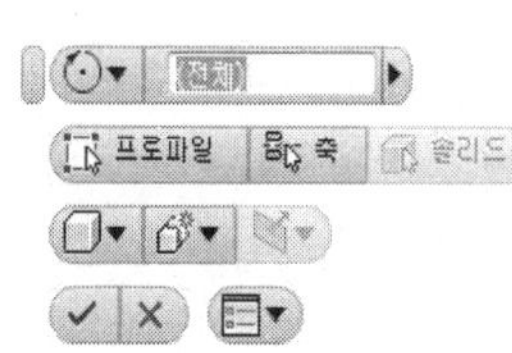

2. 베이스 만들기

① 조립품 연습을 위해 원시도형을 조립할 수 있는 베이스를 하나 만들어 봅니다.

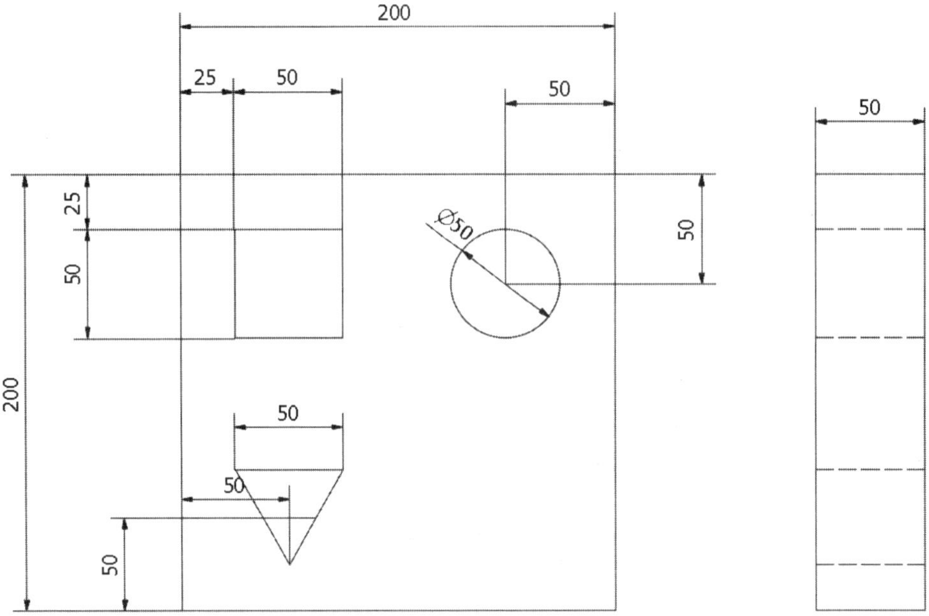

▶ 앞의 원시모형처럼 주 화면에서 【2D 스케치 시작】 이라는 명령어를 클릭합니다.

② 초기화면에서 작업자가 모델링을 하기 위한 작업 공간 (평면) 을 얻기 위한 과정입니다. 가장 기본적인 【XY 평면】을 선택하여 2D 스케치를 시작합니다.

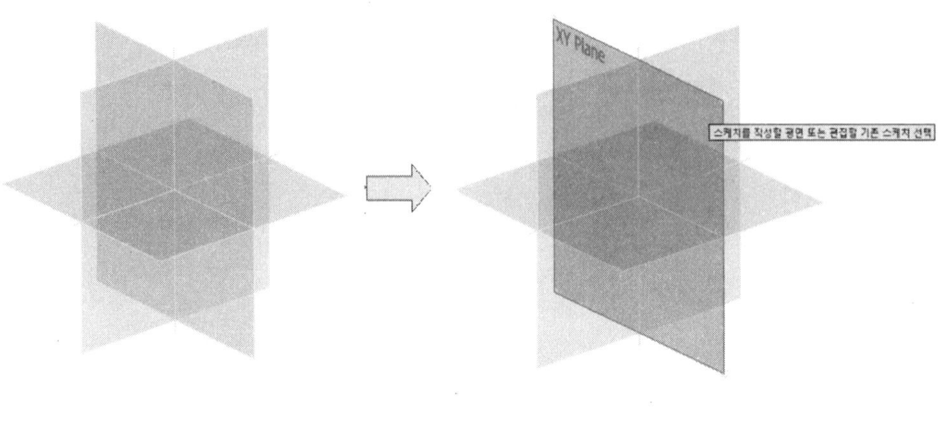

[Fig. 스케치 평면 (X-Y 평면) 선택]

■ 베이스 만들기

① 스케치 패널 → 작성 리본→ 【직사각형】 도구를 클릭합니다.

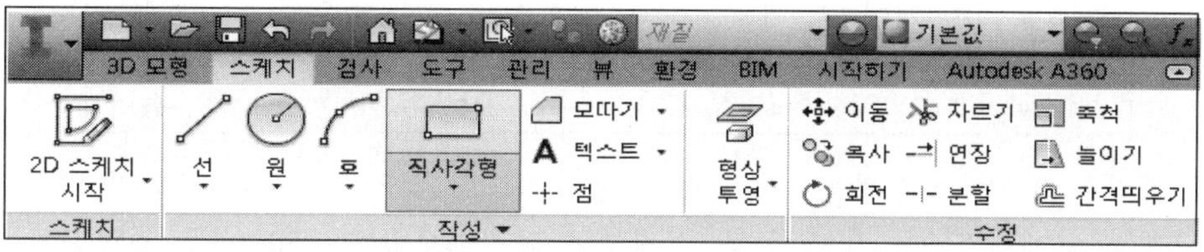

② 설계 시 가급적이면 중심을 기준으로 좌우로 직사각형을 그려줍니다.

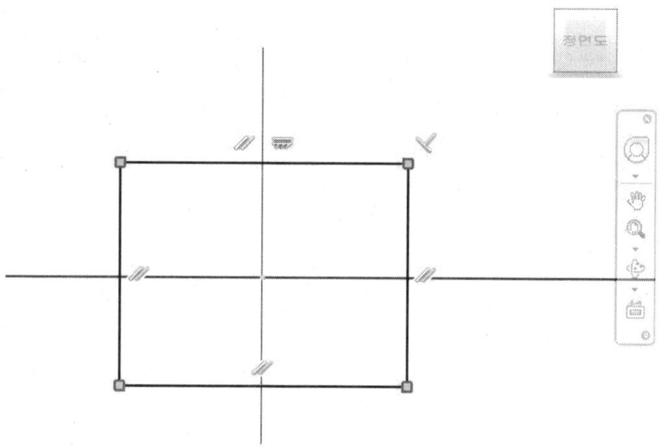

③ 구속조건의 【치수】 도구를 클릭하여 가로, 세로 200mm 씩 직사각형을 만듭니다.

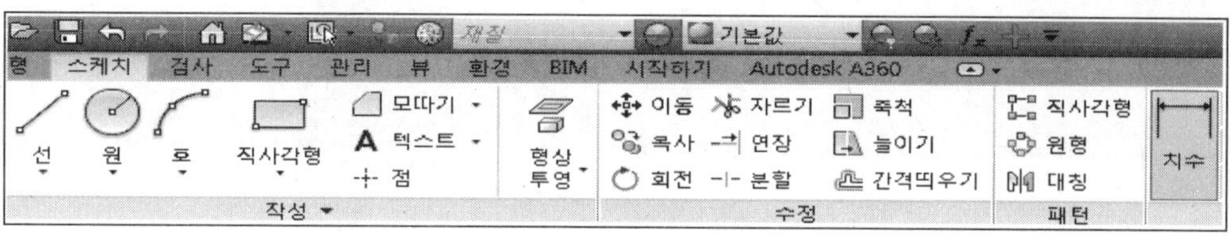

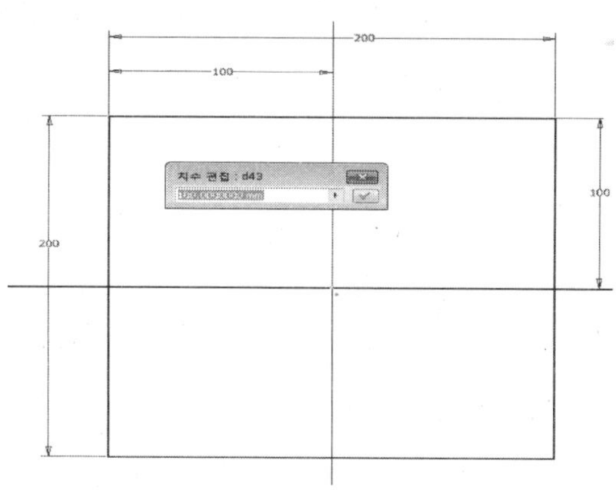

④ 스케치 작업 후 피처 작성을 위해【스케치 마무리】를 눌러 작업을 종료합니다.

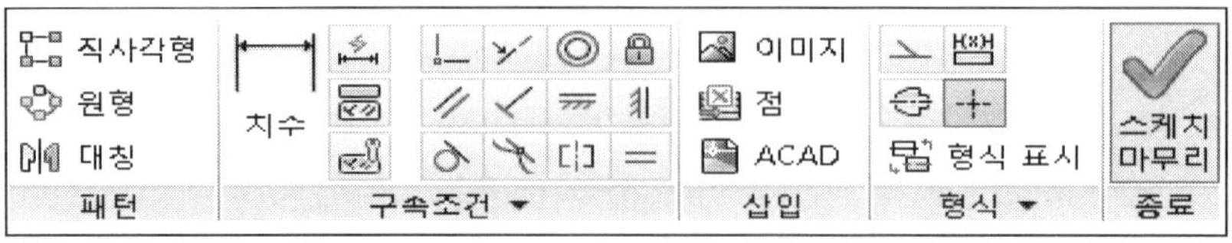

⑤ 화면은 3차원 모델링을 위한 3D 모형리본으로 바뀝니다. (배경 화면 회색). 아래 인터페이스 중 【돌출】을 선택하여 파라메트릭 값 50mm를 입력하여 모형을 완성시킵니다.

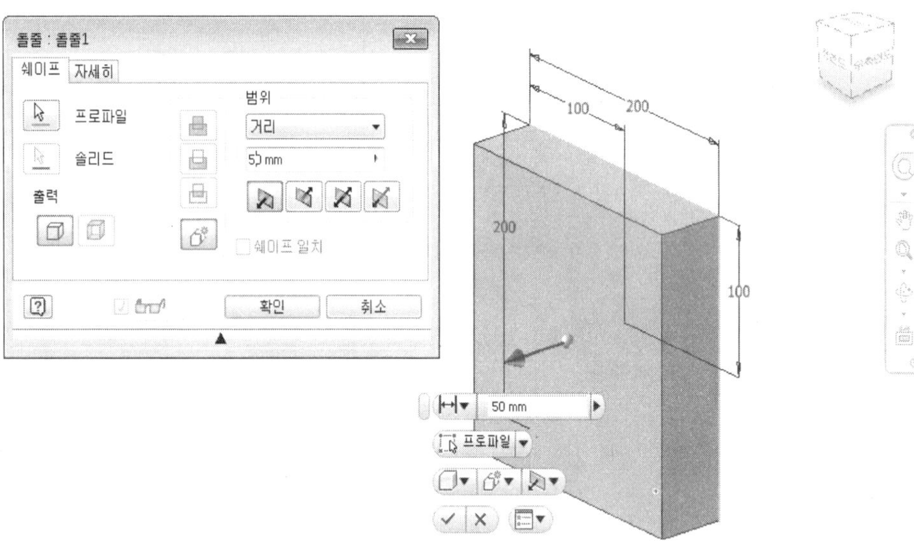

⑥【확인】을 눌러 작업을 종료합니다.

■ 베이스 면에 2차 도형 그리기

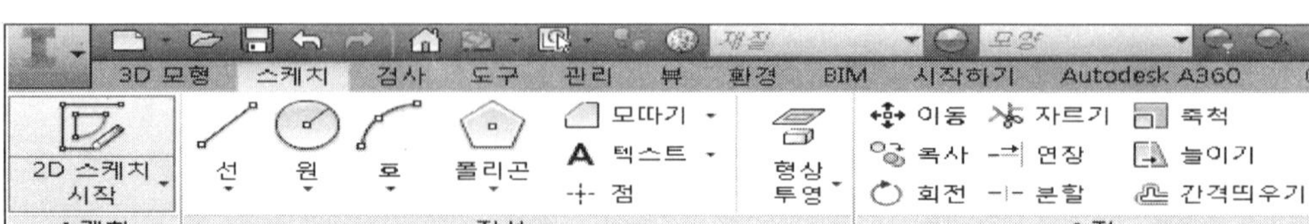

① 피처의 한 면 위에 다시 도형을 그리고 추가로 작업을 하기 위해 【2D 스케치 시작】을 선택하고 피처의 한 면을 선택해 줍니다.

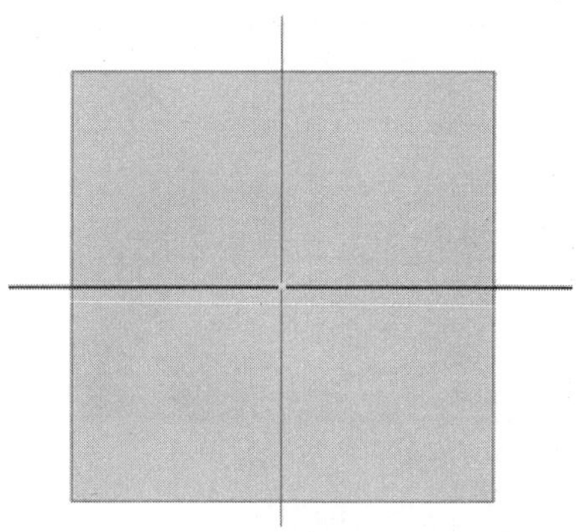

[Fig. 전환된 화면의 모습]

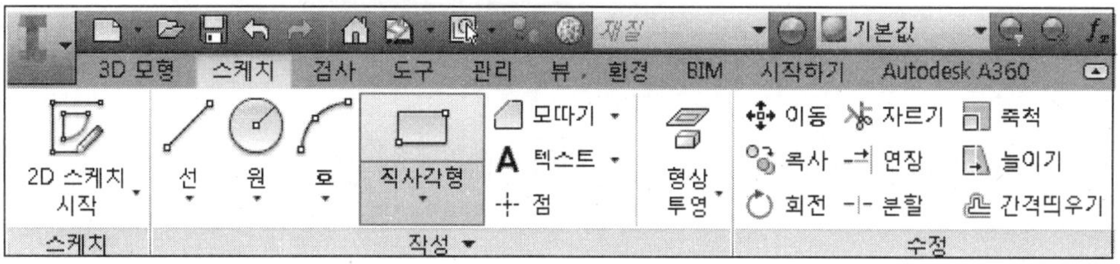

② 스케치 패널 → 작성 리본→ 【직사각형】 도구를 클릭하여 사각형을 다시 그

려줍니다.

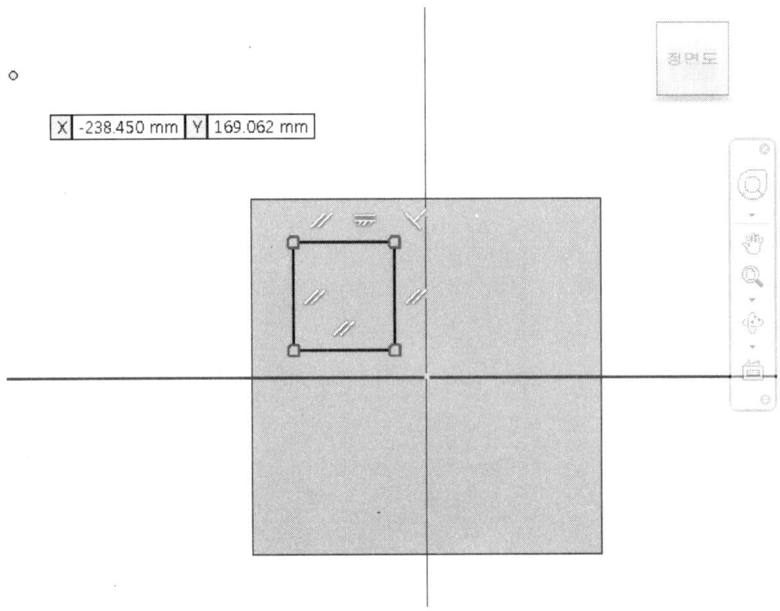

③ 구속조건의 【치수】 도구를 클릭하여 아래와 같이 25, 50, 25mm 씩 직사각형을 만듭니다.

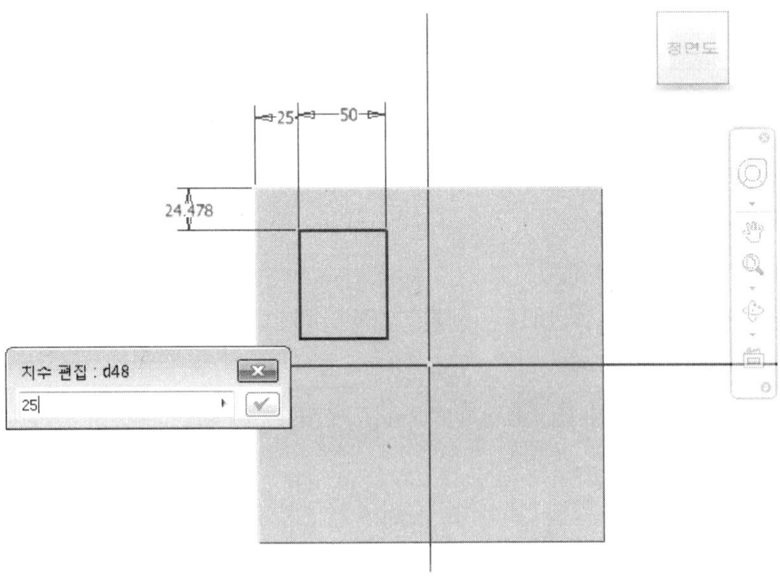

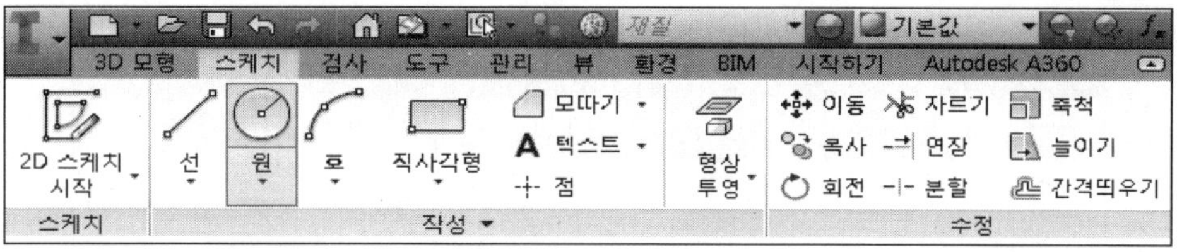

④ 스케치 패널 → 작성 리본→ 【원】 도구를 클릭하여 원을 그려주고, 구속조건의 【치수】 도구를 이용하여 아래 그림처럼 치수 직경 50mm를 입력합니다.

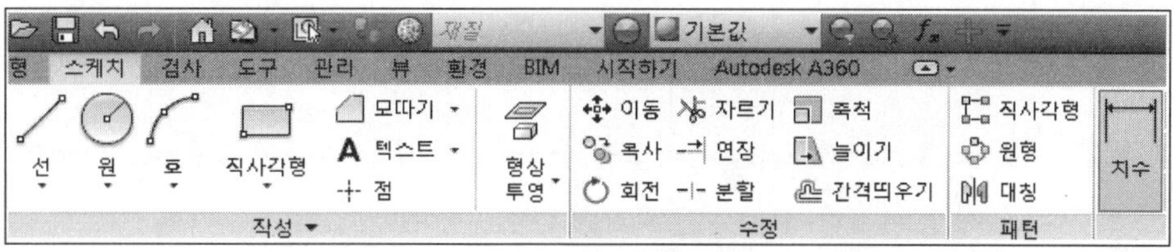

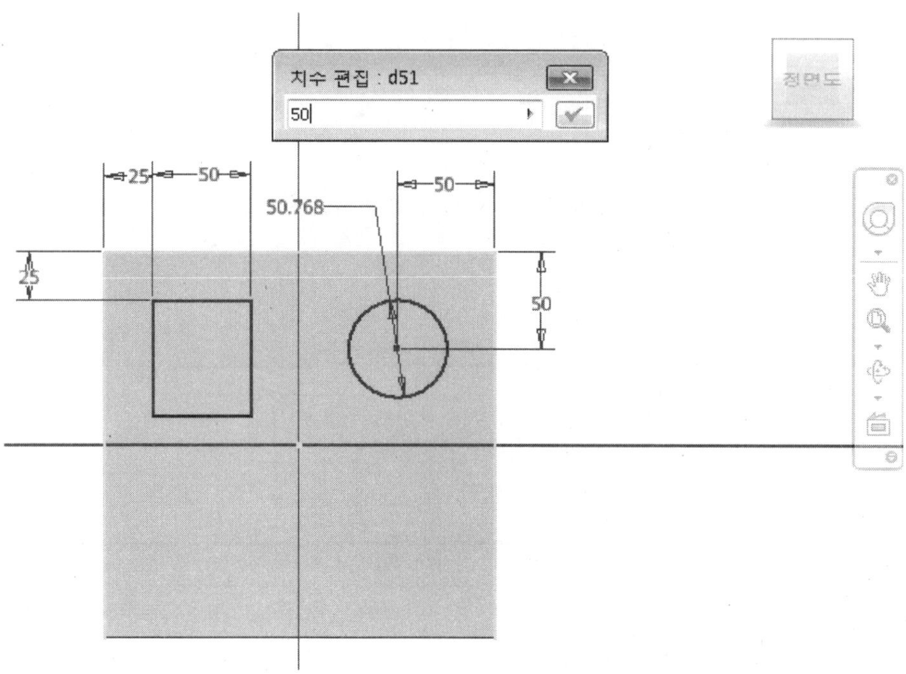

[Fig. 사각형, 원 치수 편집]

⑤ 스케치 패널 → 작성 → 직사각형 도구 아래 화살표를 클릭, 【폴리곤】을 선택합니다.

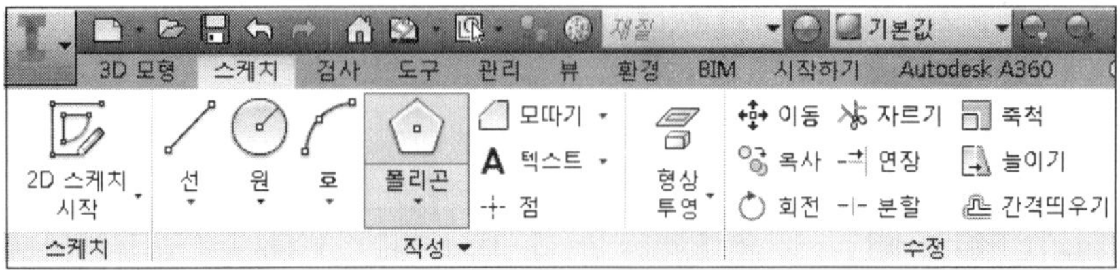

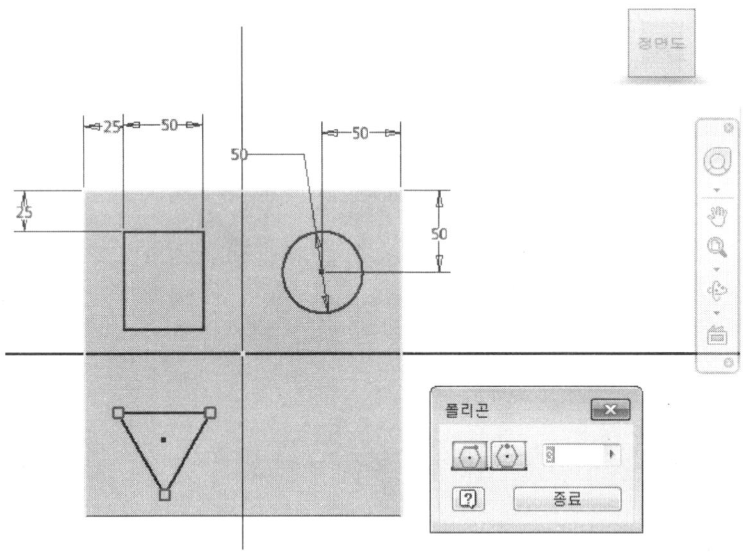

⑥ 구속조건의 【치수】 도구를 이용하여 아래그림처럼 치수 직경 50mm를 입력합니다.

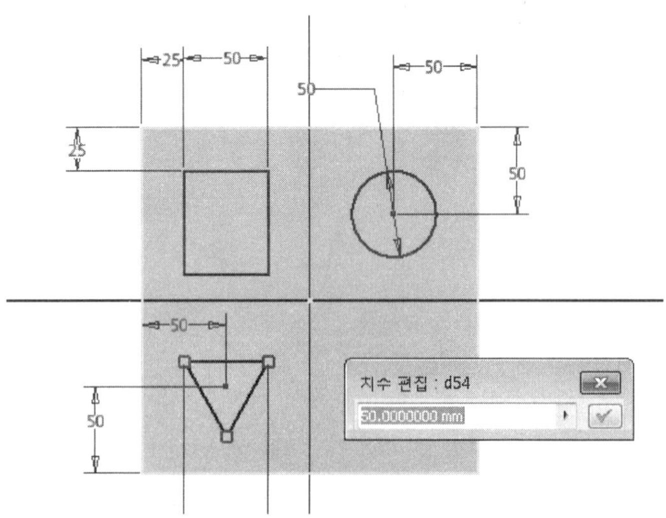

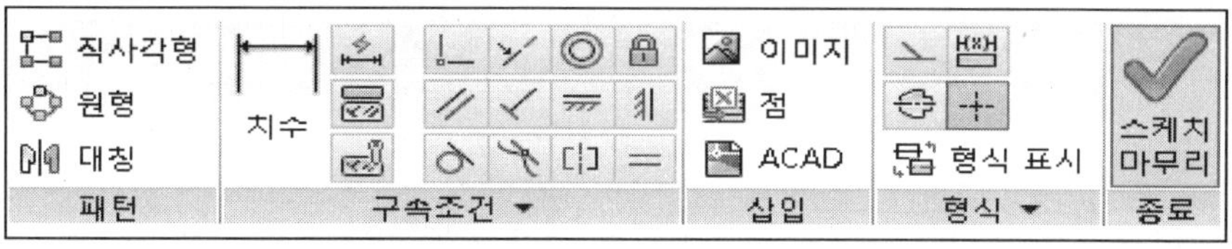

⑦ 스케치 작업 후 피처 작성을 위해 【스케치 마무리】를 눌러 작업을 종료합니다.

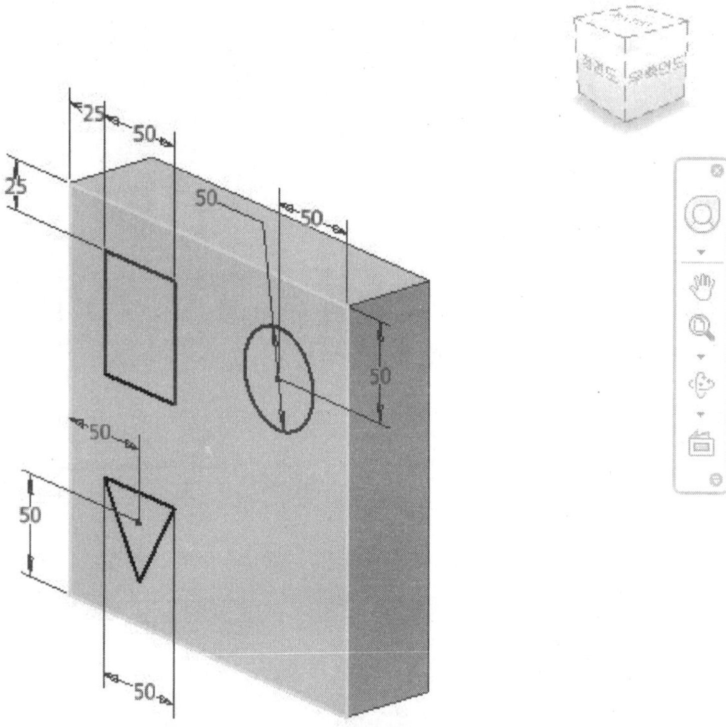

⑧ 3D 모형의 【돌출】을 선택합니다.

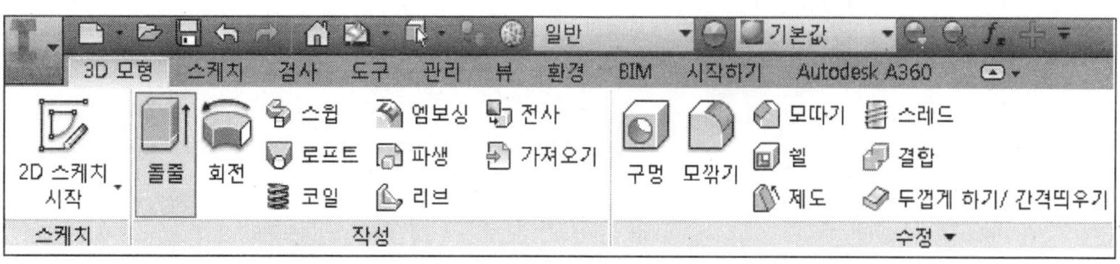

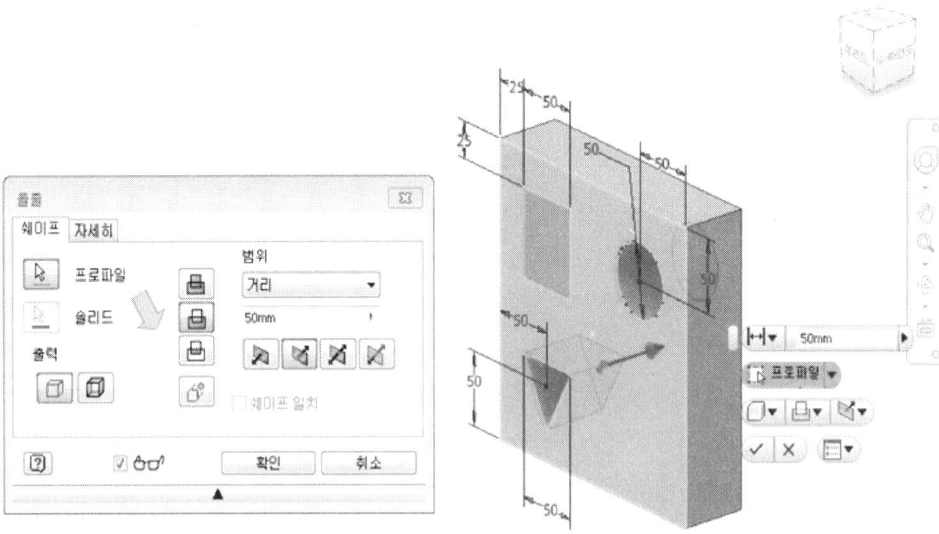

⑨ 파라메트릭 값은 범위 『거리』, 치수는 50mm를 입력하고, 선택은 차집합으로 하고 【확인】을 눌러 모형을 완성시킵니다.

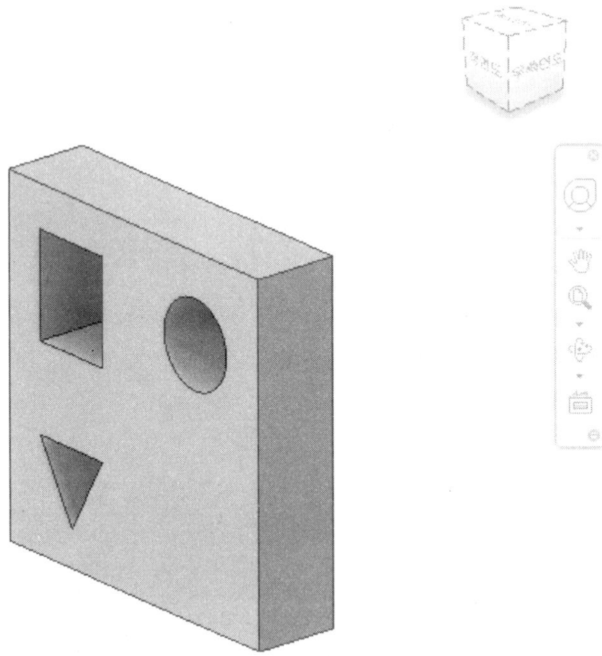

⑩ [인벤터 2016연습] 이라는 폴더를 만들고, 그 곳에 『베이스.ipt』 라고 파일이름을 입력한 뒤, 【저장】 명령으로 작업내용을 저장합니다. 제 7 장 【조립품】 파트에서 실습을 위한 연습용 도형인 베이스플레이트로 활용됩니다.

제6장

작업평면

이 장에서는 여러 평면에 대한 내용, 작업평면의 개념에 대해 알아보고, 작업평면의 기능설명에 대한 지식과 이론을 배워 봅니다.

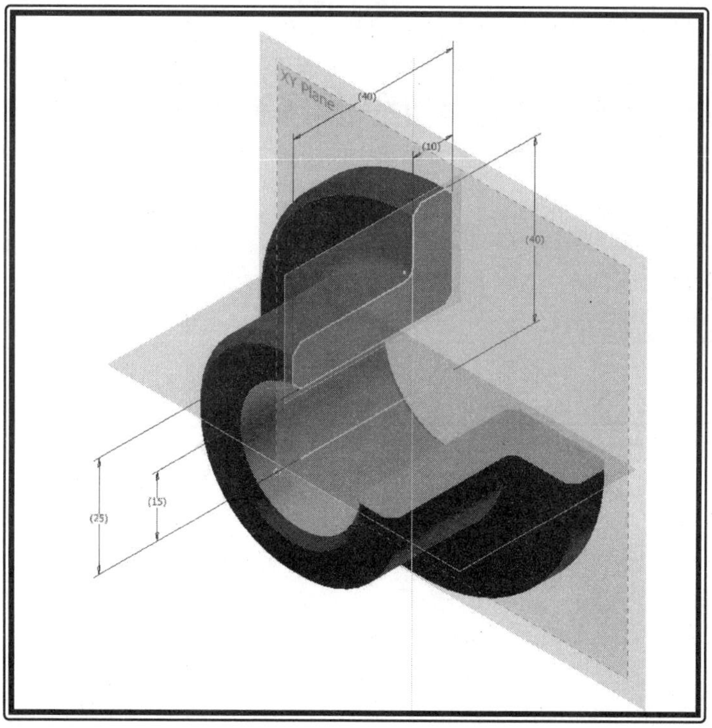

학습 목표

평면의 개념과 실제 사용에 대해 배우고 작성하며 이해합니다.

학습 개요

평면의 일반적인 개념에 대해 배우고 작성하며, 작업 평면에 대한 기능을 익혀 실무에 적용해 봅니다.

일반 목표

평면의 이론적인 개념의 습득, 작업평면 작성을 이용한 실무 각 기능 명령어를 통해 보다 더 효율적으로 모델링을 작성하는 법을 배우게 됩니다.

세부 목표

평면 (X-Y, Y-Z, X-Z, X축, Y축, Z축)의 개념에 대해 배우고, 면을 이용한 평면 작성, 3점, 모서리를 이용한 평면 작성 등 실제로 평면 응용방법을 익힙니다.

6 작업평면

제6장 작업평면(Plane)

1. 평면이란

평면은 다른 객체에 파라메틱하게 첨부된 구성 평면을 작성하는 명령어입니다. 평면형 면이 없는 경우 스케치에 작업평면을 작성하고 평면형 면이 없는 부품에 적용합니다. 즉, 원통 면에 접하거나, 쉽게 2D 스케치작성을 허용하지 않는 도형 등의 경우에 스케치를 해야 하는 경우 2D 스케치를 도와주는 인터페이스입니다.

[Fig. 평면 (X-Y 평면) 만들기]

2. 평면 만들기

① 주 화면에서 【2D 스케치 시작】 이라는 도구를 클릭합니다. (배경 화면 연두색)

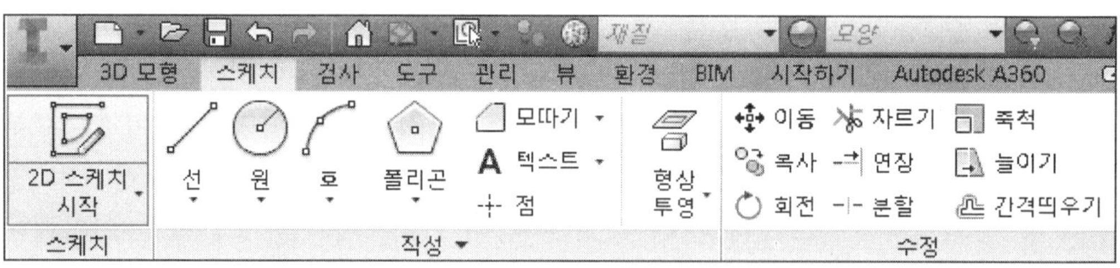

② 초기화면에서 작업자가 모델링을 하기 위한 작업 공간 (평면) 을 얻기 위한 과정입니다. 가장 기본적인 X-Y 평면을 선택하여 2D 스케치를 시작합니다.

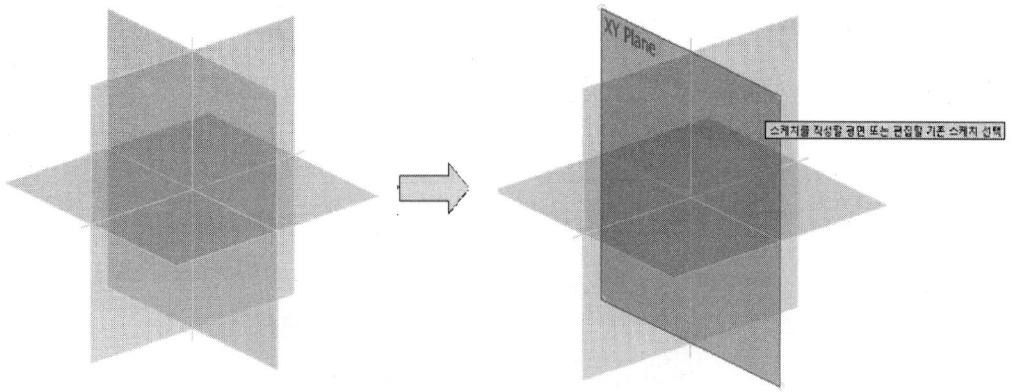

[Fig. 스케치 평면 (X-Y 평면) 선택]

■ 사각형 (Rectangle)

① 스케치 패널 → 작성 리본→ 직사각형 도구를 클릭합니다.

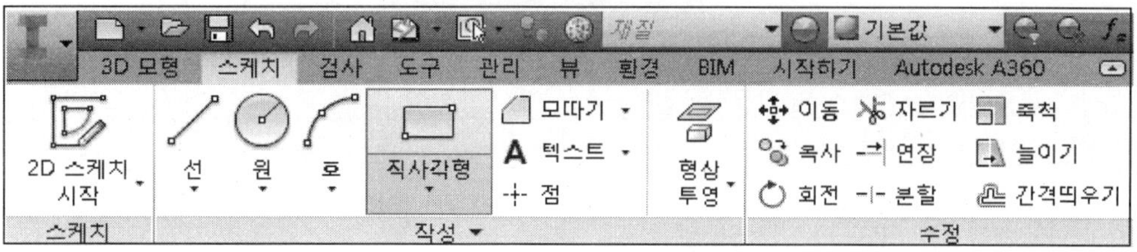

복잡한 구조를 가진 형상이나 원형의 입체모델, 곡선 형상, 스케치를 하기에는 애매한 형상이나 가상의 공간에 임시 평면을 부여하여, 보다 더 정확하고 용이하고 편하게 작업을 할 수 가 있습니다. 지금부터 여러 가지 경우의 예를 들어 하나 씩 스케치를 위한 작업평면을 만드는 방법을 따라해 봅니다.

1) 면을 이용한 평면 만들기

① 【열기】 도구를 이용하여 미리 그려놓은 『육면체.ipt』 도면을 불러냅니다. 혹은 50x50x50mm의 육면체를 그려줍니다.

② 평면 【  평면 】 도구를 선택하고 육면체 앞 쪽의 면을 선택 한 후 새 창에서 거리 값을 입력합니다. 10 을 입력, 육면체 앞에 10mm를 띄워서 평면을 만듭니다. (값 0- 띄우기 없음)

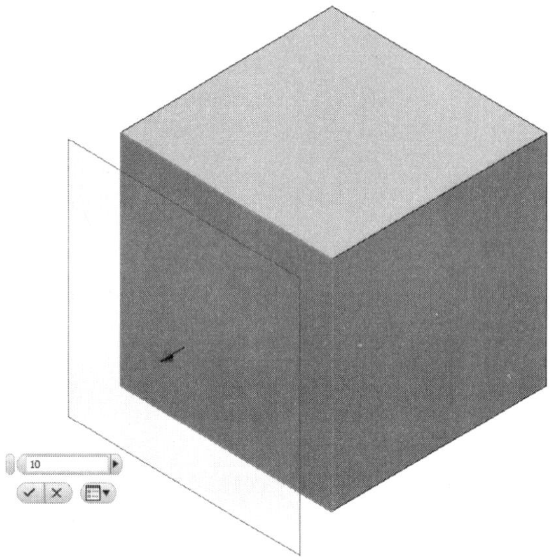

③ 다시 평면 【  평면 】 도구를 선택하고 육면체 앞 뒤의 면을 번갈아 선택, 육면체의 중심에 작업평면을 만들어 봅니다. (뷰 회전은 단축키 F4를 눌러 회전시킵니다)

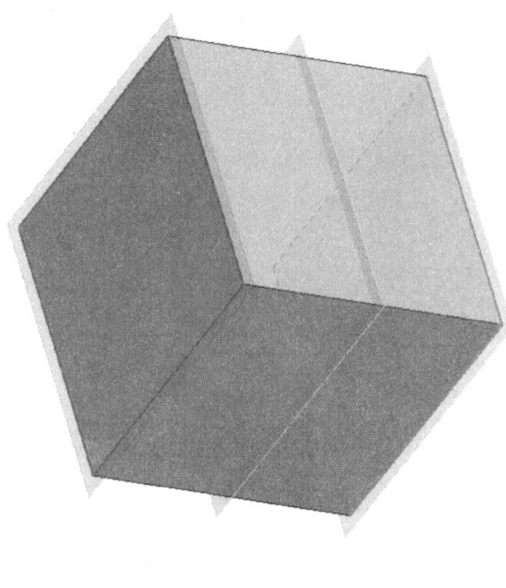

④ 평면 【평면】 도구를 선택하고 육면체 모서리 3점을 선택하여 3점을 잇는 작업평면을 만들어 봅니다.

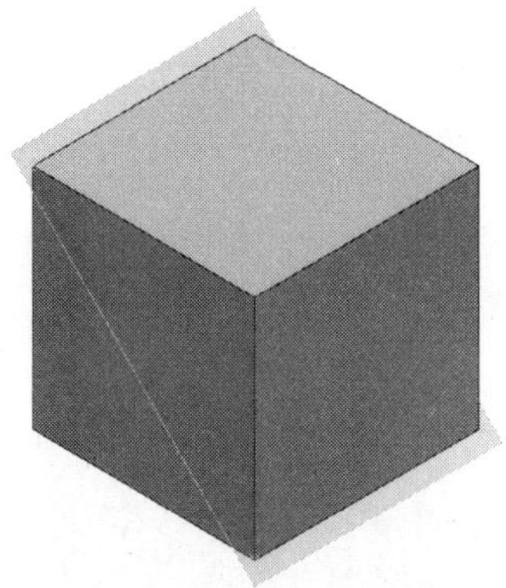

2) 원통 면에 평면 만들기

①【열기】 도구를 이용하여 미리 그려놓은 파일 『원기둥.ipt』 도면을 불러냅니다.

② 평면 【평면】 도구를 선택하고 검색기창의 【YZ평면】을 클릭, 원기둥 중간에 평면을 표시한 다음, 원기둥의 면을 선택 한 후 작업평면을 만듭니다.

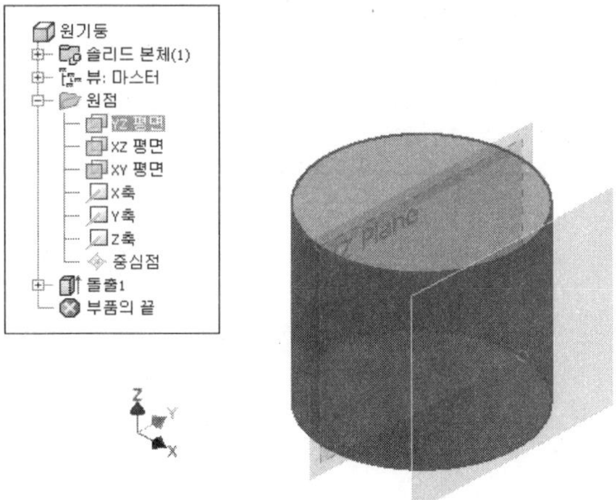

③ 평면 【 평면 】 도구를 선택하고 육면체와 마찬가지로 원기둥의 아래, 윗면을 클릭 이등분하는 평면을 만들어 봅니다.

3) 각도를 이용한 평면 만들기

①【열기】 도구를 이용하여 미리 그려놓은 파일 『원기둥.ipt』 도면을 불러냅니다.

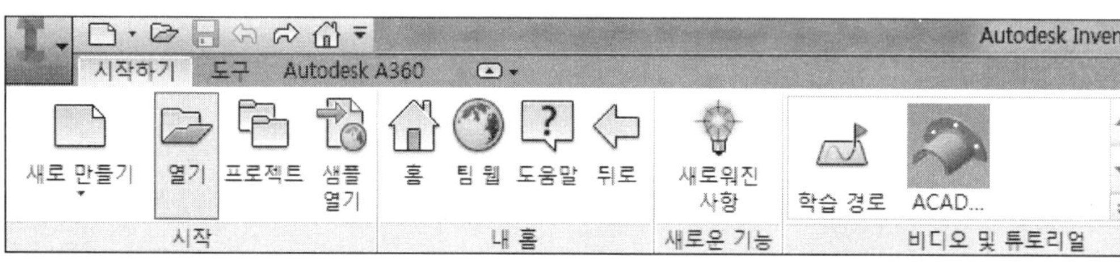

② 평면 【 평면 】 도구를 선택, 검색기창의 【YZ평면】을 먼저 클릭하고 다시 【Z축】을 클릭, 각도창을 불러옵니다. 창에서 90을 입력, 원기둥 중심을 지나는 작업 평면을 만듭니다.

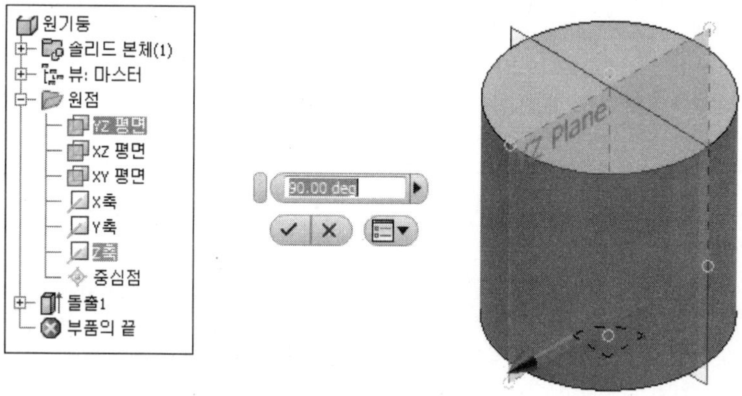

③ 평면 【  평면 】 도구를 선택하고 차례로 10도씩 입력을 하여 180도까지 만들어 봅니다.

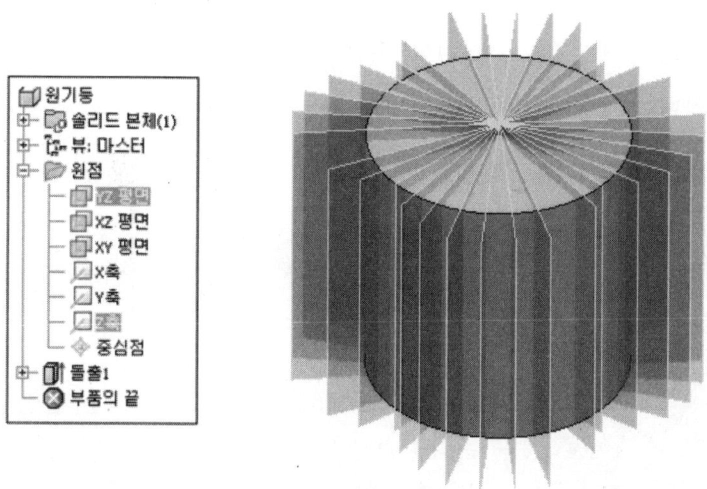

4) 곡면을 이용한 평면 만들기

▶ 2D 스케치 탭의 【선】 도구를 이용하여 아래 그림처럼 2D 프로파일을 만듭니다. (프로파일 작성 설명 생략)

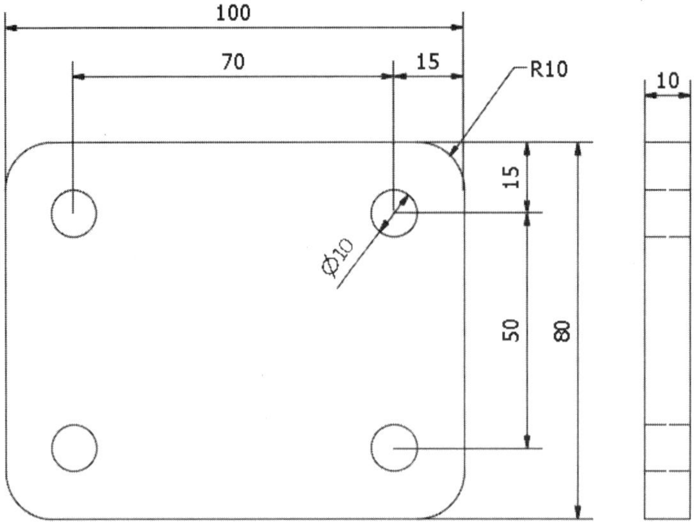

① 평면 【 평면 】 도구를 선택하고 곡면부 (R10) 모서리 부를 3점 선택하여 3점 곡면을 지나는 작업평면을 만들어 봅니다.

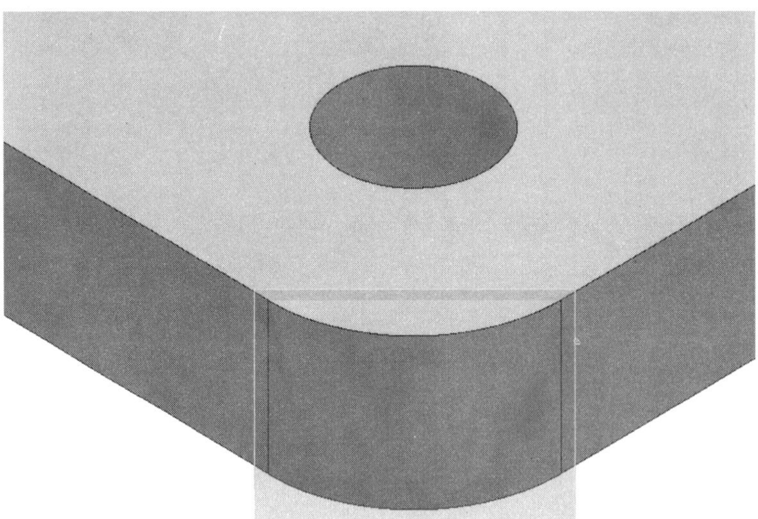

② 평면 【 평면 】 도구를 선택, 곡면부 (화살표 표기)를 두 번 클릭하여 곡면부를 접하는 평면을 만들어 봅니다.

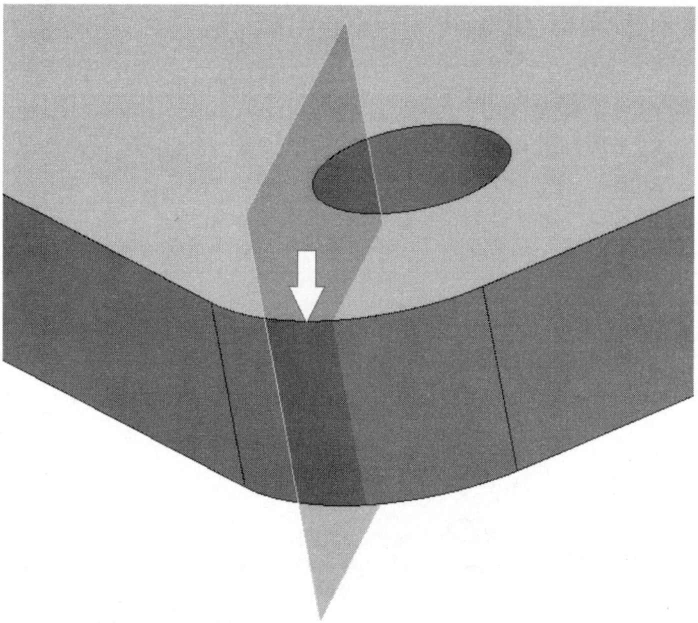

③ 평면 【 평면 】 도구를 선택, 곡면부와 접하는 두 면을 클릭하여 곡면부를 접하는 평면을 만들어 봅니다.

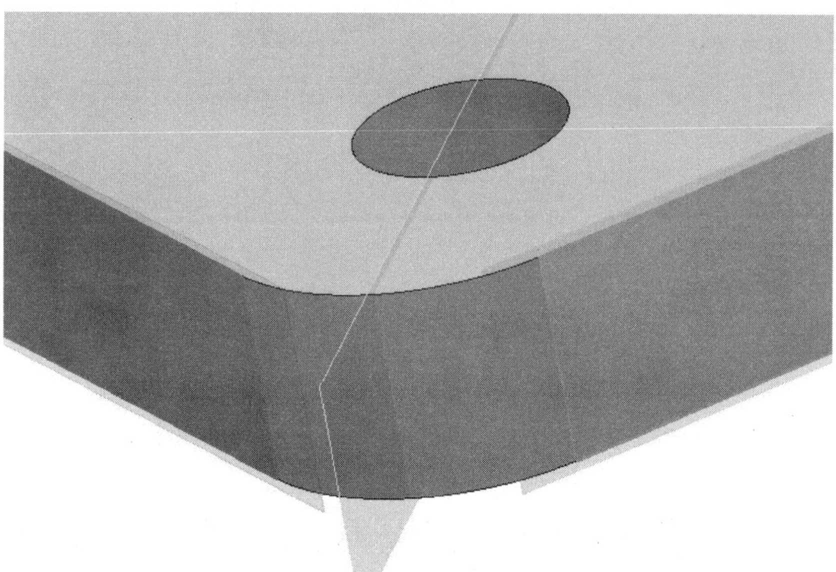

5) 중심축 이용한 평면 만들기

① 축 【축】 도구를 선택하고 모형의 구멍을 클릭하여 구멍의 중심축을 만듭니다.

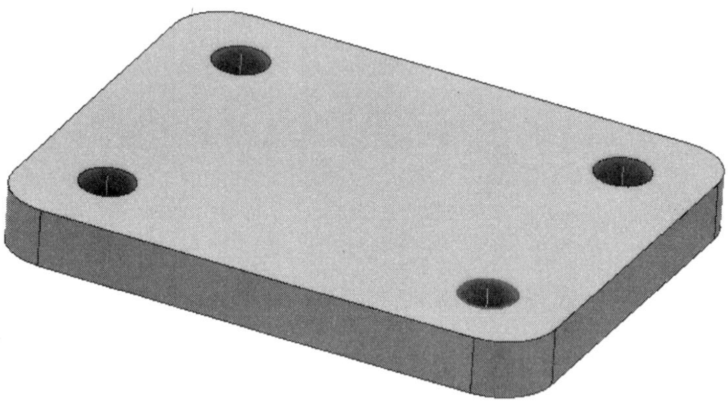

② 평면 【평면】 도구를 선택, 중심축과 중심축을 잇는 작업 평면을 만들어 봅니다.

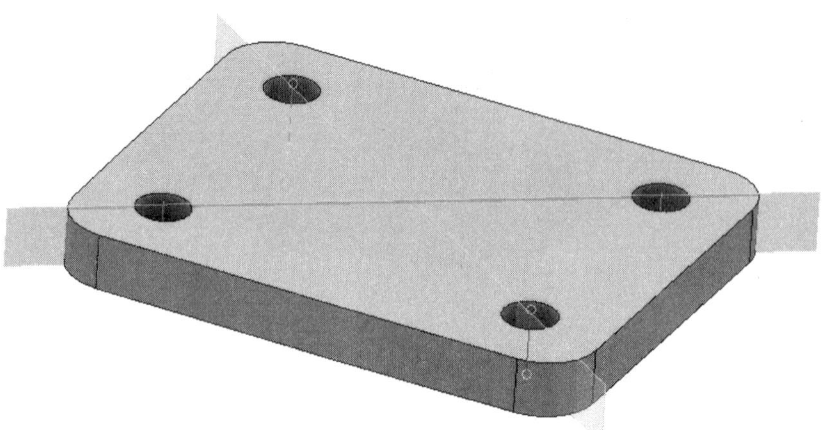

제7장

조립품

이 장에서는 앞 장에서 설명한 부품들을 배치하고, 표준품의 컨텐츠 센터 배치, 작성, 구속조건 등의 활용으로 조립품의 효율적 작성방법을 이해하고 익힙니다.

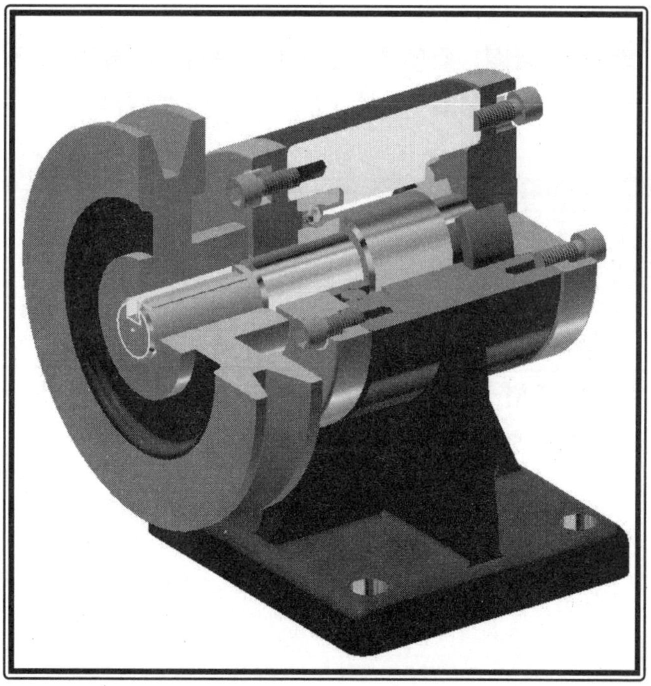

학습 목표

인벤터 2016에서 조립품의 개념에 대해 배우고 만들며 모형을 이해합니다.

학습 개요

부품의 배치, 구속조건 활용, 각종 예제를 통한 조립품 만들기 실습을 하며 이해도를 높입니다.

일반 목표

부품을 이용한 조립품 작성, 컨텐츠 센터에서 부품을 불러 조립품의 배치 등 조립품 모형의 전반적인 개념을 익혀 실무에 적용해 봅니다.

세부 목표

조립품의 개념, 템플릿 만들기, 환경설정과 구속조건의 배치, 메이트, 플러쉬, 각도, 접선, 삽입 등 조립품 명령어를 익히고 실습을 합니다. 아울러 구속조건 활용 연습을 통해 조립품에 대한 이해도를 높입니다.

7 조립품

제7장 조립품(Assemble)

1. 조립품 (iam)의 개념

1) 조립품이란?

① 조립품은 미리 작업한 3D 부품들을 순차적으로 불러내어 하나 씩 정렬과 배치를 하고, 관련 명령어를 이용, 완성을 하여 구성요소 전체의 조합을 만드는 것입니다.

② 조립품의 완성은 1차적으로 3D 모형을 (부품, ipt파일) 생성하는 선행 공정작업을 해 두어야 합니다. 이 부품 파일들을 불러내어 배치시킨 후 조립을 하며, 때에 따라서는 조립 중에도 조립품 템플릿에서도 부품의 수정을 하는 경우도 많습니다.

③ 조립품의 템플릿은 정확하게 정렬된 부품과 기타 조립품으로 구성된 집합을 작성하기 위한 구성요소입니다.

▶ 인벤터 2016의 조립품 템플릿의 경로는 아래와 같습니다.

【/Users/Public/Documents/Autodesk/Inventor 2016/Templates/standard.iam】

④ 이번 조립품 시트에서는 배치라는 명령어 (위치 : 조립 Tab / 구성요소 Panel / 배치 Icon) 를 이용하여 3D 구성요소들을 조립해 보도록 합니다.

2. 조립품의 실행

1) 템플릿 만들기

① 프로그램이 실행 후 다음과 같이 조립품 도면 템플릿을 선택합니다.

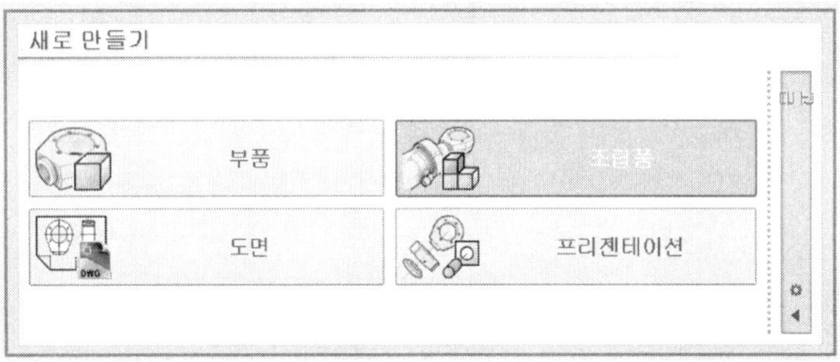

3. 조립품 환경설정

① 프로그램이 실행되면 조립품에 대한 먼저 환경설정을 합니다.

② 위치 - 【도구】 패널의 【응용프로그램 옵션】 도구를 실행합니다.

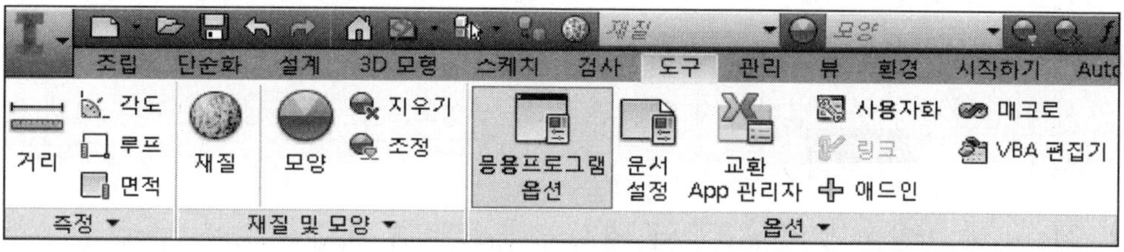

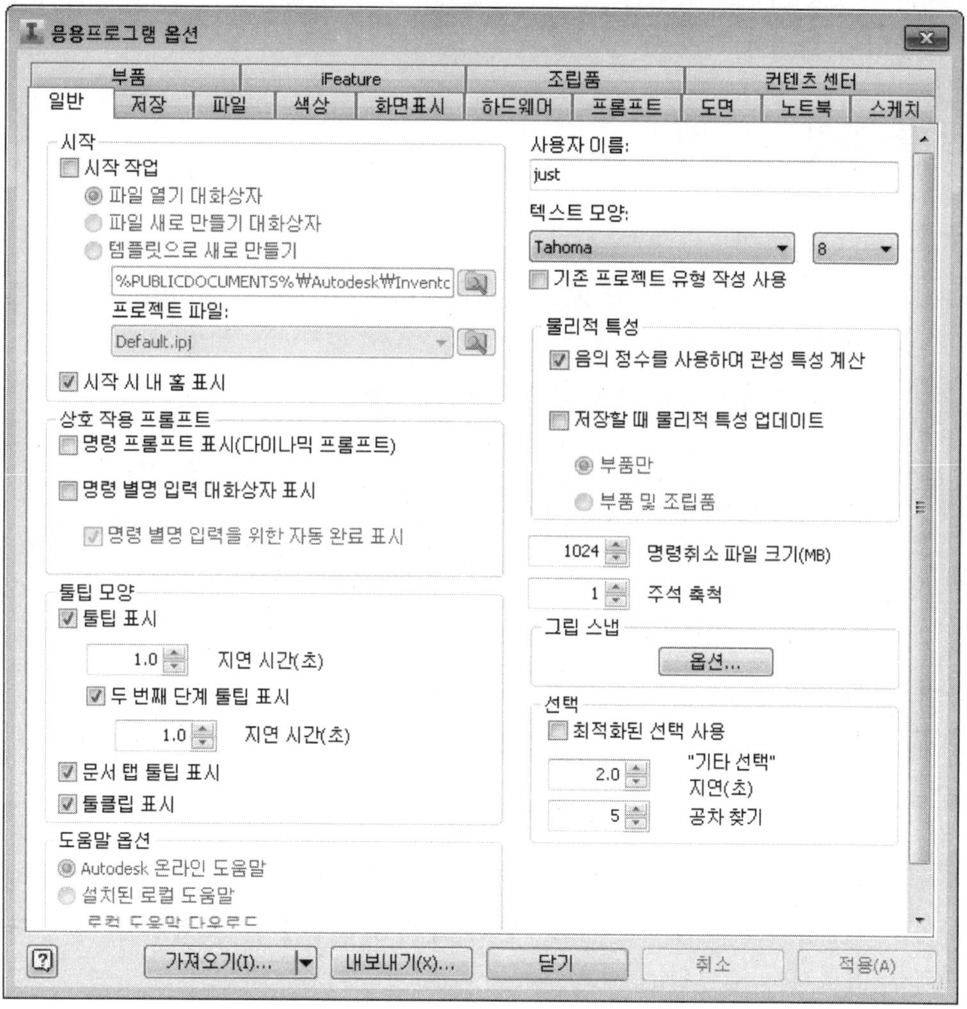

- **업데이트 연기** : 조립품 명령어를 실행하고 부품 조립 시 업데이트에 대한 결정을 하는 옵션입니다. 체크는 수동 모드처럼 조립품의 버턴을 누를 때 까지 업데이트가 지연이 됩니다. 체크 해제는 편집 후 자동으로 업데이트가 되는 옵션입니다.
- **구속조건 음성 알림** : 구속조건 삽입 시 소리 여부를 결정하는 옵션입니다.
- **구속요소 불투명도** : 모든 구성요소의 표시가 음영처리 될 때 불투명하게 표시되며 전체가 불투명하든지 아니면 활성 구성요소만 불투명하든지의 선택 여부를 묻는 창입니다.
- **iMate 를 사용하여 구성요소를 배치하기 위한 줌 대상** : 없음 (원래 뷰), 배치된 구성요소(배치된 부품을 그래픽 영역에 차도록 줌), 전체 (줌대상 모두가 확대되어 영역에 차도록 설정하는 옵션)으로 분류됩니다.

4. 구속 조건.

1) 구속 조건의 배치

배치는 조립품을 만들 때, 부품들을 하나하나 구성요소로 배치할 때 파일을 선택적으로 배치하는 명령어입니다. 조립품을 만들 때 가장 먼저 사용되어지는 명령어로서 각 각의 부품들을 조립할 수 있습니다.

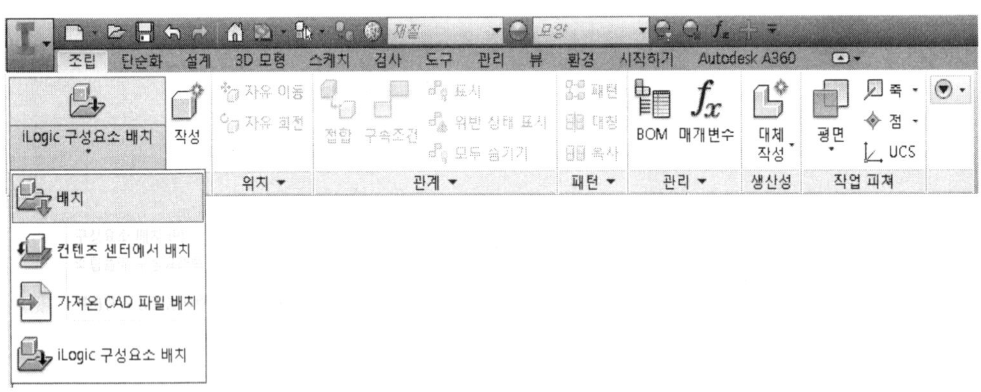

▶ 구속조건 배치의 호출은 【배치】도구를 선택하거나 그냥 【C】를 타이핑하여도 되고, 마우스 우측 버턴을 눌러 【사용자 UI】를 호출해서 배치 명령어를 선택해도 됩니다.

2) 구속 조건의 배치 옵션

▶부품들을 구성요소로 배치할 때 파일을 선택적으로 배치하는 옵션입니다.

① 【배치】 - 조립품에 구성요소로 배치할 하나 이상의 파일을 지정하고 불러옵니다.

② 【컨텐츠 센터에서 배치】 - 컨텐츠 센터를 열고 선택하는 부품을 조립품에 배치합니다. 부품을 찾으려면 컨텐츠 센터 검색기를 사용하거나 검색기능을 사용합니다. 자동 드롭이나 표준 인벤터 배치 방법을 사용하여 부품을 배치합니다.

③ 【가져온 CAD 파일 배치】 - 다양한 CAD 시스템 및 CAD 공통 표준 파일인 중립 파일 형식 (ex.IGES, DXF 파일 등)의 파일을 인벤터 조립품 파일로 배치합니다. 일부 파일 형식을 사용하면 참조 파일로 배치하거나, 인벤터 파일로 변환하는 것을 선택할 수 있습니다.

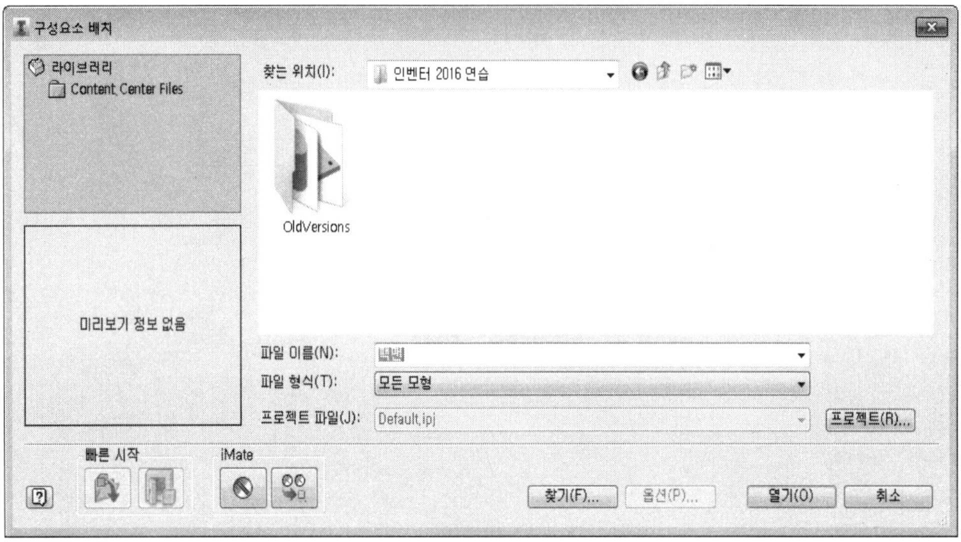

④ 【iLogic 구성요소 배치】 - 부품 또는 부분 조립품의 사본을 주 조립품에 배치합니다. 부품 또는 부분 조립품(Sub Assembly)의 고유 사본을 만든 다음 현재 조립품에 이 사본을 복제로 배치합니다. 구송요소 매개 변수 값을 수정할 수 있으며, 구성요소를 배치하기 전에 조립품 매개 변수에 구성요소 매개 변수를 연결할 수 있습니다.

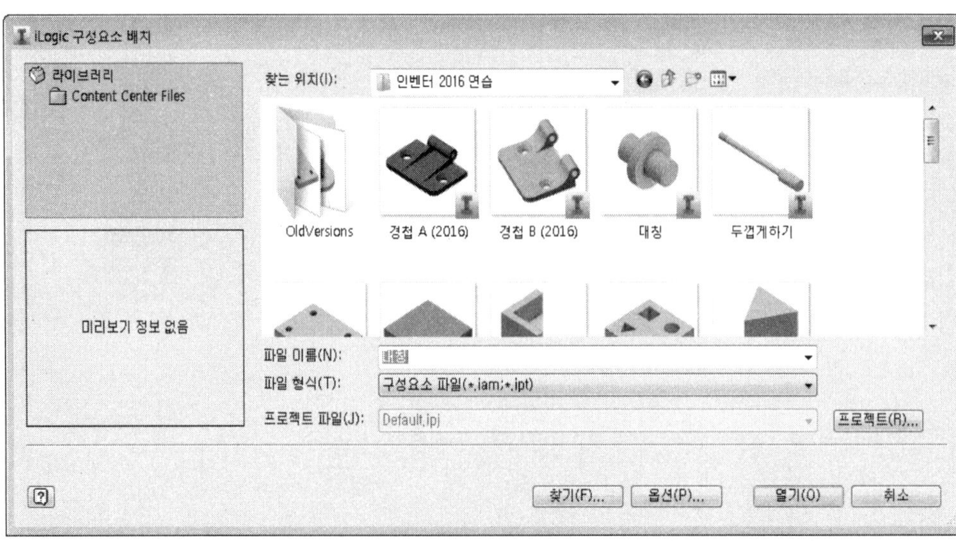

▶ 구속조건의 배치의 유형은 **【조립품】** 탭과 **【동작】** 탭, **【변이】** 탭, **【구속조건 세트】** 탭 등 이 있습니다.

① 구속조건 배치 - 【조립품】과 【동작】

메이트 구속조건, 플러쉬 구속조건, 각도 구속조건, 지정각도, 미지정각도, 명시적 참조벡터, 접선 구속조건, 내부, 외부, 삽입, 반대, 정렬과 관계된 구속조건 배치와 관련된 내용들이 있습니다. 동작의 유형과 선택, 비율 등을 조절할 수 있습니다.

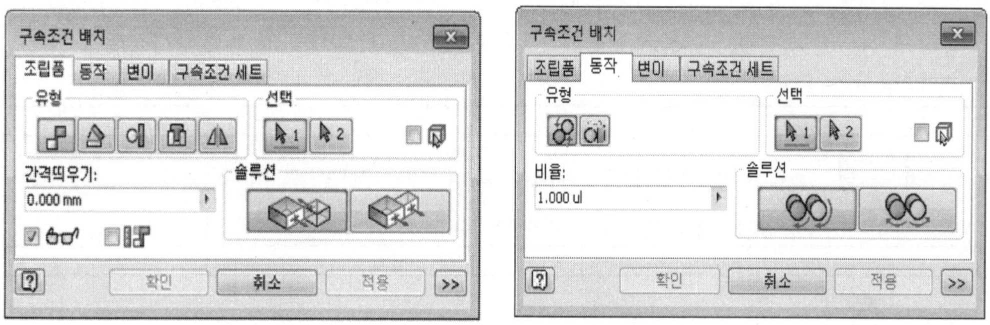

[Fig 구속조건 배치 - 조립품과 동작]

② 구속 조건 배치 - 【변이】와 【구속조건 세트】

구속조건 배치에 있어 구속조건 및 유형에 관련된 선택을 할 수 가 있습니다. 일반적으로 원통형 부품 면과 다른 부품의 인접한 면 세트 사이의 의도한 관계를 지정할 때 사용됩니다. 변이 구속조건은 열린 자유도를 따라 구성요소를 이동 시킬 때 면 사이에서 접촉이 유지되도록 합니다.

[Fig 구속조건 배치 - 변이와 구속조건 세트]

③ 구속조건 배치 - 조립품

▶ 유형 - 구속조건 배치의 조립품 유형에는 크게 다음과 같은 세부 명령어가 있습니다.

- 메이트 () - 메이트의 구속조건은 면이나, 축 등을 서로 마주보게 하거나 (Mate), 같은 방향(Flush) 으로 보게 하거나 해서 선택한 부품들의 자유도를 구속하는 명령어입니다.

- 각도 () - 한 면을 지정하거나 혹은 면의 모서리 부를 기준으로 각도를 지정하여 두 개의 부품 구성요소들의 자유도를 구속합니다. 지정각, 미지정각, 각도로 나누어집니다.

- 접선 () - 평면이나 원통, 원통, 원추, 구, 원뿔 등 이 접점에 닿도록 합니다. 세부 선택사항에 따라서 내부 배치와 외부 배치로 나누어집니다.

- 삽입 () - 원통, 원기둥, PCD를 가진 두 부품 사이의 중심선을 기준으로 상호 메이트 구속조건입니다. 예를 들어 볼트와 너트가 조립이 되면 볼트 외경과 너트 내경의 메이트, 볼트 머리 면과 너트 면의 메이트가 복합적으로 결합되는 명령어입니다.

▶ 솔루션 - 구속조건 배치의 조립품 솔루션 2 가지의 세부 명령어가 있습니다.

- 메이트 (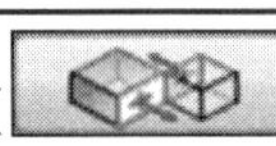) - 면과 면이 서로 마주 보게 구속을 시킵니다.

- 플러쉬 () - 면과 면이 서로 같은 방향을 보도록 구속을 시킵니다.

5. 구속 조건 - 메이트

1) 메이트-1 연습

메이트 () - 메이트의 구속조건은 면이나, 축 등을 서로 마주보게 하거나(Mate), 같은 방향(Flush) 으로 보게 해서 선택한 부품의 자유도를 구속하는 명령어입니다.

① 2D 스케치의 【직사각형】 도구로 50 x 50mm 스케치를 완료합니다.

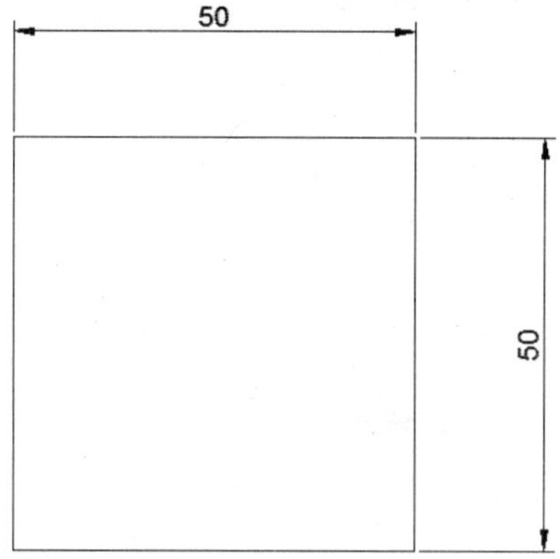

② 3D 모형의 【돌출】 도구 10mm→ 범위(전체)→ 확인 → '부품1' 로 저장합니다.

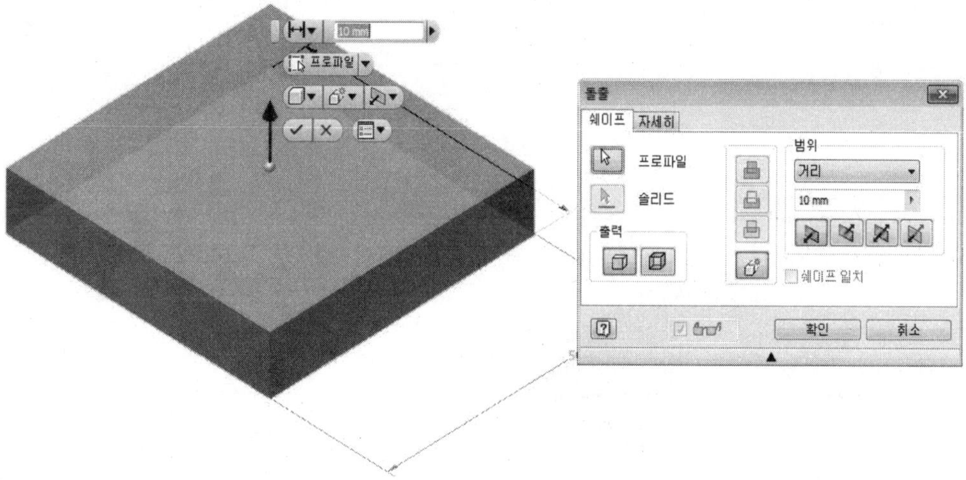

③ 새로 만들기 →Standard.iam 을 선택합니다.

④【배치】 를 선택하여 '부품1' 을 작업창에 3 개 배치합니다.

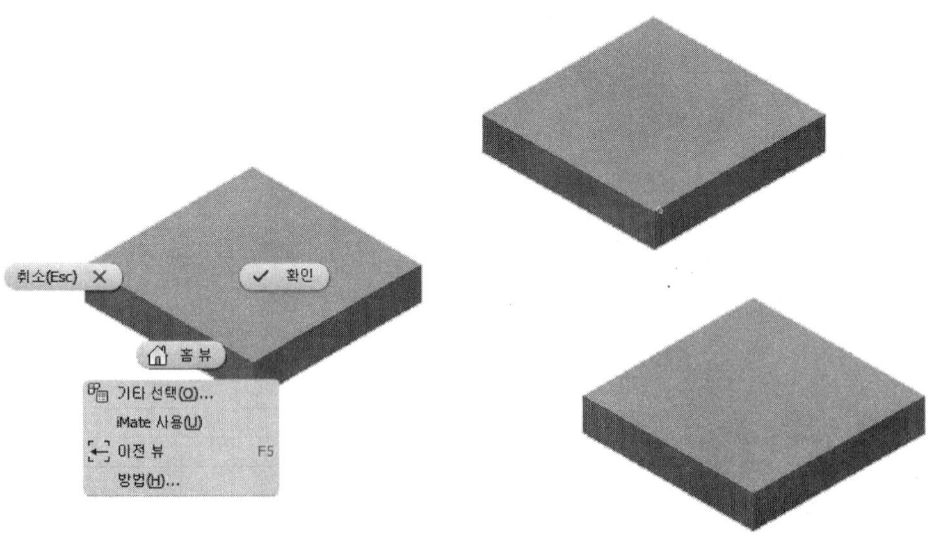

⑤ 유형은 【메이트】, 솔루션도 【메이트】를 지정합니다. 아래 그림처럼 해당 면을 선택합니다.

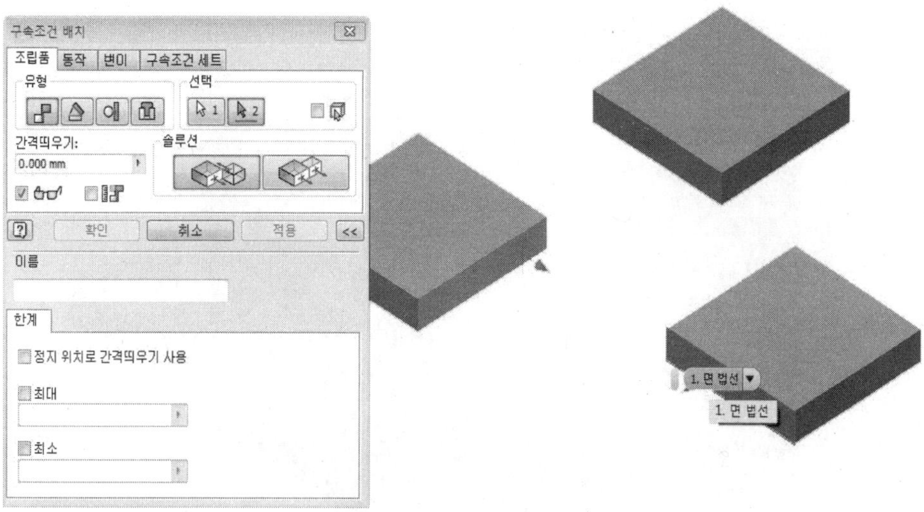

⑥ 【적용】, 【확인】으로 메이트 1차 조립을 마칩니다. (메이트 - 면 일치, 서로 수직 배치)

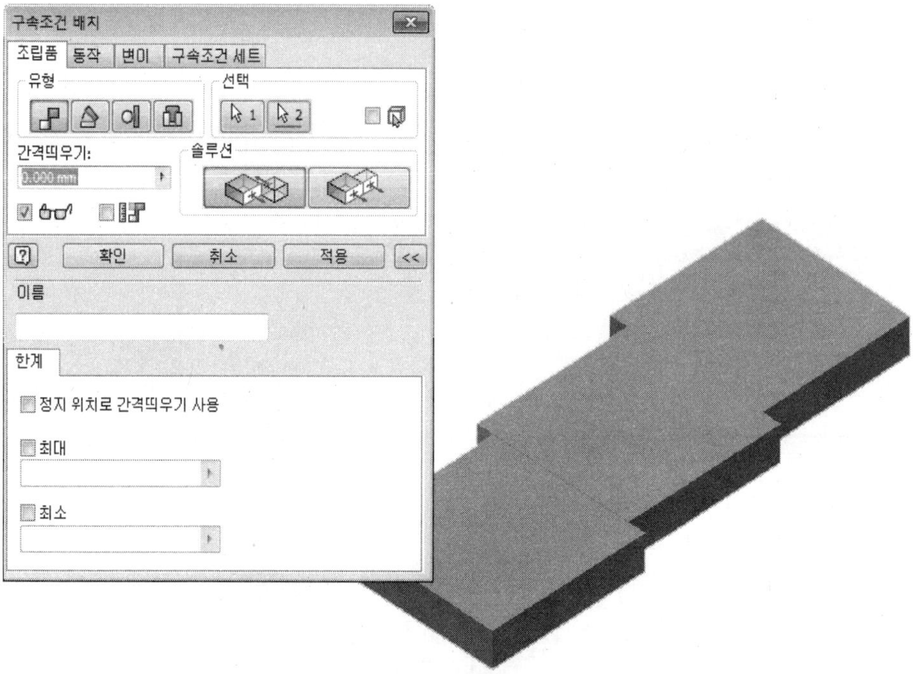

⑦ 우측 마우스를 클릭하여 구속조건의 선택사항을 불러옵니다.

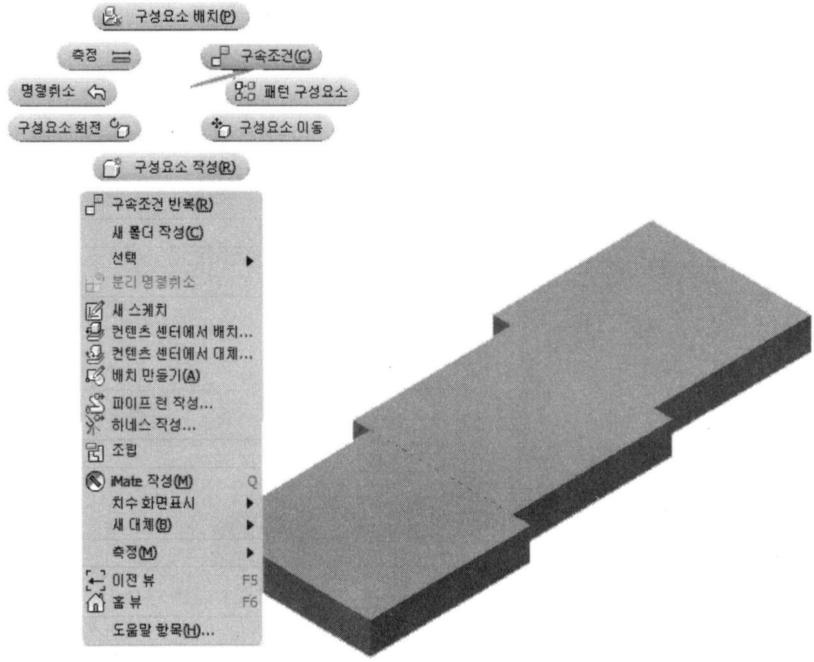

⑧ 유형은 【메이트】, 솔루션은 【플러쉬】를 선택. 아래 그림처럼 해당 면을 선택합니다.

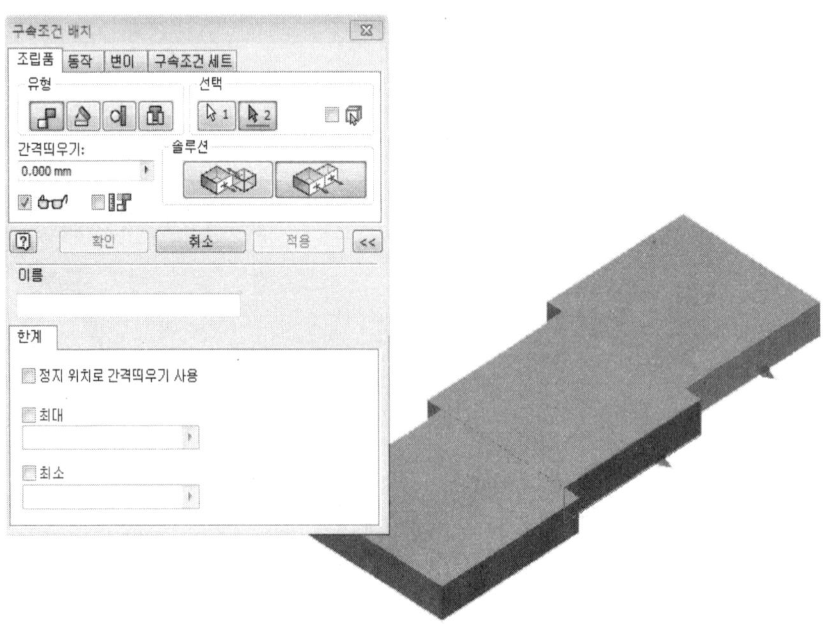

⑨ 나머지 한 면을 구속합니다. 유형은 【메이트】, 솔루션 【플러쉬】를 선택, 아래 그림처럼 해당 면을 선택합니다.

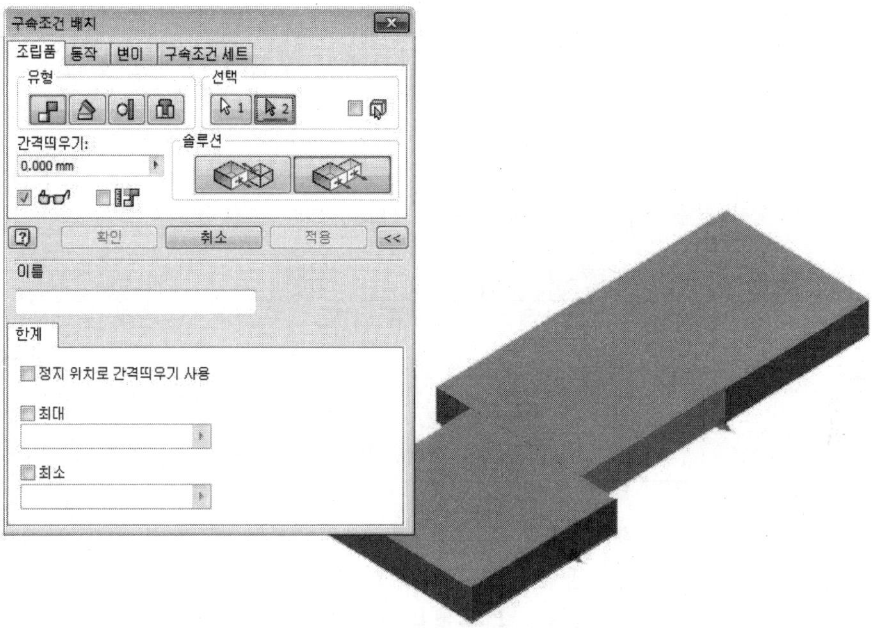

⑩ 다음 유형은 【메이트】, 솔루션은 【플러쉬】로 선택, 두 평면을 클릭 → 【적용】을 누릅니다.

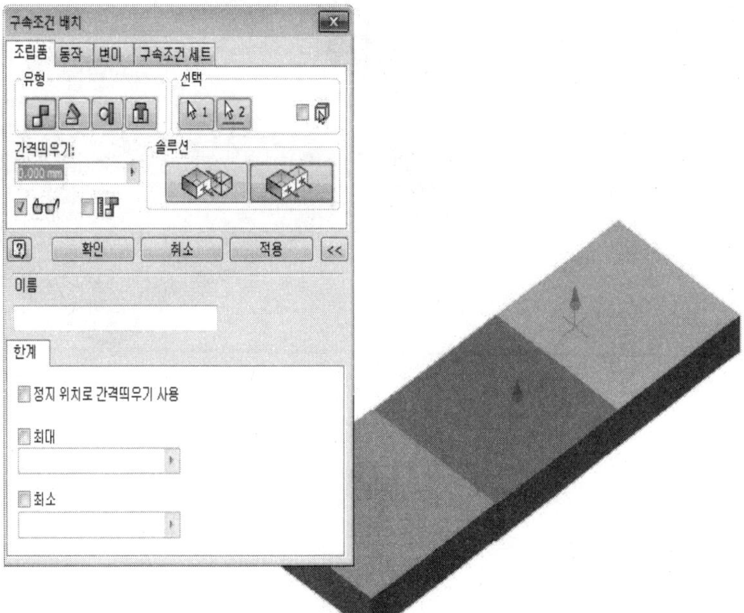

2) 메이트-2 연습

메이트 () 의 구속조건은 면이나, 축 등을 서로 마주보게 하거나 (Mate), 같은 방향(Flush) 으로 보게 해서 선택한 부품의 자유도를 구속하는 명령어입니다.

① 먼저, 앞 장에서 그려놓은 『베이스.ipt』와 『**육면체**ipt』 부품을 불러낸 후, 주 화면에서 【구속조건】 탭을 클릭합니다.

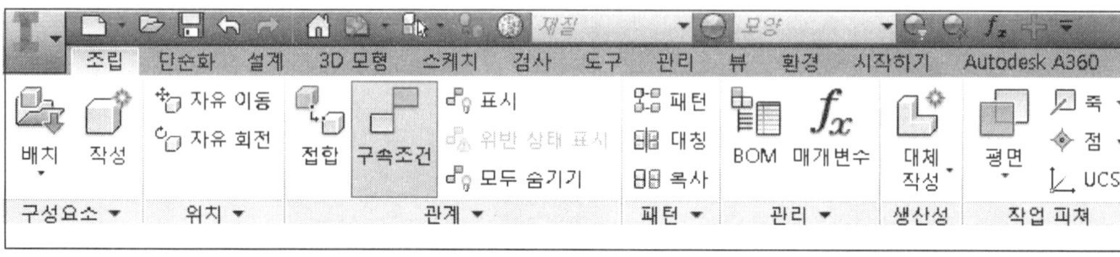

② 조립품을 만들기 위해 부품과 부품을 레고 블럭처럼 끼워 맞추는 과정입니다. 기본값으로 【메이트】 명령어가 선택되므로, 먼저 베이스의 사각 구멍과 육면체를 조립합니다. 아래 그림처럼 선택을 합니다.

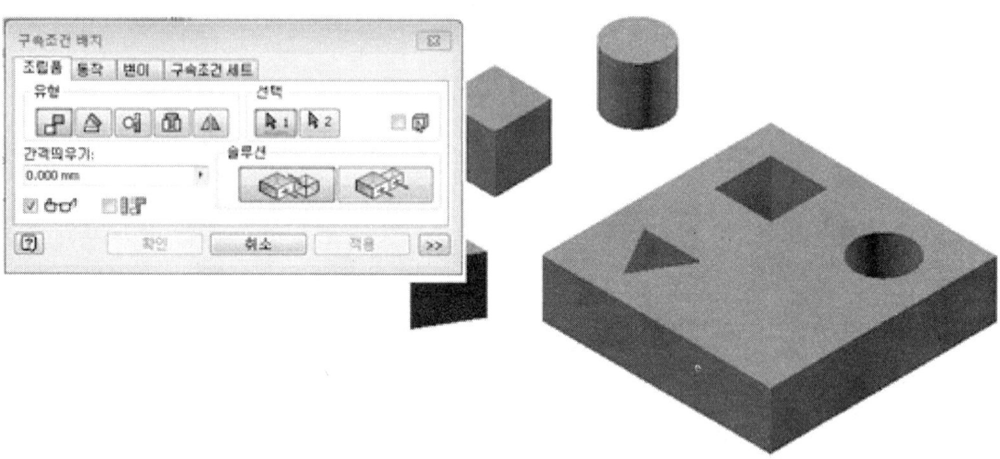

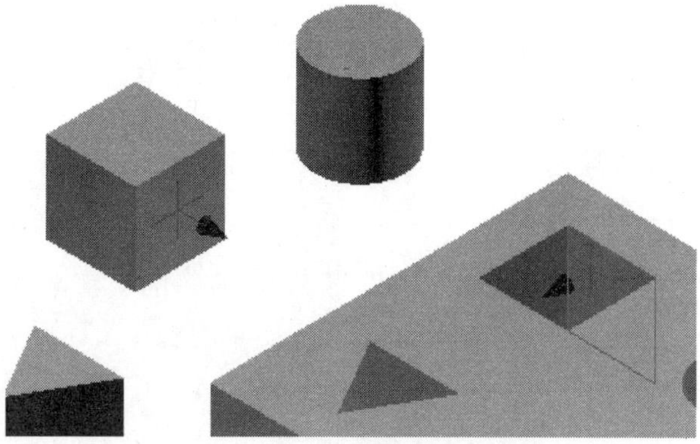

③ 키보드 F4 키이를 꾹 누른 후 마우스를 왼쪽 버턴을 클릭하면 부품이 회전을 합니다. 부품과 부품을 잘 끼워 맞추기 위해 가장 좋은 뷰를 선택하시기 바랍니다.

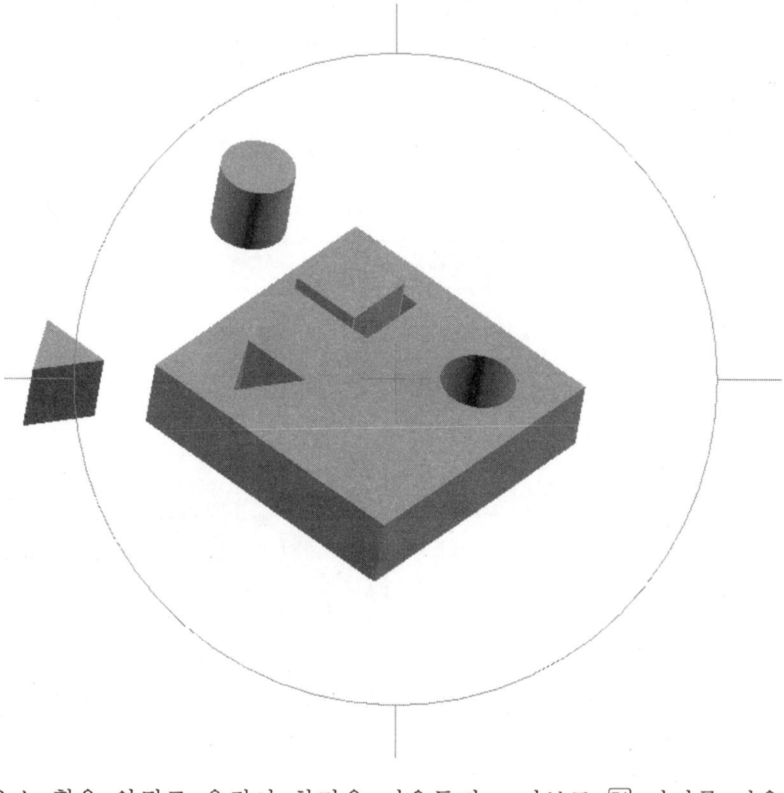

④ 마우스 휠을 앞뒤로 움직여 화면을 키우든지, 키보드 F4 키이를 이용하여 가장 좋은 뷰를 찾은 다음 아래 그림처럼 【선택 1】을 수행합니다.

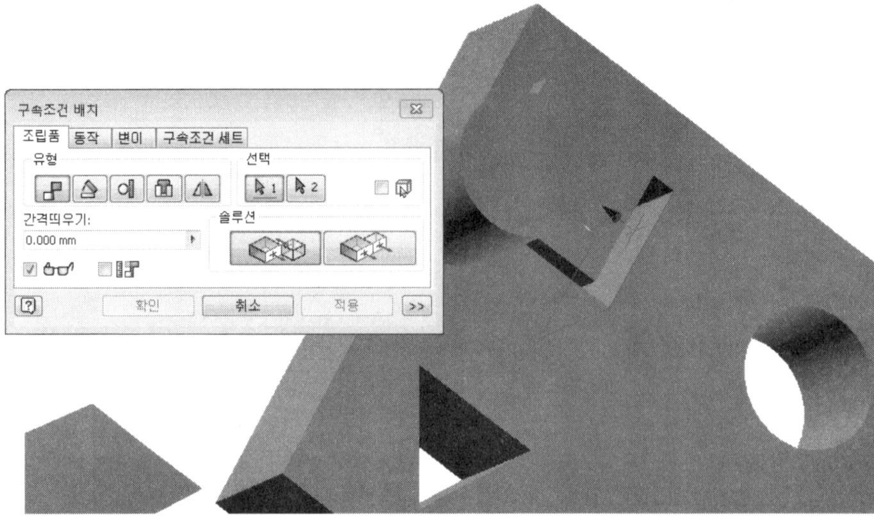

⑤ 다시 마우스 휠 과 키보드 F4 키이를 이용하여 가장 좋은 뷰를 찾은 다음 아래 그림처럼 【선택 2】을 수행 후 적용을 눌러 【메이트】 에 대한 명령을 종료합니다.

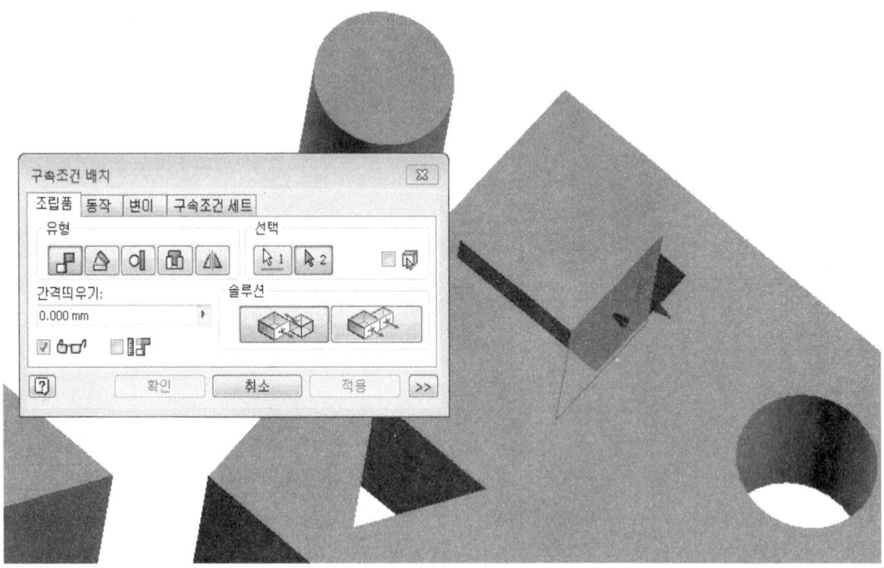

⑥ 이번에는 【플러시】 구속조건을 선택합니다. 아래 그림처럼 사각형 구멍에 조립된 육면체가 계단처럼 층이 생기므로 베이스와 같은 높이로 평편하게 만들어 주기 위해서입니다.

⑦ 【플러시】 구속조건은 같은 방향으로 높이를 맞추는 구속조건입니다.

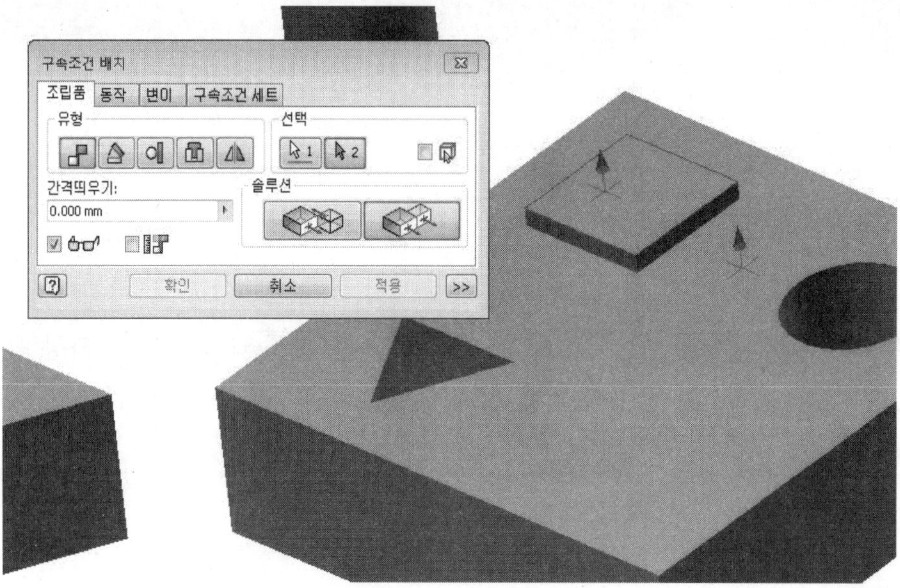

⑧ 【적용】을 눌러 육면체가 베이스의 사각구멍에 조립이 완료되도록 구속조건을 완료합니다.

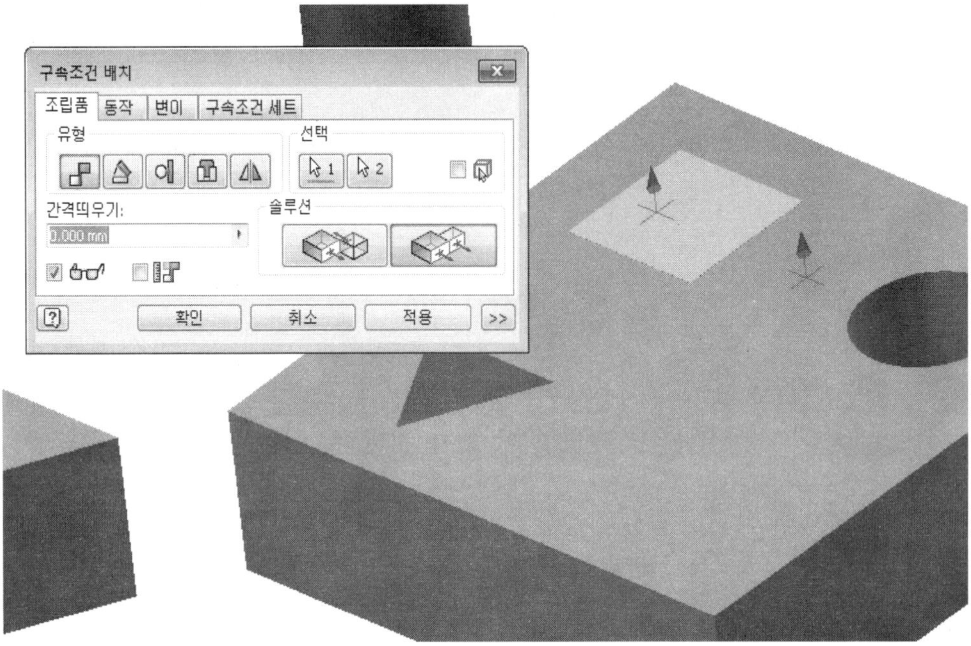

⑨【저장】을 선택, 파일을 저장합니다.

6. 구속조건 - 각도

각도 () 는 한 면 혹은 면의 모서리 부를 기준으로 각도를 지정하여 두 개의 부품 구성요소들의 자유도를 구속합니다. 옵션은 【지정각】, 【미지정각】, 【각도】로 나누어집니다.

▪ 지정각도 ( ) - 지정각도는 부품의 모서리 또는 면을 지정해서 두 구성요소 (부품)에 배치하여 자유도를 구속합니다. 지정 각도 솔루션은 오른손 법칙에 의거 적용됩니다.

▪ 미지정각도 ( ) - 미지정각도의 구속조건은 지정각도와 유사하나 축을 중심으로 양쪽 방향으로 각도를 지정할 수 있습니다. 한계를 사용자가 정할 수 가 있습니다. 추가 정보에서 정지 위치로 각도 사용에 체크를 하고 최대값과 최소값의 각도를 입력을 하게 되면 사용자가 정해 놓은 한계 범위 안에서 만 각도 적용이 됩니다.

▪ 명시적 참조 벡터 ( )

평면형 곡면들 사이에서 첫 번째 면 의 선형 변화 및 두 번째 모형면의 각도를 주어 회전을 구속하고 세 번째 선택을 추가하여 Z축의 방향을 명시적으로 정의합니다.

▪ 미지정 각도의 한계 지정 : 구속조건 추가 정보를 열어 한계 탭에 나와 있는 '정지 위치로 각도 사용'을 이용하여 한계 값을 정합니다.

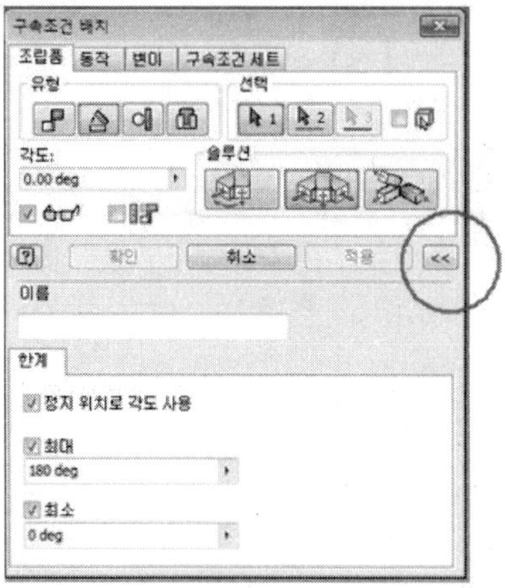

6-1. 각도 연습 - 팩맨 (Pac man)

① 주 화면에서 【2D 스케치 시작】 이라는 명령어를 클릭합니다.

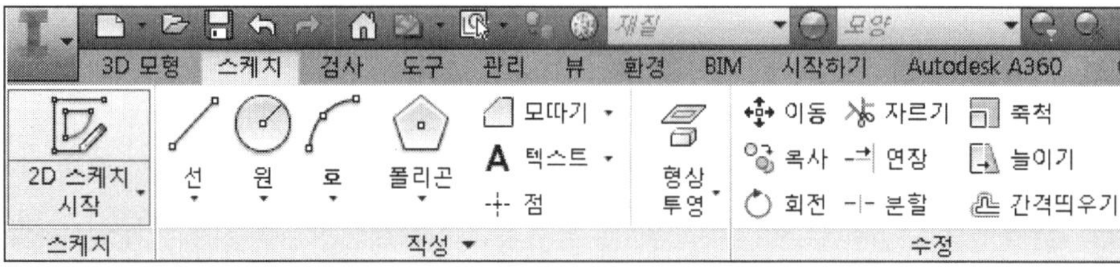

② 초기화면에서 작업자가 모델링을 하기 위한 작업 공간 (평면)을 얻기 위한 과정입니다. 이번에는 X-Z 평면을 선택하여 2D 스케치를 시작합니다.

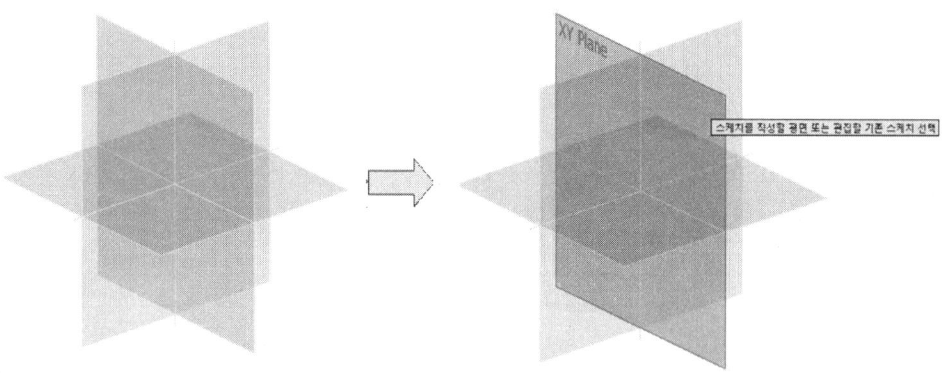

[Fig. 스케치 평면 (X-Y 평면) 선택]

1) 팩맨 (Pac Man) 그리기

①【스케치 패널】→【작성】→【원】 도구를 선택합니다.

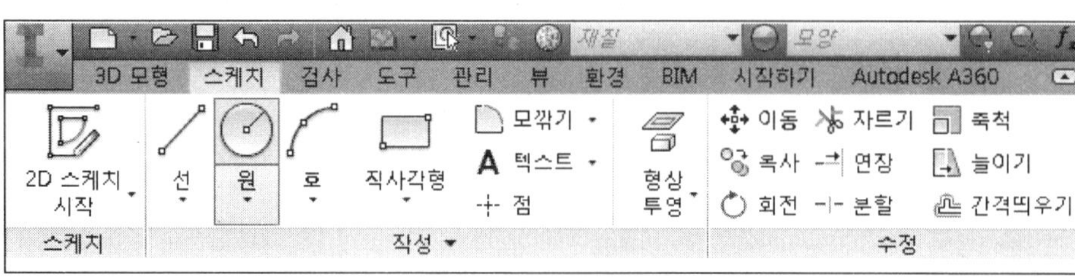

② 마우스를 중심점을 찍고 떼면서 커서를 움직여 원을 그려 준 후 구속조건의 『치수』 도구를 선택, 원의 지름을 50mm로 수정합니다.

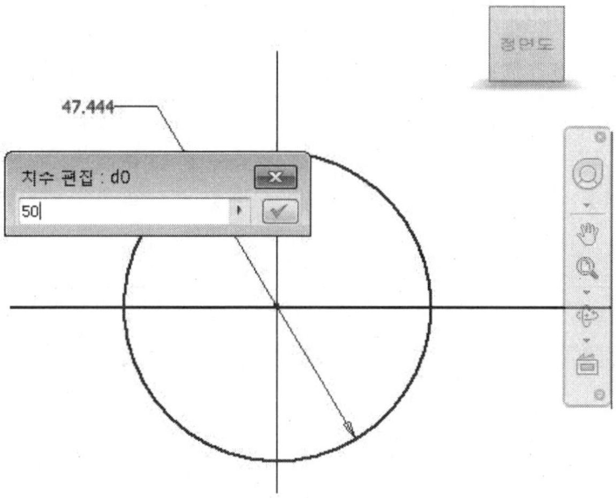

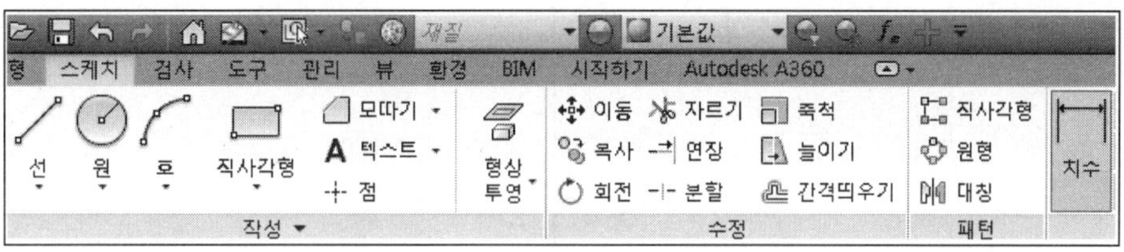

③ 반원을 그리기 위해 작성 탭의 【선】 을 선택하고 원의 절반을 통과하는 선을 긋습니다.

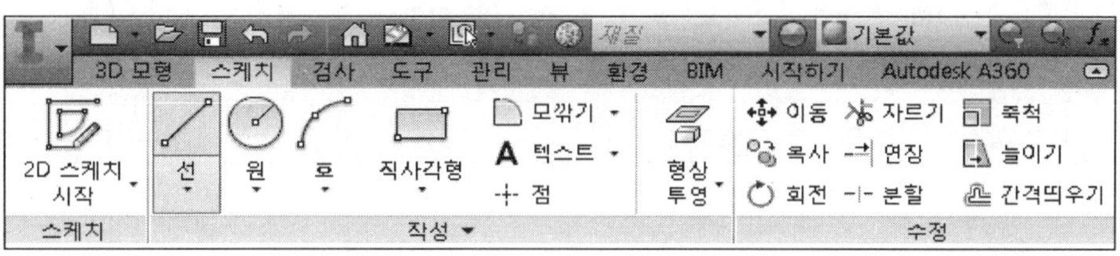

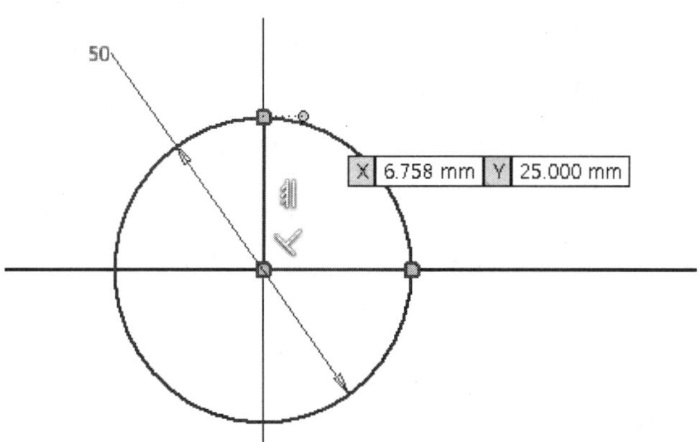

④ 수정 탭의 【자르기】를 선택, 그림과 같이 원의 절반을 잘라줍니다.

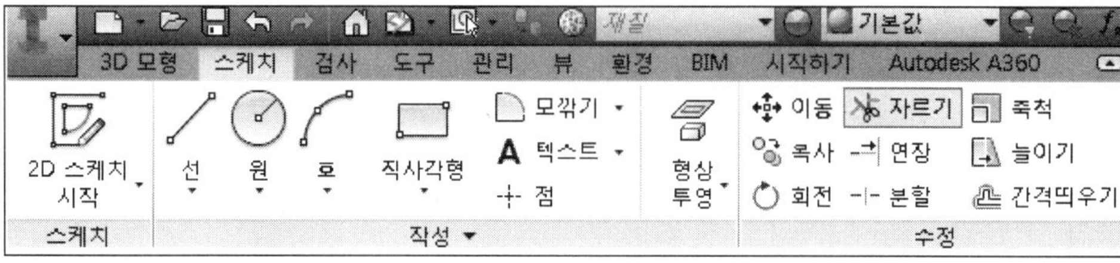

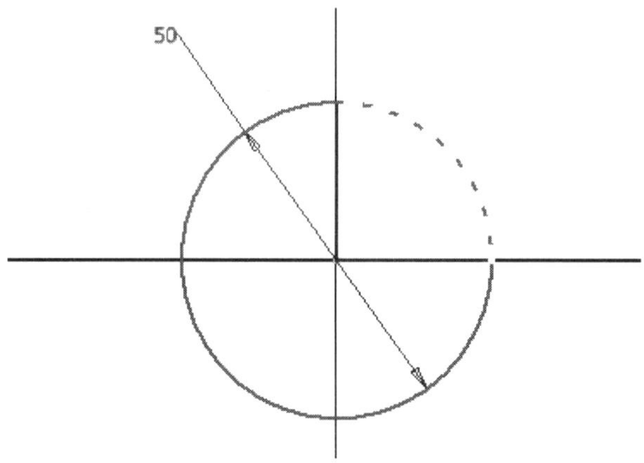

⑤ 스케치 작업 후 피처 작성을 위해【스케치 마무리】를 눌러 작업을 종료합니다.

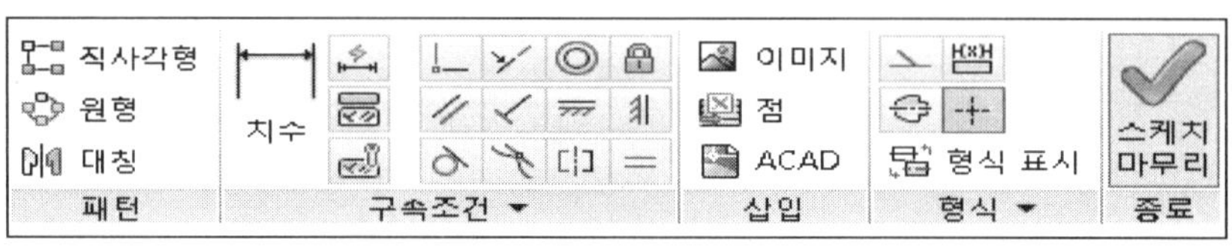

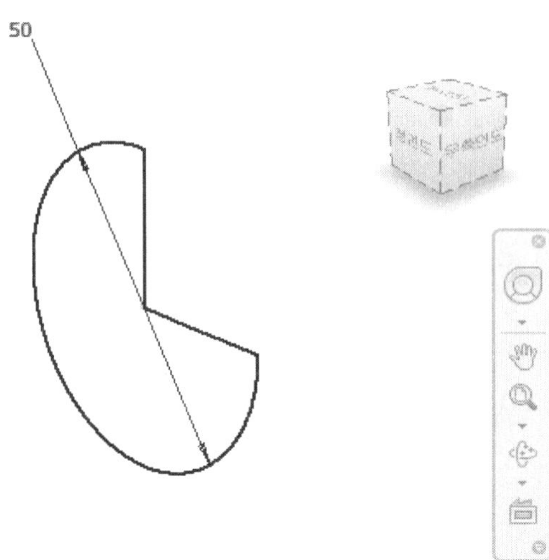

⑥ 화면은 3D 모형리본으로 바뀌고 인터페이스 중 【돌출】을 선택, 거리 20을 입력 합니다.

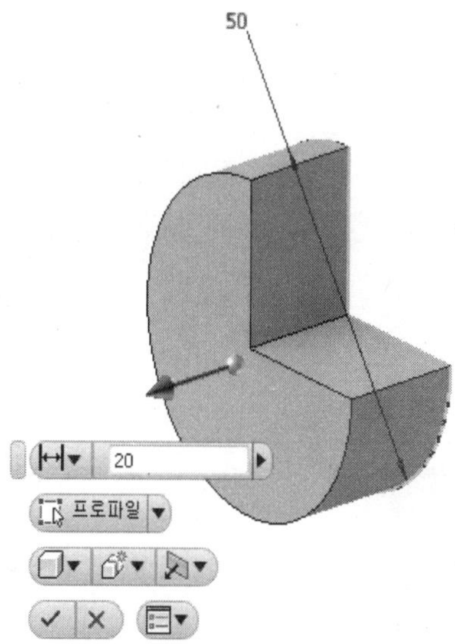

⑦ 미리 만들어 둔 [인벤터 2016연습] 폴더에 파일이름 『팩맨』 이라고 입력, 【저장】 명령으로 작업 내용을 저장시킵니다.

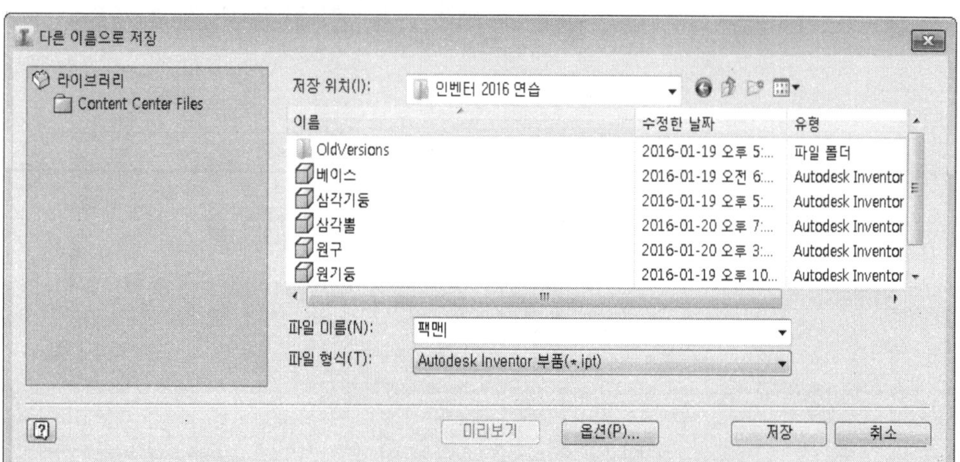

2) 팩맨 (Pac man) 조립하기

① 주 화면에서 【새로 만들기】 탭을 클릭합니다.

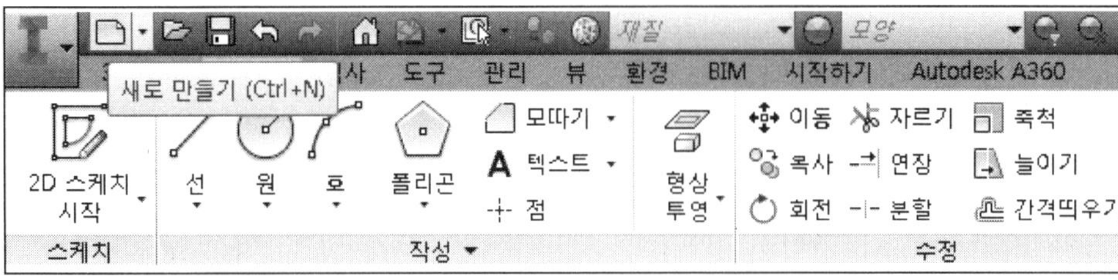

② 부품과 조립품, 도면, 프리젠테이션 중에서 조립품 standard.iam를 클릭합니다.

[Fig. 새로 만들기 옵션 화면]

③ 주 화면에서 【배치】를 클릭합니다.

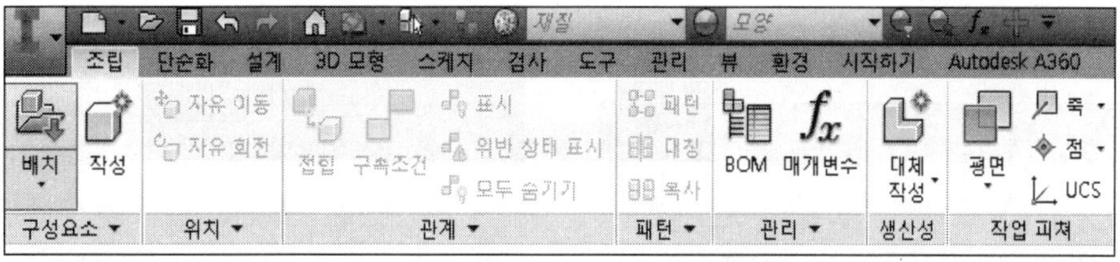

④ [인벤터 2016 연습] 폴더에서 『팩맨』 파일을 선택, 【열기】를 클릭, 부품을 배치시킵니다.

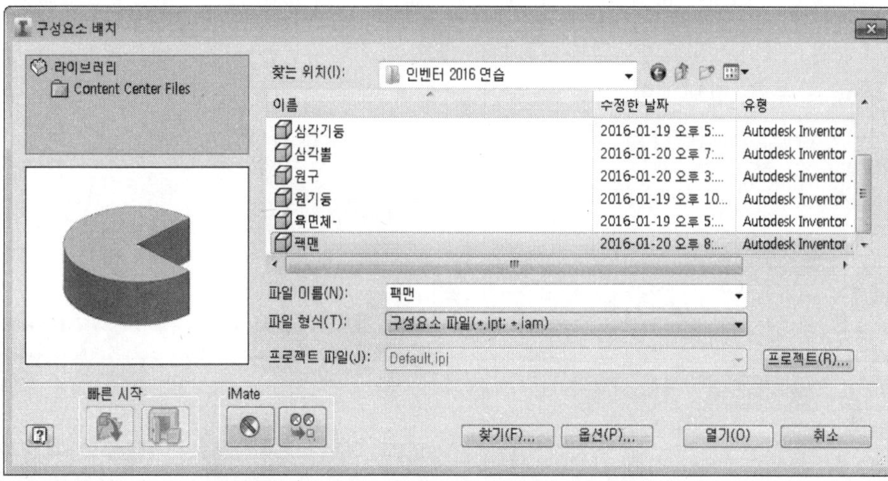

⑤ 왼쪽 마우스 버턴을 3번 눌러 화면에 팩맨을 3개를 배치 후, 오른 쪽 마우스 버턴을 눌러 사용자 UI창이 뜨면 【확인】을 눌러 화면에 배치합니다.

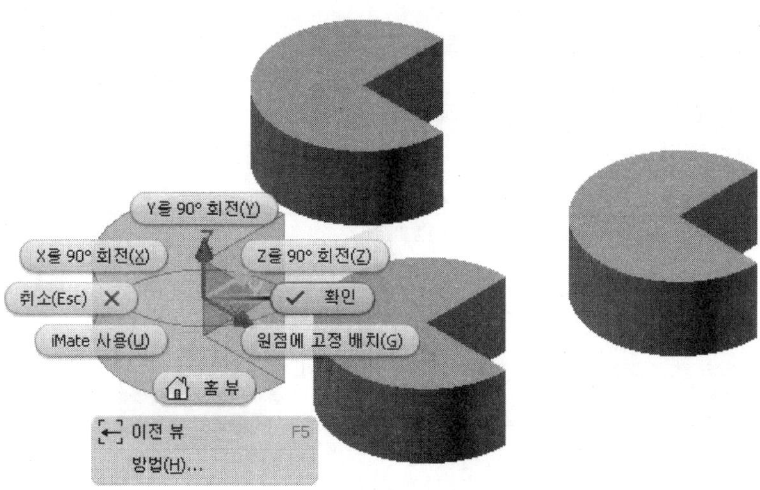

3) 팩맨 (Pac man) 구속하기

① 주 화면에서 [구속조건] 탭을 클릭합니다.

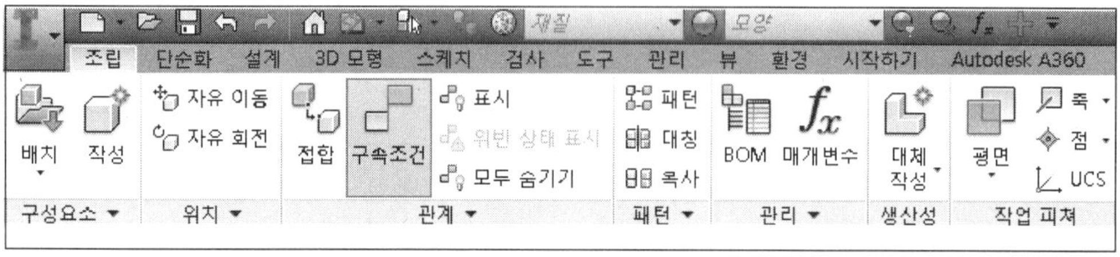

② 조립품을 만들기 위해 부품과 부품을 레고 블럭처럼 끼워 맞추는 과정입니다. 【삽입】을 이용하여 팩맨 3개를 모두 조립해 봅니다. 원통면의 가장자리(Edge) 부를 선택하여 서로 조립이 되도록 구속조건을 줍니다. 【삽입】 구속조건은 같은 중심을 가진 회전체에서 조립할 때 쓰입니다.

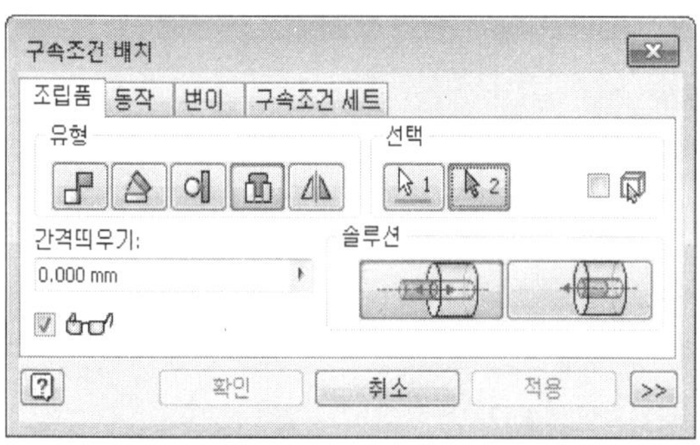

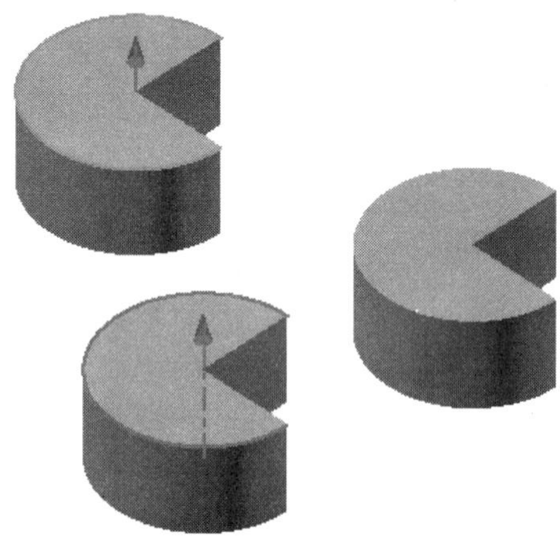

③【적용】을 눌러 2개의 팩맨이 조립 완료되도록 구속조건을 적용합니다.

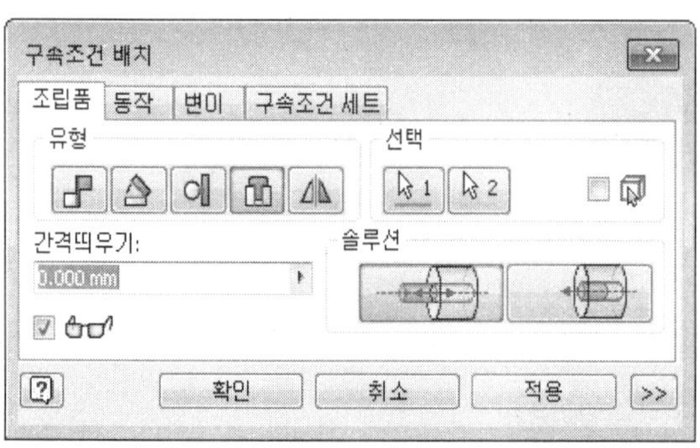

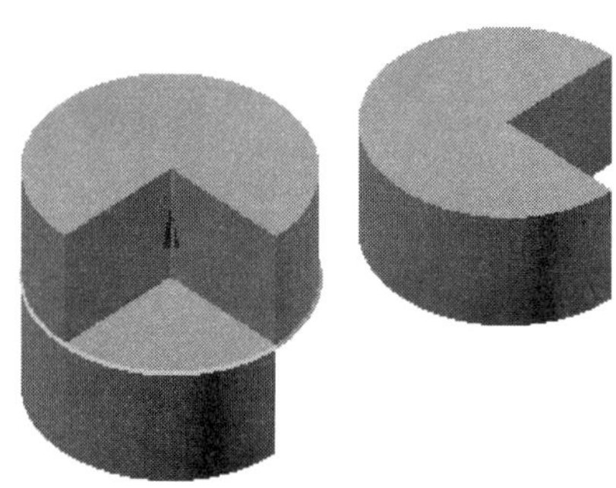

④ 나머지 하나의 팩맨도 같은 방법인 【삽입】 구속조건으로 구속을 시킵니다.

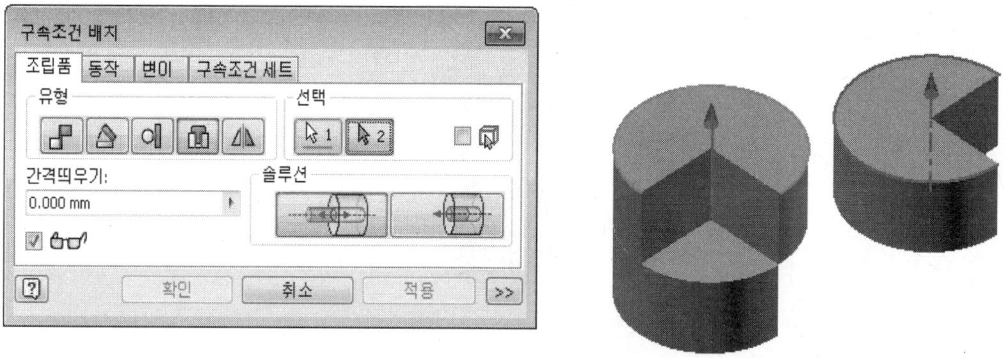

⑤【적용】을 눌러 3개의 팩맨이 조립 완료되도록 구속조건을 적용합니다.

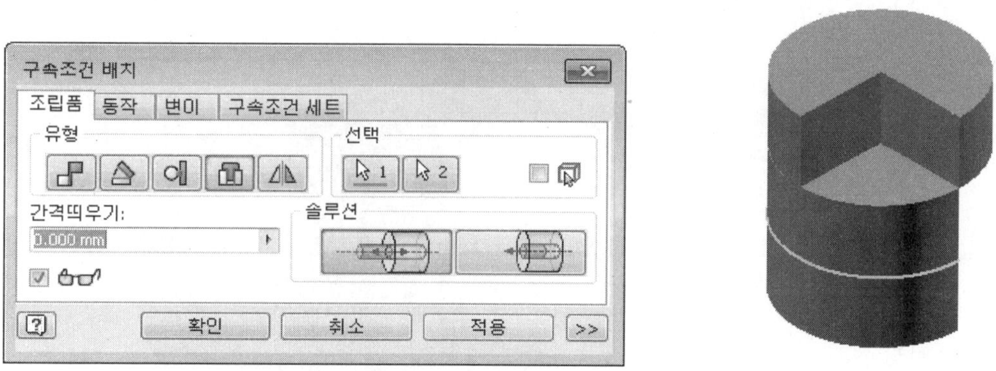

⑥【취소】를 눌러 구속조건 배치 창을 없애버립니다.

⑦ 작업하기 좋은 뷰를 찾기 위해 아래 그림처럼 키보드 F4 키이를 꾹 누른 후 마우를 왼쪽 버턴을 클릭하면 부품이 회전을 합니다. 부품을 맞추기 위해 좋은 뷰를 선택하시기 바랍니다.

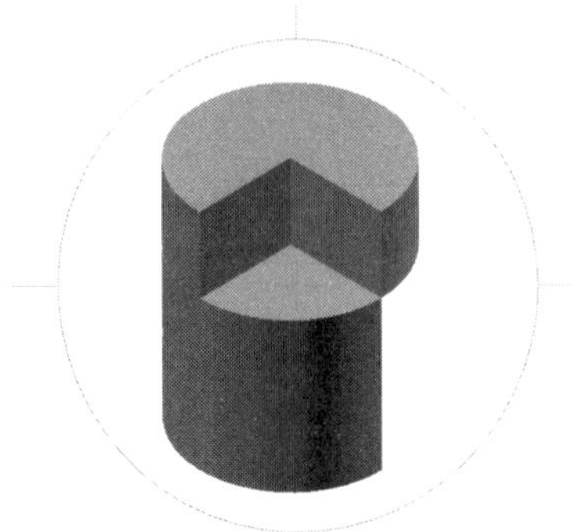

⑧ 구속조건을 선택합니다. 유형은 【각도】를, 각도 입력값은 【0】을 입력, 아래 그림처럼 각각 【선택1】, 【선택2】 두 개의 팩맨의 면을 지정해 준 후, 【적용】을 선택합니다.

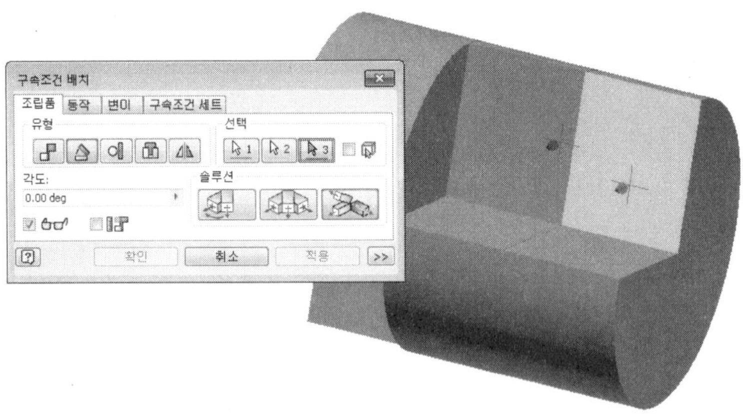

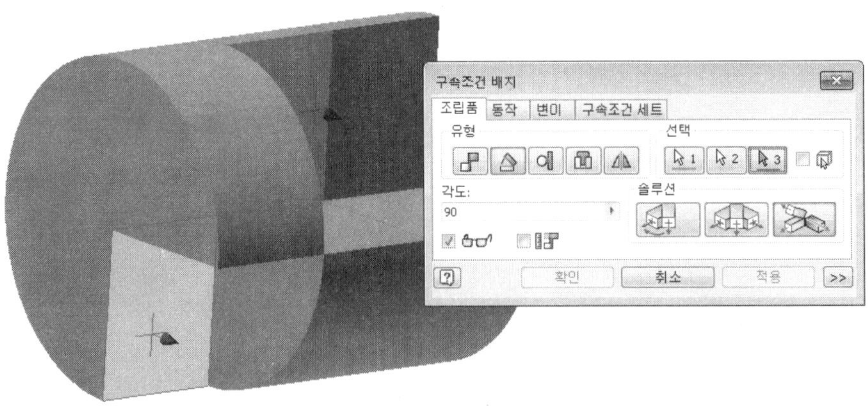

⑨ 나머지 것도 구속조건을 줍니다. 유형은 【각도】를, 이번에는 각도 입력값을 【90】을 입력, 아래 그림처럼 각각 【선택1】, 【선택2】 두 개의 팩맨의 면을 지정해 줍니다.

6-2. 각도 연습 -경첩

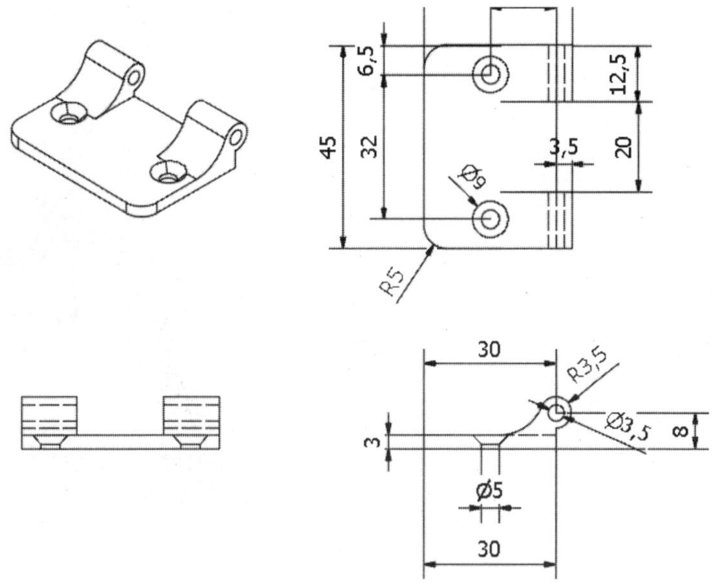

1) 경첩 그리기

- 2D 스케치의 【직사각형】 도구로 50 x 50mm 스케치를 완료 후 도면에 의해 부품을 생성합니다. (부품 편에서 저장된 『경첩.ipt』를 불러내어 사용해도 됩니다)

Ⓐ 각도 (지정각도) 0도 지정

Ⓑ 각도 -90도

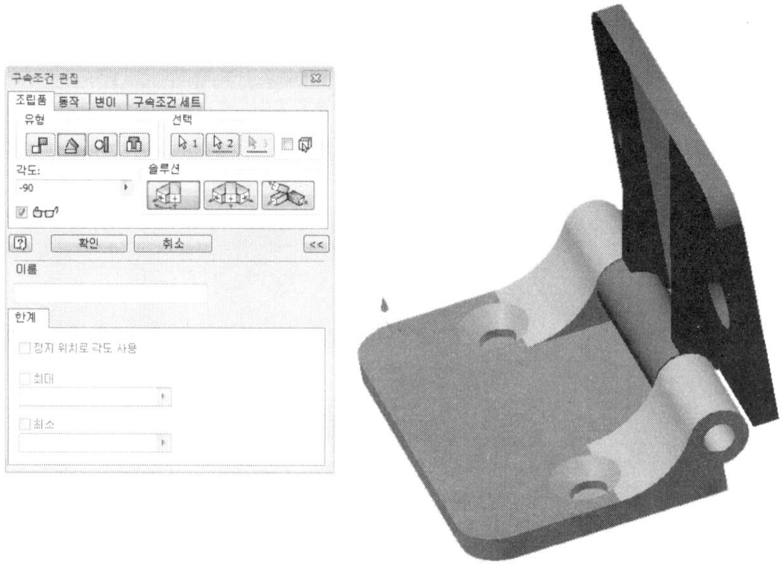

Ⓒ 각도 -180도

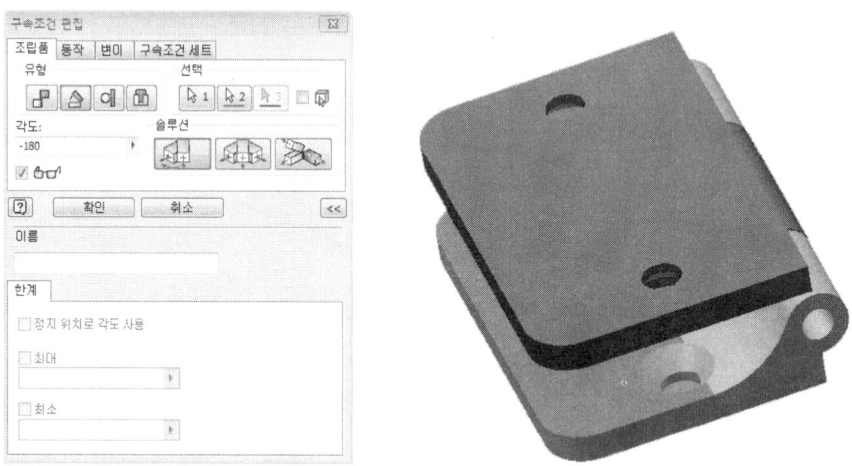

7. 구속조건 - 접선

접선( ) 은 평면이나 원통, 원통, 원추, 구, 원뿔 등 조립부품의 접점에 닿도록 합니다. 세부 선택사항에 따라서 【내부 배치】와 【외부 배치】로 나누어집니다.

① **외부** () 접선 - 선택 1(먼저 선택한 부품)의 부품에 선택 2 (나중에 선택한) 부품)이 외부에 배치가 되고 구속이 됩니다.

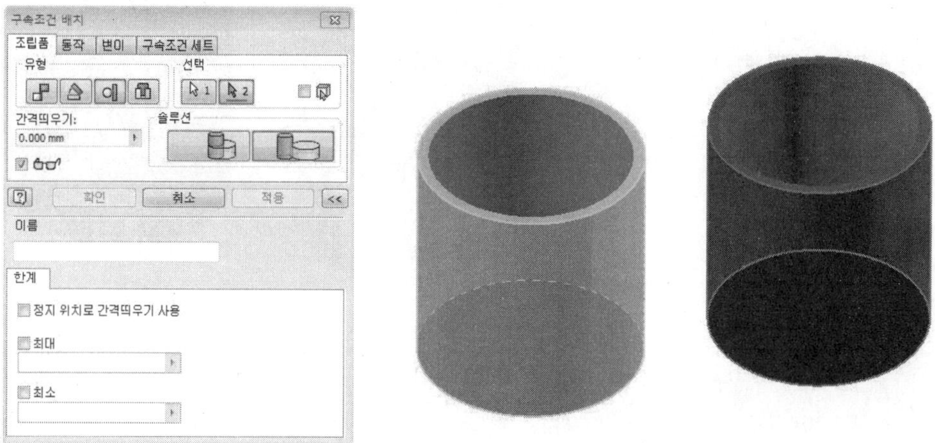

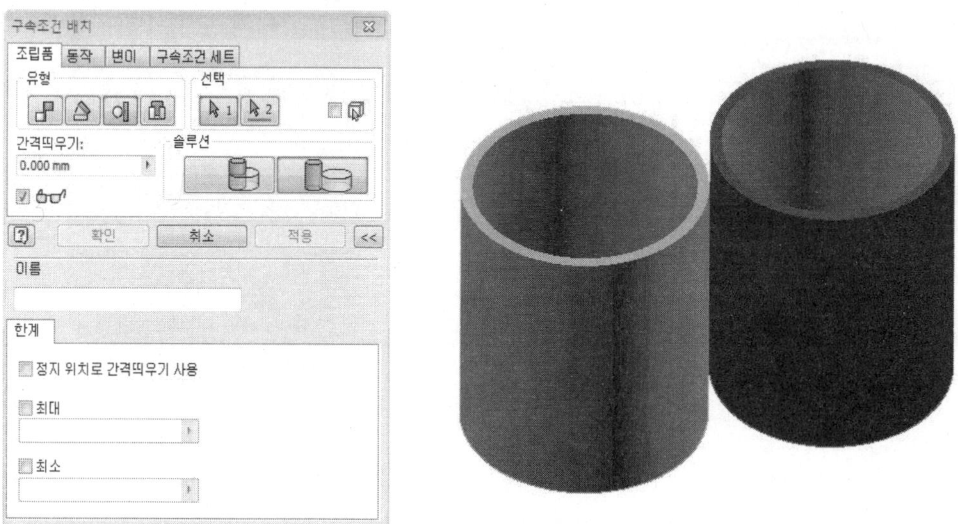

② **내부** (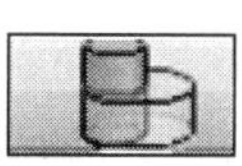) 접선 - 선택 1(먼저 선택한 부품)의 부품에 선택 2 (나중에 선택한) 부품)이 내부에 배치가 되고 구속이 됩니다.

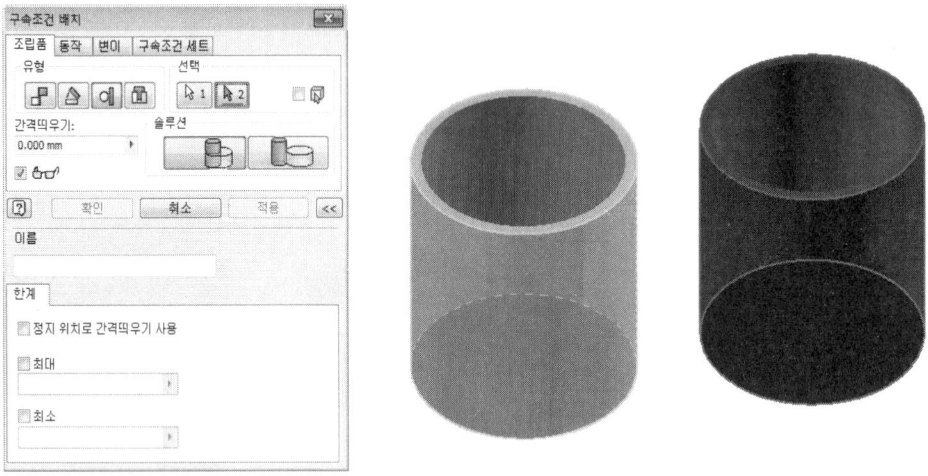

8. 구속 조건 - 삽입

삽입 ( ) - 중심을 가진 원통, 원기둥 등의 두 부품이 중심을 기준으로 배치되는 구속조건입니다. 조립하는 두 부품의 중심을 이용해서 일종의 메이트가 되는 조건입니다.

8-1. 삽입 연습 - 축 과 캡

① 【2D 스케치】와 【3D 모형】으로 도형을 완성하고 『캡.ipt』 와 『축.ipt』 으로 저장합니다.

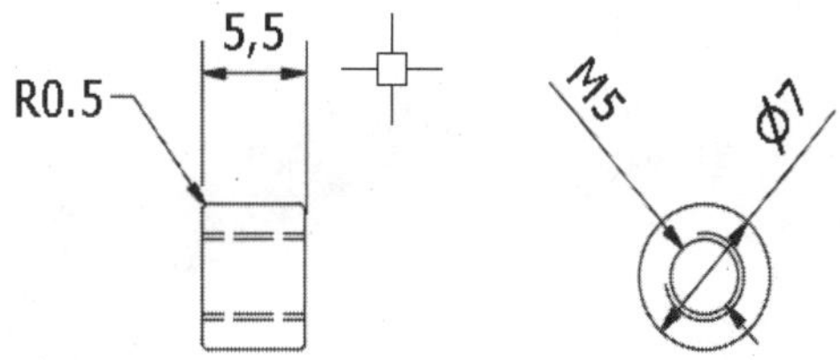

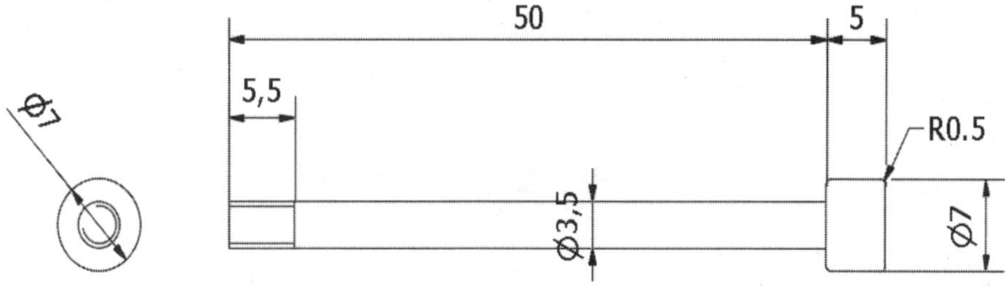

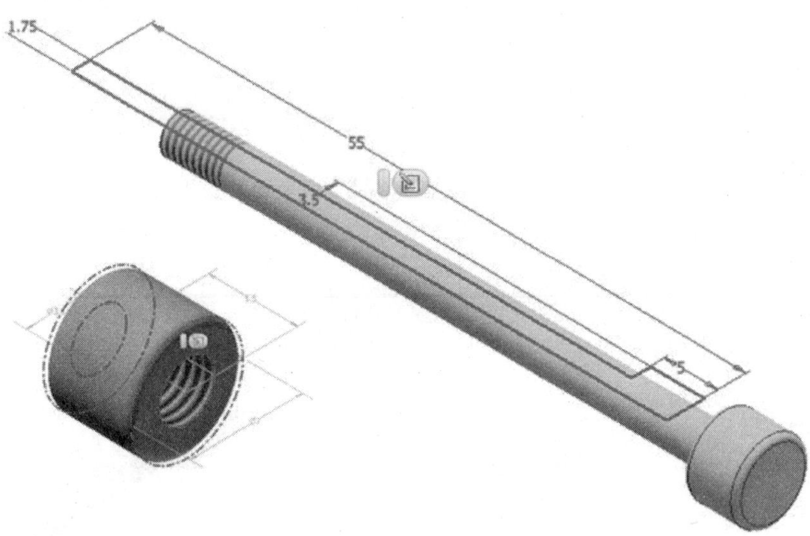

② 【배치】 3D위의 『캡.ipt』 과 『축.ipt』 도면을 배치합니다.

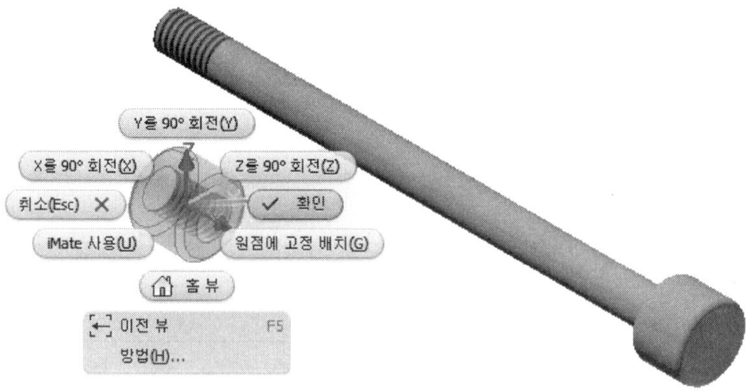

③ 【조립품】 에서 유형은 【삽입】 을 선택, 축의 머리 안쪽 면과 캡의 바깥면을 지정합니다.

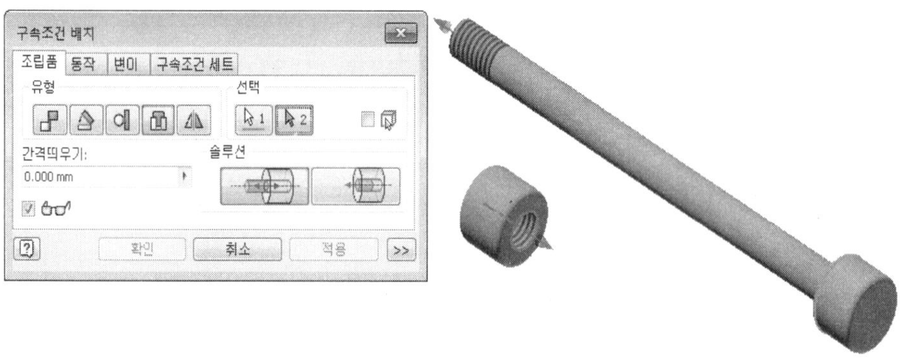

④ 【간격띄우기】 45를 입력, 축의 머리 안쪽 면과 캡의 바깥면의 거리를 띄워줍니다.

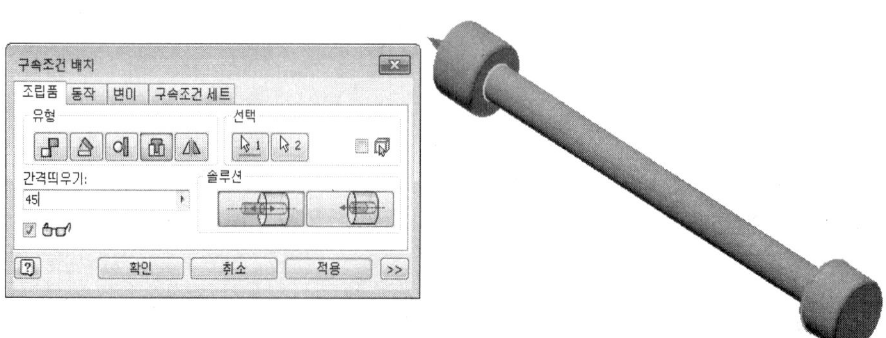

⑤ 【적용】을 클릭하고, 다시 【취소】를 눌러 창을 닫으며 작업을 종료합니다.

8-2. 삽입 연습 - 컨텐츠 센터

1) **불러오기 - 【컨텐츠 센터】 활용하여 볼트 너트 불러하기 - 【컨텐츠 센터】** 에서 배치된 라이브러리를 불러와서 조립품의 역할과 기능을 익힙니다.

① 【컨텐츠 센터】의 범주 뷰에서 【볼트】를, 세부적으로 【6각 머리】를 선택합니다.

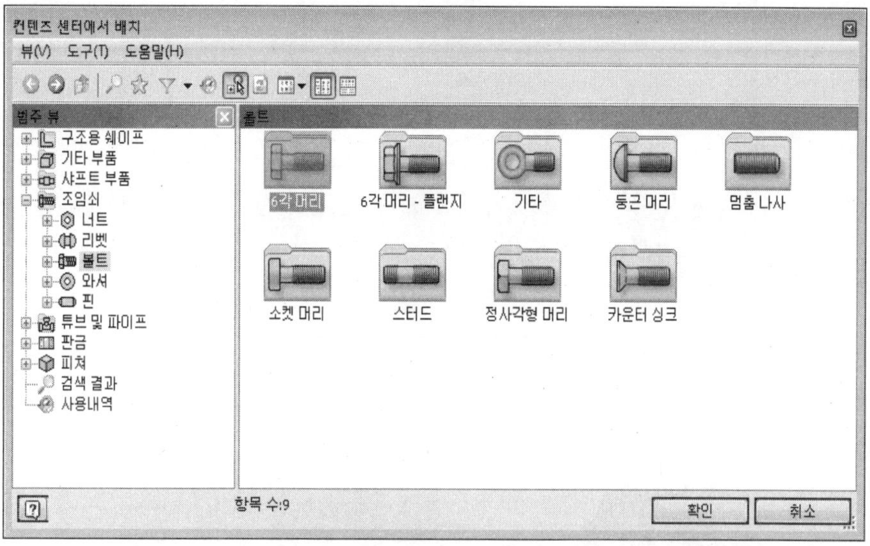

② 6각 나사-미터(1)을 선택합니다.

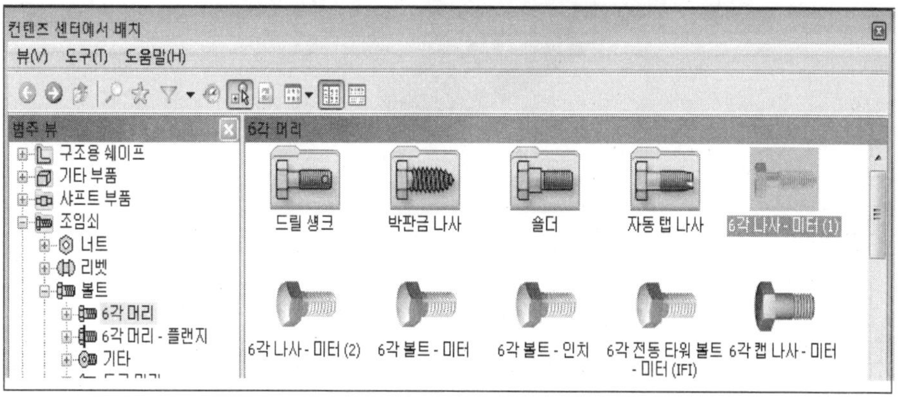

③ 6각 나사-미터(1)의 선택에서 스레드는 M20, 호칭길이는 60을 선택합니다. 같은 방법으로 호칭 M20, 육각 너트 미터도 선택해 봅니다.

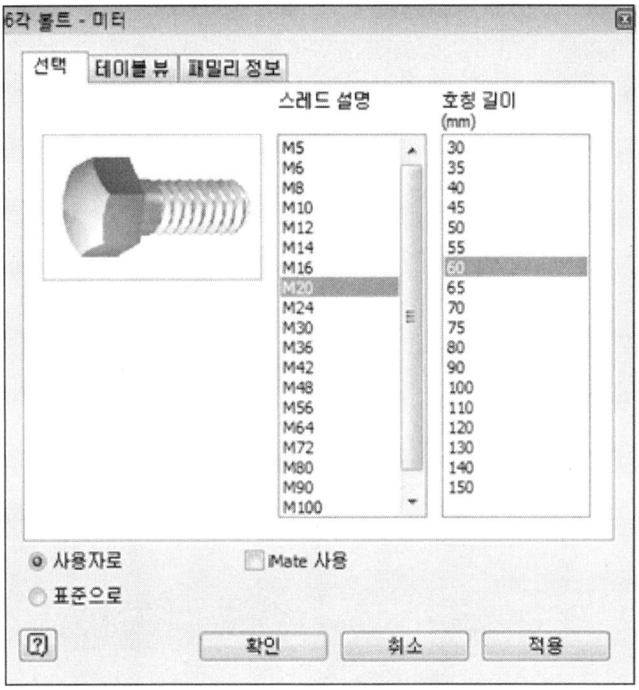

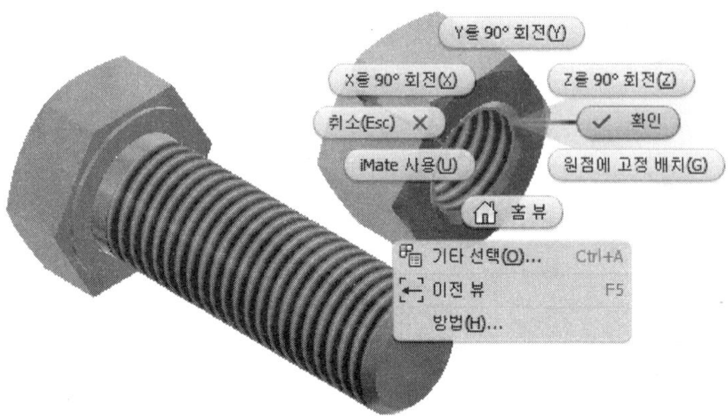

④ 【확인】으로 작업 창에 볼트 피쳐를 배치합니다.

2) **조립하기** - 【컨텐츠 센터】 활용하여 볼트 너트 조립하기 - 【컨텐츠 센터】에서 배치된 라이브러리를 조립하는 법을 익힙니다.

① 【조립품】에서 유형은【삽입】을 선택, 볼트의 머리 안쪽 면과 너트의 평면을 지정합니다.

② 【간격띄우기】는 반대방향이므로 -35mm를 입력, 볼트부에 너트를 체결합니다.

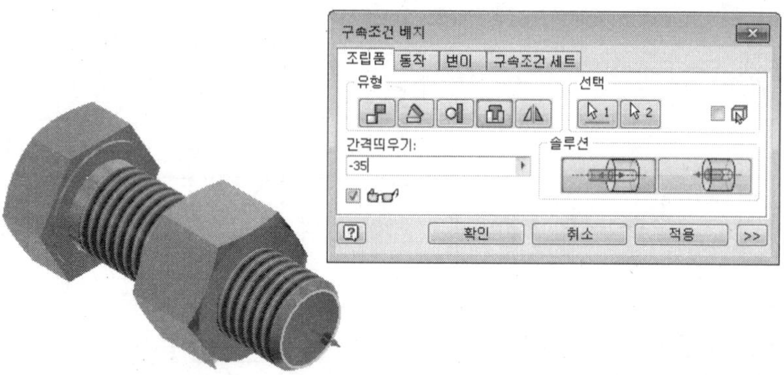

③ 너트면의 방향을 【메이트】 도구의 플러시를 이용하여 일치를 시켜 구속시킵니다.

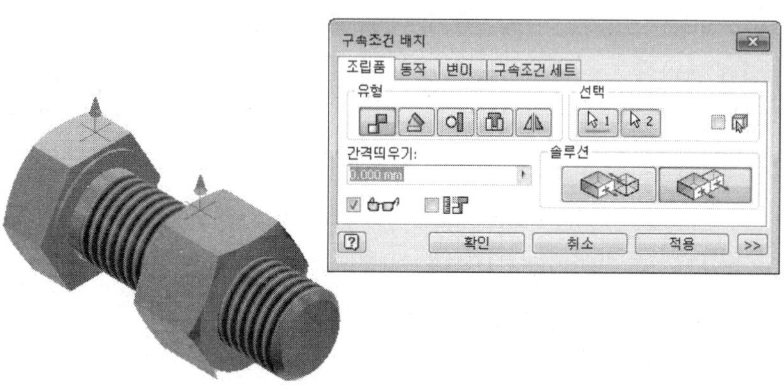

8-3. 삽입 연습 - 클램프

1) Clamp 그리기

- 클램프(Clamp) 라는 비교적 단순한 도면을 각자 스스로가 연습을 해 봅니다.

  총 4 개의 부품으로 구성이 된 이 시스템은 먼저 각각 도면 치수에 의거 부품을 완성시키고, 마지막에 하나 씩 불러서 조립을 시키십시오. (뒷장 - 조립품 만 설명)

- 조립도 (Clamp)

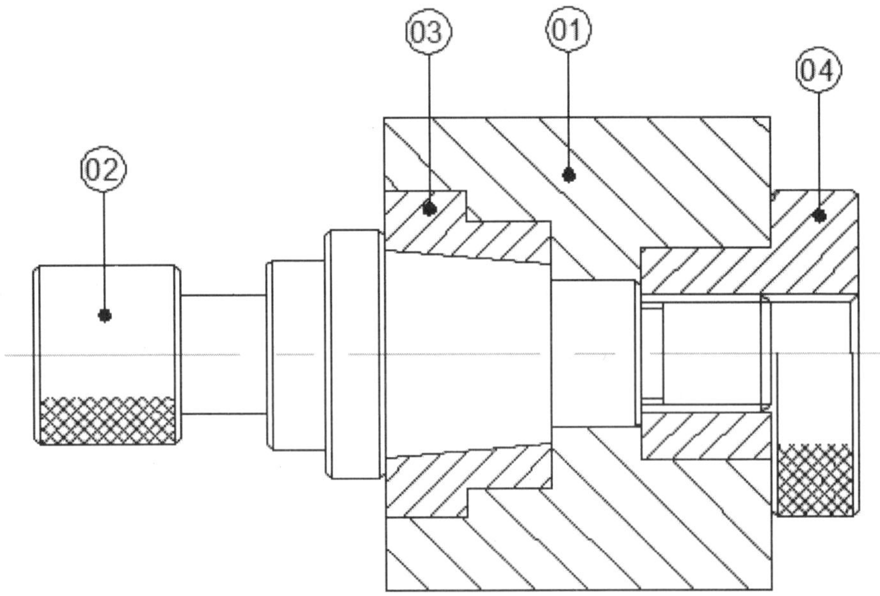

- 구성 부품

① 본체 (Body)

② 축 (Shaft)

③ 죔쇠 (Collar)

④ 캡 (Cap)

① 본체 (Body)

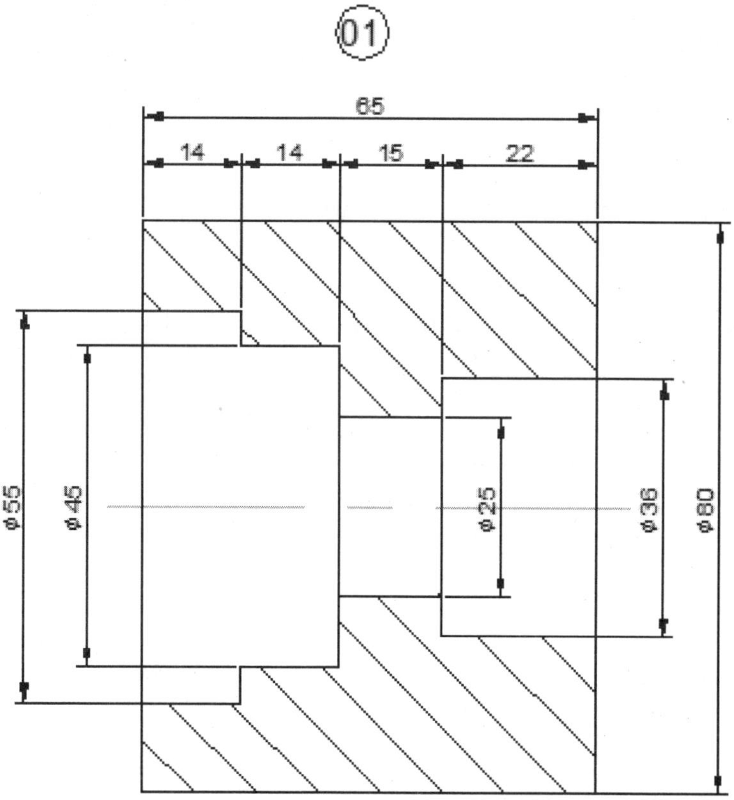

② 축 (Shaft)

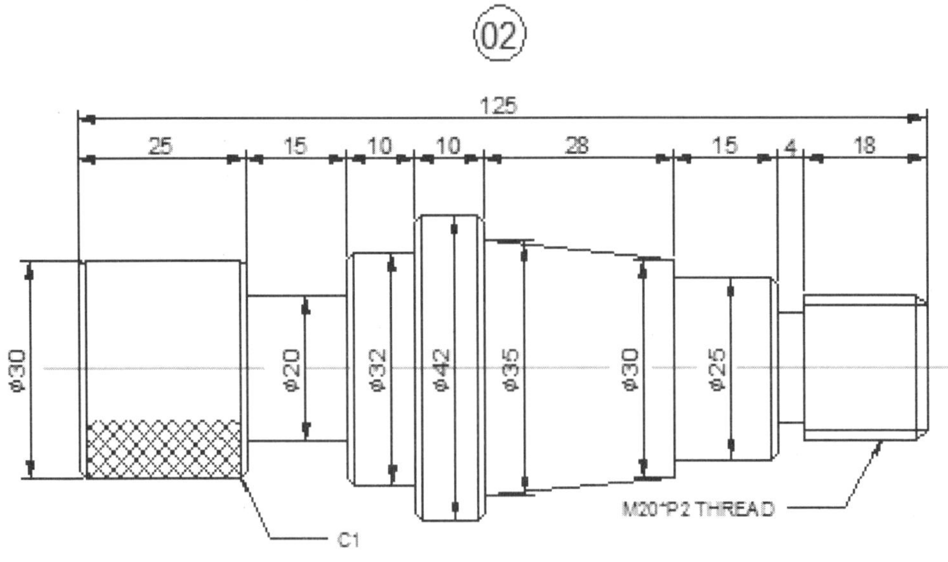
02
125
25
15
10
10
28
15
4
18
φ30
φ20
φ32
φ42
φ35
φ30
φ25
C1
M20*P2 THREAD

③ 좀쇠 (Collar)

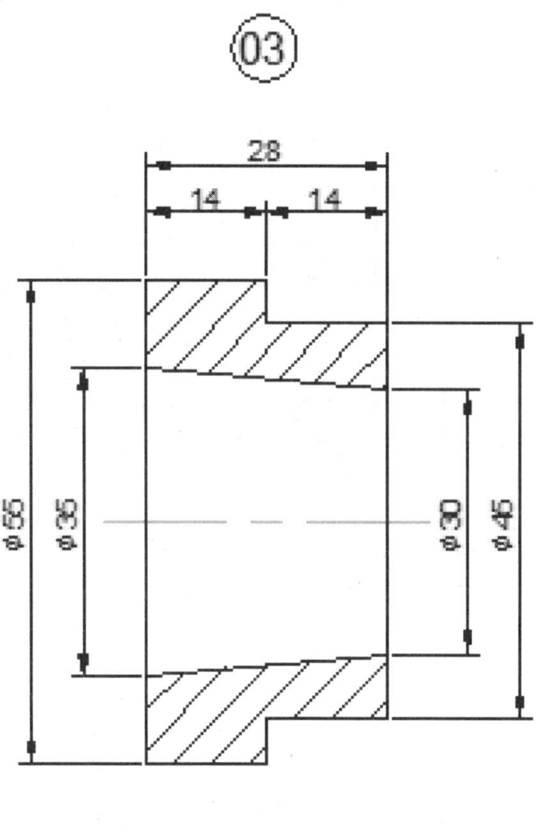

④ 캡 (Cap)

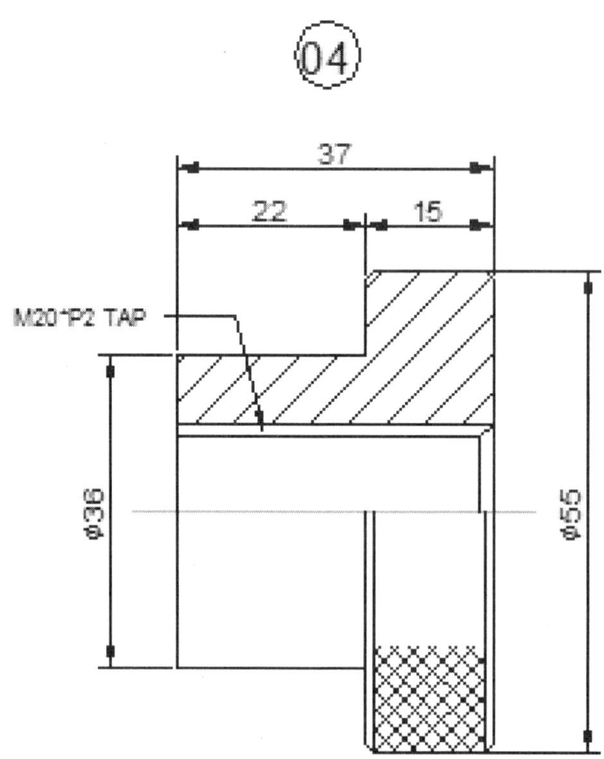

2) 조립하기

① 새로 만들기 →Standard.iam 을 선택합니다.

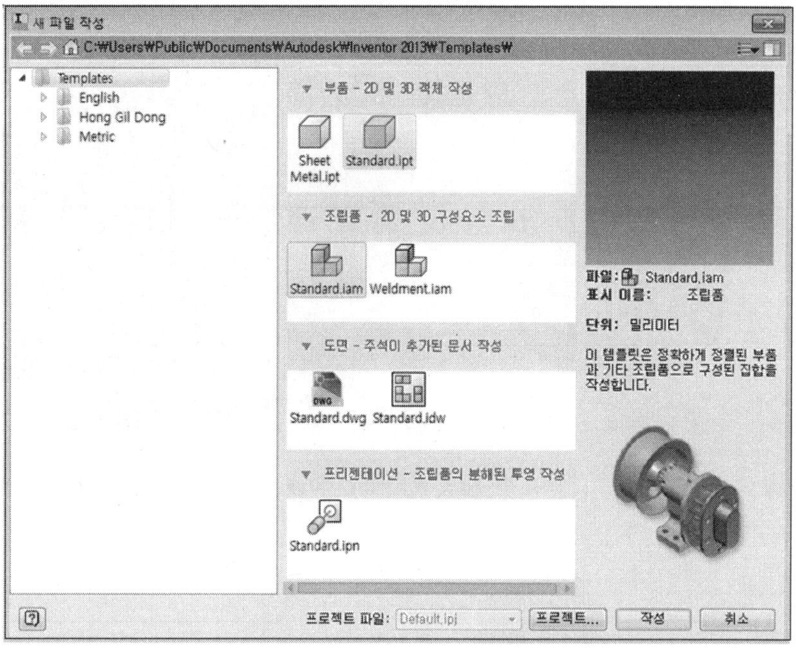

② 배치리본을 열어 부품들(본체, 축, 풀리, 베어링, 커버A, 커버B)을 불러와서 배치를 합니다.

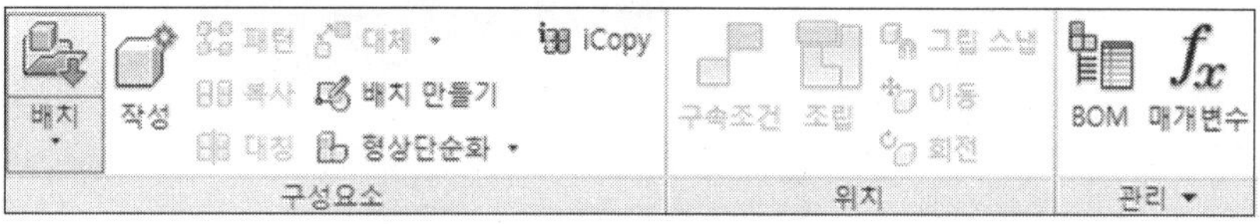

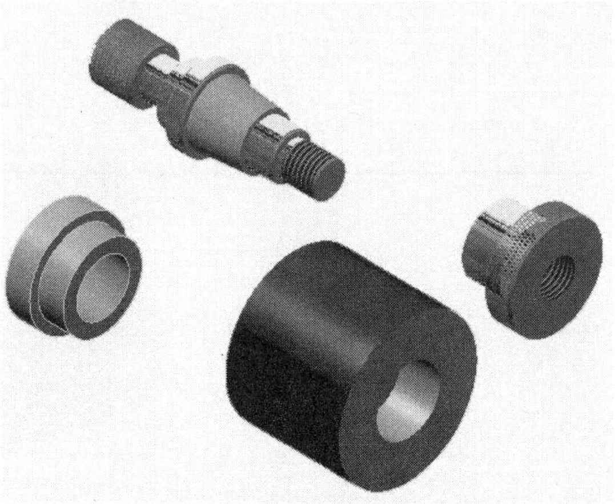

③ 일차적으로 유형 **삽입** → 솔루션 **반대**로 본체와 죔쇠의 두 중심을 구속시킵니다.

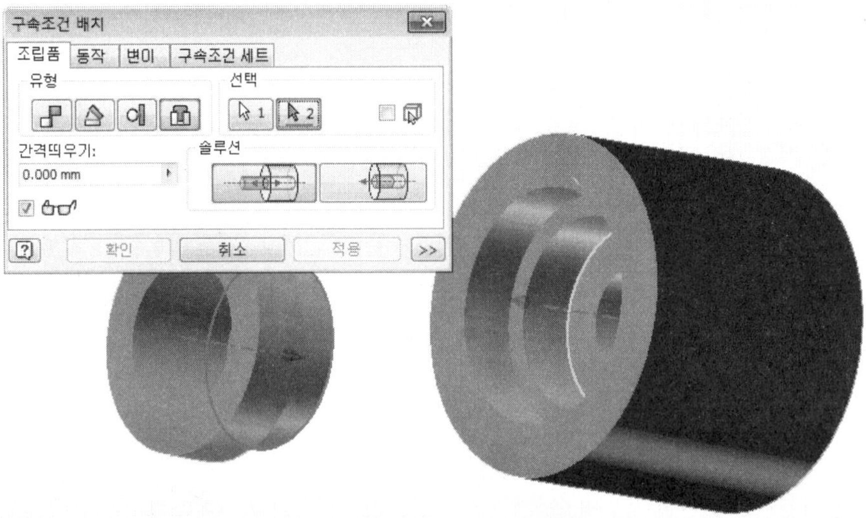

④ 이번에는 유형 **삽입** → 솔루션 **반대**로 본체 조합과 축의 두 중심을 구속시킵니다.

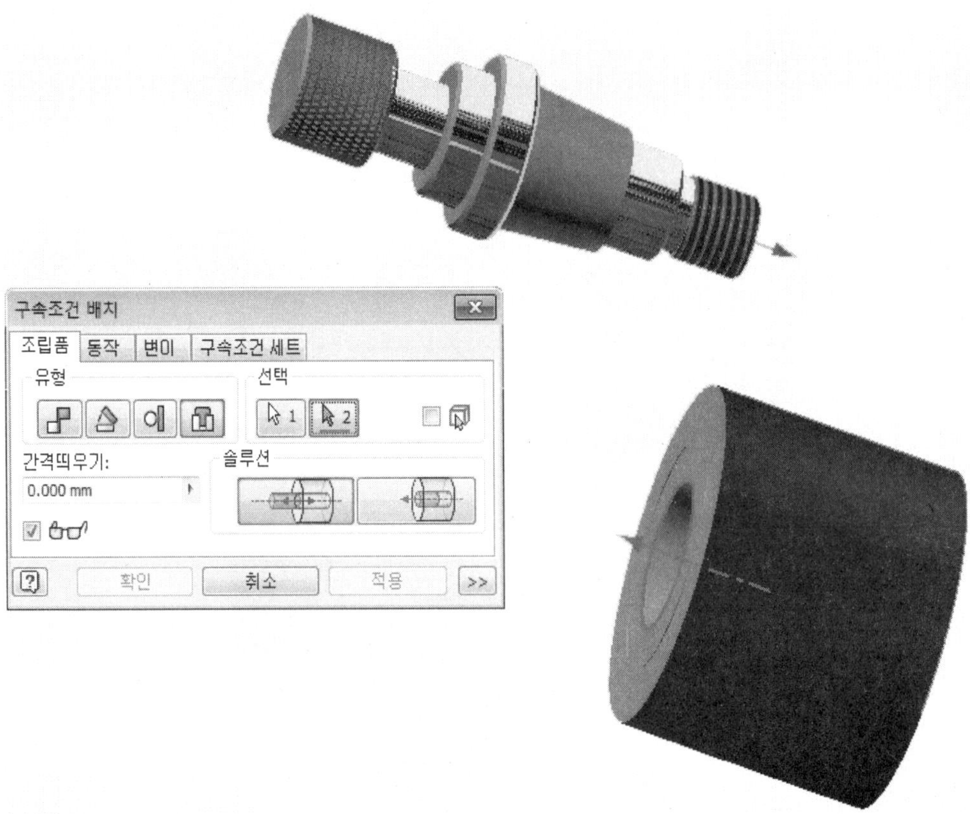

⑤ 확인을 눌러 본체 조합과 축의 두 중심을 구속시켜 조립합니다.

⑥ 마지막으로 유형 **삽입** → 솔루션 **정렬**로 서로 같은 방향의 면을 같이 보고 있는 본체 조합과 캡의 두 중심을 구속시킵니다.

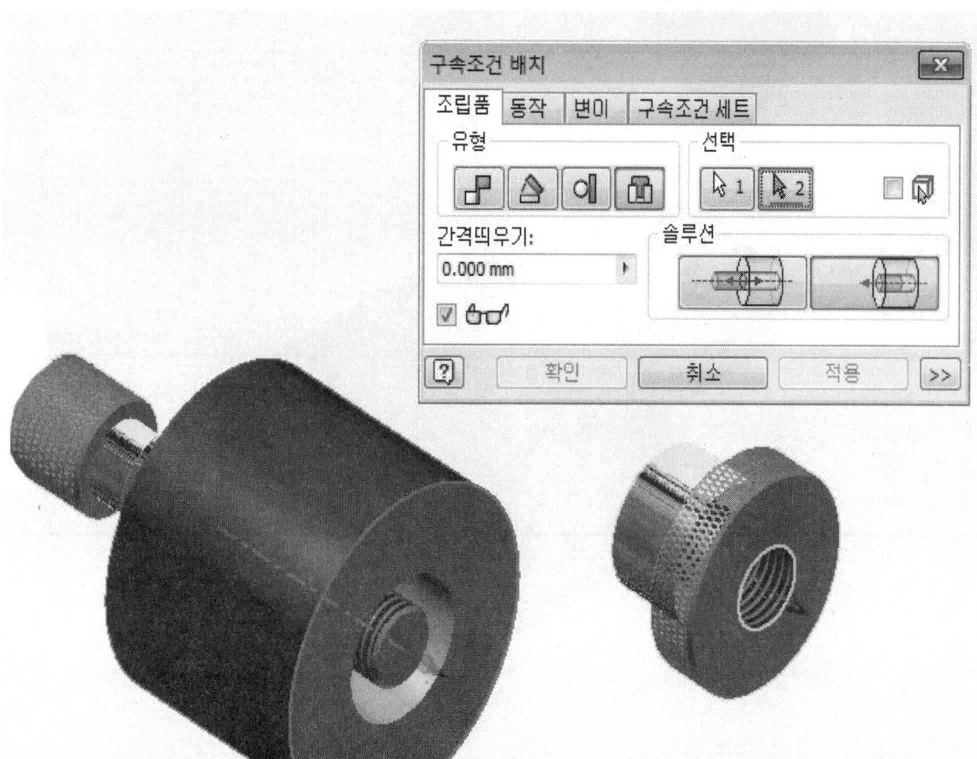

⑦ **확인**을 눌러 종료를 하면서 조합을 완성시킵니다.

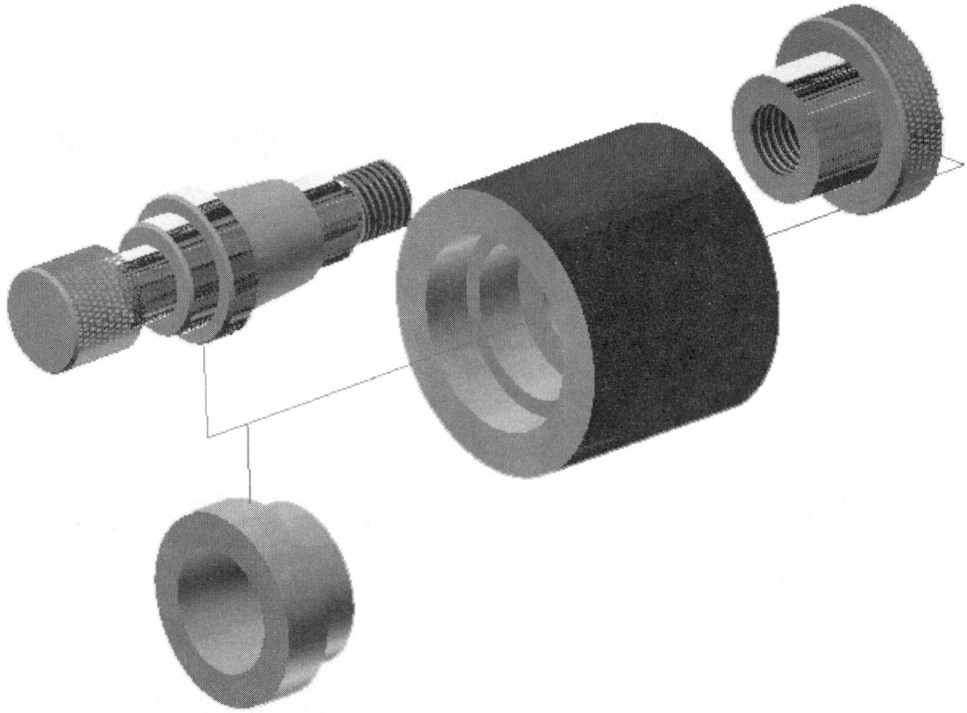

제8장

프리젠테이션

이 장에서는 조립품 및 프레임의 분해를 통해 역할 확인과 장치의 구동 여부를 확인을 하는 분해도를 작성합니다. 동영상 제작 및 분해도를 작성하는 활용법을 익힙니다.

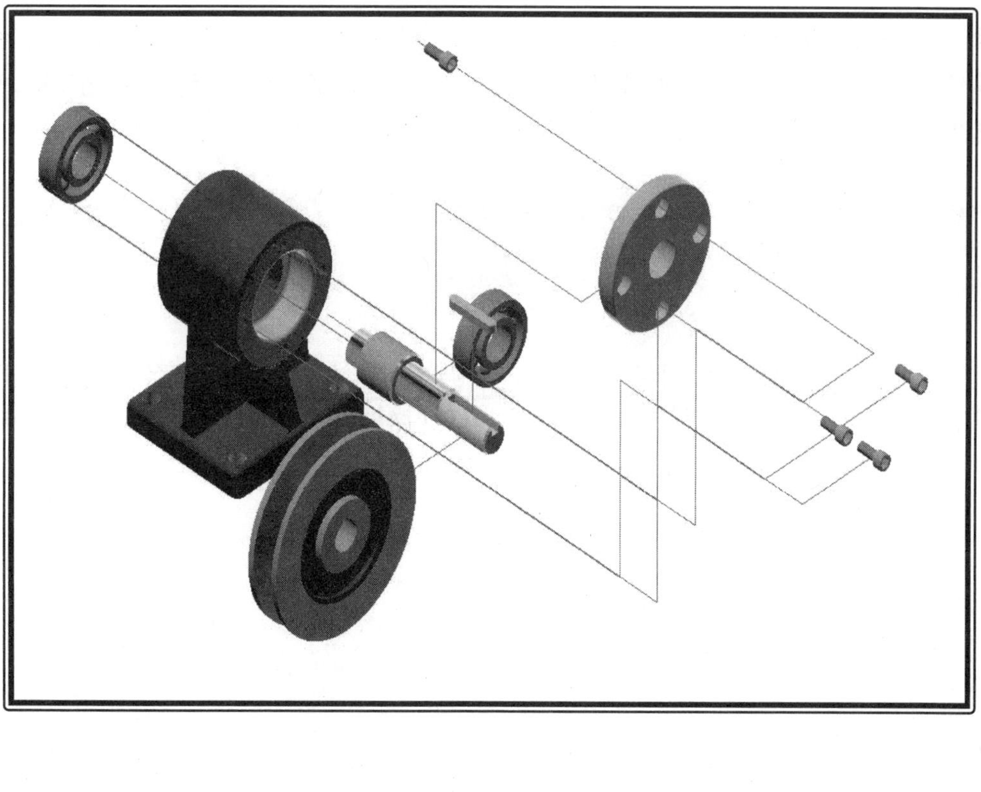

학습 목표

프리젠테이션의 개념에 대해 배우고 분해도를 작성합니다.

학습 개요

인벤터 2016에서 프리젠테이션의 기능과 명령에 대해 살펴봅니다.

일반 목표

각 조립품 요소들의 서로 역할에 맞는 구동여부를 알아볼 수 있는 프레젠테이션을 수행하는 방법을 배웁니다. 각종 조립품 요소들의 분해도 작성 및 에니메이션, 동영상 작성 도구에 대해서도 익힙니다.

세부 목표

프리젠테이션의 개념과 시작하기, 뷰 작성 및 구성요소 미세조정, 정밀한 뷰 회전, 에니메이트에 대한 도구에 대해 익힙니다. 직접 실습을 통한 프리젠테이션 따라하기는 전동축과 같은 실무 도면을 위주로 실습합니다.

8 프리젠테이션

제8장 프리젠테이션(Presentation)

1. 프리젠테이션(ipn)의 개념

① 프리젠테이션이란 협업을 위한 도구로서 작업 현장과 생산 부서 그리고 관련된 사람들이 도면을 서로 공유, 회의를 하고 발표를 하는 목적으로 만들어진 개념입니다. 인벤터 2016 에서는 이러한 협업을 지원하기 위해 프리젠테이션(ipn)이라는 이름으로 구성이 되어있습니다.

2. 프리젠테이션 시작하기

■ 시작은 앞 장의 부품 작성이나 조립품 작성과 같이 새 파일 작성으로부터 시작합니다.

새 파일 작성의 새 창 맨 아래 프리젠테이션 템플릿이 있습니다.

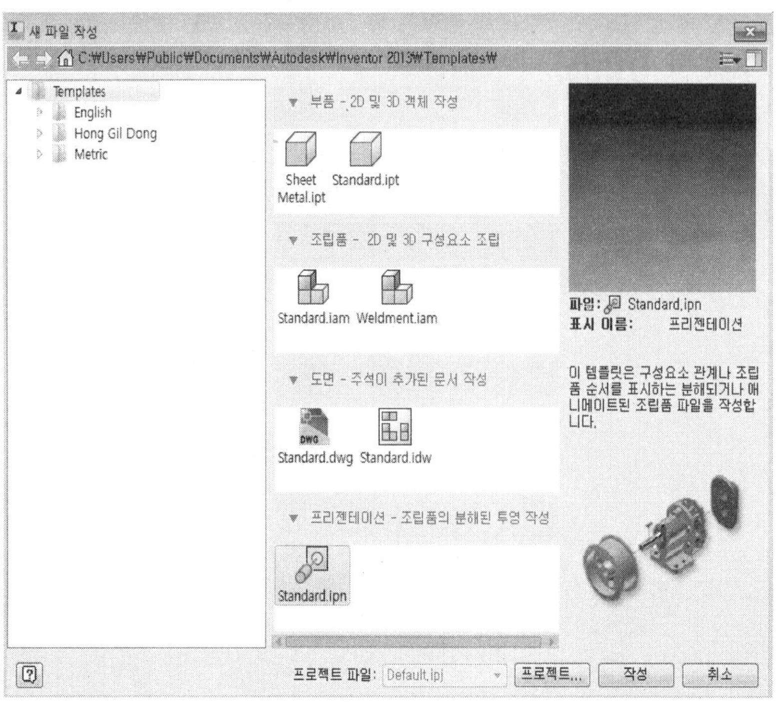

■ 새로운 탬플릿을 열면 프리젠테이션 탭에는 다음과 같은 4가지의 메뉴가 있습니다.

① 뷰 작성 메뉴
② 구성요소 미세 조정 메뉴
③ 정밀한 뷰 회전 메뉴
④ 애니메이트 메뉴

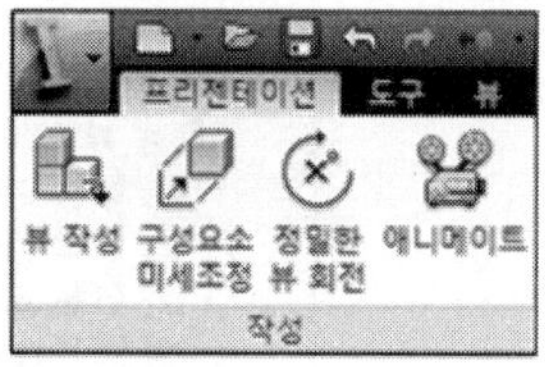

1) 뷰 작성

■ 조립품 선택

시작이 되면 조립품 파트의 배치 명령어처럼 뷰 작성 탭이 나타납니다. 프리젠테이션의 시작은 뷰 작성에서 조립품을 선택하면서 시작이 됩니다.

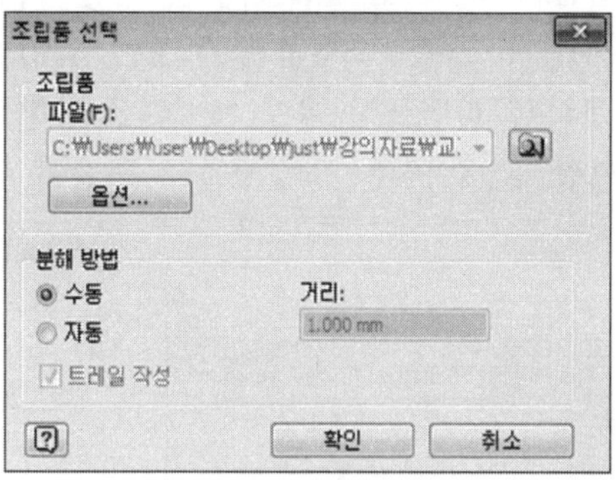

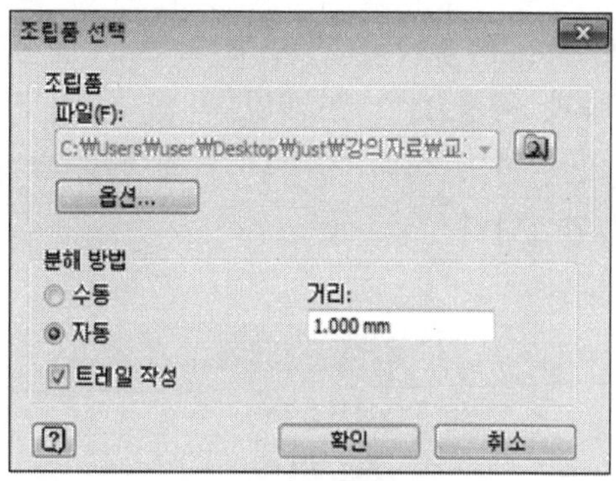

① 조립품 파일 : 조립품 파일이 있는 위치에 찾아보기 버턴을 선택하여 조립품을 불러 올 수 있습니다. 옵션으로 연관, 위치 표현, 세부 수준 표현이 있지만 사용빈도 상 설명 생략합니다.

② 분해방법 :

수동분해 - 조립품을 분해 할 때 설정 값을 수동으로 입력하는 방법

자동분해 - 분해 설정값을 자동으로 실행합니다. 트레일 작성과 거리는 자동을 선택한 경우 활성화됩니다. (트레일: 조립 시 부품들의 이동 경로를 선으로 나타내어 주는 것)

③ 검색기 화면의 모형은 미세조정 뷰와 연속뷰, 조립품 뷰 로 나누어져 있어, 선택해서 작업 뷰를 볼 수가 있습니다.

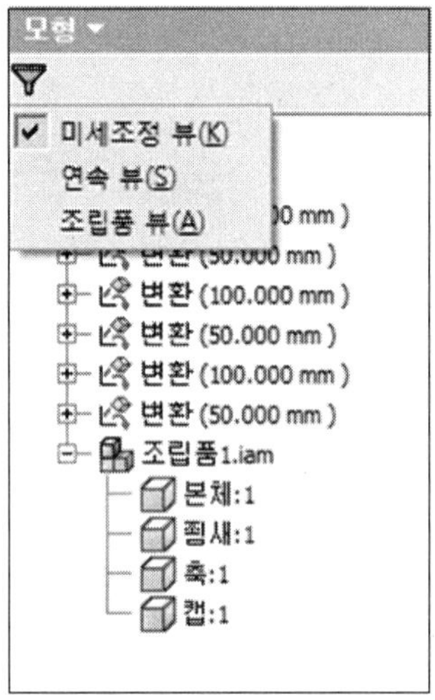

2) 구성요소 미세조정

구성요소의 미세조정은 구성요소인 조립품의 분해 방향(X,Y,Z)과 혹은 회전축 등을 지정하고 거리와 회전을 설정합니다. 이 창은 조립품의 조정이 일어날 방향과 구성요소, 트레일 원점, 그리고 트레일의 화면표시 유무 및 XYZ 방향으로의 변환과 이미 작성된 트레일을 수정, 편집 할 수 있는 명령어들로 구성이 되어 있습니다.

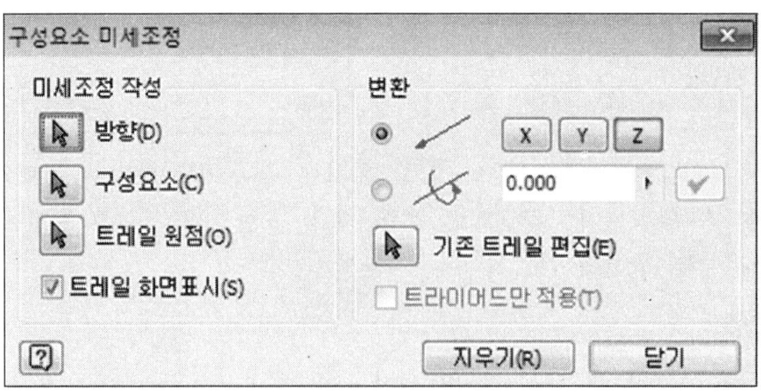

① 방향 : 미세조정의 회전 방향을 나타냅니다. XYZ 좌표계를 참고로 방향을 설정합니다.

② 구성요소 : 미세 조정을 할 대상물입니다. 혹은 조립 부품, 모형을 선택합니다.

③ **트레일 원점** : 트레일의 원점을 설정하는 기능입니다. 그래픽 작업 창에서 원하는 곳에 트레일의 원점을 지정할 수 있도록 하였습니다.

④ **트레일 화면표시** : 트레일의 표시를 없애거나, 활성화 하거나 선택을 할 수 가 있습니다.

⑤ **변환** : 미세 조정유형을 직선 방향으로 설정하거나, XYZ 방향 각도에 따라 계속 이동 위치를 바꿀 수 가 있습니다. 그리고 회전 설정도 회전축을 선택하여 적용할 수 있습니다.

⑥ **기존 트레일 편집** : 이미 작업을 마친 트레일의 수정, 변경, 편집을 할 수 있습니다.

⑦ **지우기** : 조립품의 적용과 비슷합니다. 구성요소 별 미세 이동이 완료가 되면 지우기를 선택합니다. 지운다는 의미는 기존에 작성 완료된 대화상자의 설정을 지웁니다.

⑧ **닫기** : 완전히 작업이 종료가 되면 닫기로 창을 닫습니다.

3) 정밀한 뷰 회전

정밀한 뷰 회전은 구성요소인 조립품의 방향의 뷰를 회전 시키는 뷰입니다. 증분값을 지정할 수 있어서 사용자가 임의의 값을 넣어 뷰를 회전 할 수 있습니다. 이 때 뷰를 지정한 증분값 만큼 조립품 프리젠테이션에서 회전을 합니다.

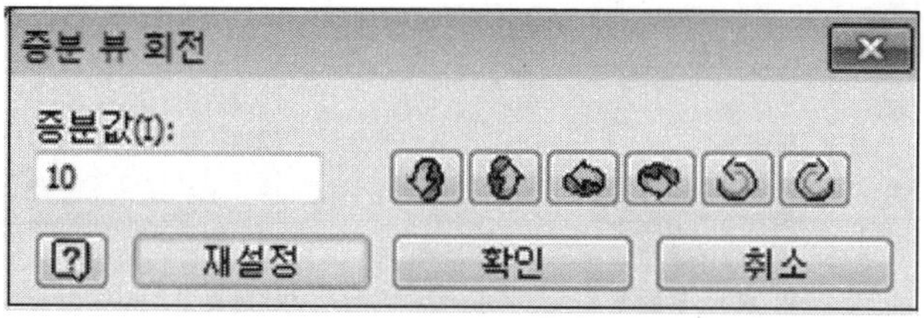

① **증분값** : 구성요소가 회전을 할 각도를 입력합니다. 옆에 위치한 화살표들처럼 아래, 위, 왼쪽, 오른쪽, 반시계 방향, 시계 방향 으로 회전이 이루어집니다.

② **재설정** : 회전할 증분값과 방향이 예상과 달리 표현 되었을 때 다시 위치와 각도를 재 설정할 수 있습니다.

4) 애니메이트

애니메이트는 미세조정을 마친 분해 된 구성요소들이 트레일을 따라 움직일 수 있도록 생명을 불어넣어주는 것입니다. 분해된 구성 요소는 순서에 의해 애니메이션에서 차례로 조립이 되는 과정을 제공해 줍니다. 이 애니메이트는 녹화를 통해 동영상으로 만들어 활용 할 수 도 있습니다. 녹화 시 환경 값은 네트워크 대역폭(인터넷 56K 모뎀, 인트라넷 100kbps, 브로드밴드 250 kbps) 등 과 다양한 이미지 크기 (176x144, 320x240, 640x480) 등을 제공합니다.

또한 구성요소 미세지정을 마쳤더라도 다시 수정하지 않고 에니메이션 순서의 구성요소 순위를 위, 아래로 이동시켜 조립, 재생 할 수 있습니다.

① 매개변수 간격 : 재생되는 애니메이션의 간격, 시간을 조정합니다. 숫자가 작으면 화면에서 부품의 움직임이 빨라지고 숫자가 크면 클수록 움직임이 느려집니다.

② 반복 : 애니메이션이 움직이는 반복 횟수를 조정합니다.

③ **동작** : 애니메이션 재생 옵션입니다. 재생, 정지, 녹화, 일시정지, 빨리감기 등이 있습니다.

④ **애니메이션 순서** : 애니메이션 동작의 순서를 임의대로 바꿀 수 가 있습니다. 위로 이동, 아래로 이동 버턴을 이용하여 순서를 변경합니다. 선택한 순서를 하나의 그룹 묶음으로 만들 수도 있고, 해체를 할 수 도 있습니다.

제9장

도면

이 장에서는 3차원 모델링을 통해 만들어진 부품과 조립품을 이용한 도면의 개념을 설명하고, 실습을 통해 도면 작성법을 이해하고 익힙니다.

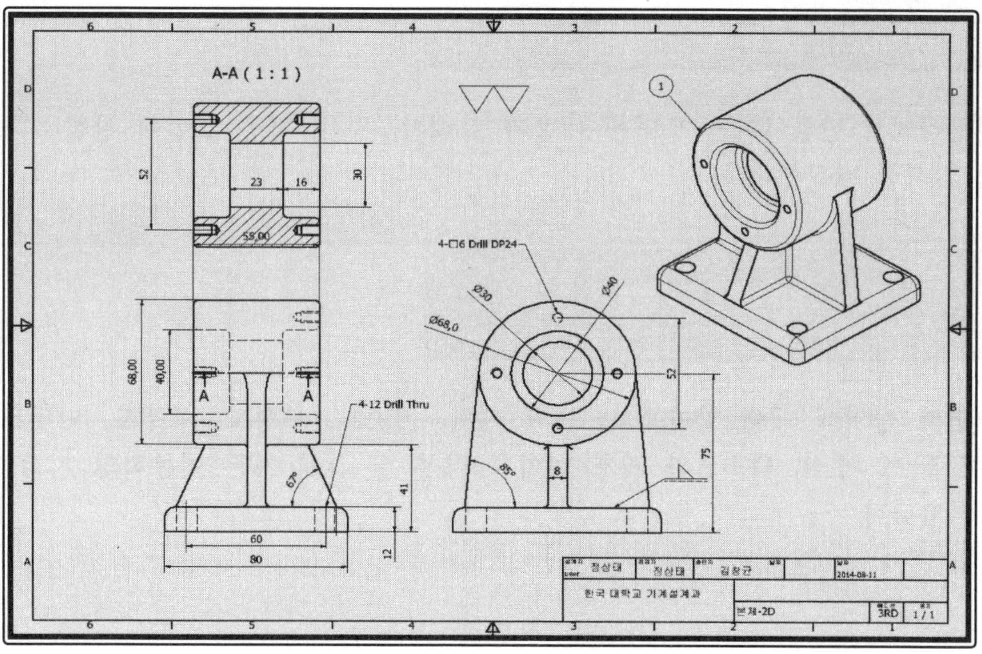

학습 목표

3D 모델링을 이해하며 2D 도면의 이론적 지식을 습득합니다.

학습 개요

인벤터 2016에서 3차원 모델링 원리에 기초한 도형의 개념과 2차원 설계와 도면에 관한 지식을 습득합니다.

일반 목표

인벤터에서 만들어지는 도면에 내용과 뷰배치, 주석, 각종 도면에 관한 이론적 지식을 배워봅니다.

세부 목표

도면의 정의에 대해 알아보고, 뷰의 배치, 기준도, 투영도, 보조도, 단면도, 상세도 및 주석, 텍스트와 기호 테이블 작성 및 그에 따른 이론적인 지식을 습득합니다.

9 도면

제9장 도면(Drawing)

1. 도면 (idw)의 개념

도면은 기계 장치의 구조나 설계 등을 기하학적으로 나타낸 그림들로 설계자와 장치 제작자 사이에 쓰는 약속이며 언어와도 같습니다. 아무리 잘 설계가 된 도면도 제작자가 잘 못 해석하면 아무 소용이 없습니다. 이러한 중요한 이유로 때문에 도면의 이해가 중요합니다.

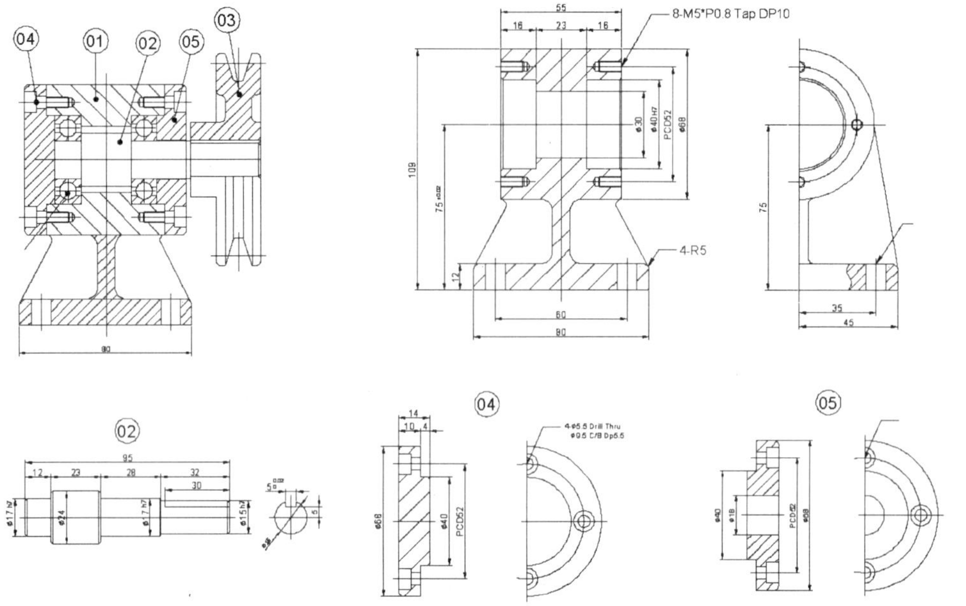

■ 이 번 장에서는 앞장의 부품, 조립품 모델링의 데이터를 2D 도면으로 표현, 도면을 만들어 나가는 기법을 배웁니다. 인벤터 2016에서는 도면 작성에 관련된 기능을 포함하여, 제품 모델링을 마친 후 별도의 2D 설계가 없더라도 설계 도면을 만드는 방법을 배워봅니다.

2. 도면 시작하기

새 파일 작성을 열면 인벤터 2016에서는 다음과 같은 도면 태블릿이 나옵니다.

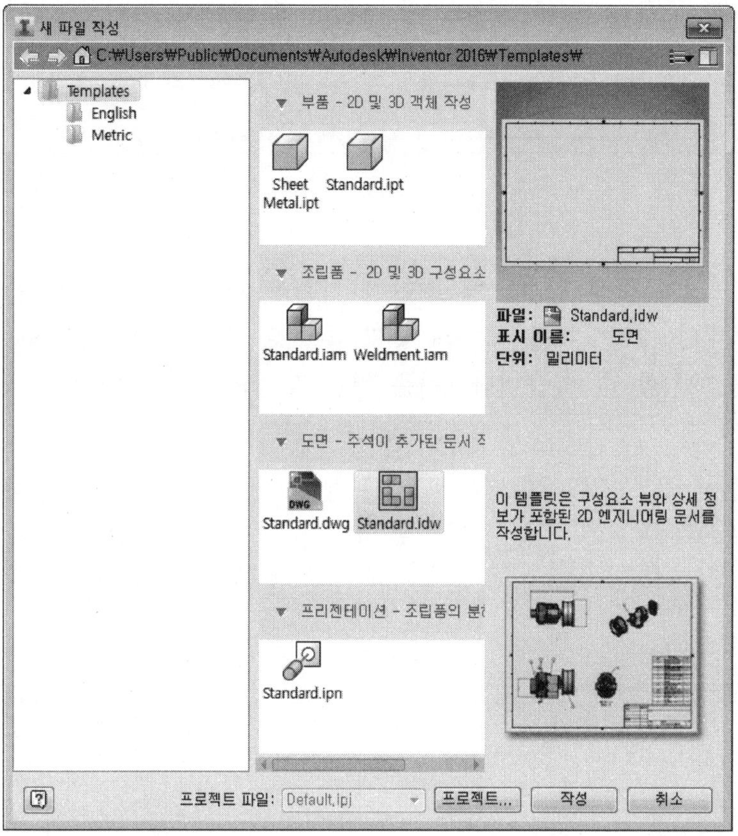

■ 인벤터 프로그램에서 제공, 지원하는 도면의 형식은 인벤터 도면 (idw), 오토캐드 도면(dwg)의 두 가지 형식입니다. 인벤터 도면 작성은 크게 뷰 배치 탭와 주석 탭에 포함된 명령어들로 구성이 되어있습니다.

■ 뷰 배치는 작성 패널 (기준, 투영, 보조, 단면, 상세, 오버레이, 제도), 수정 패널 (끊기, 브레이크 아웃, 슬라잇, 오리기, 수평), 스케치패널과 시트 패널로 구성이 되어 있습니다.

■ 주석 탭에서는 치수 패널 (기준선, 세로좌표, 체인, 배열, 검색)과 피쳐 주 패널 (구멍 및 스레드, 모따기, 펀치, 절곡부), 텍스트 패널, 기호 패널 (사용자, 곡면, 용접 등), 스케치 패널, 테이블 패널, 형식 패널로 구성이 되어있습니다.

3. 뷰 배치

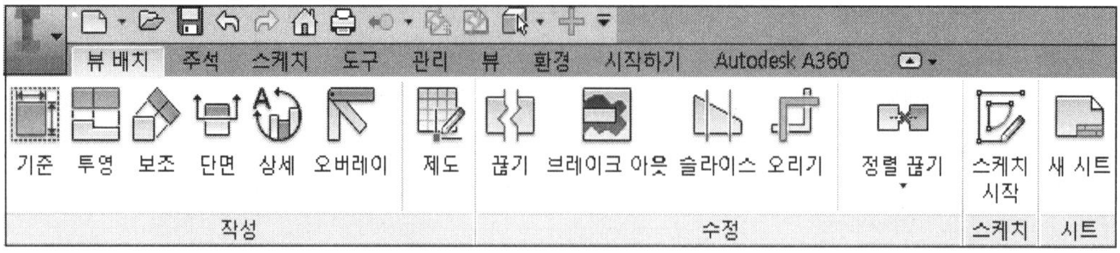

1) 기준

새로운 도면을 작성 할 때 제일 먼저 기준이 되는 도면을 배치할 때 사용하는 명령어입니다. 기준 뷰를 배치해 놓고 추가로 우측면도나 평면도 등각투영도 등의 도면을 배치할 수 있습니다. 기준 뷰는 도면의 첫 번 째 뷰를 만드는 작업입니다.

① 구성요소 탭

▲ 방향 - 기준 뷰로 배치할 모형의 위치와 방향을 선택합니다. 정면, 현재면, 평면 등입니다.

▲ 투영 - 그림의 형상의 투상법을 표현합니다. (1각법, 3각법)

▲ 뷰/축척 레이블 - 도면의 축척을 사용자가 설정할 수 있습니다.

▲ 스타일 - 은선이 있는 상태, 은선 제거 상태, 모형의 음영상태를 나타냅니다.

② 모형상태 탭

▲ 용접물, 참조 데이터 등이 있습니다.

③ 화면표시 옵션 탭

▲ 오든 모형치수, 모형 용접기호, 트레일 표시 등의 옵션이 있는 탭입니다.

2) 투영

① 정의 : 투영 뷰는 기준 뷰에 배치된 도면을 중심으로 측면도와 평면도, 그리고 등각투영 뷰를 생성하는 역할을 합니다. 기준 뷰를 정면도로 해서 투영된 뷰(평면도, 측면도, 등각투영도)를 생성합니다.

② 작업 방법 : 작성패널의 투영 명령을 선택하고, 기준 뷰를 클릭한 후, 우측으로 마우스를 클릭하면 우측면도, 위로 클릭하면 평면도, 경사면으로 클릭하면 등각투영도가 생성 됩니다.

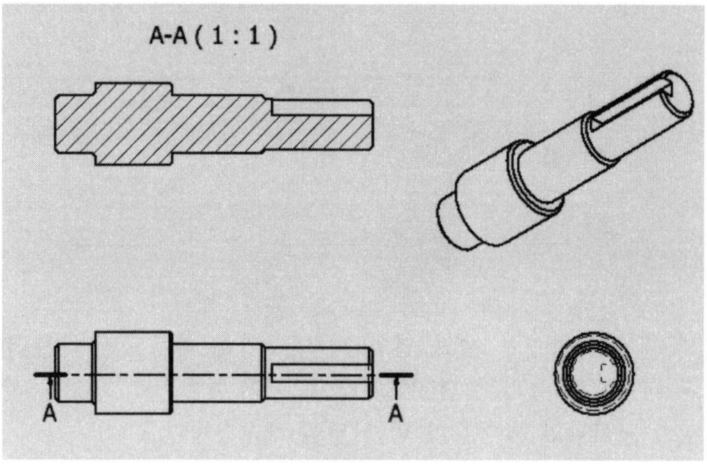

3) 보조

① 정의 : 보조 뷰는 모형의 모서리나 선, 경사면에서 투영하여 배치를 하는 보조 뷰입니다. 뷰 식별자와 축척을 선택할 수 있고 형상의 은선, 외형선, 음영 등의 선택도 가능합니다.

② 작업 방법 : 작성패널의 보조 명령을 선택하고, 기준 뷰를 클릭한 후, 경사면에서 투영하여 배치를 합니다.

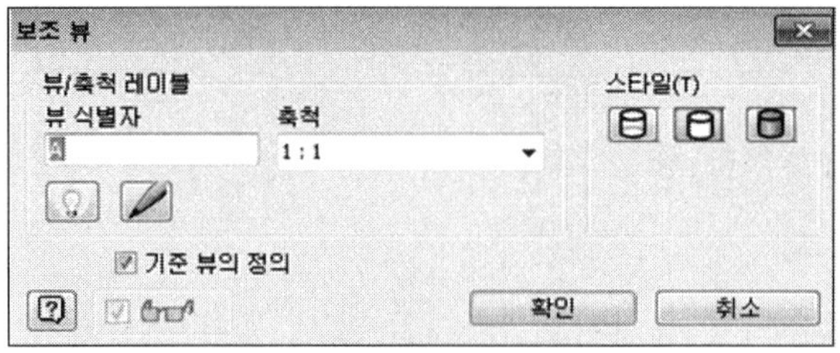

4) 단면

① 정의 : 단면 뷰는 2차원 설계에서 주로 사용하는 절단면 (전단면, 반단면, 계단 단면 등) 장치 내부의 모습을 표현하기 위해 사용되는 뷰입니다. 배치된 모형에 절단 선을 그린 후 원하는 단면을 생성할 수 있습니다. 스타일 역시 형상의 은선, 외형선, 음영의 선택이 가능합니다.

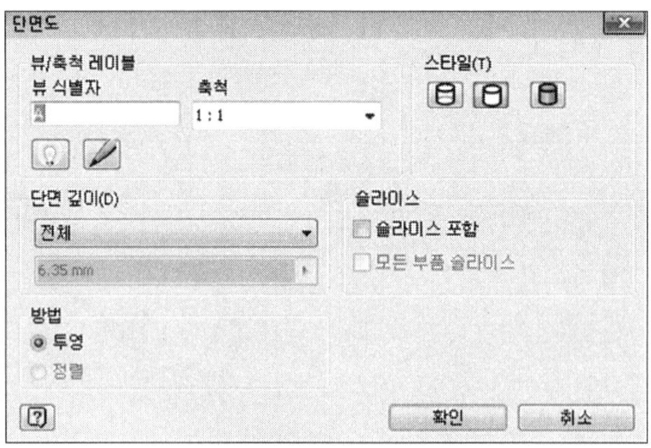

② 작업 방법 : 작업 방법은 제일 먼저 내부 단면을 자르고자 하는 뷰를 선택합니다. 이 후 마우스를 눌러 절단 선을 긋고 우측 마우스로 계속을 선택합니다. 화면처럼 창이 나타나면 확인을 눌러 단면을 생성합니다.

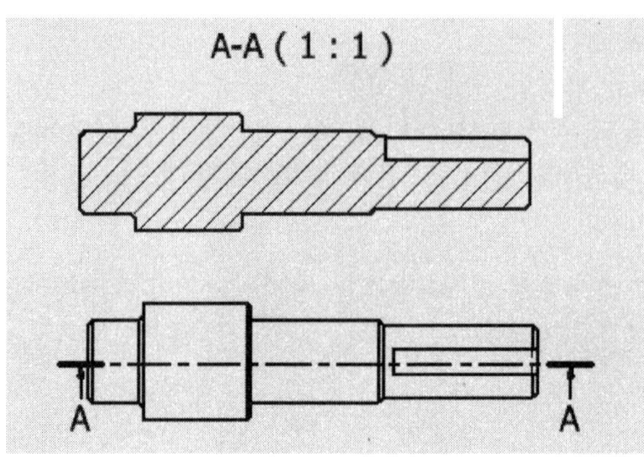

5) 상세

① 정의 : 상세 뷰는 도면 설계 시 복잡하거나 전체 척도에 비해 특정부위가 조그맣게 표현이 되어 이해의 어려움이 있는 경우 그 부위의 축척을 달리해서 화면에 표현하는 명령어입니다.

▲ 뷰 식별자 : 가시성을 켜거나 끌 수 있도록 했습니다.

▲ 축척 : 원하는 축척의 설정이 가능합니다.

▲ 스타일 : 형상의 은선, 외형선, 음영의 선택이 가능합니다.

▲ 울타리 쉐이프 : 상세도형 선택 시 특정 부위 화면에 표시되는 모습을 표현합니다. 원형으로 표시할 수도, 사각 울타리로도 표현할 수도 있습니다. (현재 값은 원형입니다)

▲ 절단부 쉐이프 : 특정부위 상세도가 화면에 표시될 때 잘려진 도면 끝마감을 표현합니다.

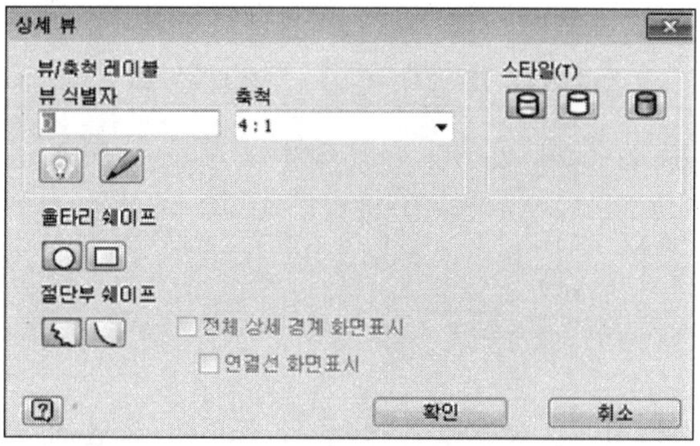

② 작업 방법 : 제일 먼저 상세하게 확대를 자르고자 하는 뷰를 선택합니다. 새 창이 열리고 축척의 옵션이 나오면 원하는 값을 입력해 줍니다. 이 후 특정 부위에 마우스를 눌러 원형의 울타리 쉐이프가 생기면 입력한 축척에 맞게 해당 부분이 확대가 되어 배치가 됩니다.

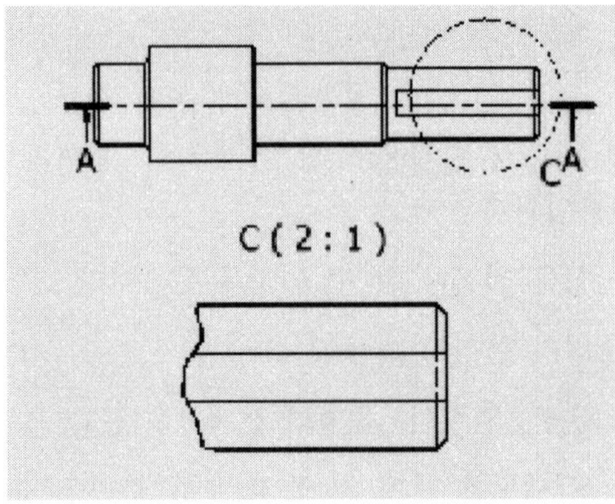

6) 오버레이

① 정의 : 조립품에서 설정된 위치 뷰를 도면상에 각 뷰 별로 표현할 때 사용합니다.

7) 제도

① 정의 : 하나이상의 연관된 2D 스케치를 포함한 뷰를 작성합니다. 모형에서 누락된 스케치를 제도 명령어를 통해서 추가로 정보를 기입할 수 있습니다.

즉 제도 명령어는 실행 시 인벤터의 모드가 스케치 모드로 전환되어 직접 스케치 파일을 그릴 수 도 있고, AutoCAD 파일의 DWG 파일을 삽입할 수 도 있도록 한 명령어 패널입니다.

8) 끊기

① 정의 : 도면 설계 시 긴 장봉이나 축 등의 도면이 도면 영역을 초과해서 생성될 때, 실제 치수와는 별도로 중간 부위를 잘라서 한계 표제란 안에 부품을 배치하고 표현할 때 사용하는 명령어입니다. 절단면의 대한 스타일 선택과 방향 간격 등을 선택할 수 있습니다.

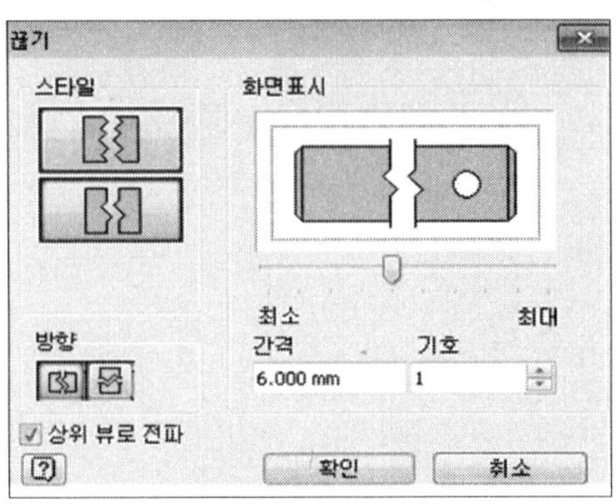

② 작업 방법 : 끊기를 하고자 하는 부품이 있는 뷰를 선택합니다. 새 창이 열리고 위의 그림처럼 끊기 옵션이 나오면 원하는 값을 설정해 줍니다. 창을 인위적으로 닫지 말고 끊기를 원하는 뷰의 부품에 수직으로 생성되는 두 개의 선으로 자르고자 하는 부위에 위치시킵니다. 절단과 함께 화면도 같이 사라집니다.

9) 브레이크 아웃

① 정의 : 단면도 작성과 유사하지만 단면에서 지원하지 못하는 부분에 대한 절단면의 형상을 표현할 때 사용되는 명령어입니다. 브레이크 아웃 뷰를 만들기 위해서는 원하는 배치된 뷰의 모형에 스케치 작업을 하고, 그 스케치를 프로파일로 사용해서 절단면 형상을 만드는 명령어입니다.

② 작업 방법 : 브레이크 아웃를 하고자 하는 부품이 있는 뷰를 선택합니다. 스케치 패턴의 스케치 작성 명령을 이용하여 2D 스케치를 합니다. (예: 사각형) → 스케치 종료 → 브레이크 아웃 명령어 선택 → 뷰 모형의 좌, 우 끝단을 선택 → 확인

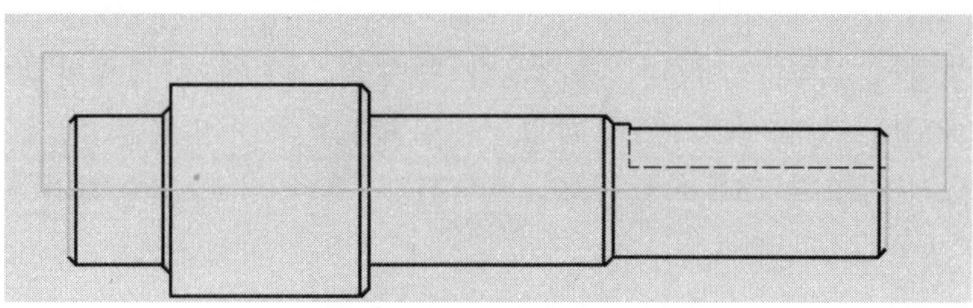

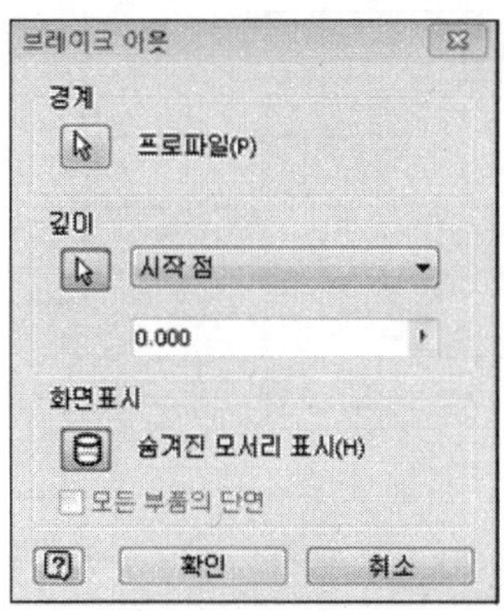

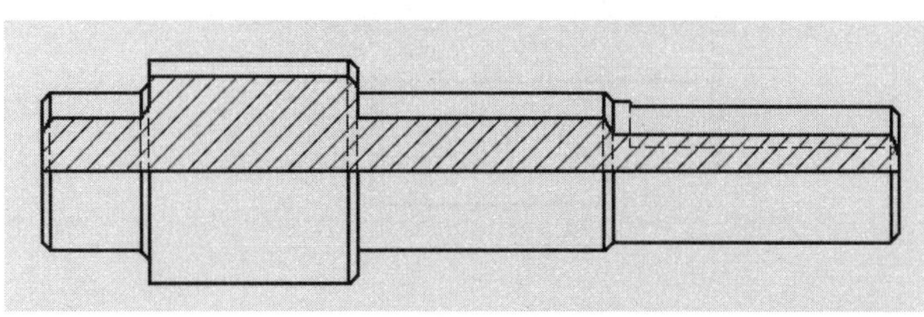

10) 슬라이스

① 정의 : 도면의 일부를 절단해서 일정 두께를 부여한 슬라이스 형상을 만들 수 있습니다.

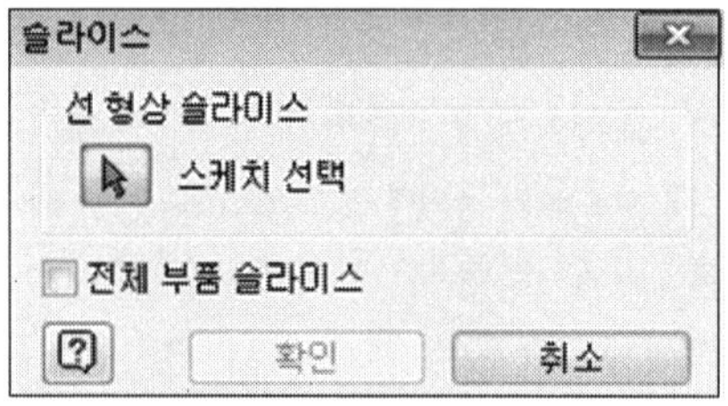

② 작업 방법 : 슬라이스 하고자 하는 부품의 뷰를 선택 → 스케치 패턴의 스케치 작성 명령→ 2D 스케치를 합니다. (예: 선) → 스케치 종료 → 슬라이스 명령어 선택 → 뷰 선택 → 스케치 선택 →확인

11) 오리기

① 정의 : 뷰에서 모형 이미지의 불필요한 부분을 제거하는 명령어입니다. 이 기능은 비교적 간단하여 마치 문서 작업 시 필요부위의 이미지를 캡쳐 하는 것과 유사합니다. 사각형의 테두리를 치면 선택된 부분만 남고 나머지가 없어지는 기능입니다.

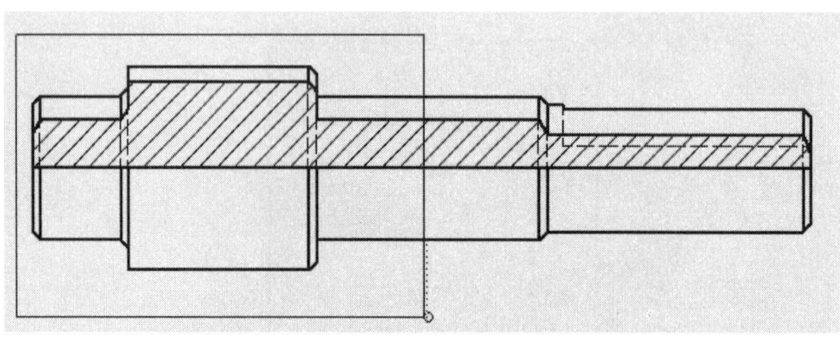

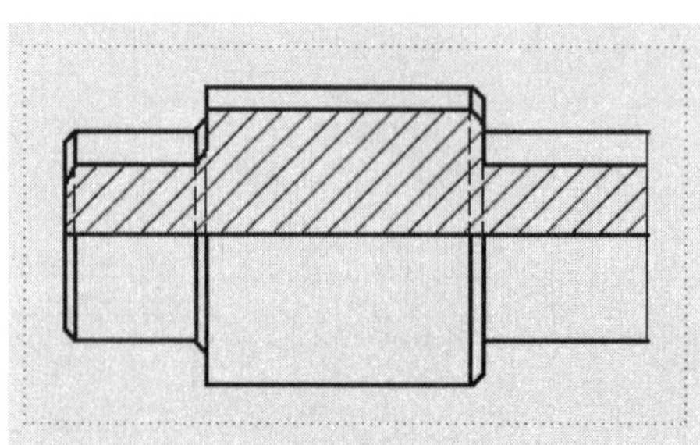

4. 주석

1) 치수

부품 작성과 조립품 등의 도형을 설계 도면화 하여 필요한 치수와 문자, 기호, 주석 등을 입력하는 명령어 창입니다. 선형치수, 각도 치수, 지름, 반지름 등의 치수를 기입할 수 있습니다. 그리고 기준선의 정밀도와 공차, 검사 치수 까지 치수 편집을 통하여 기입할 수 있습니다.

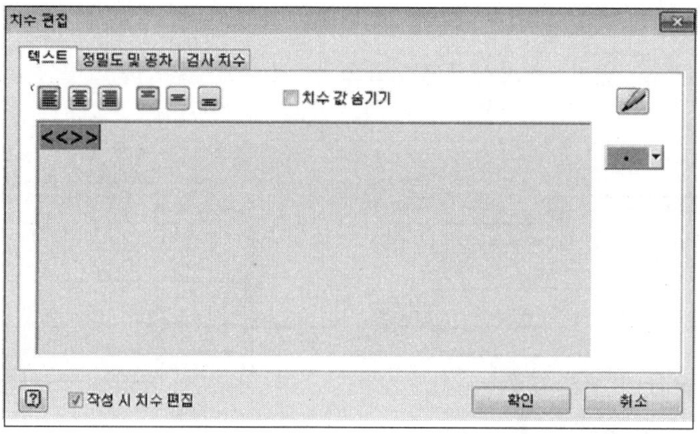

① 기준선 : 여러 치수를 도면에 자동으로 추가 할 때 사용합니다. 부품을 가공할 기준 원점을 지정하고, 여러 개의 치수 기입할 형상을 선택할 수 있습니다.

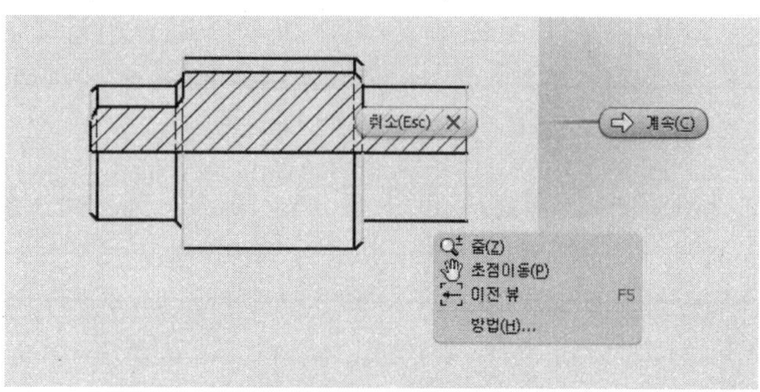

마우스 오른 쪽 버턴을 눌러 【계속】을 선택합니다. 일괄적으로 치수들을 기입할 수 있습니다.

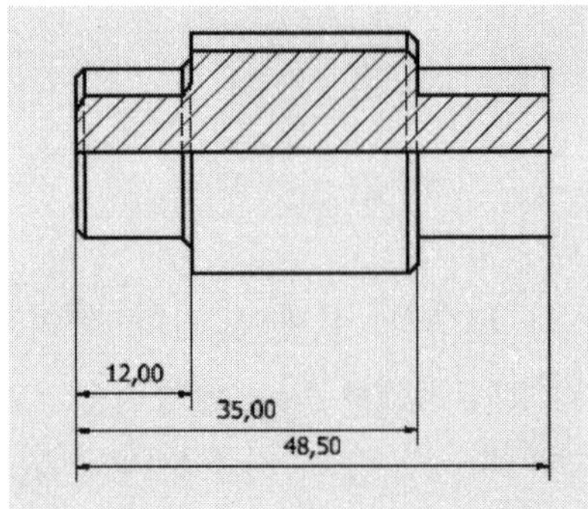

② **세로 좌표** : 원점을 지정하고, 여러 개의 치수를 세로 좌표 값으로 기입할 때 사용합니다.

원점 지시자를 먼저 위치시키고, 필요한 치수에 클릭하고 오른 마우스로 【계속】 클릭.

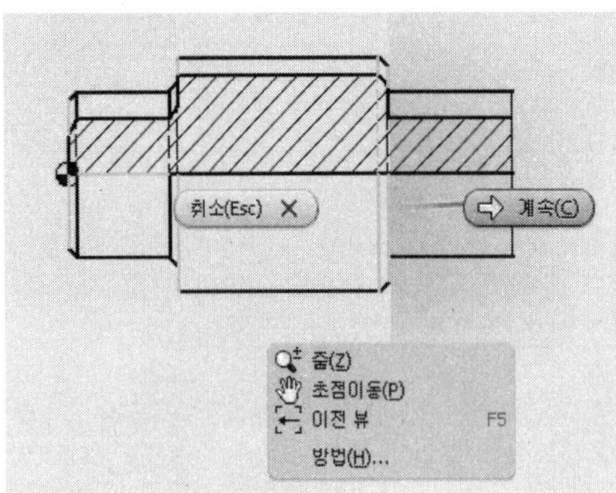

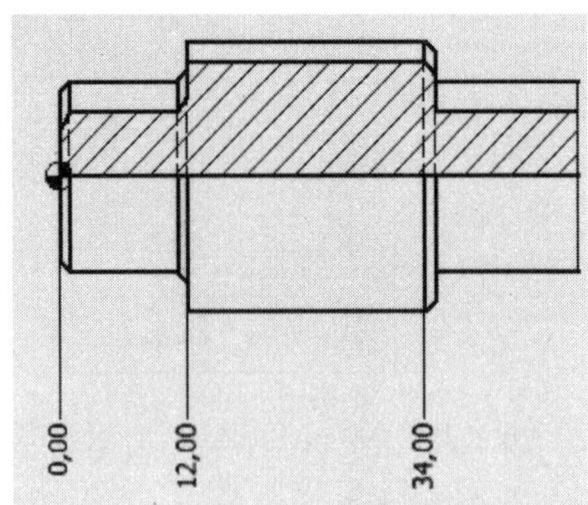

치수의 표기는 그림과 같이 세로 좌표 치수 모양으로 표현됩니다. 오른 마우스를 클릭하여 원점 【지시자 숨기기】 메뉴를 선택하면 좌측 끝단에 보이는 원점 지시자를 없앨 수 있습니다.

③ **체인** : 여러 개의 치수를 일렬로 기입 할 때 사용합니다. 치수의 기입 형태가 마치 체인처럼 연결이 되어 체인이라고 이름이 붙여 진 명령어입니다.

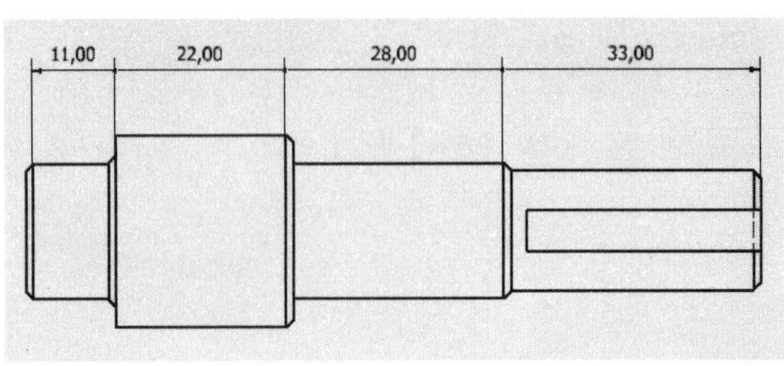

2) 피처 주

① 구멍 및 스레드 : 구멍이나 나사부를 가진 도면과 도형의 홀이나 스레드 부분에 대한 치수를 표현 할 때 사용하는 명령어입니다.

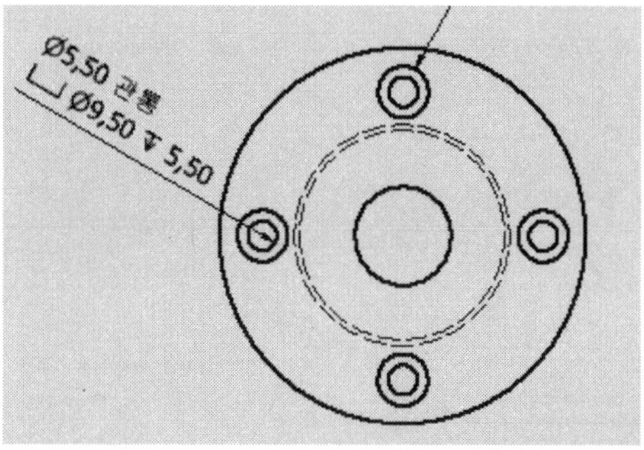

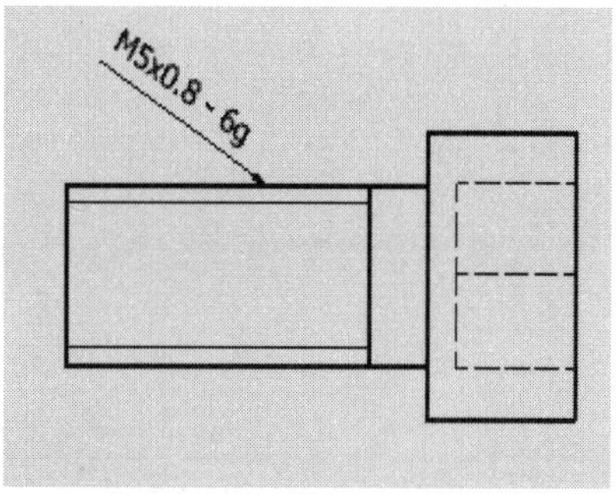

관리 탭의 스타일 및 표준 패널에서 스타일 편집기를 이용하여 구멍 치수의 표현 방법도 변경할 수 도 있습니다.

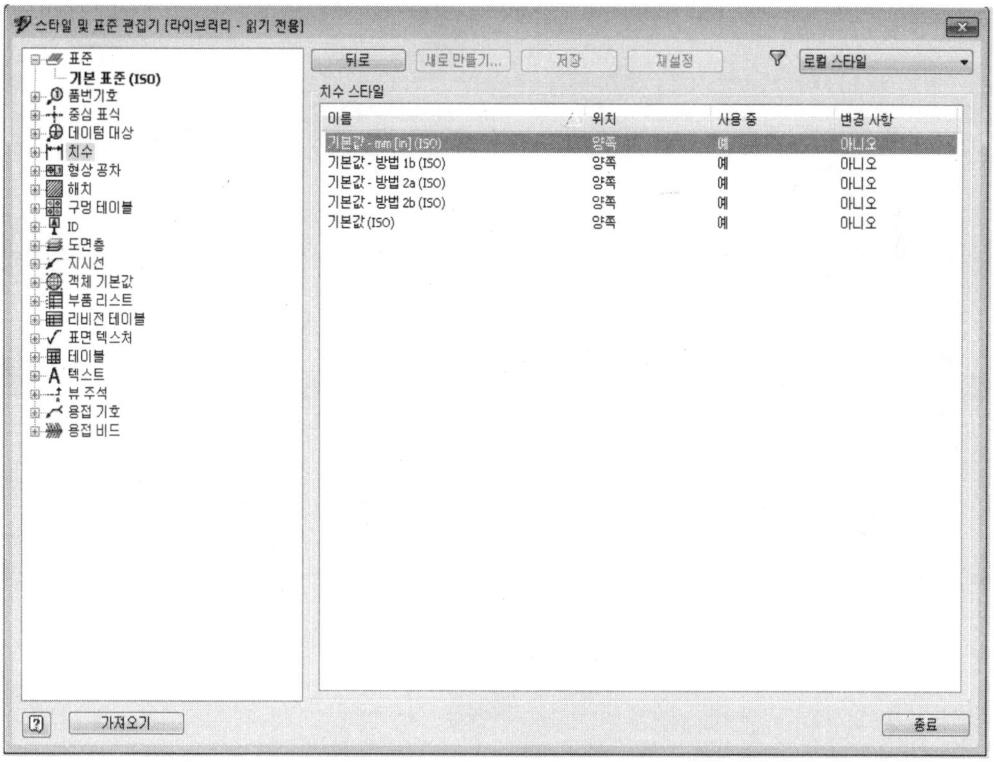

② 기타 모따기 펀치, 절곡부 : 각 형상에 맞는 형상을 가진 도면과 도형의 모따기 부분과 절곡부에 대한 치수를 표현 할 때 사용합니다.

3) 텍스트

① **텍스트** : 도면에 치수를 기입할 때 사용되는 명령어입니다. 텍스트 형식도 원하는 형태로 지정할 수 있습니다.

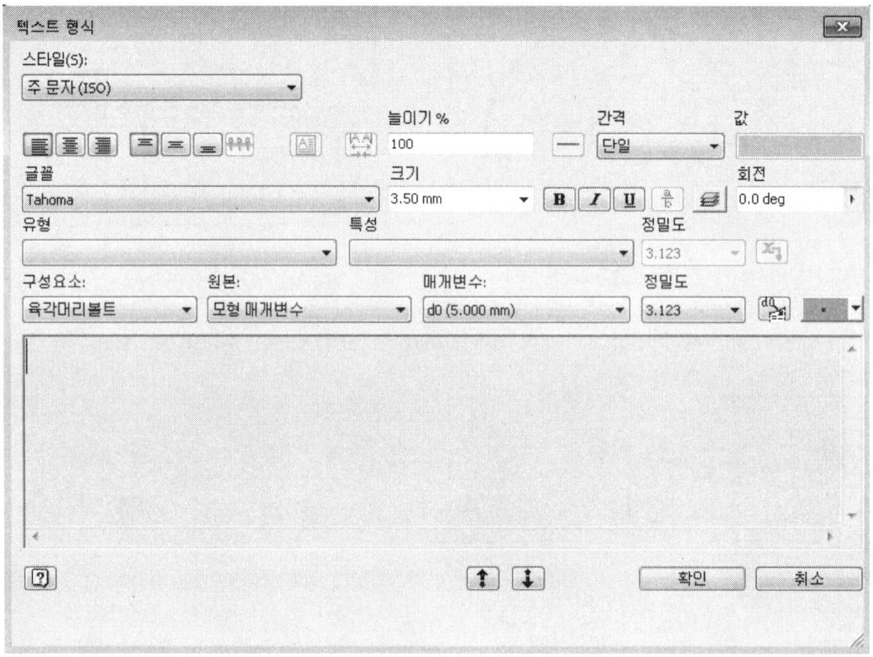

▲ 스타일 : 텍스트에 적용이 될 스타일을 지정합니다. 주 문자와 레이블 문자가 있습니다.

▲ 간격과 늘이기, 값 : 텍스트의 속성을 정의합니다.

▲ 구성요소, 원본, 매개변수, 정밀도 : 정해진 매개변수를 텍스트에 삽입합니다.

② **지시선 텍스트** : 도면 지시선의 문자를 표현하는데, 지시선을 기입할 때 나타나는 텍스트 의 표현을 정의합니다.

4) 기호

① 정의 : 도면 작성 시 필요한 기호를 모아둔 곳입니다. 필요에 따라 불러서 사용을 합니다. 사용자, 곡면, 용접, 필렛, 데이텀, 형상 기호 등이 준비되어 있습니다.

5) 테이블

① 정의 : 조합도를 그릴 때 표기되는 품번 기호와 부품 BOM(Bill of Material) 이

라는 부품 리스트, 기타 도면 작성에 필요한 것들을 모아둔 곳입니다.

5. 도면 따라 하기.

1) 시작하기

① 2D 도면의 작성 : 새 파일 작성 → Standard.idw → 작성.

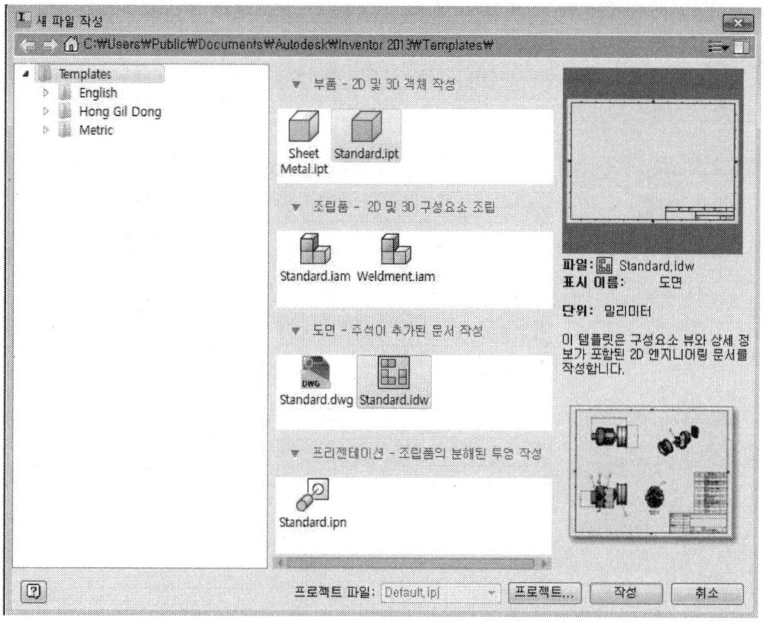

② Standard.idw 의 초기 화면 모습.

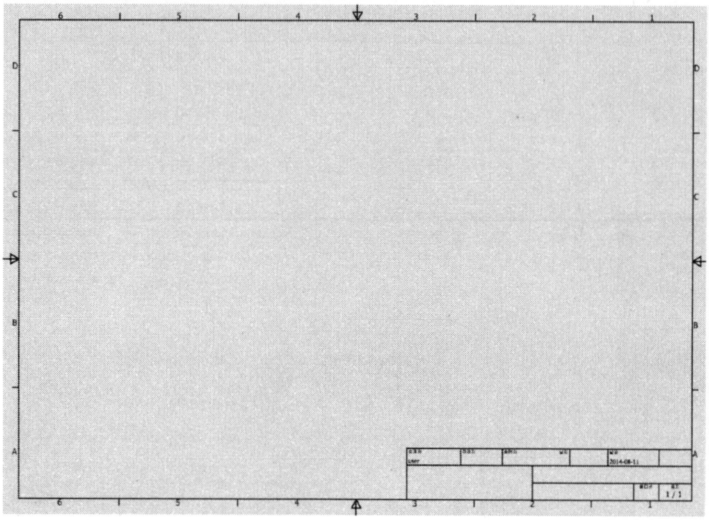

③ 뷰 배치 기준을 선택합니다.

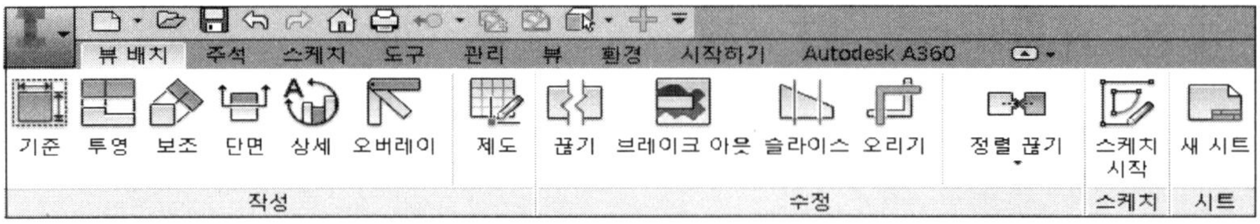

④ 도면 뷰의 구성요소가 나타납니다.

⑤ 대화 상자를 선택하여 모형이 있는 폴더를 찾아 파일을 엽니다.

⑥ 파일 이름- 본체를 → 열기로 파일을 불러옵니다.

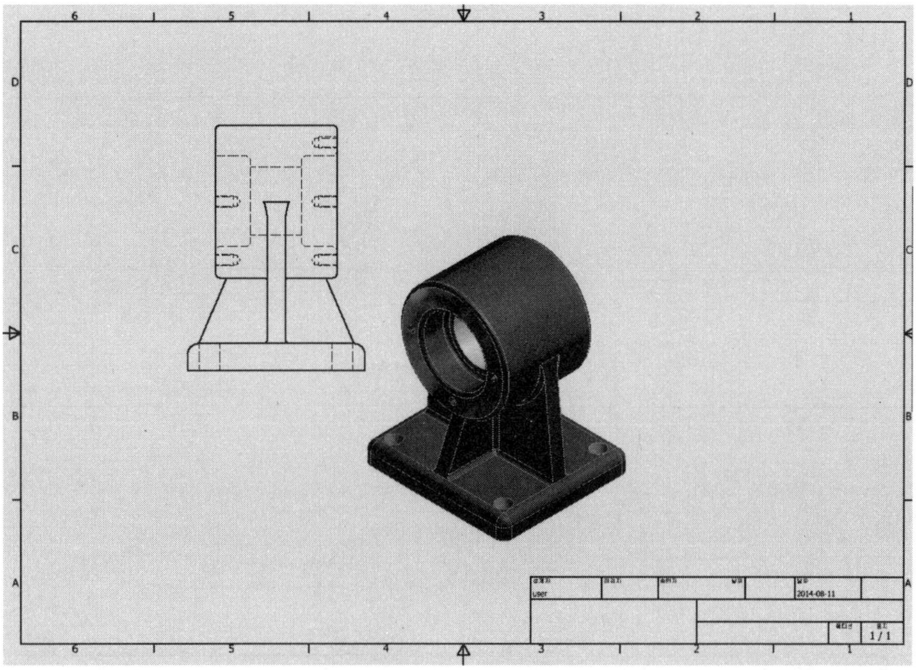

⑦ 투영을 선택 → 기준 뷰를 마우스로 클릭하고 우측으로 이동 (우측면도 완성), 45도 방향으로 이동 (등각투상도 완성) 합니다.

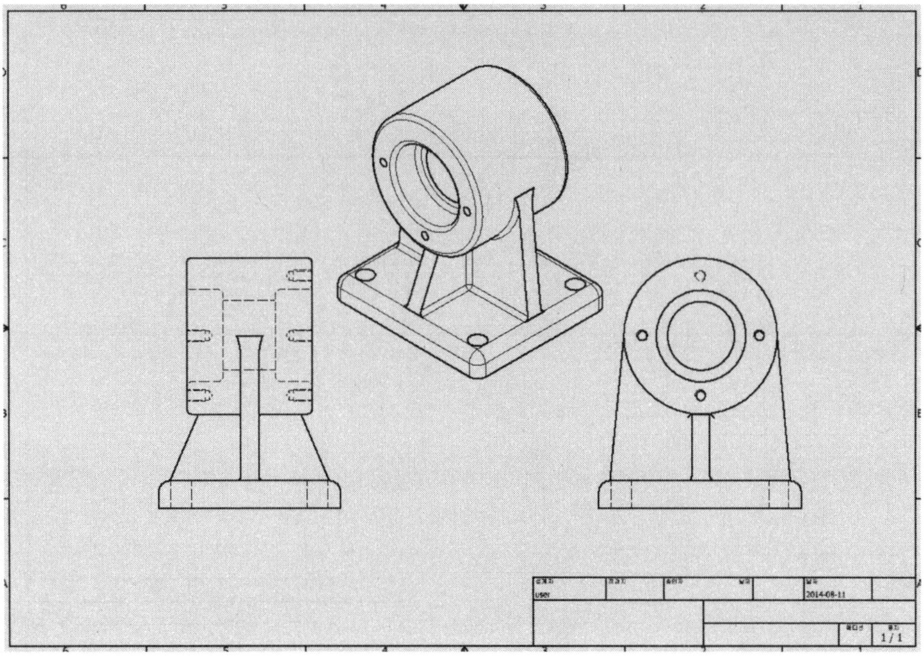

⑧ 치수 선택 → 원하는 곳을 클릭하여 치수를 기입해 나갑니다. 새 창을 통해 치수 환경을 새로이 변경할 수 도 있고 텍스트, 정밀도 및 공차도 설정할 수 있습니다.

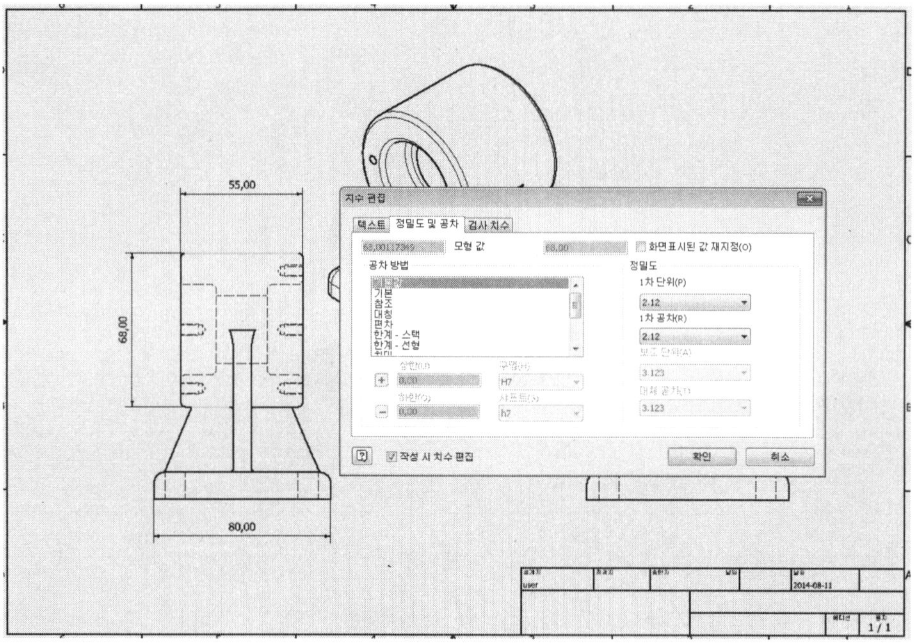

⑨ 품번 기호 선택 → 원하는 곳을 클릭하여 품번 풍선도 만들어 봅니다.

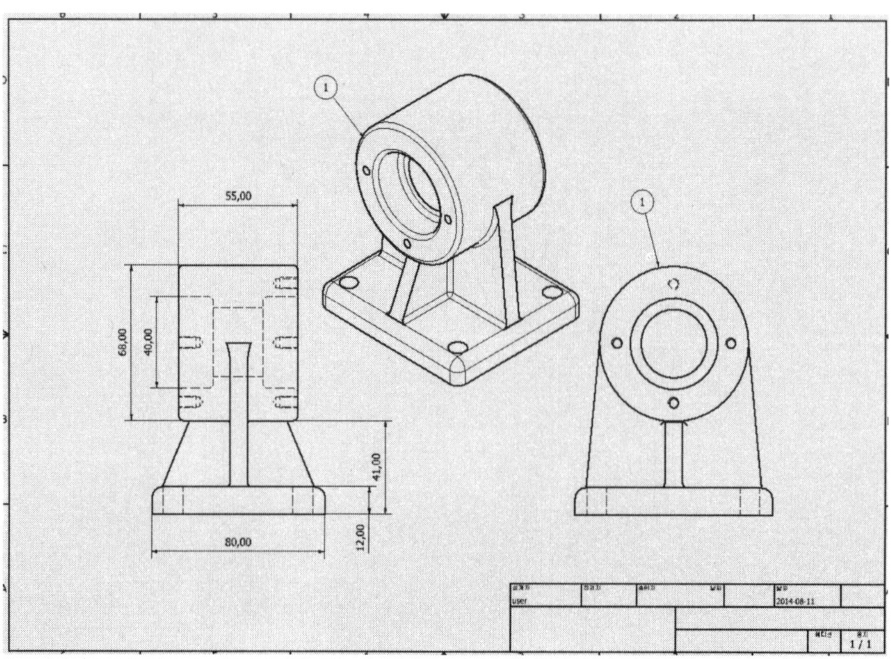

⑩ 단면도 만들어 봅니다. 뷰 배치, 단면 → 도면을 선택합니다.

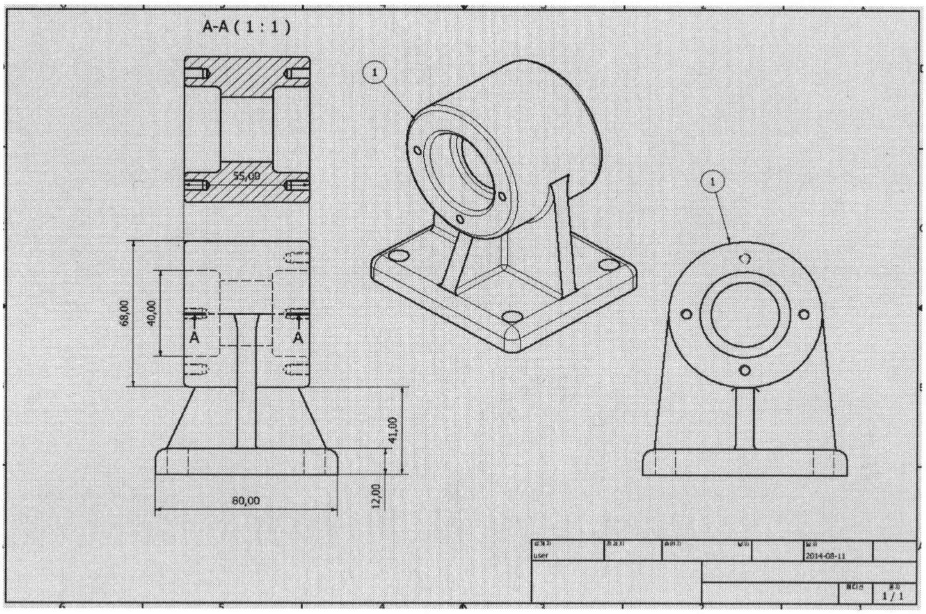

⑪ 문자도 넣고, 기호도 넣고 도면을 완성시킨 후 저장을 합니다. 인벤터 파일(idw), 혹은 오토캐드 파일(dwg) 파일로 저장 가능합니다. 파일→ 다른 이름으로 저장→ 파일 형식을 dwg로 변경, 파일 명을 주고 저장. 마지막으로 오토캐드를 실행해서 해당 파일을 불러옵니다.

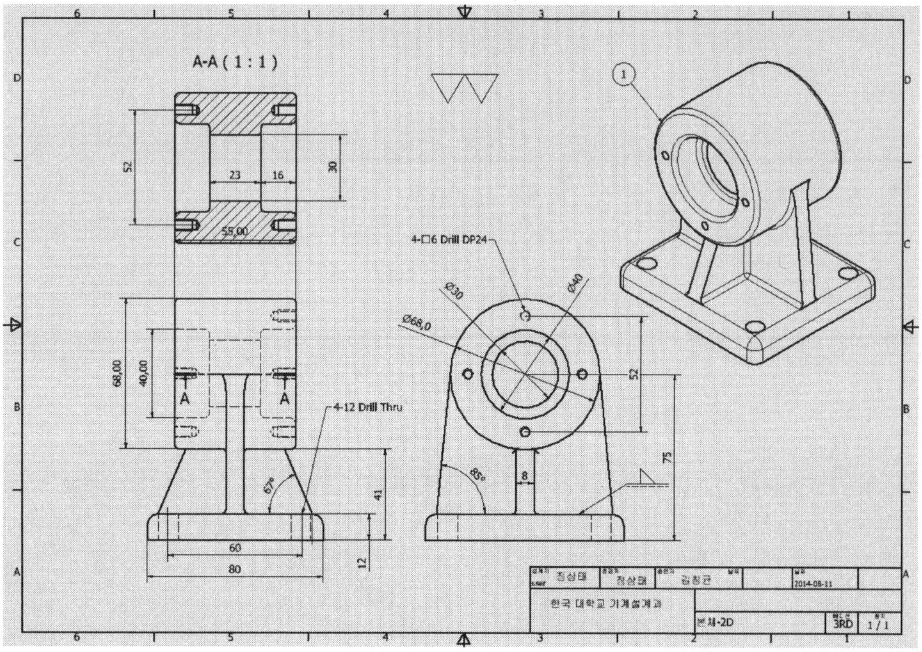

제10장

연습문제

이 장에서는 앞장의 3차원 모델링에서 배운 모든 내용들을 직접 설계하고 익힐 수 있도록 다양한 도면들을 그려봅니다

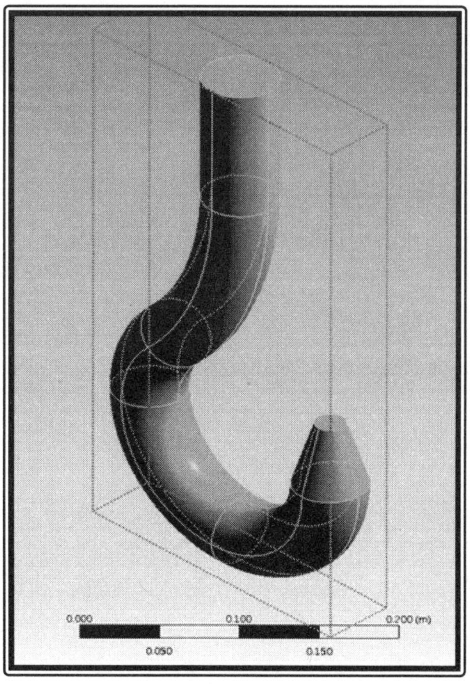

10 연습문제

제10장 연습문제

1. 경첩 부품 (Part)

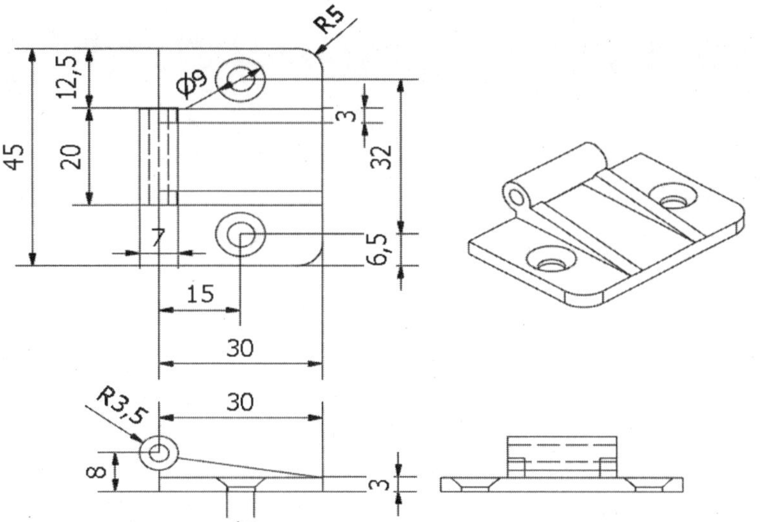

1) 경첩 A 만들기

① 프로그램 실행 : 【새 파일】 → 【Standard.ipt】 → 【작성】을 선택 합니다.

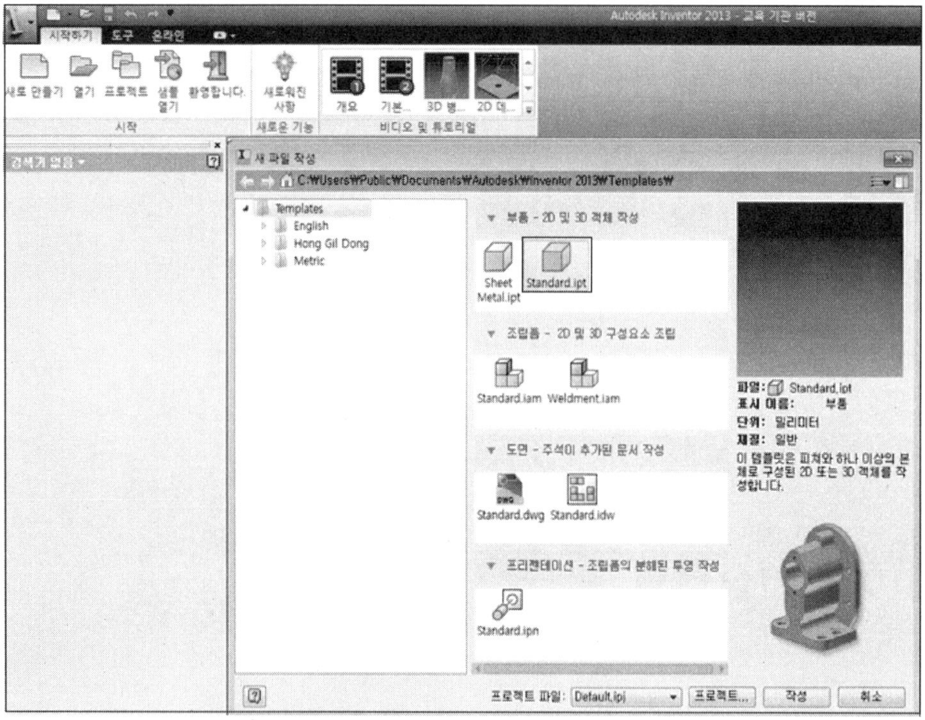

② 【2D스케치 시작】 - 【XY평면】 - 【선】 8 x 3 x 30→ 【치수】 도구, 스케치를 완료합니다.

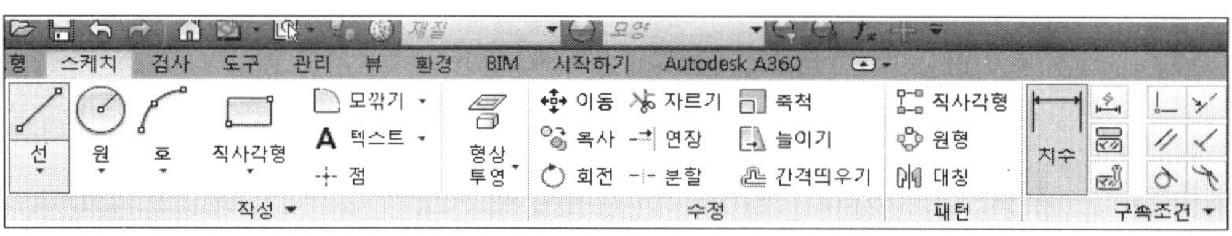

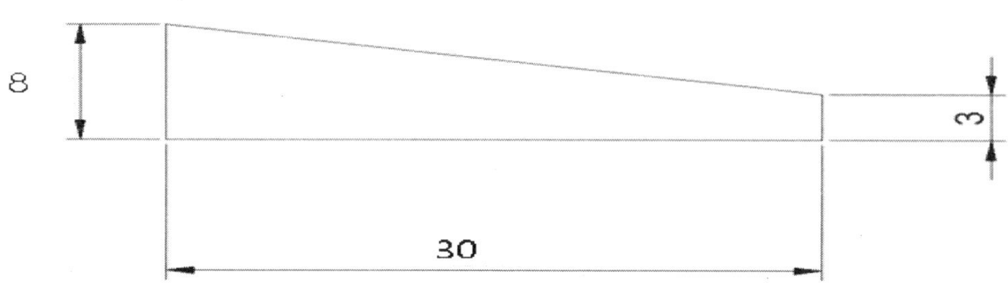

③ 【3D 모형】 탭의 【돌출】 도구 → 【범위】 (거리 = 45mm) 【확인】을 선택합니다.

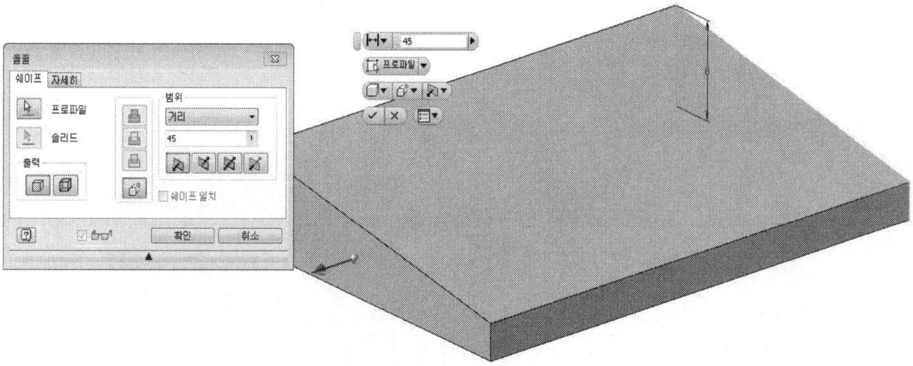

④ 2D 스케치 시작 - 스케치 면을 아래쪽의 좁은 면을 선택합니다.

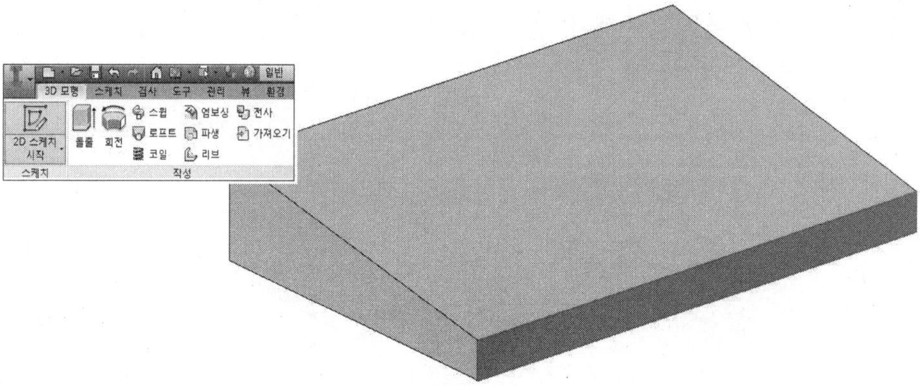

⑤ 2D스케치 작성 - 【직사각형】 선택 → 아래처럼 사각형의 도형을 그립니다. 【치수】 → 폭 12.5mm 씩 → 【스케치 마무리】를 선택합니다.

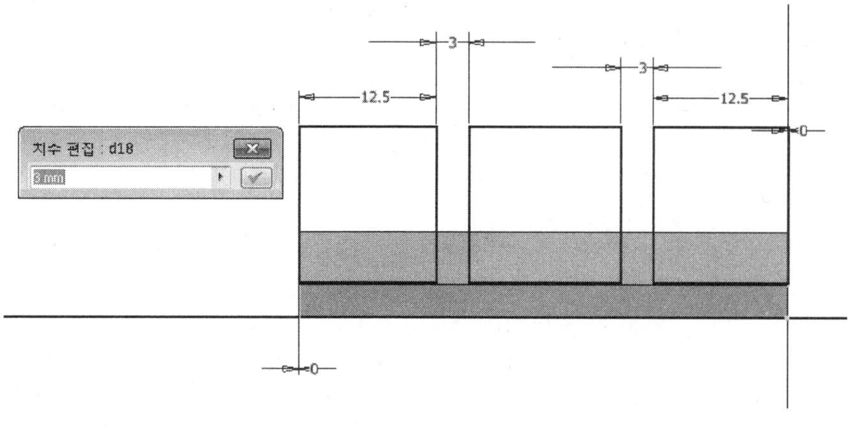

⑥ 3D 모형 - 【돌출】 도구로서 【거리】는 45mm, 【쉐이프】는 차집합, 【확인】으로 완료합니다.

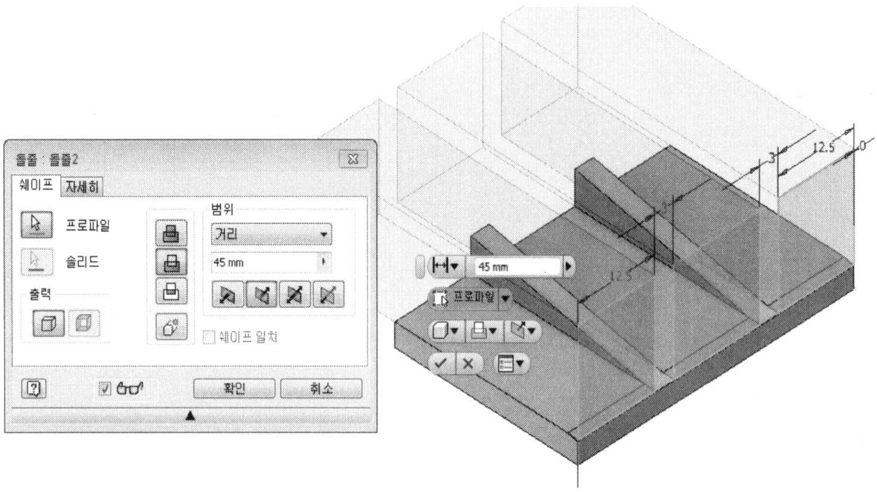

⑦ 【2D 스케치 시작】 - 스케치 면을 아래처럼 남은 기둥면을 선택합니다.

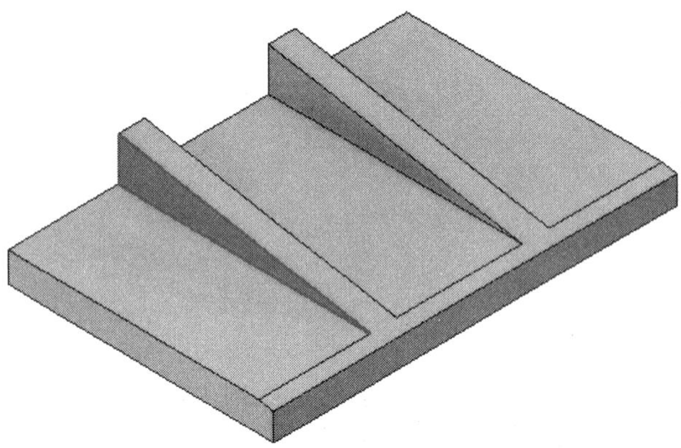

⑧ 【작성】 패널에서 【원】 선택 → 아래처럼 원을 그립니다. 【치수】 → 7mm 【스케치 마무리】를 선택합니다.

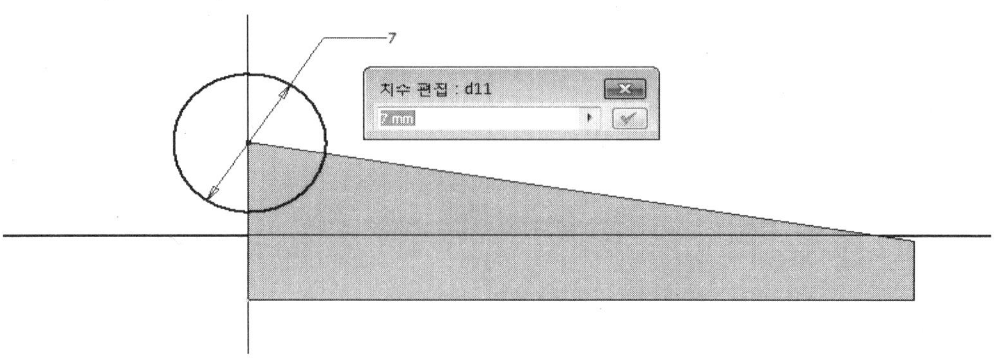

⑨ 3D 모형-【돌출】 도구로서 【범위】는 다음 면까지 【쉐이프】는 합집합, 【확인】 완료합니다.

⑩ 2D 스케치 시작 - 스케치 면을 아래처럼 남은 기둥면을 선택합니다.

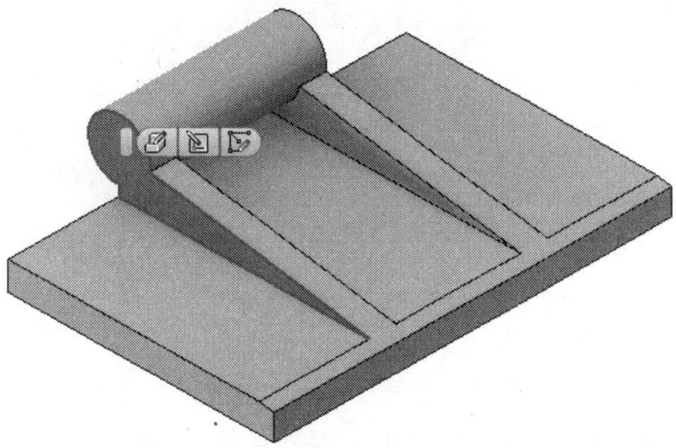

⑪【작성】 패널에서 【원】 선택 → 3.5mm 원을 그립니다. 【치수】 【스케치 마무리】를 선택.

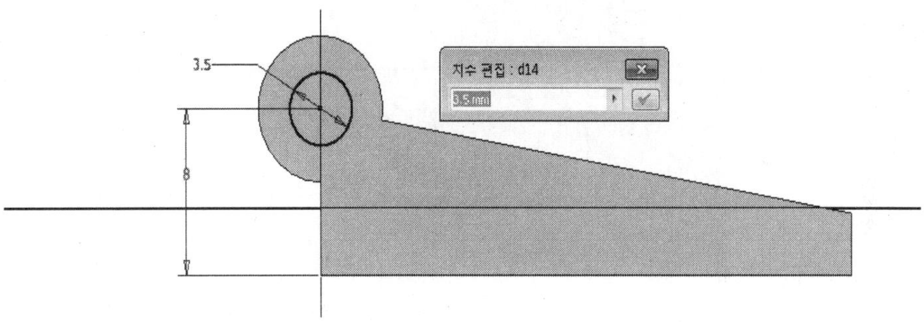

⑫ 3D 모형-【돌출】 도구로서 【거리】는 45mm, 【쉐이프】는 차집합, 【확인】 완료합니다.

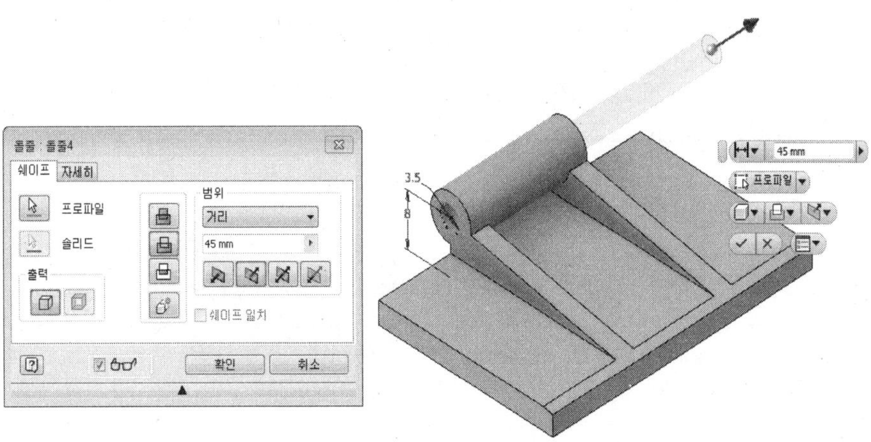

⑬ 2D 스케치 시작 - 스케치 면을 아래쪽의 넓은 면을 선택합니다.

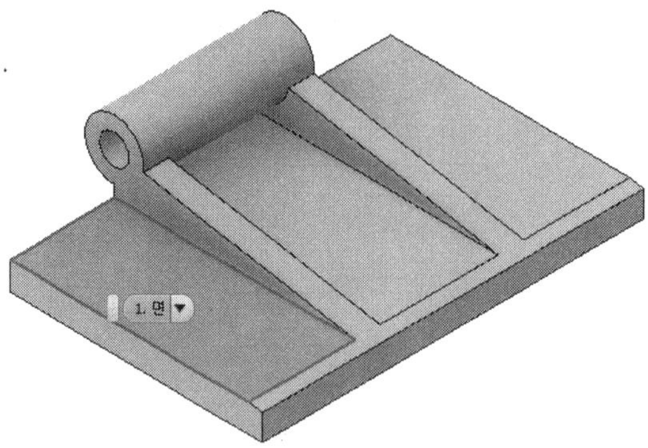

⑭ 2D스케치 작성 - 【점】 선택 → 윗 면에 두 점을 찍습니다. 【치수】 → 각각 15mm x 6.5mm → 【스케치 마무리】를 선택합니다.

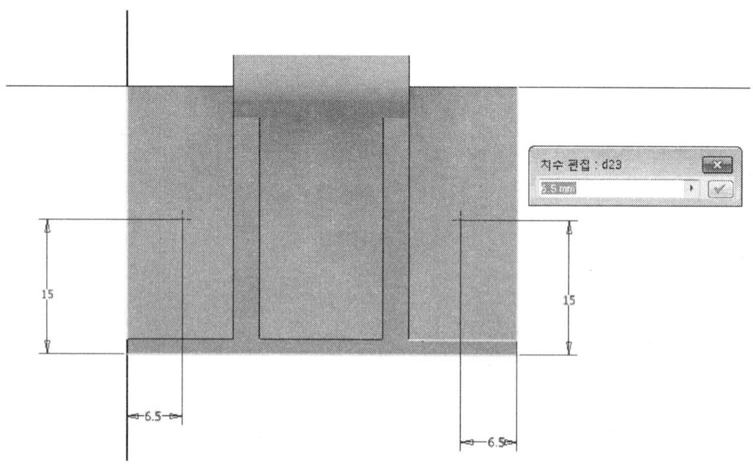

⑮ 3D 모형- 【구멍】 도구로서 【배치】는 시작스케치, 【카운트싱크】, 윗 치수 9mm, 아래치수 5mm를 입력, 【확인】을 선택하여 완료합니다.

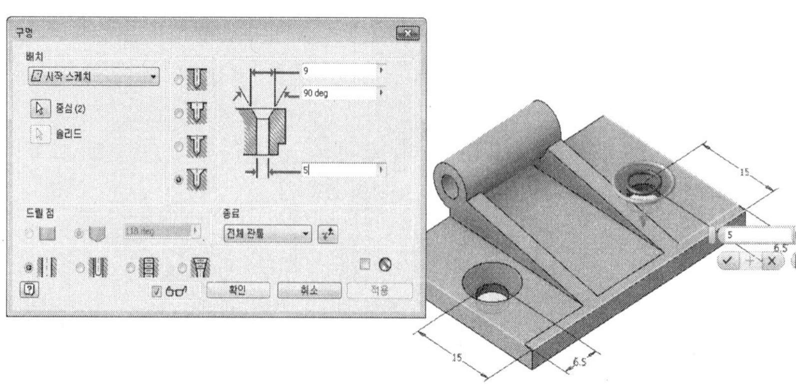

⑯ 3D 모형- 【모깍기】 도구로서 【모서리】는 반지름 5, 모서리는 2군데, 【확인】을 선택하여 작업을 종료합니다.

2) 경첩 B

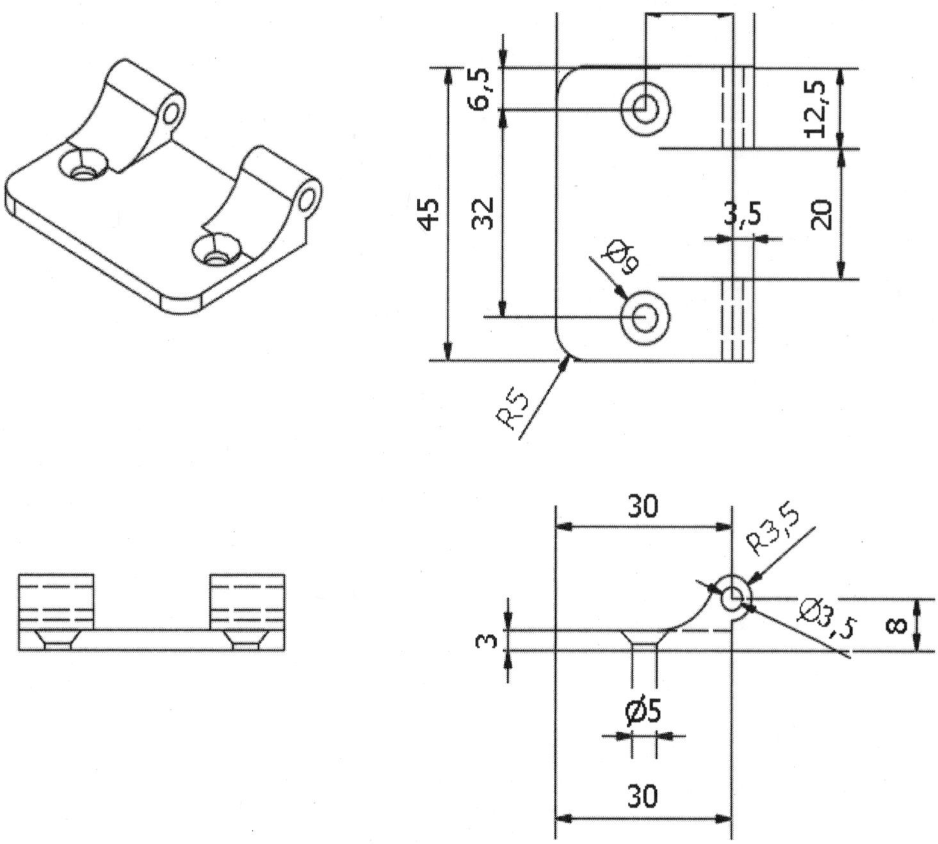

① 【2D스케치 시작】 - 【XY평면】, 【선】, 【원】, 【치수】 도구, 【스케치 마무리】로 완료합니다.

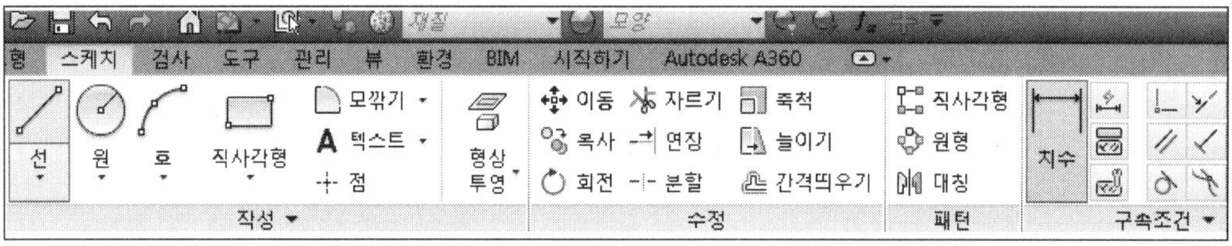

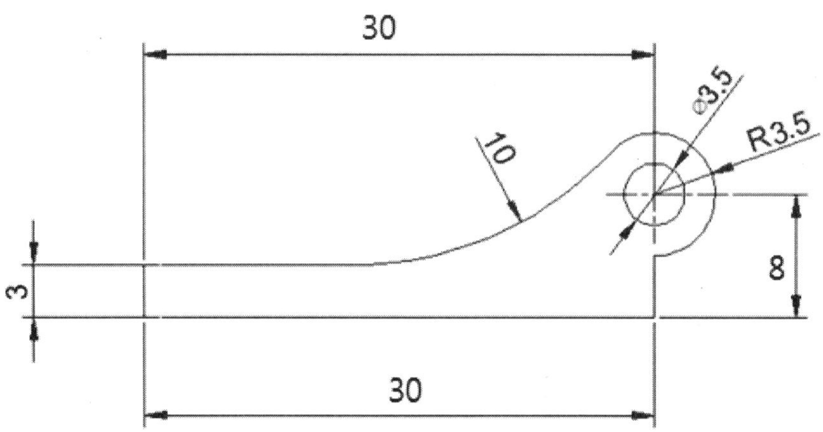

② 【2D스케치 시작】 - 【접선】을 이용한 도형 그리기

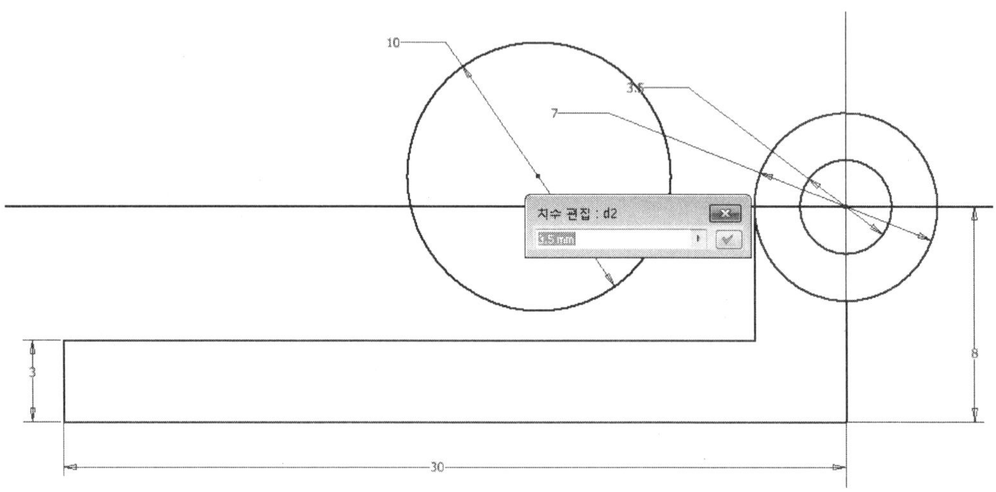

☞ 스케치 Tip : 아래 그림처럼 【원】, 【선】을 이용하여 도형과 R10을 그립니다.

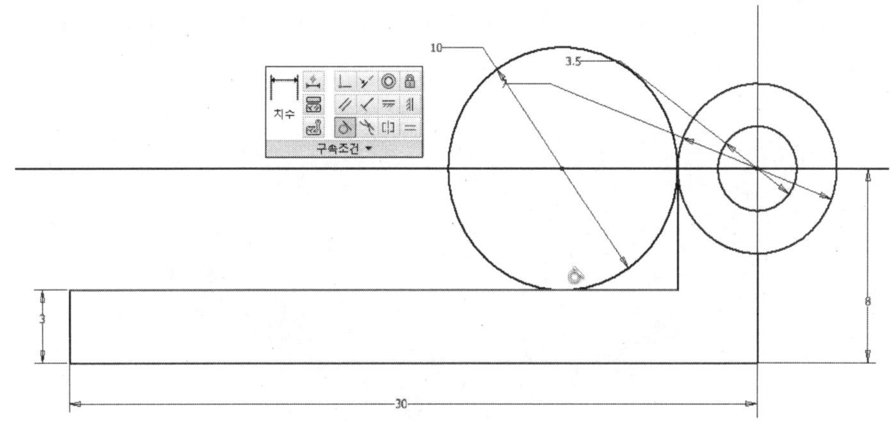

☞ 스케치 Tip : 구속조건 【접선】, 원이 접하는 2 군데를 지정해서 접하게 합니다.

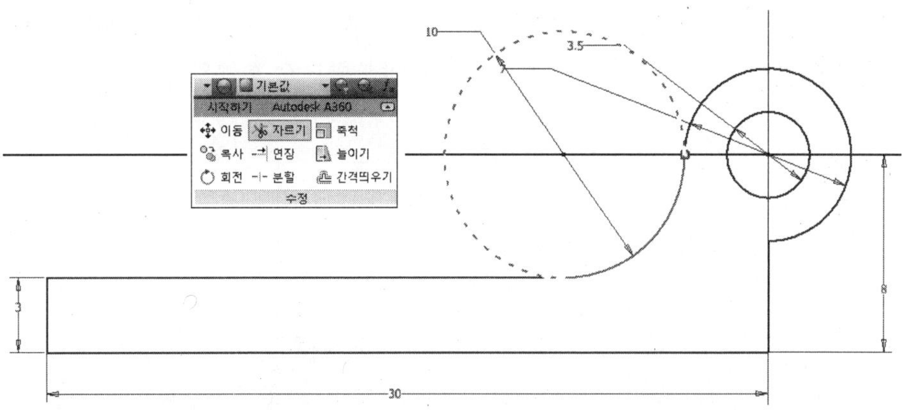

☞ 스케치 Tip : 수정 탭의 【자르기】로 원에 접하는 곳을 잘라 줍니다.

③【3D 모형】 탭의 【돌출】 도구 → 【범위】 (거리 = 45mm) 【확인】을 선택합니다.

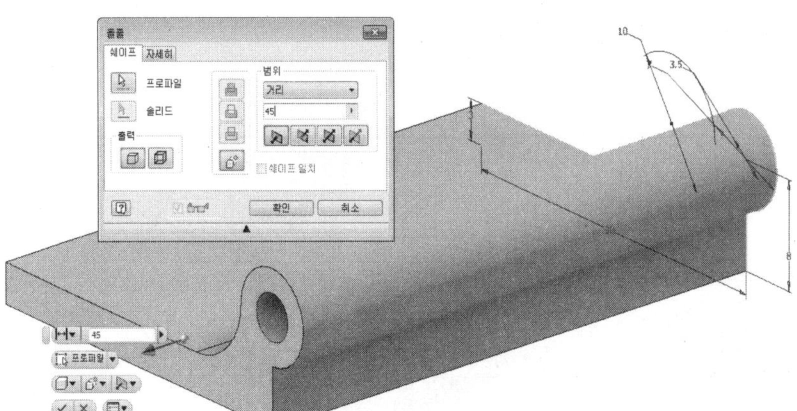

④ 【2D스케치 시작】 -방향을 바꿔 스케치 면을 아래쪽의 좁은 면을 선택합니다. (F4키 이용)

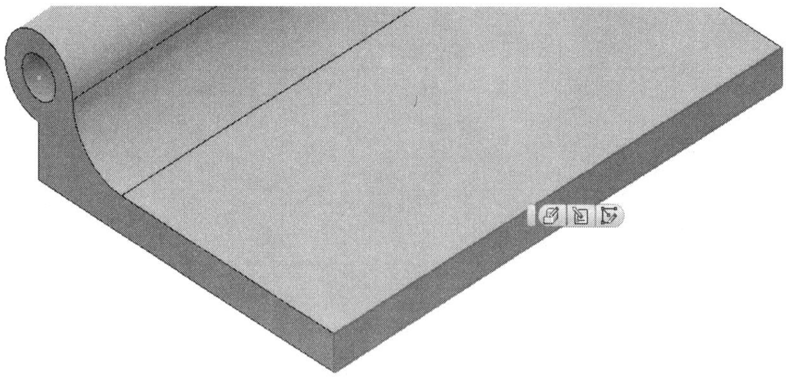

⑤ 2D스케치 작성 - 【직사각형】 선택 → 아래처럼 사각형의 도형을 그립니다. 【치수】 → 폭 12.5mm 씩 → 【스케치 마무리】를 선택합니다.

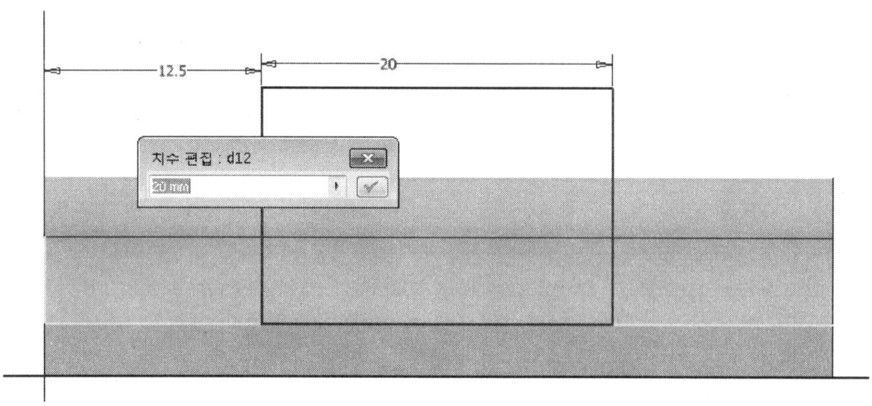

⑥ 3D 모형 - 【돌출】 도구로서 【거리】는 45mm, 【쉐이프】는 차집합, 【확인】으로 완료합니다.

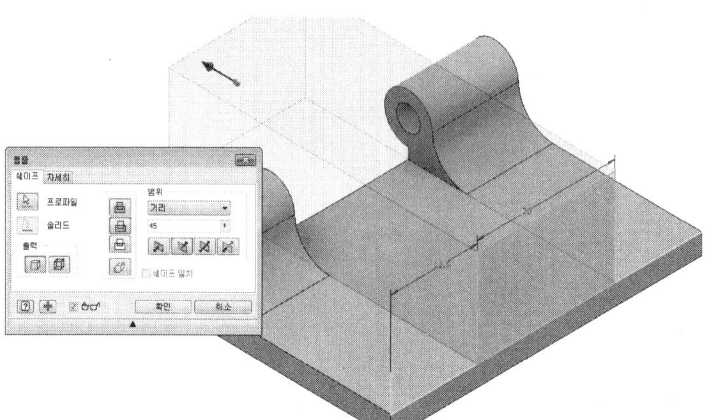

⑦ 2D 스케치 시작 - 스케치 면을 아래쪽의 넓은 면을 선택합니다.

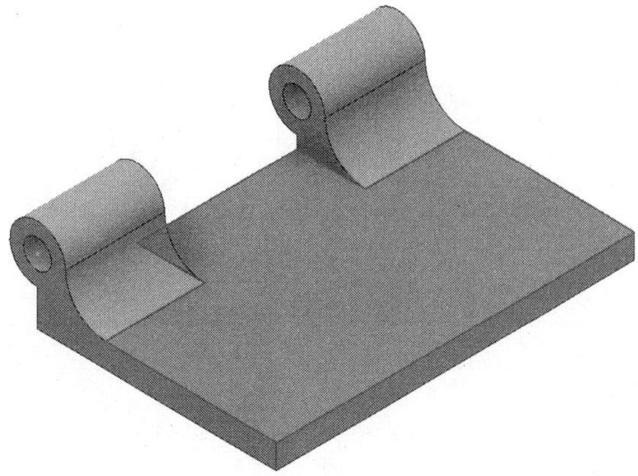

⑧ 2D스케치 작성 - 【점】 선택 → 윗면에 두 점을 찍습니다. 【치수】 → 각각 15mm x 6.5mm → 【스케치 마무리】를 선택합니다.

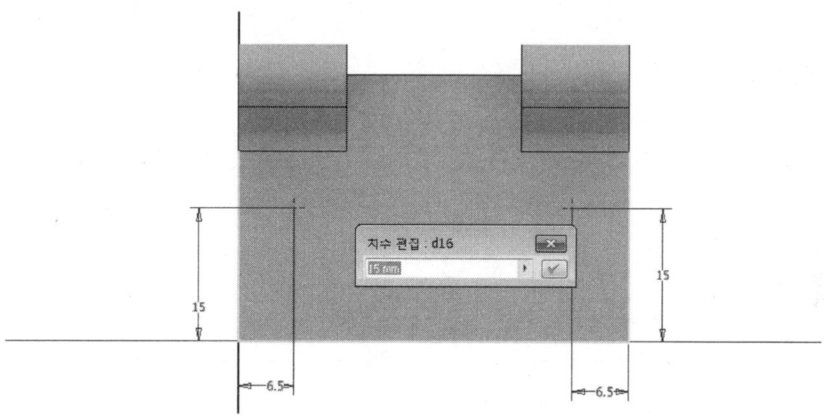

⑨ 3D 모형- 【구멍】 도구로서 【배치】는 시작스케치, 【카운트싱크】, 윗 치수 9mm, 아래치수 5mm를 입력, 【확인】을 선택하여 완료합니다.

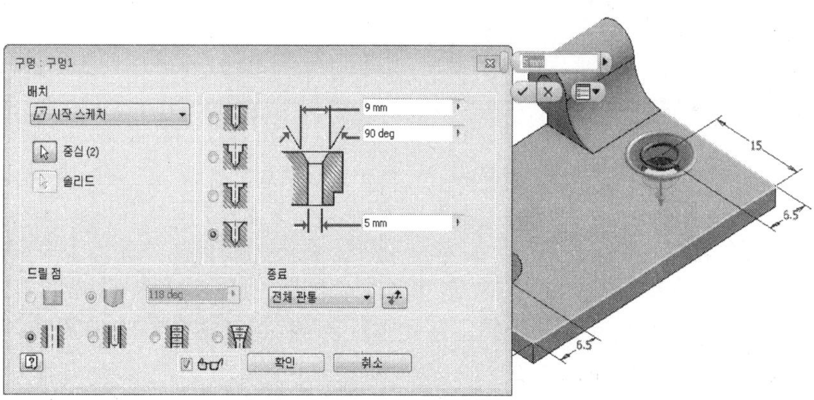

⑩ 3D 모형- 【모깍기】 도구로서 【모서리】는 반지름 5, 모서리는 2군데, 【확인】을 선택하여 작업을 종료합니다.

3) 경첩 조립용 볼트

①【2D스케치 시작】 - 【XY평면】, 【선】, 【치수】도구, 【스케치 마무리】로 완료합니다.

(프로파일 작성 설명 생략)

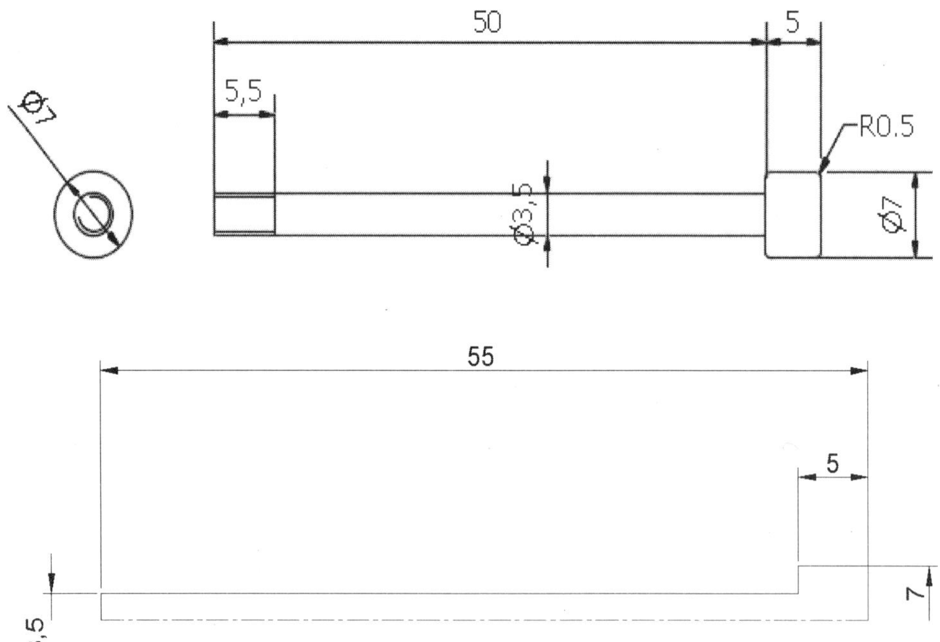

① 3D 모형의 【회전】 명령어를 선택, 중심선을 선택, 【확인】합니다. 【스레드】로 볼트도 만듭니다. 【M3.5 x 0.6】로 하고 【저장】을 선택합니다. 파일명은 『장석용 볼트.ipt』 입니다.

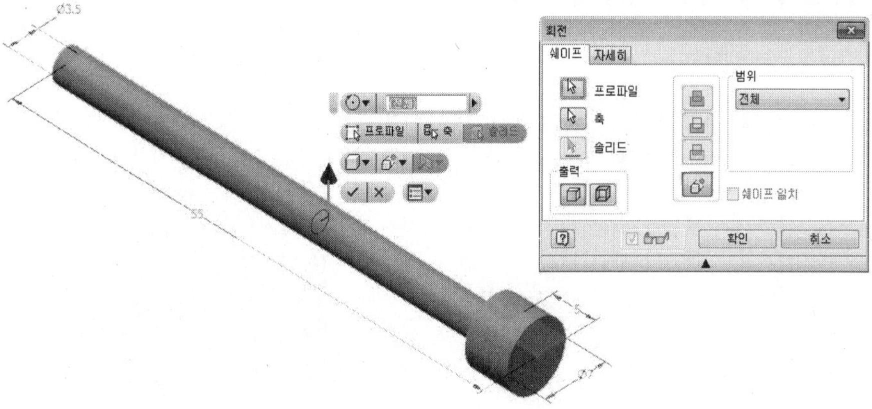

4) 경첩 조립용 너트

①【2D스케치 시작】 - 【XY평면】, 【원】 도구, 【스케치 마무리】로 완료합니다.

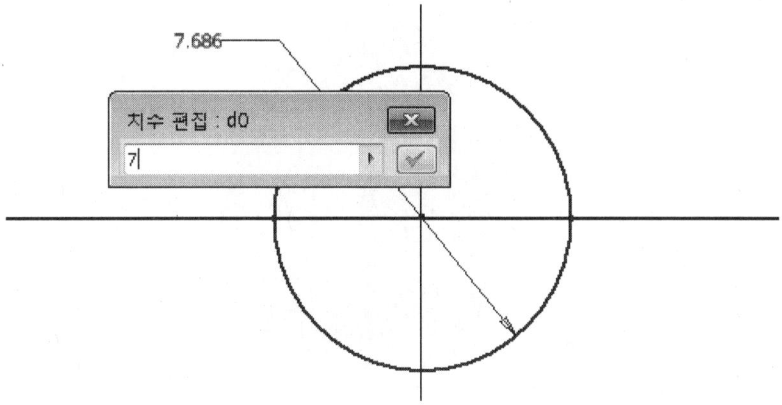

②【3D 모형】 → 【돌출】을 선택, 거리 5mm 값을 줍니다. 너트 머리 부위 입니다.

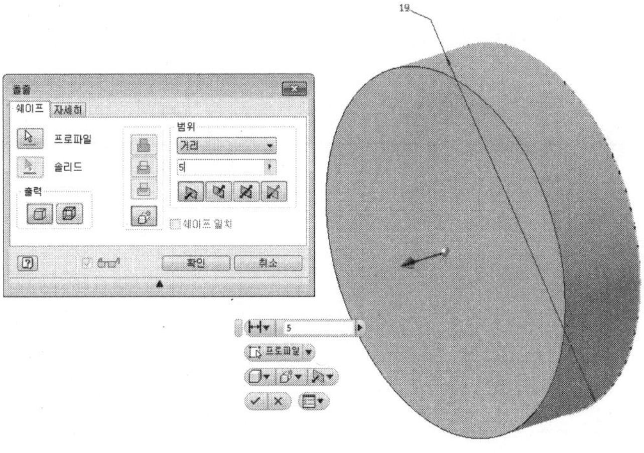

③ 3D 모형 → 모깎기 1 mm를 합니다.

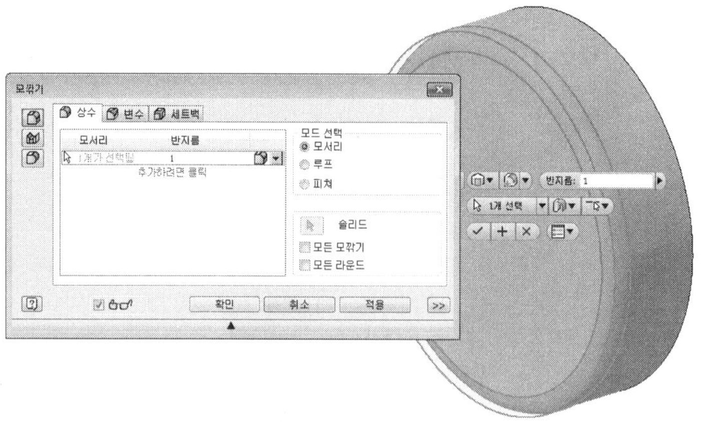

④ 2D 스케치로 작업 면을 볼트 머리 부위를 선택합니다.

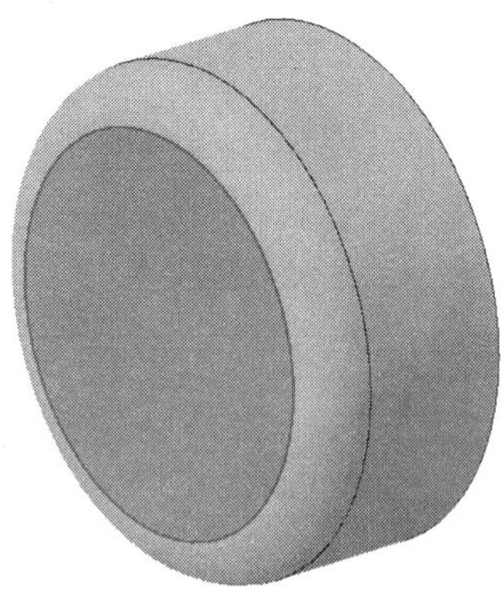

⑤ 형상투영으로 볼트 머리 부위 면 모두 선택하고 【폴리곤】 도구로 원에 내접하는 6각형을 그려 줍니다.

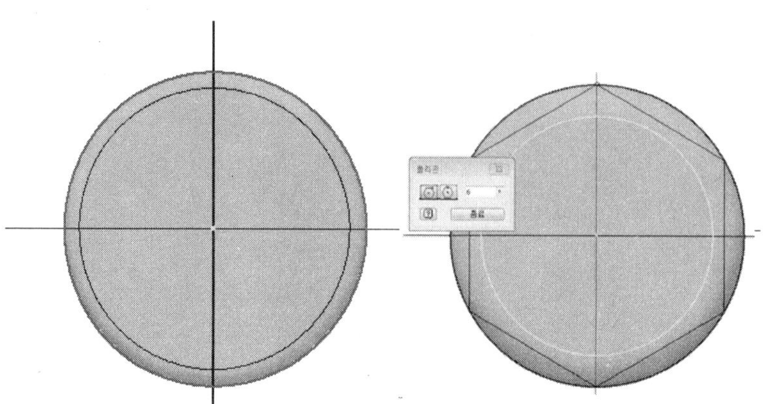

⑥ 3D 모형의 【돌출】 도구로 육각형의 형상을 클릭한 후 쉐이프는 【교집합】, 【거리】는 5mm를 준 뒤 【확인】 을 합니다.

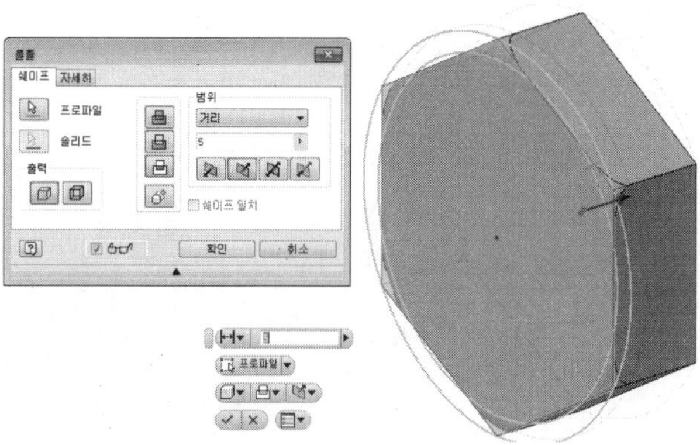

⑦ 2D 스케치로 머리부 평면을 지정, 【점】 도구로 중심선 가운데 점을 찍고 【확인】 합니다.

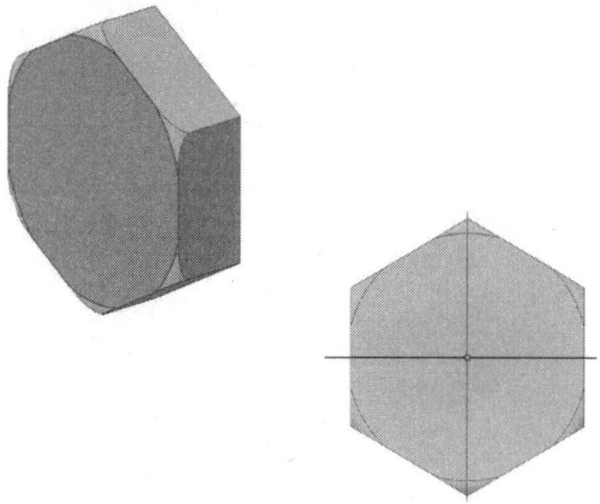

⑧ 3D 모형의 【구멍】 도구, 【시작스케치】 로 중심점을 찍은 뒤 【확인】 을 합니다.

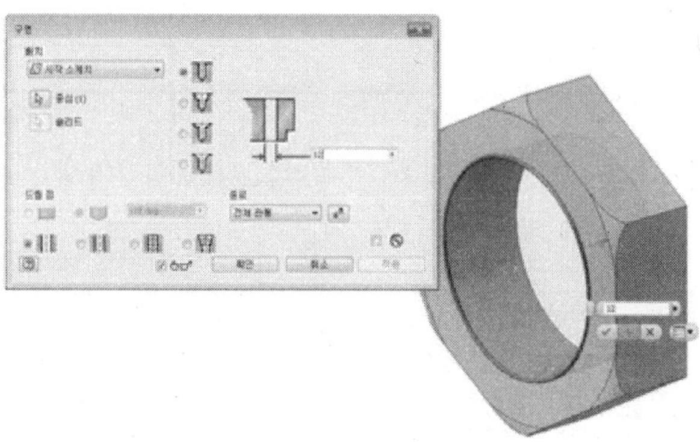

⑨ 3D 모형의 【스레드】 도구로 【크기】는 M3.5mm, 【지정】은 M3.5x1.5를 한 뒤 【확인】 을 합니다.

⑩【저장】 도구로 『장석-너트.ipt』 이라는 이름으로 저장, 【확인】 을 합니다.

5) 캡

①【2D스케치 시작】 - 【XY평면】, 【선】 도구, 【스케치 마무리】로 완료합니다.

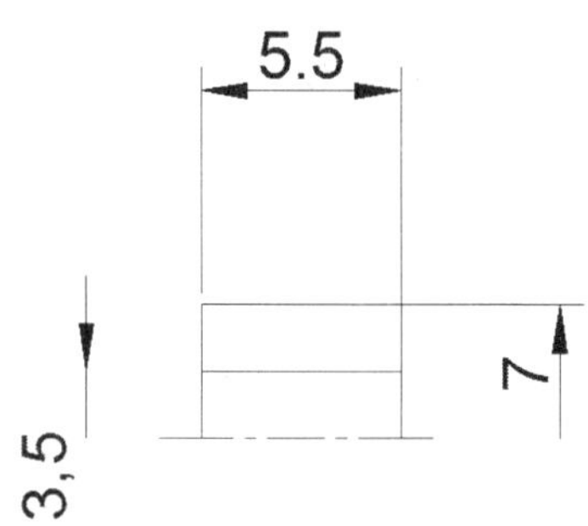

②【3D 모형】 - 【작성】 패널 에서 【회전】→ 범위 (전체) → 【확인】을 선택 합니다.

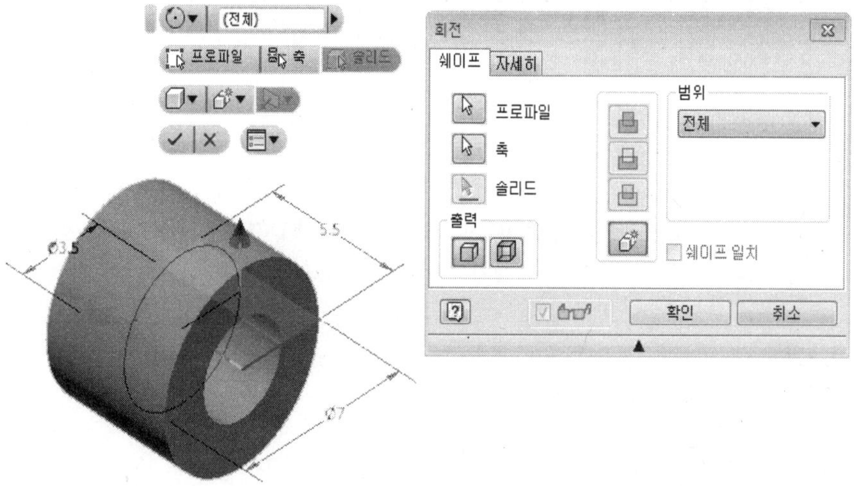

③【3D 모형】 - 【수정】 【스레드】→ 구멍 면을 선택, 스레드 유형 (ANSI Metric Profile), 크기 (3.5), 지정 (M3.5x 0.6) 오른쪽 선택.

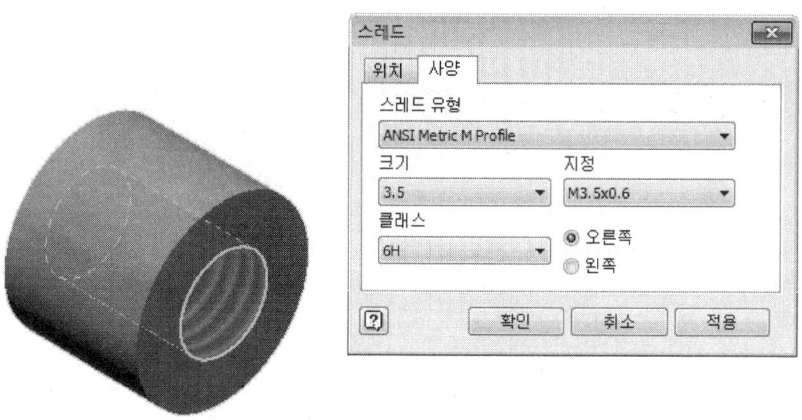

④【3D 모형】 - 【모깍기】 → 반지름0.5mm→ 2개소 선택→ 【확인】→ 저장 파일명 『캡.ipt』

2D 스케치 작성
상자
돌출
회전
로프트
스윕
리브
코일
엠보싱
파생
구멍
모깎기
모따기
쉘
면 기울기
스레드
분할
결합
면 이동
객체 복사
본체 이동
스케치
기본체
작성
수정

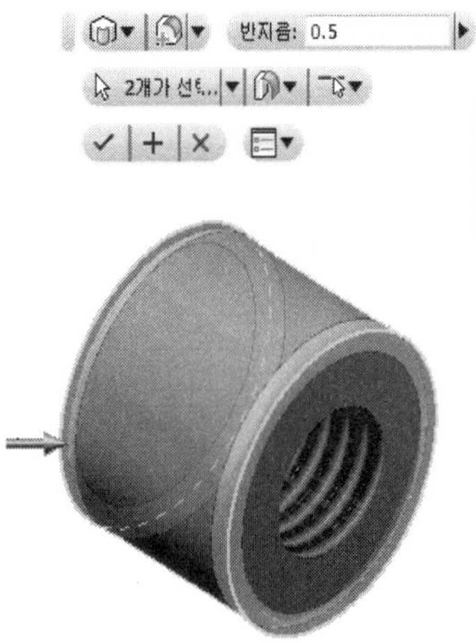
반지름: 0.5
2개가 선택...

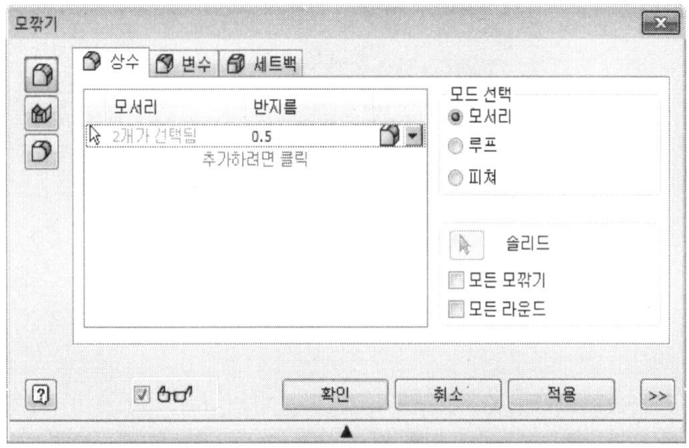
모깎기
상수
변수
세트백
모서리
반지름
2개가 선택됨
0.5
추가하려면 클릭
모드 선택
모서리
루프
피쳐
솔리드
모든 모깎기
모든 라운드
확인
취소
적용
>>

2. 전동기 부품

지금부터는 앞 장에서 배운 기본 도형 만들기를 기초로 하여 부품 형상에 대한 모델링을 실습합니다. 교재에서는 산업기사 시험에 준하는 난이도와 부품 가지 수를 정해서 도면을 정했고, 각 주어진 치수대로 2D 스케치로 프로파일을 완성한 후 3D모형을 만들어 부품을 완성합니다.

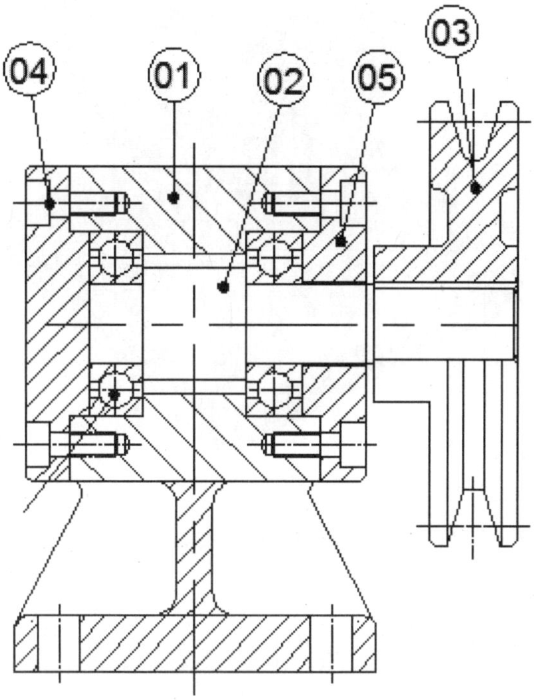

전동기의 구성

1. 본체 (Main Frame) 1 개

2. 축 (Shaft) 1개

3. V-풀리 (V-Pulley) 1개

4. 밀봉형 커버 (Cover - A Type)

5. 개방형 커버 (Cover - B Type)

6. 기타, 볼트, 베어링 등 라이브러리에서 불러올 수 있는 파일들

■ 부품 만들기

1) 본체 (Main Frame) - **새로 만들기** - Standard.ipt **선택**

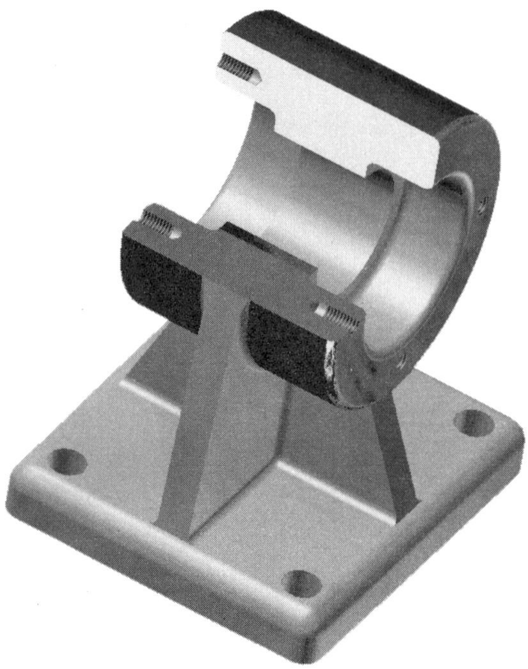

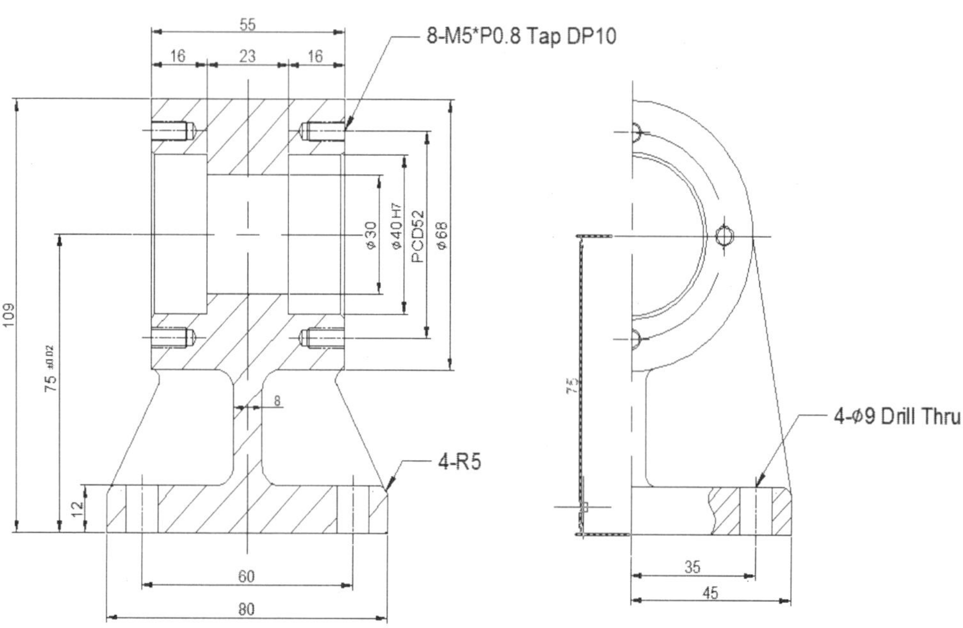

■ 본체 그리기

① 프로그램 실행 : 새 파일 → Standard.ipt → 작성합니다.

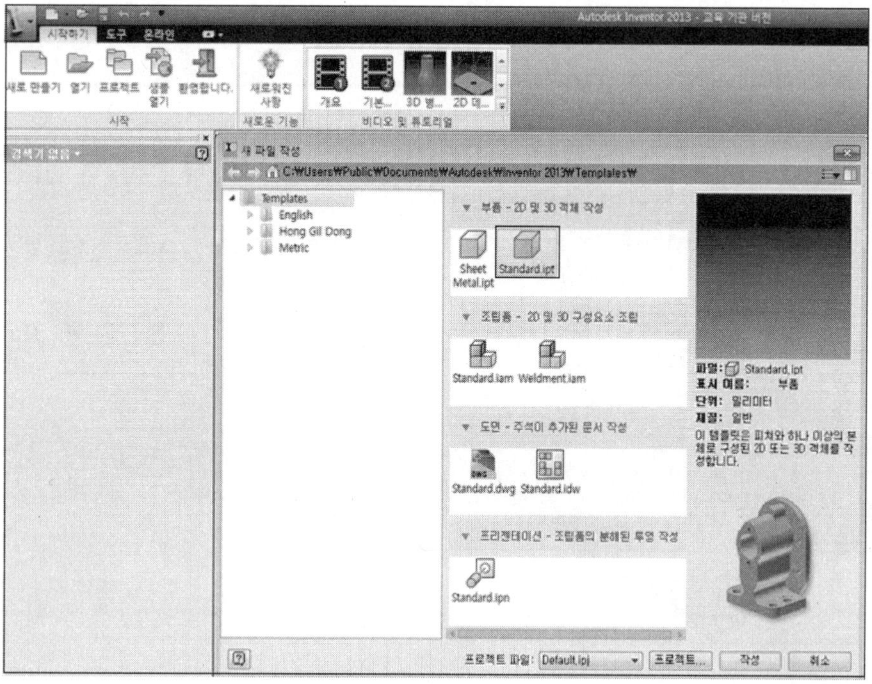

② 2D 스케치 : 스케치 패널 에서 **직사각형**→ 치수 80 x 90 → 스케치를 완료합니다.

③ 3D 모형 : 작성 패널 에서 돌출→ 범위 (거리 = 12) → 확인을 선택합니다.

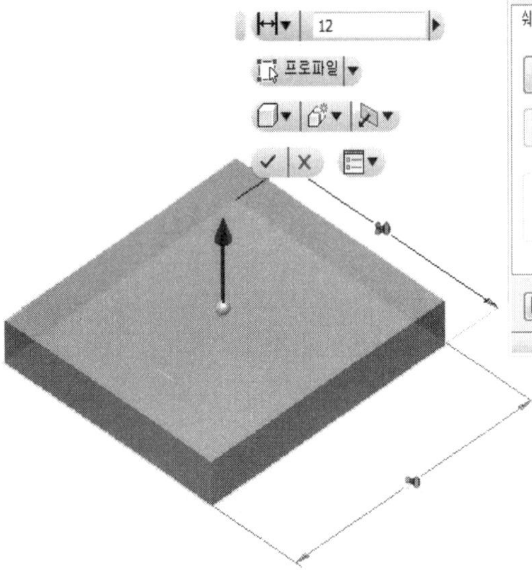

④ 2D 스케치 : 스케치 패널 에서 점→ 치수→ 아래의 치수대로 치수 입력을 합니다.

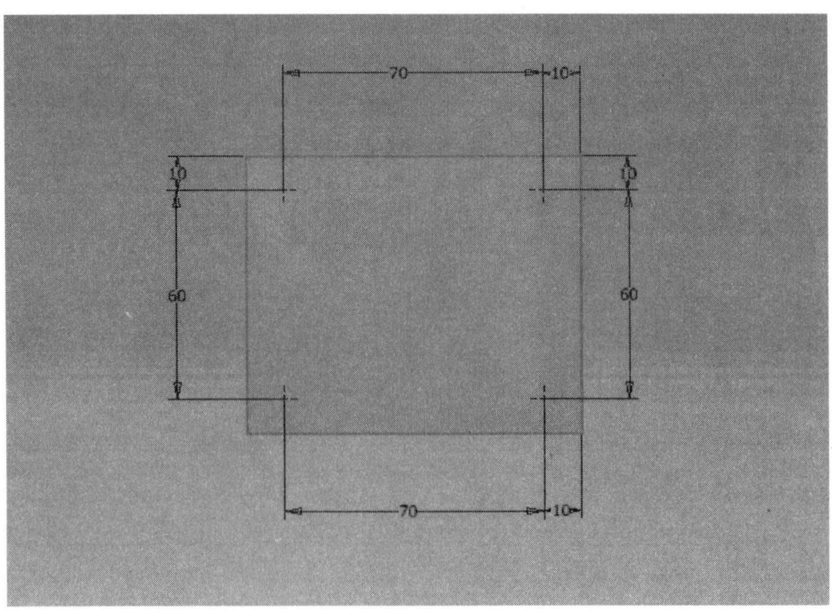

⑤ 3D 모형 : 작성 패널 에서 **구멍** → 전체 관통 9mm → 확인

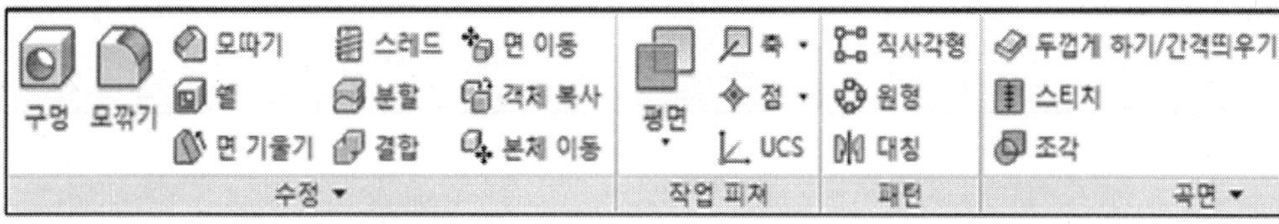

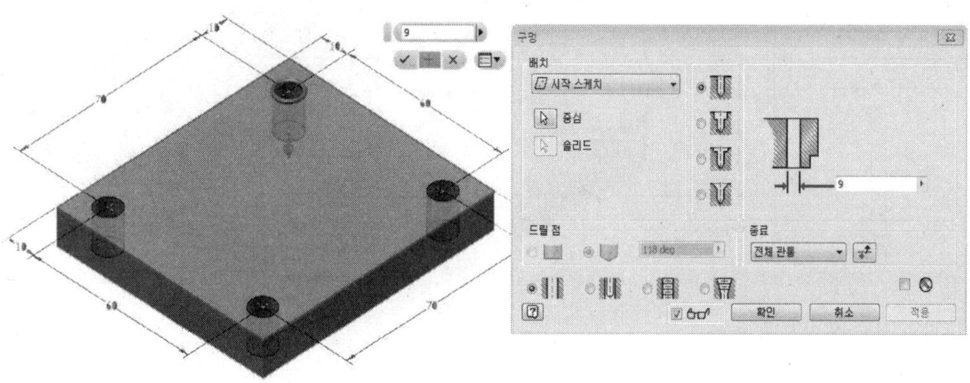

⑥ 3D 모형 : 수정 패널 에서 **모깎기** → 전체 8 군데 모서리 반지름 5mm → 확인

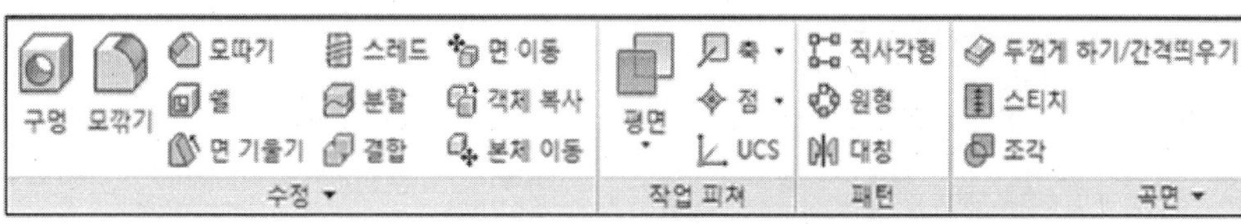

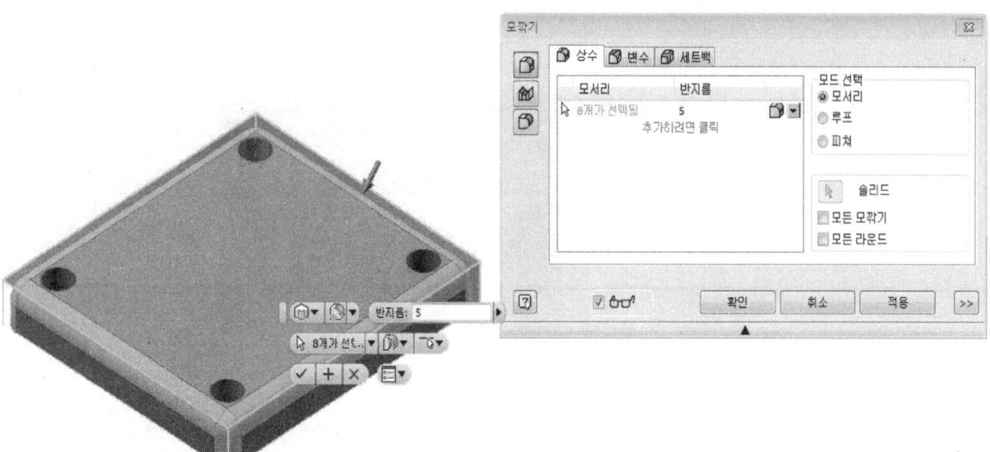

⑦ 3D 모형 : 작업피쳐 패널 에서 **평면** → XZ 평면 → 그림 맨 좌측(붉은색), 맨 우측(회색) 선택을 합니다. 이 경우 작업 평면은 두 평면의 가운데에 위치하게 됩니다.

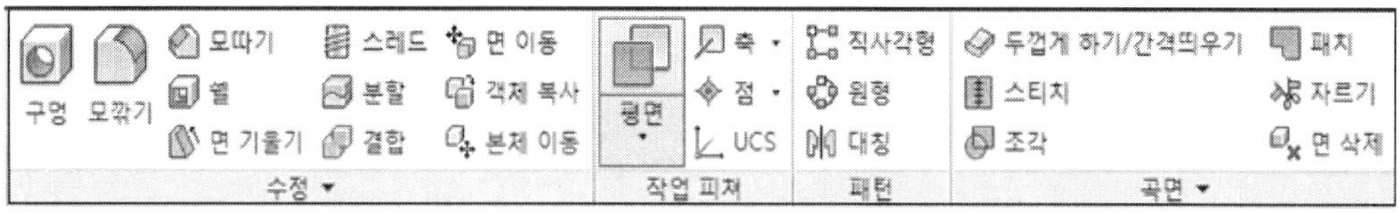

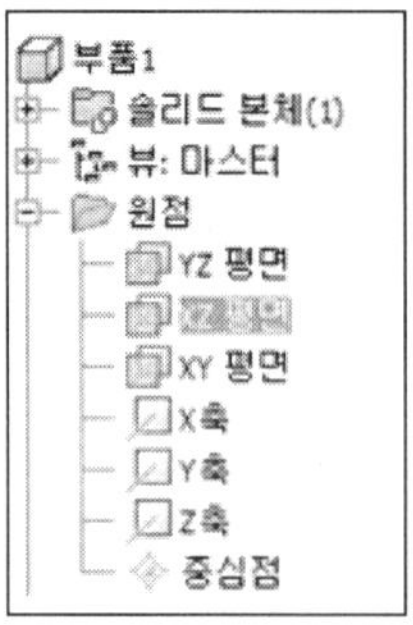

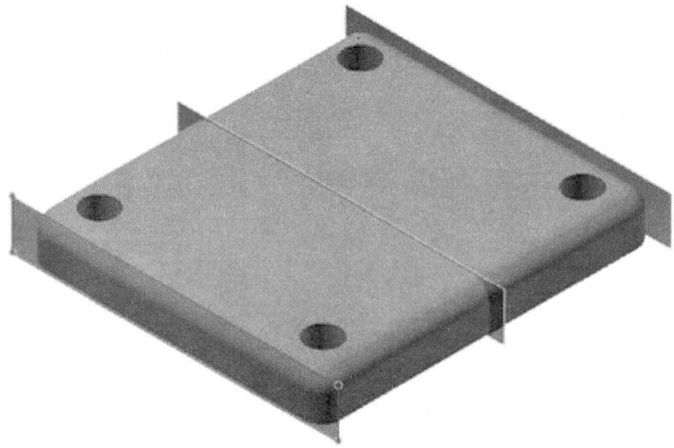

⑧ 2D 스케치 : 2D 스케치 → 작업창에서 XZ 평면 선택 아래의 도면처럼 2D 스케치 작업을 수행합니다. 선→ 치수→ 스케치, 도면대로 수정, 남은 한 선은 중심선 표시로 마무리합니다.

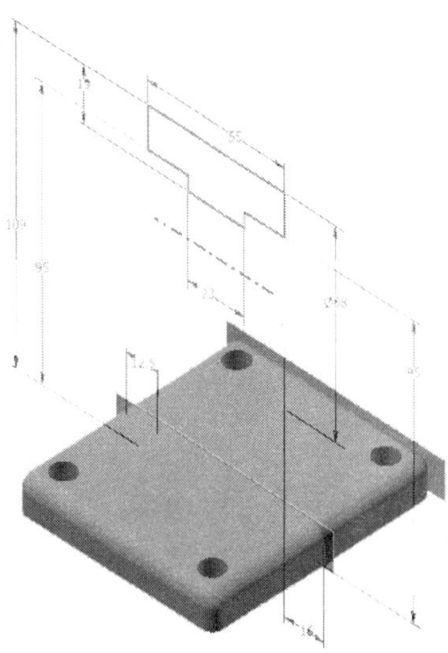

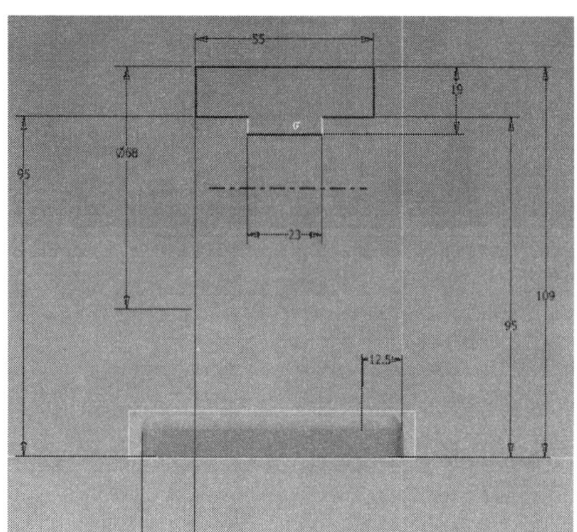

⑨ 3D 모형 : 작성 패널 에서 **회전** → 중심축(일점쇄선) 선택→ 전체→ 확인을 선택합니다.

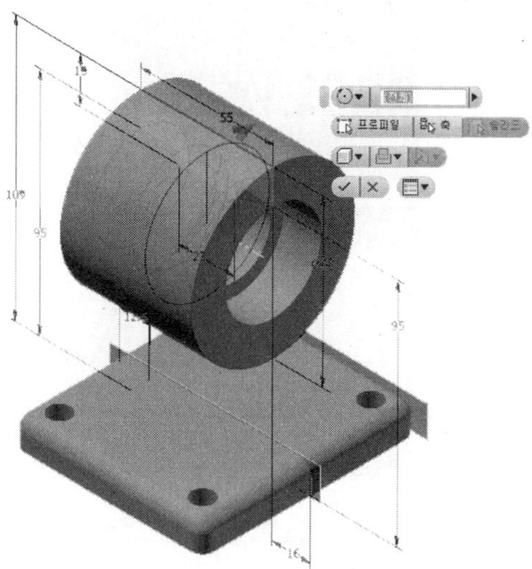

⑩ 2D 스케치 : 2D 스케치 → 그리기→ 형상투영을 선택합니다. 작업창의 작업평면에 가려진 부품 베이스 면을 선택하여 형상을 투영합니다. 2D 스케치를 원활히 하기 위함입니다.

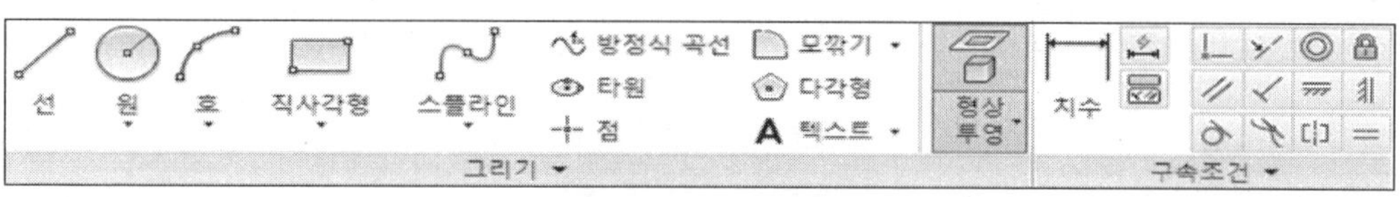

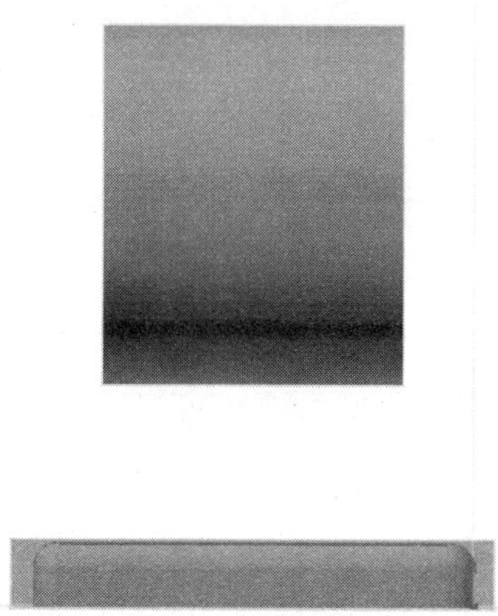

⑪ 2D 스케치 : 2D 스케치 → 그리기→ 선을 선택합니다. 치수를 선택하여 도면에 주어진 치수대로 수정, 입력합니다.

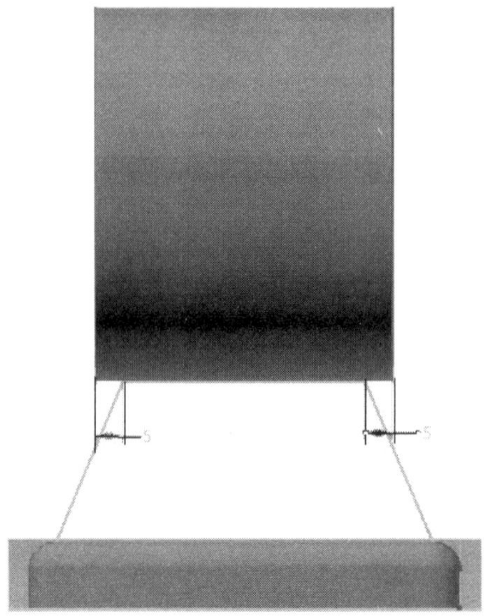

⑫ 3D 모형 : 작성 패널 에서 돌출→ 범위 (거리8mm)→ 양쪽 돌출→ 확인을 선택합니다.

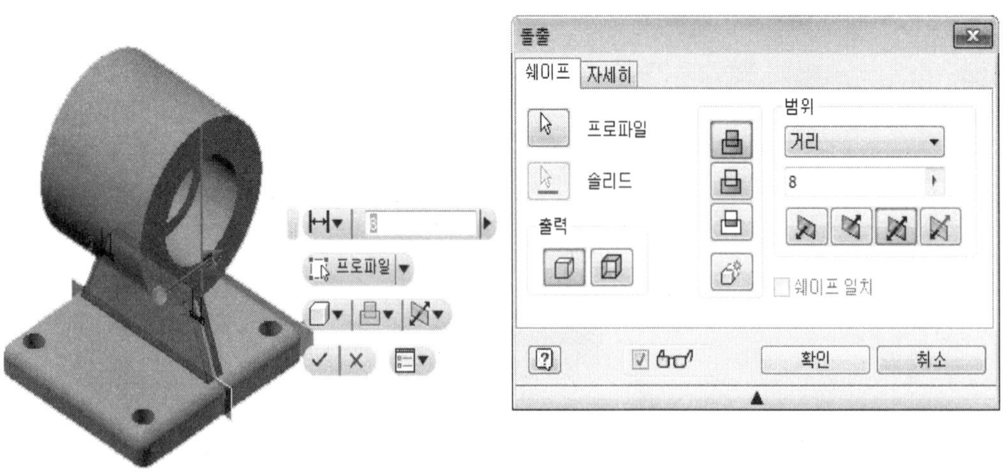

⑬ 3D 모형 : 작업피쳐 패널 에서 **평면** → YZ 평면 → 그림 맨 우측(붉은색)을 선택 합니다. 이 경우 작업 평면은 두 평면의 정 가운데 위치하게 됩니다.

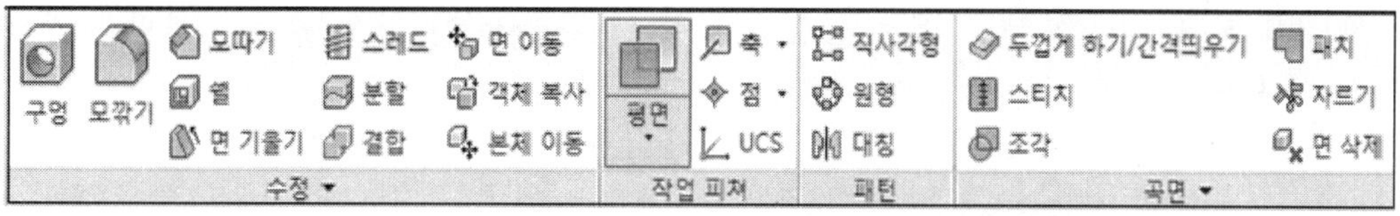

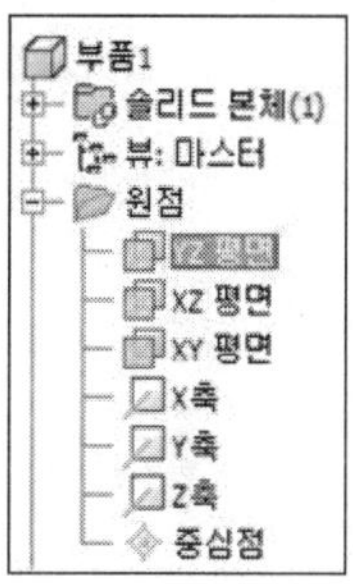

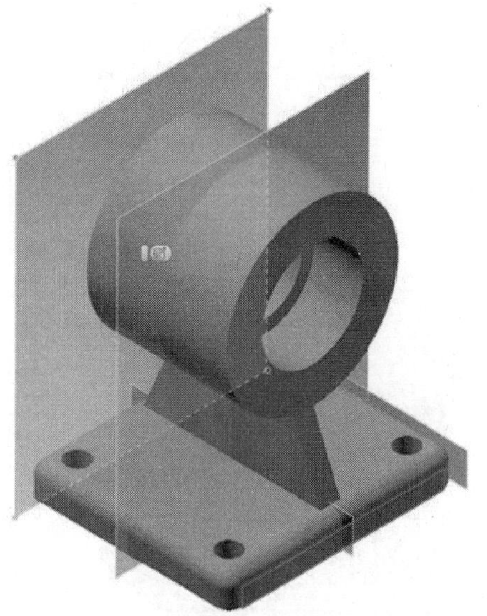

⑭ 2D 스케치 : 기능키 (F7) 을 눌러 단면을 절단해 줍니다. 그리고 형상투영으로 작업평면에 가려진 형상의 모습을 투영시킵니다. 2D 스케치의 그리기 → 선을 그어 접선을 지나는 프로파일을 그립니다. 스케

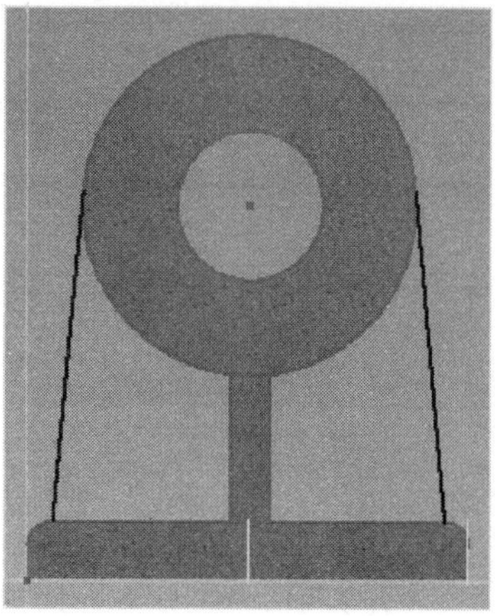

⑮ 3D 모형 : 작성 패널 에서 돌출→ 범위 (거리8mm)→ 양쪽 돌출→ 확인을 선택합니다.

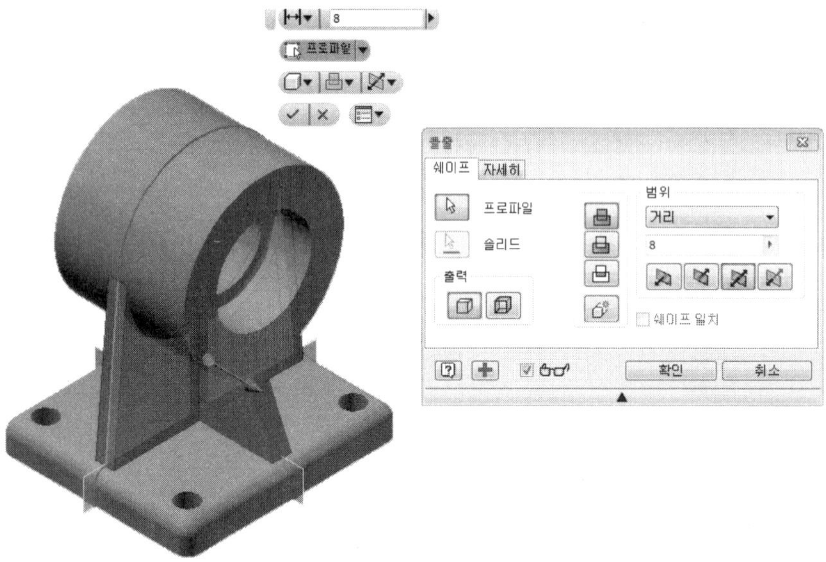

⑯ 2D 스케치 : 그리기→ 점 → 치수→ 치수편집 52/2를 합니다.

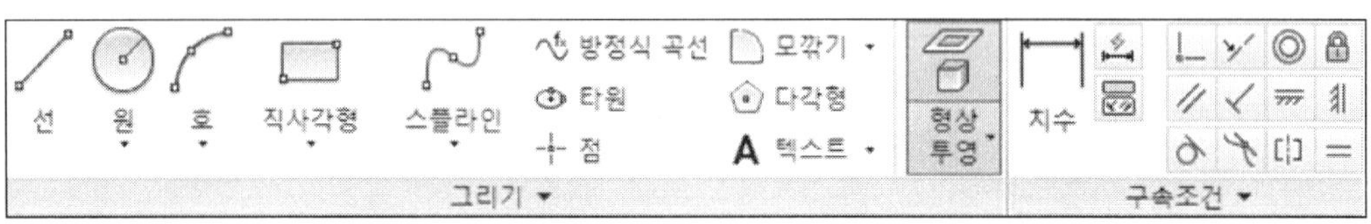

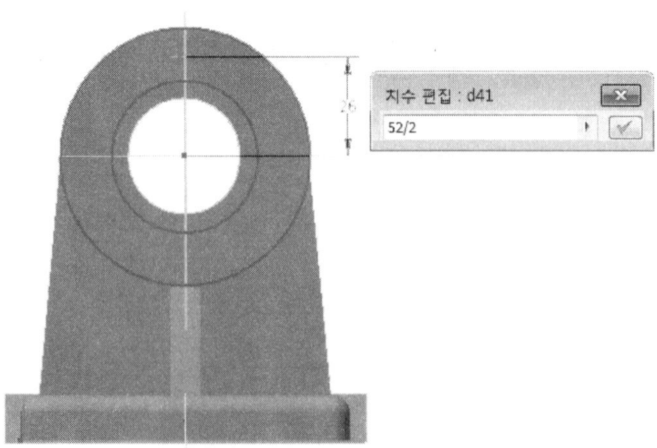

⑰ 3D 모형 : 작성 패널 에서 **구멍** → 거리 10mm, 드릴 점 118도, 스레드유형 ANSI Metric M Profile 선택, 크기 5, 지정 _5 x 0.8 → 확인을 눌러 종료합니다.

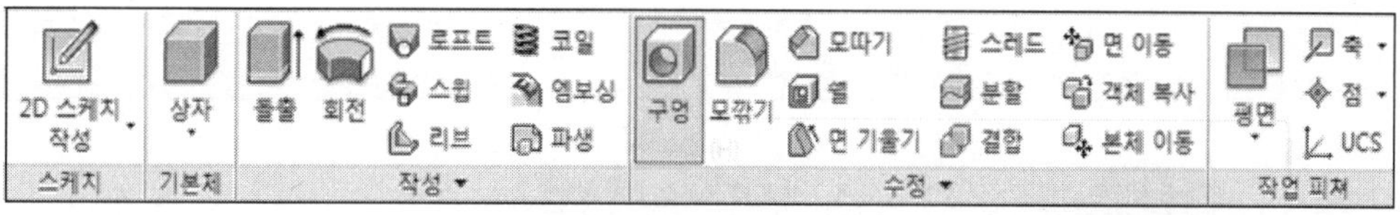

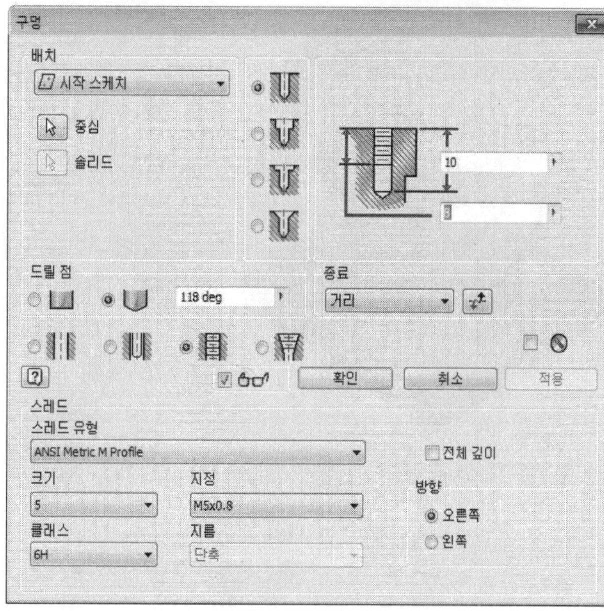

⑱ 3D 모형 : 작성 패널 에서 **원형 패턴** → 피처는 구멍, 회전축은 원통의 중심 → 배치는 4개, 각도는 360도를 지정 후 확인을 눌러 종료합니다.

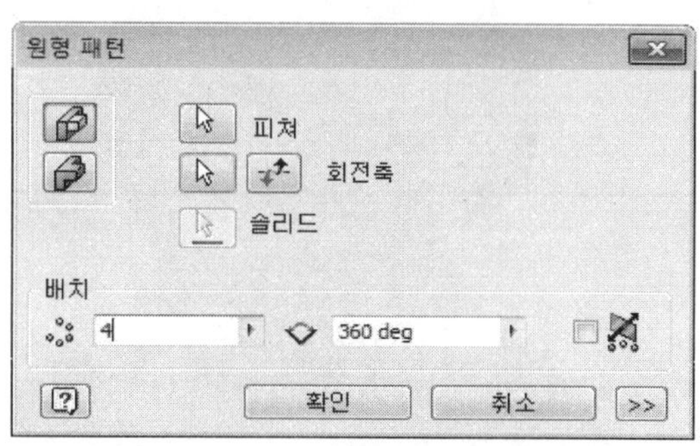

⑲ 3D 모형 : 수정 → 모깎기 → 남아있는 모서리 부 모두를 2mm 모깎기 합니다.

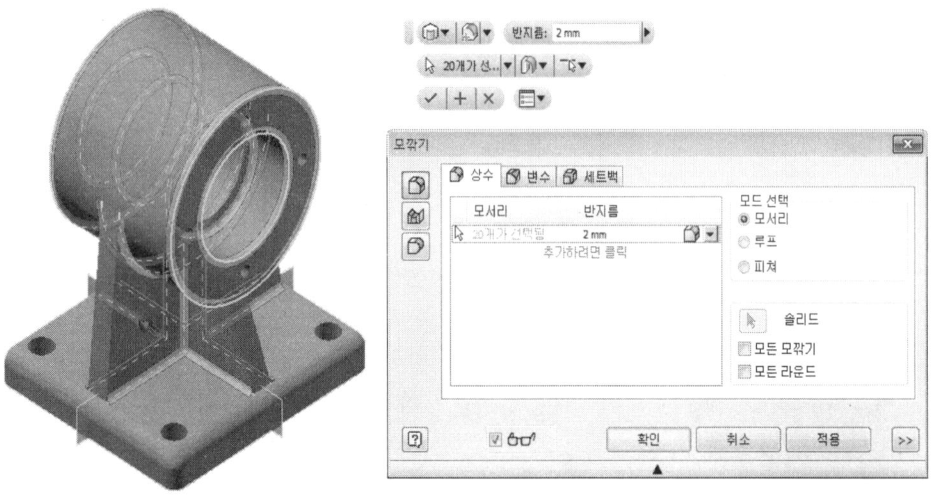

⑳ 3D 모형 : 패턴→ 대칭→ 피쳐 (나사선택), 대칭평면 (XY평면) 확인을 선택합니다.

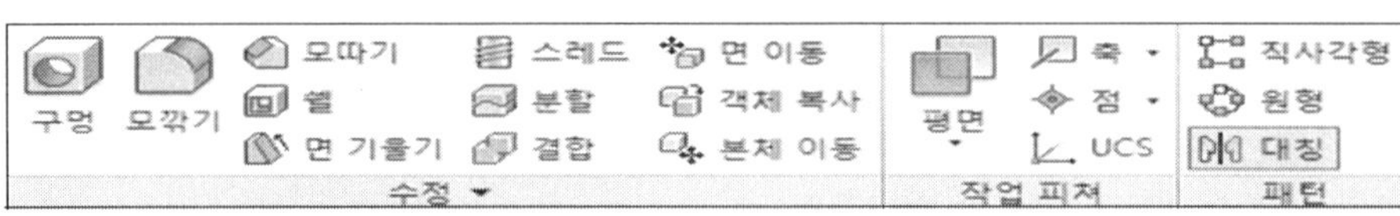

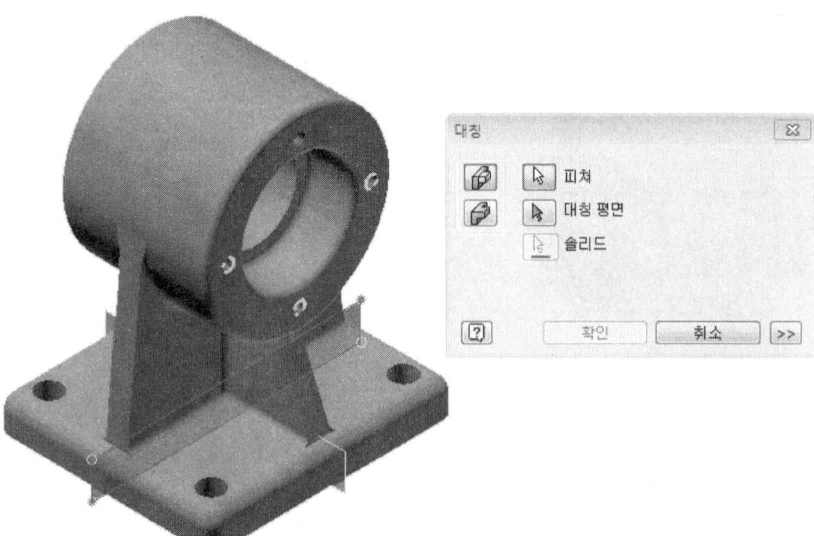

㉑ 작업평면 가시성 삭제

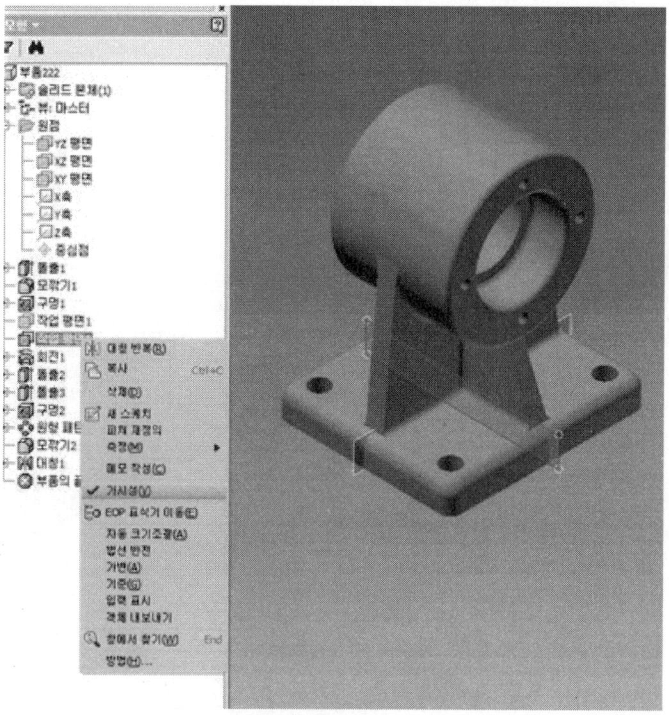

■ 표면에 원하는 색상을 입혀 완성시킵니다.

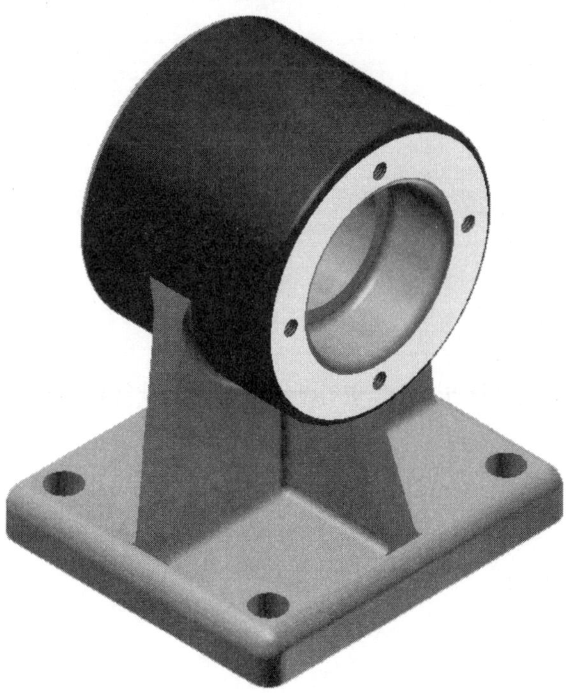

2) 축 (Shaft) -새로 만들기 - Standard.ipt 선택

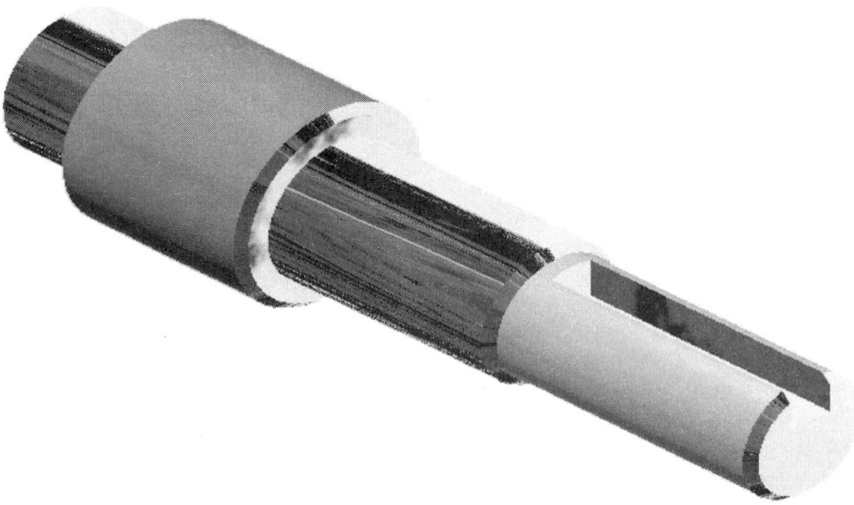

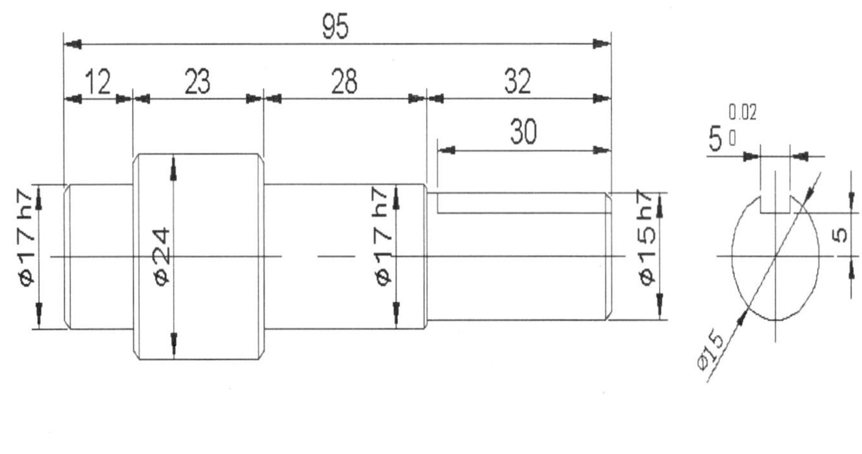

■ 축 (Shaft) 그리기

① 프로그램 실행 : 새 파일 → Standard.ipt → 작성합니다.

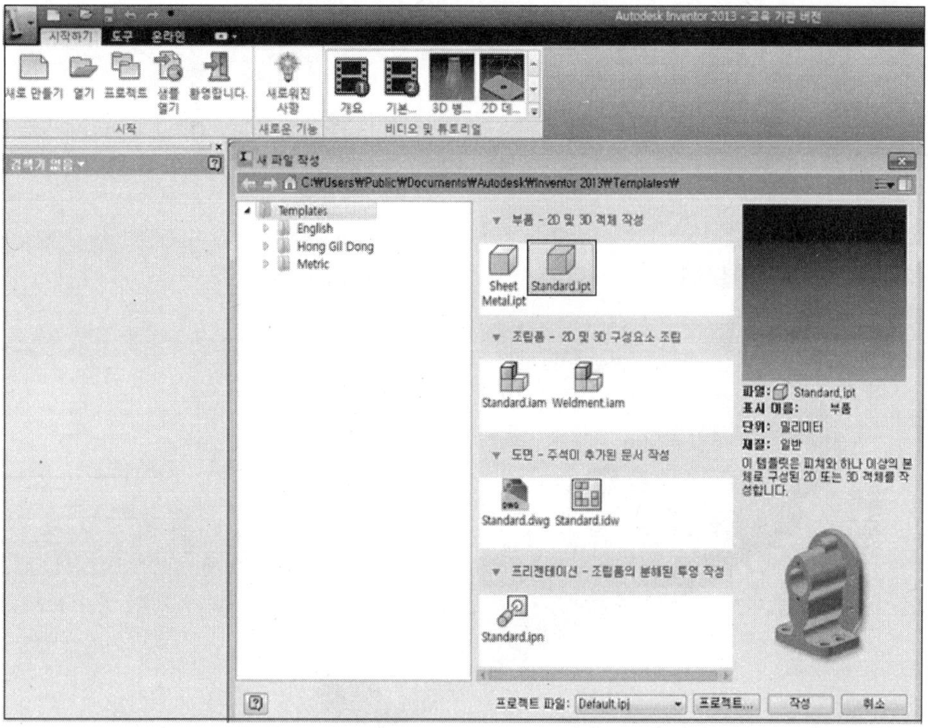

② 2D 스케치 : 스케치 패널 에서 선 선택 → 아래 그림과 같이 스케치 후 → 치수 작업을 통해 입력을 마치고, 스케치 마무리를 통해 프로파일 작성을 완료합니다.

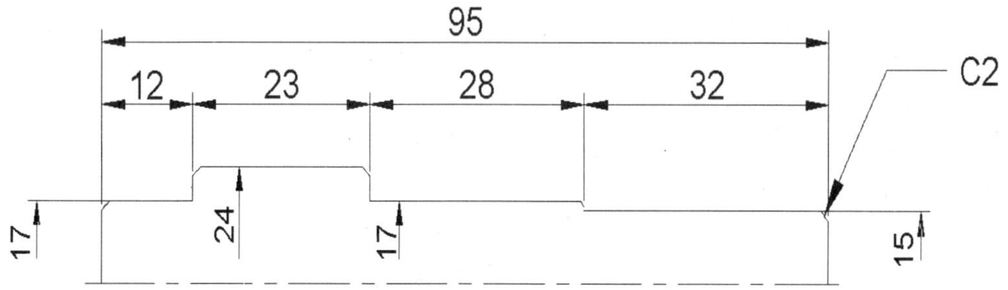

③ 3D 모형 : 작성 패널 에서 **회전**→ 전체 → 확인을 선택합니다.

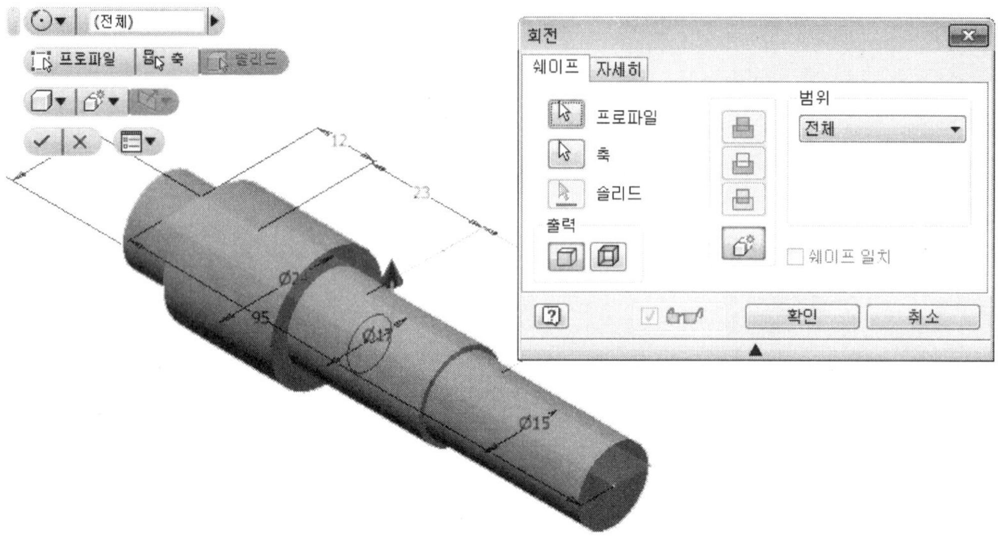

④ 3D 모형 : 작업피쳐 패널 에서 **평면** → XY 평면 → 맨 아래 축의 표면을 선택합니다. 이런 경우 XY평면이 축의 표면에 생성이 됩니다.

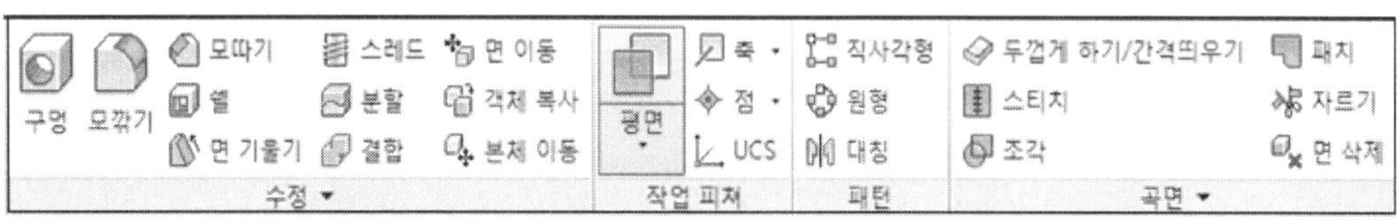

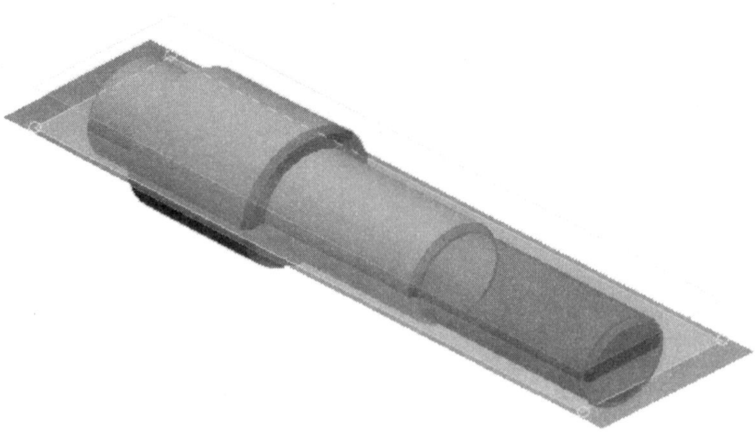

⑤ 2D 스케치 : 작업평면을 선택하여 2D 스케치를 합니다. 그 전에 형상투영으로 XY평면 아래에 위치한 형상을 투영합니다. 이것은 치수 수정 시 기준 치수로서 도움이 됩니다.

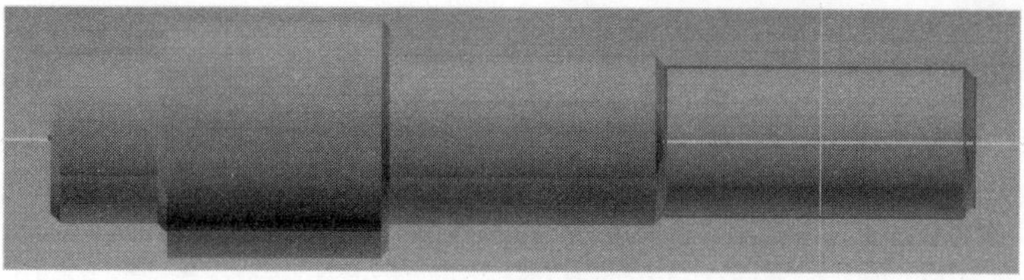

⑥ 2D 스케치 : 그리기 → 사각형을 선택하여 키이(Key)자리부 형상의 프로파일을 그립니다. → 치수를 선택해서 정확하게 값을 입력해서 치수 수정 후 → 스케치 종료를 합니다.

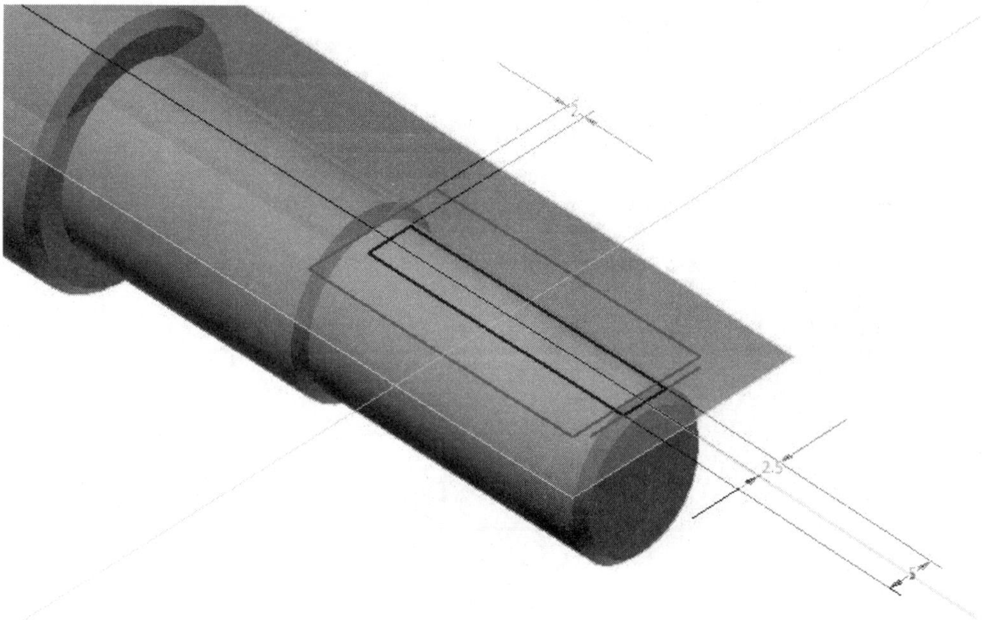

⑦ 3D 모형 : 작성 패널 에서 돌출(차집합) → 범위 (거리 5mm)→ 확인을 선택합니다.

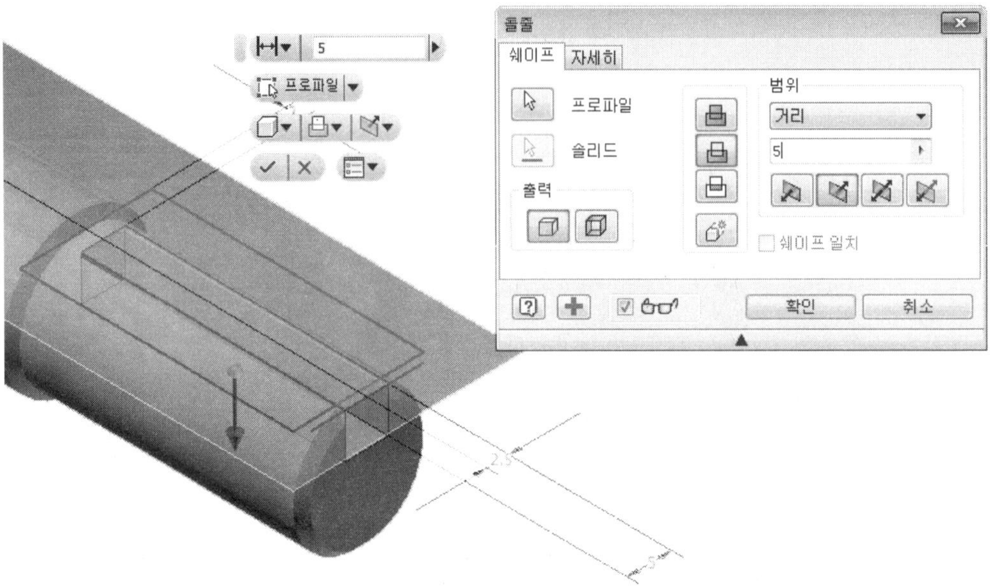

⑧ 색상 변경 : 베어링이 조립될 자리만 선택해서 **크롬-검정**처리를 한다 → 기타 풀리 조립부나 비 조립 부는 기본값 그대로 놓아둡니다.

3) 풀리 (V-Pulley) - 새로 만들기 - Standard.ipt

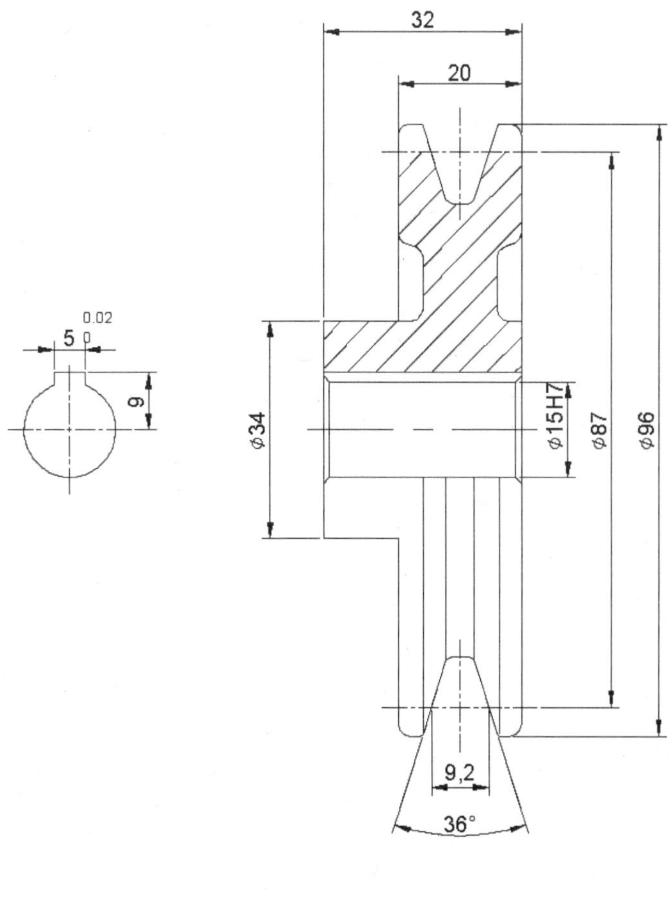

■ 풀리 (V-Pully) 그리기

① 2D 스케치 : 스케치 패널 에서 선 선택 → 아래 그림과 같이 스케치 후 → 치수 작업을 통해 입력을 마치고, 스케치 마무리를 통해 프로파일 작성을 완료합니다.

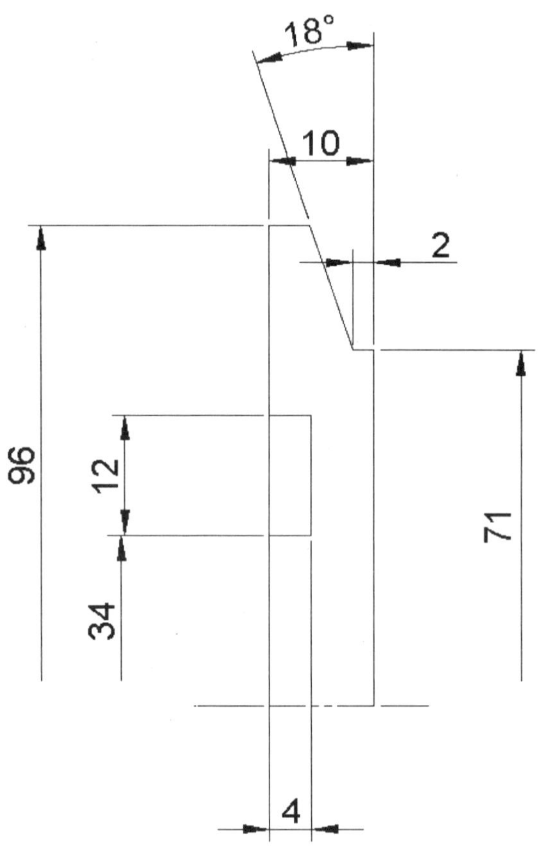

② 3D 모형 : 작성 패널 에서 회전→ 전체 → 확인을 선택합니다.

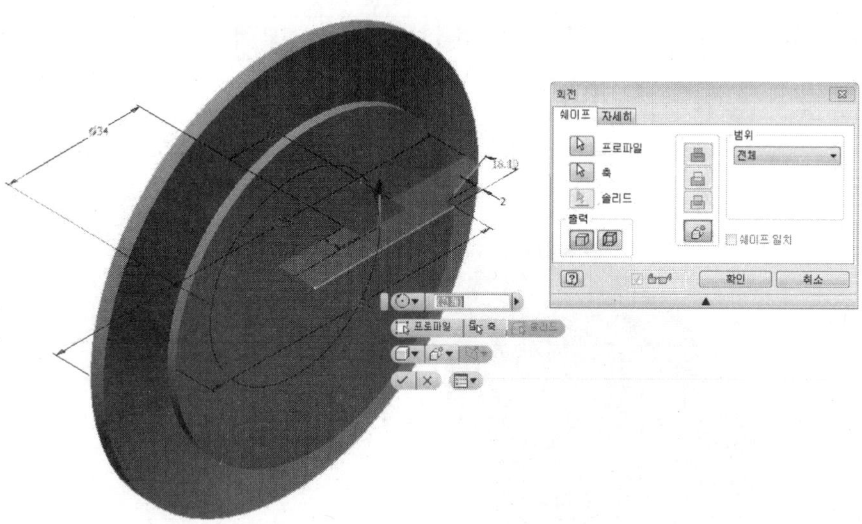

③ 3D 모형 : 수정 패널에서 **모깎기**→ 세 곳에 R2, R1, R0.5 의 값을 주고 선택을 합니다.

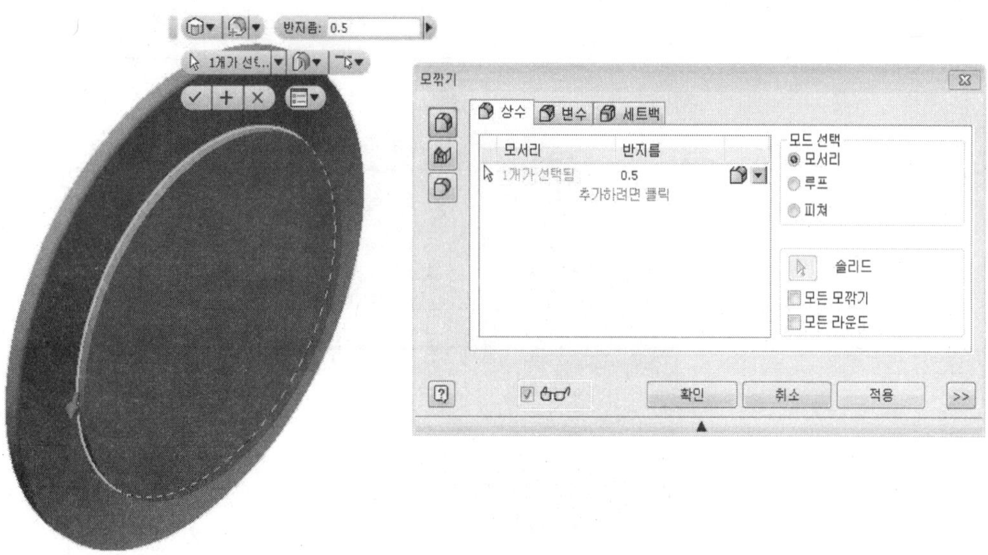

④ 3D 모형 : 패턴→ **대칭**→ 피쳐, 대칭평면 선택→ 확인을 선택합니다.

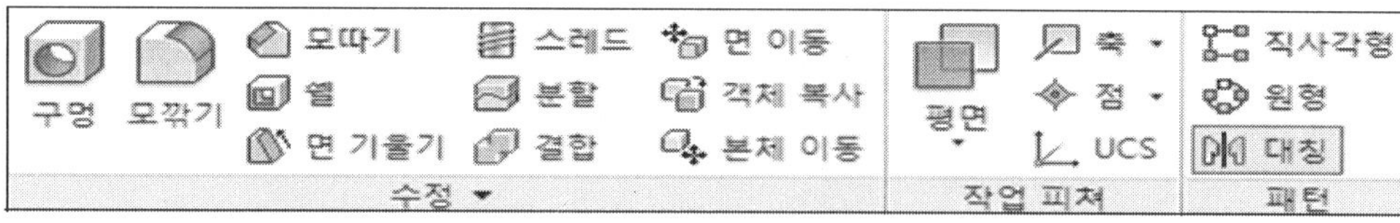

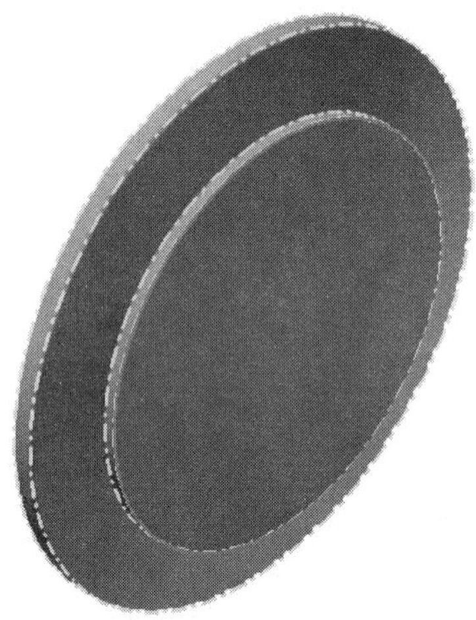

⑤ 3D 모형 : 스케치→ 2D 스케치 작성 → 풀리의 중심면을 선택합니다.

⑥ 2D 스케치→ 그리기 탭→ 형상투영을 선택, 중심의 원을 선택→ 스케치 종료를 합니다.

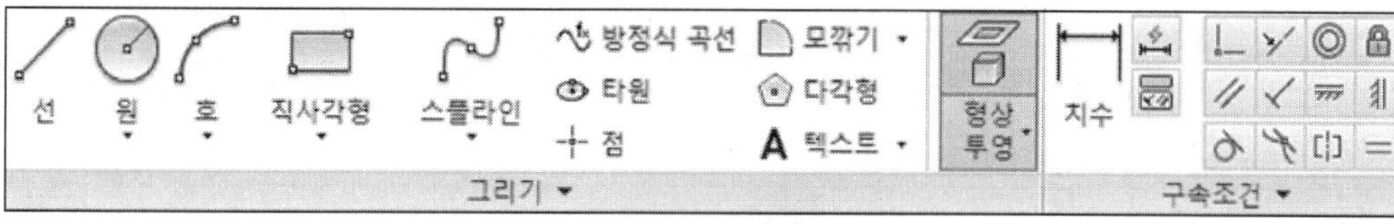

⑦ 3D 모형 : 작성 패널 에서 돌출→ 범위 (거리 12mm)→ 확인을 선택합니다.

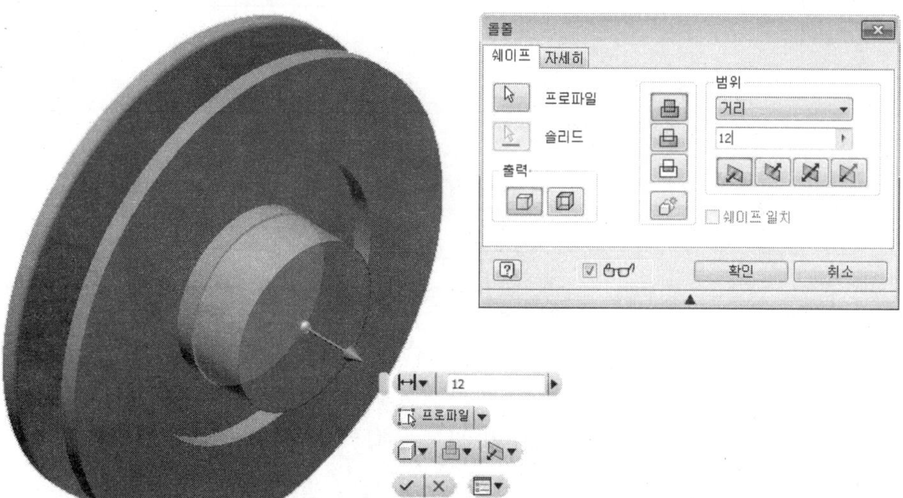

⑧ 3D 모형 : 스케치→ 2D 스케치 작성 → 풀리의 중심면을 선택합니다.

⑨ 2D스케치→ 그리기 탭→ 주어진 도면처럼 원과 키 홈을 그린 후→ 스케치 종료를 합니다.

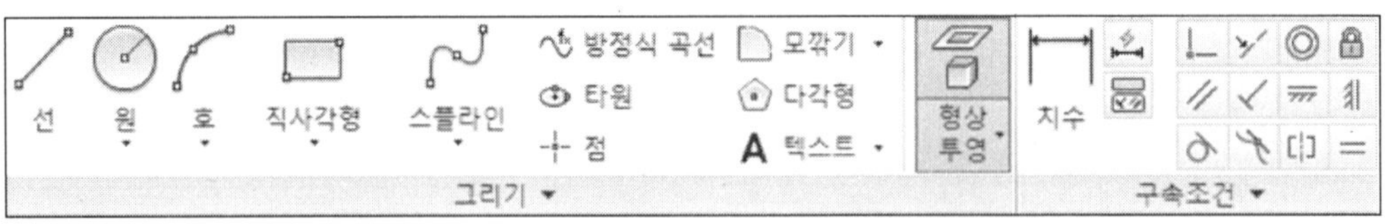

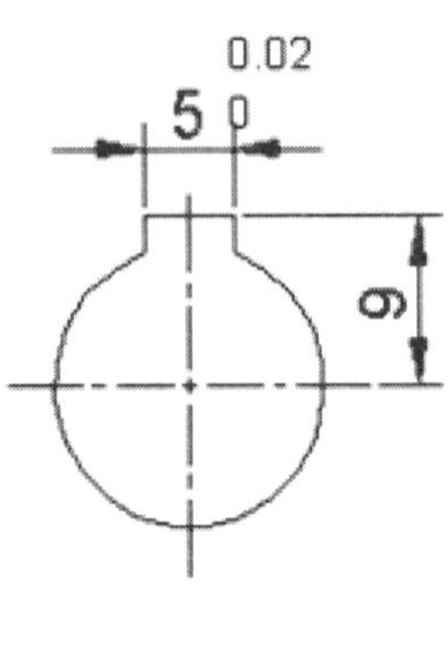

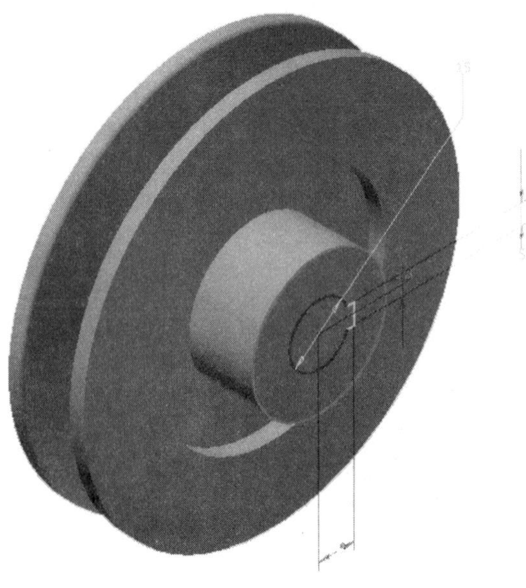

⑩ 3D 모형 : 작성 패널 에서 돌출(차집합) → 범위 (전체)→ 확인을 선택합니다.

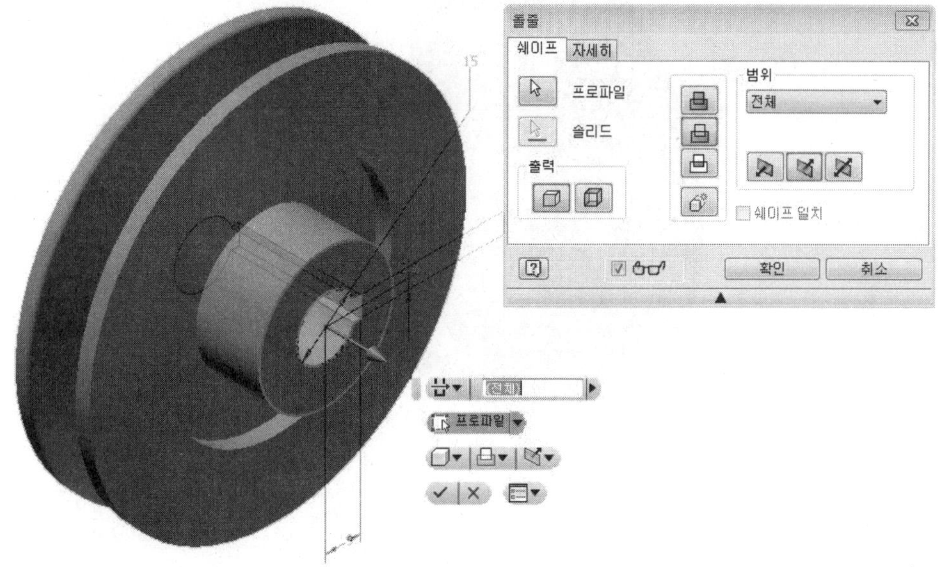

⑪ 색상 변경 : 외부에 적당한 색상을 선택해서 색상을 바꾸어 줍니다.

4) 밀봉형 커버 (Cover A) - 새로 만들기 - Standard.ipt 선택

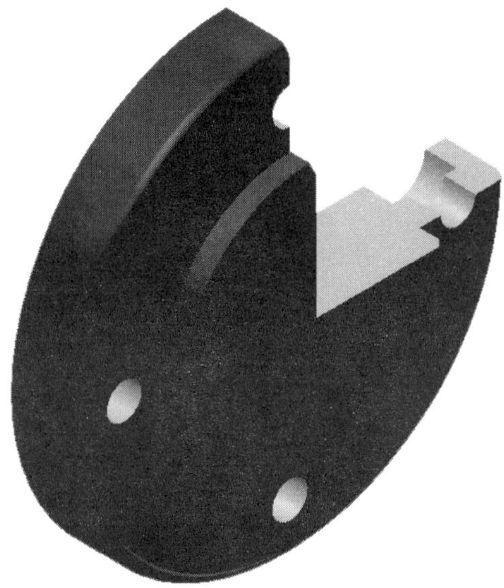

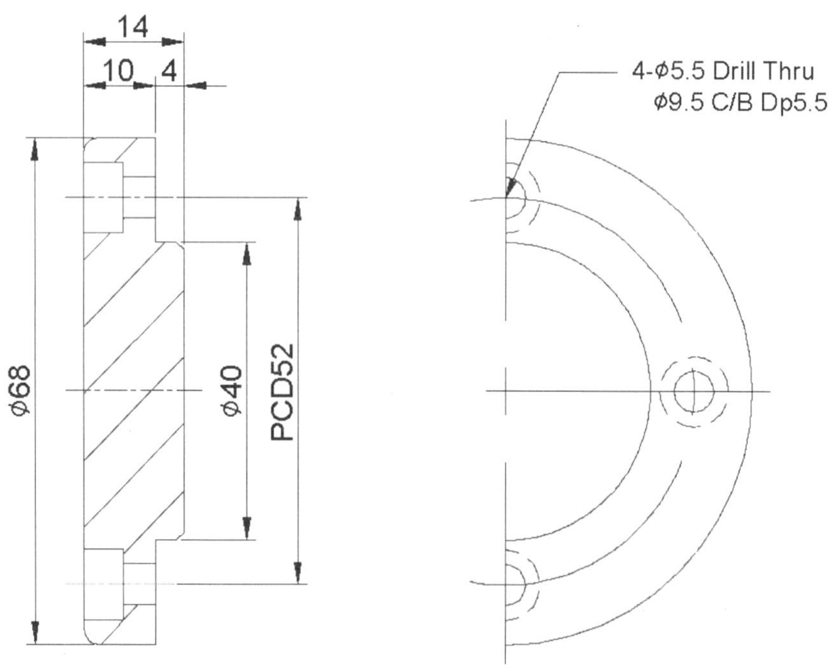

■ 밀봉형 커버 (Cover - A Type) 그리기

① 2D 스케치 : 스케치 패널 에서 선 선택 → 아래 그림과 같이 스케치 후 → 치수 작업을 통해 입력을 마치고, 스케치 마무리를 통해 프로파일 작성을 완료합니다.

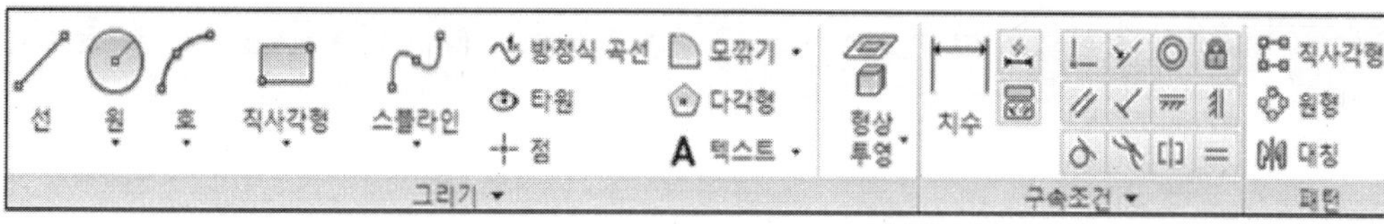

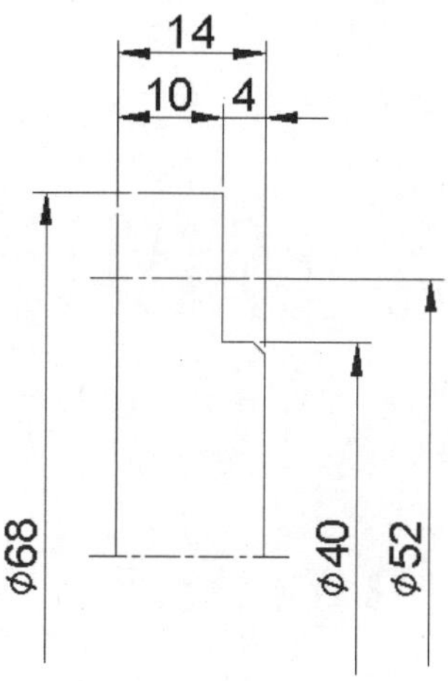

② 3D 모형 : 작성 패널 에서 **회전**→ 전체 → 확인을 선택합니다.

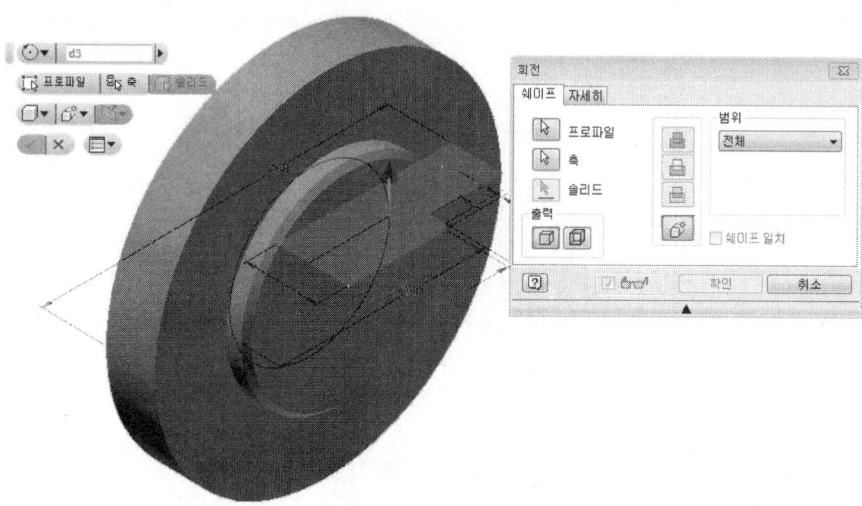

③ 3D 모형 : 스케치→ 2D 스케치 작성 → 기능키 F4를 누른 채 마우스를 돌려 커버의 뒷면을 선택합니다.

④ 2D 스케치→ 그리기 탭→ 원 → 지름52mm → 점 명령어 선택 → 4군데 90도 간격 작성.

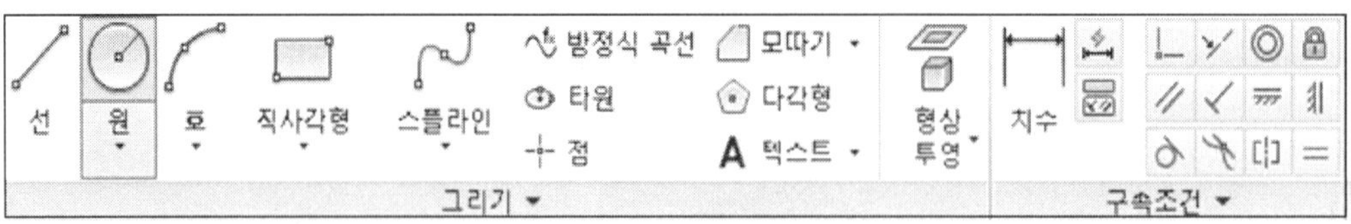

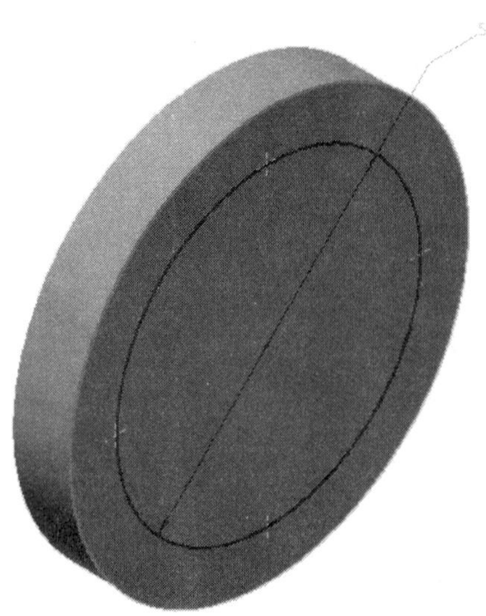

⑤ 3D 모형 : 수정 패널→ **구멍** → 카운터보링 선택, 나사 머리부 9.5mm x 5mm, 전체길이 10mm, 볼트경 5.5mm를 입력 → 확인으로 종료합니다.

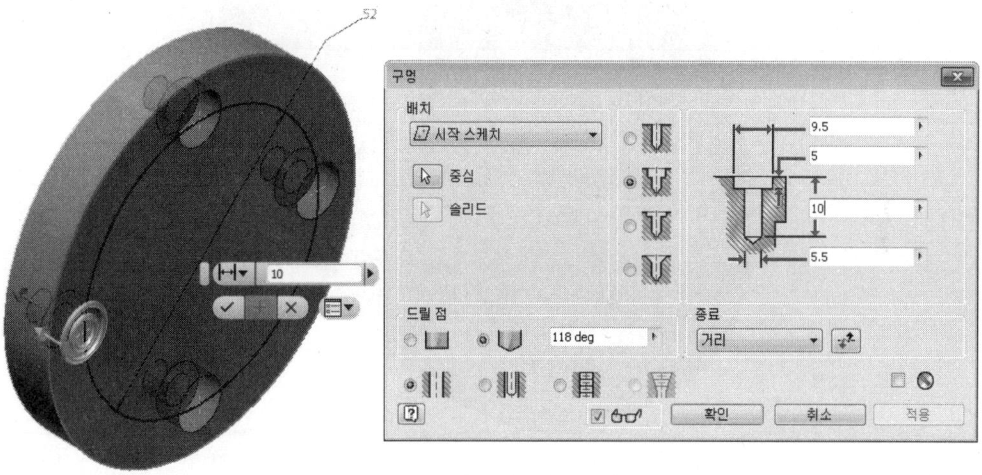

⑥ 3D 모형 : 수정 패널에서 **모깍기**→ R2 의 값을 주고 모서리부를 선택 합니다.

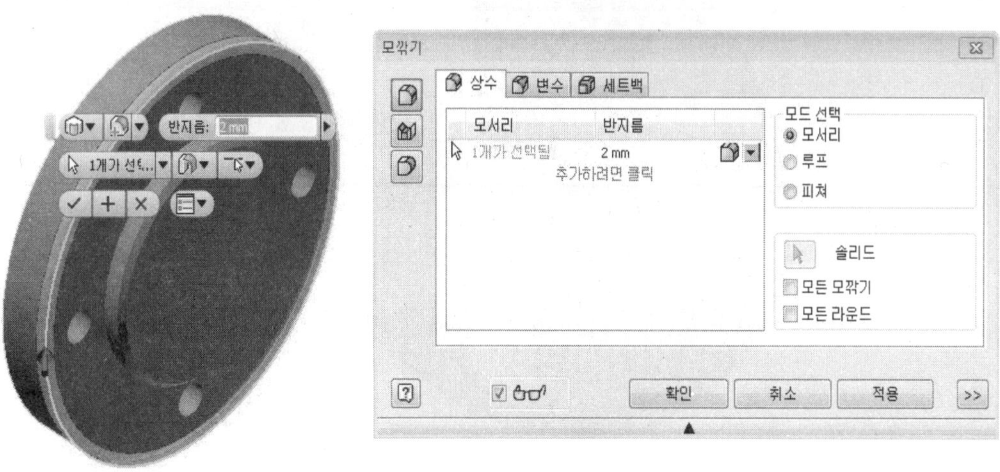

⑦ 색상 변경 : 외부에 적당한 색상을 선택해서 색상을 바꾸어 줍니다.

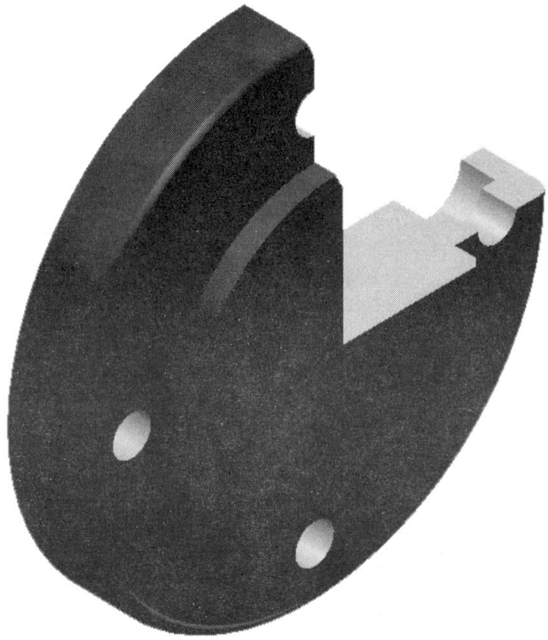

⑧ 저장 : '커버 A' 라는 파일 이름으로 저장을 합니다.

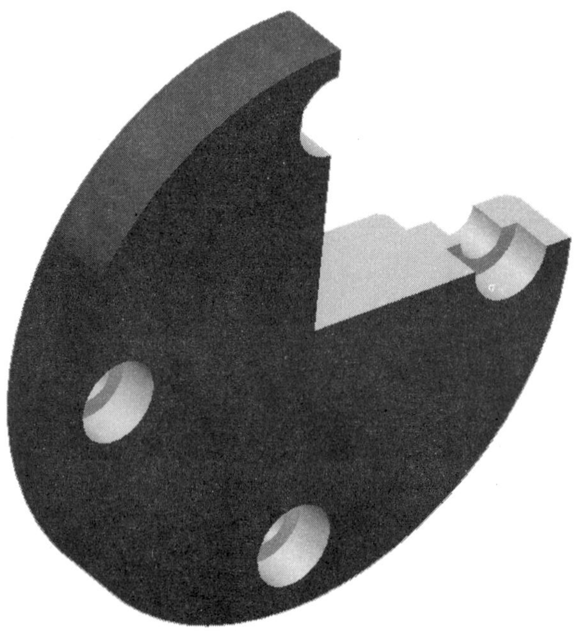

5) 개방형 커버 (Cover B) - 새로 만들기 - Standard.ipt

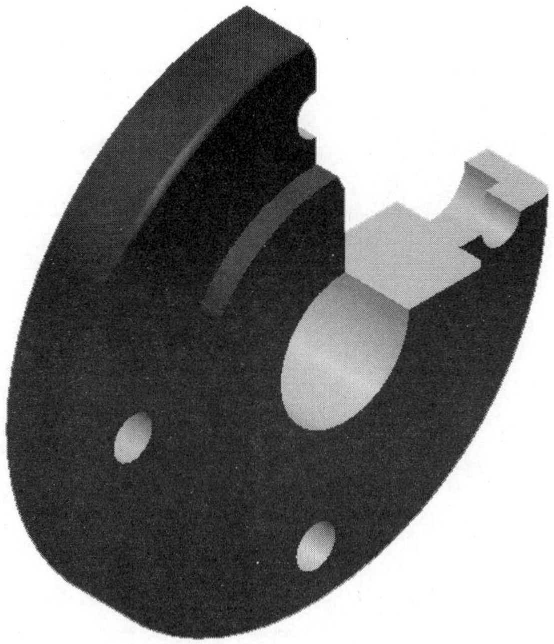

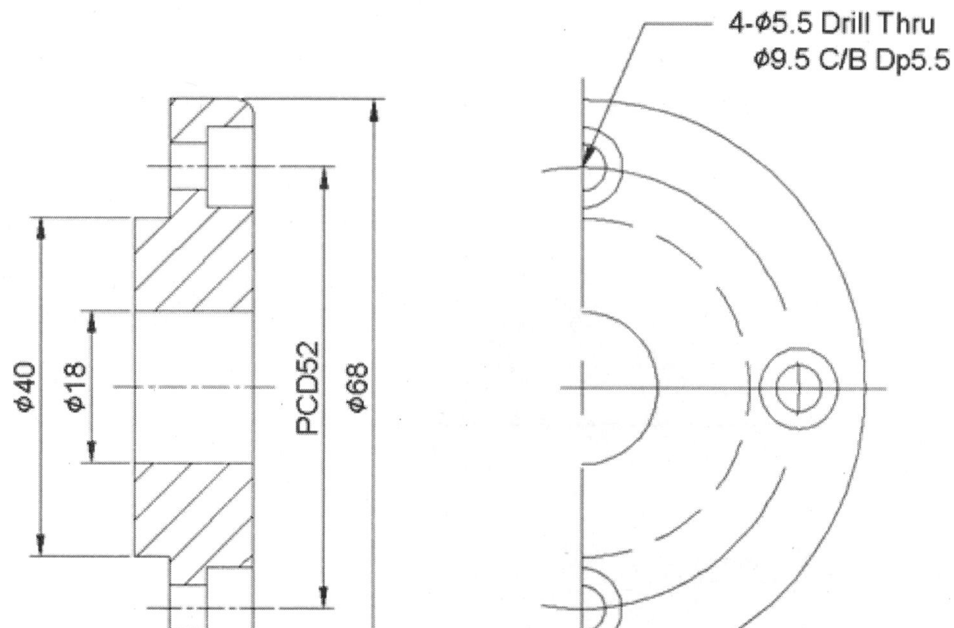

■ 개방형 커버 (Cover - B Type) 그리기

① 2D 스케치 : 스케치 패널 에서 선 선택 → 아래 그림과 같이 스케치 후 → 치수 작업을 통해 입력을 마치고, 스케치 마무리를 통해 프로파일 작성을 완료합니다.

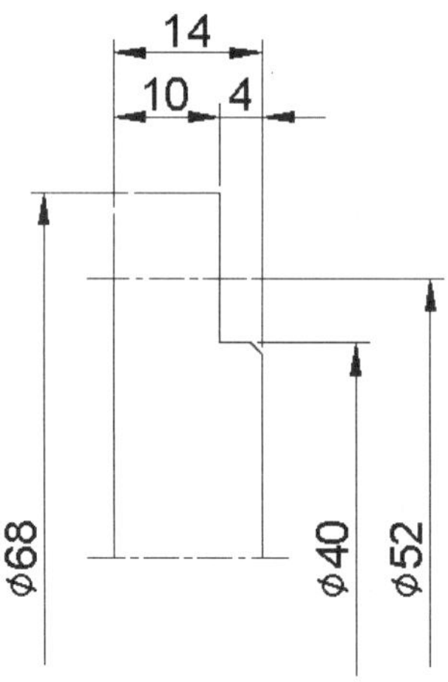

② 3D 모형 : 작성 패널 에서 회전→ 전체 → 확인을 선택합니다.

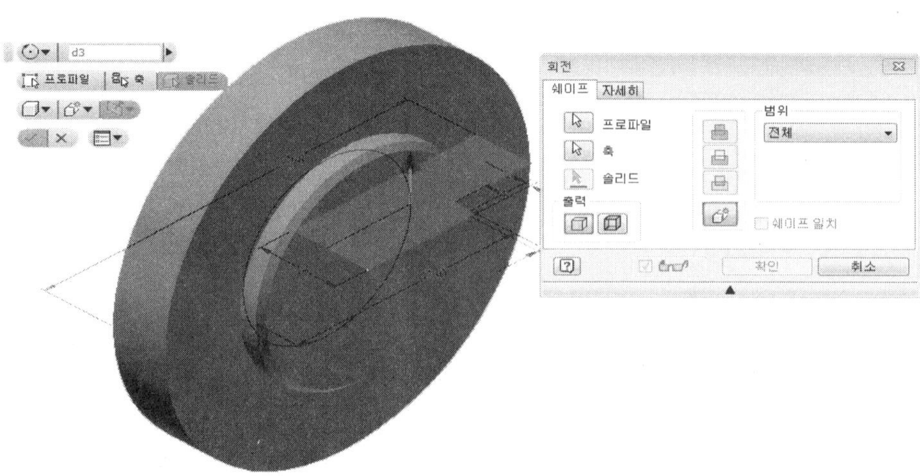

③ 3D 모형 : 스케치→ 2D 스케치 작성 → 기능키 F4를 누른채 마우스를 돌려 커버의 뒷면을 선택합니다.

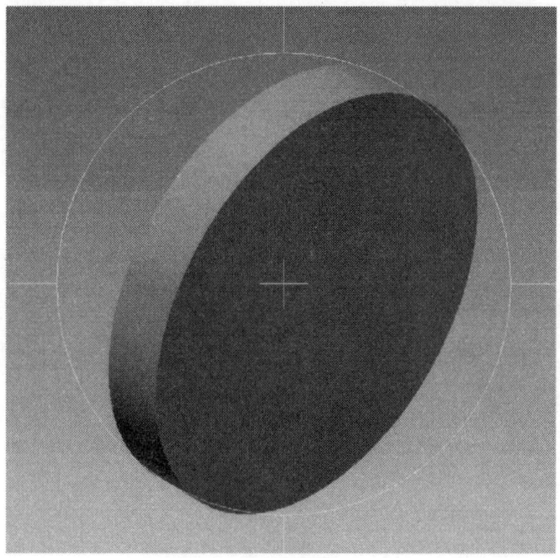

④ 2D 스케치→ 그리기 탭→ 원 → 지름52mm → 점 명령어 선택 → 4군데 90도 간격 작성.

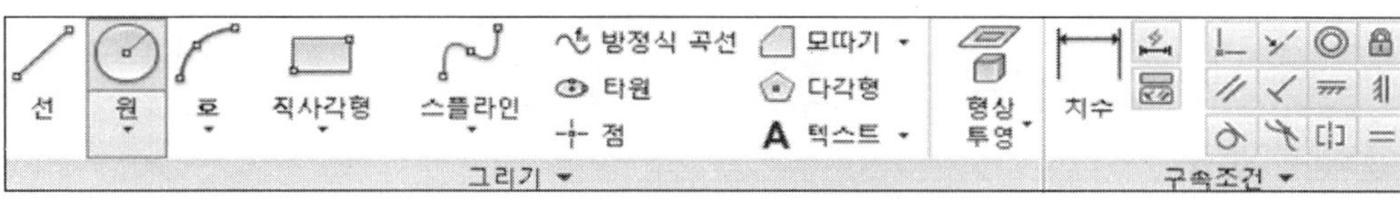

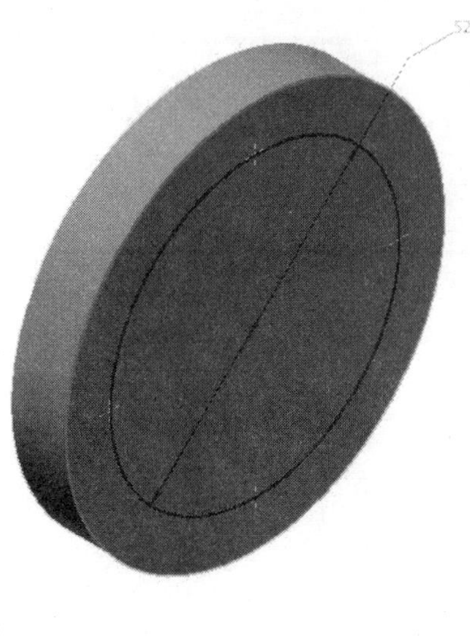

⑤ 3D 모형 : 수정 패널→ 구멍 → 카운터보링 선택, 나사 머리부 9.5mm x 5mm, 전체길이 10mm, 볼트경 5.5mm를 입력 → 확인으로 종료합니다.

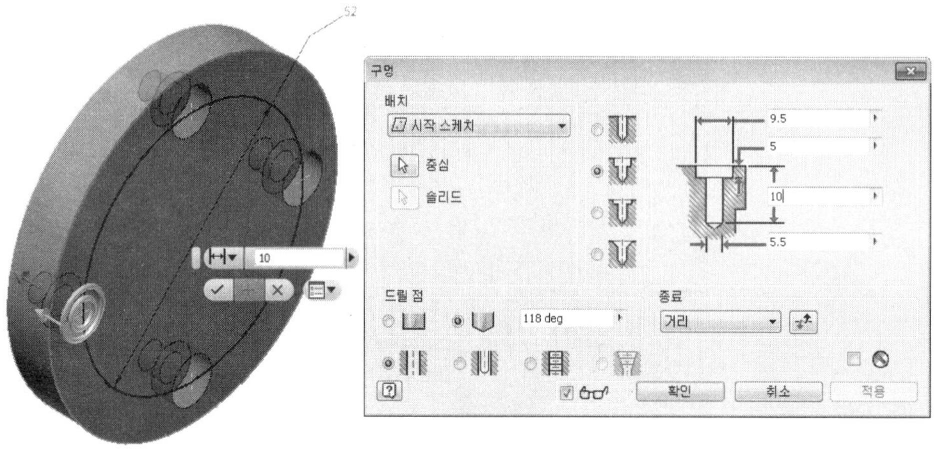

⑥ 3D 모형 : 수정 패널에서 모깍기→ R2 의 값을 주고 모서리부를 선택 합니다.

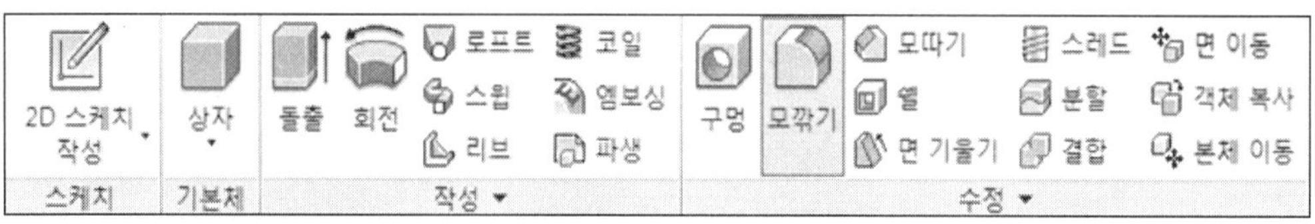

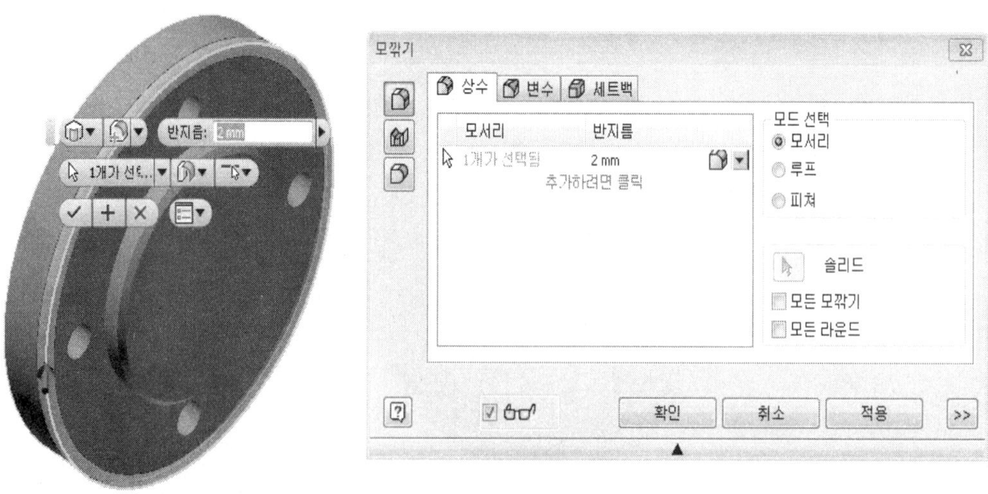

⑦ 2D 스케치 : 2D 스케치 작성→ 아래 그림처럼 모형의 해당 면을 선택 합니다.

⑧ 2D 스케치→ 그리기 탭→ 원 → 지름 18mm → 스케치 마무리를 합니다.

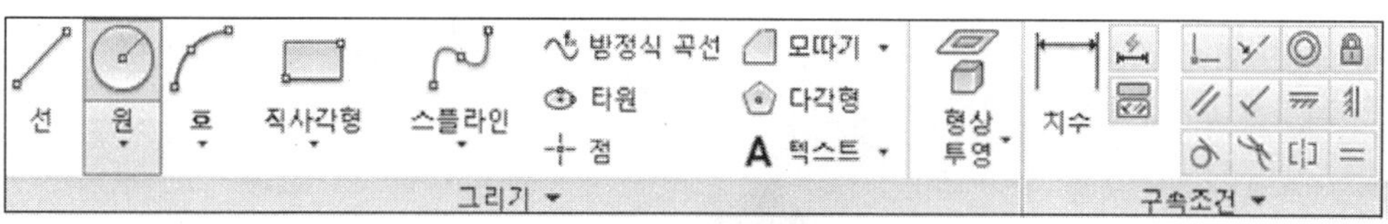

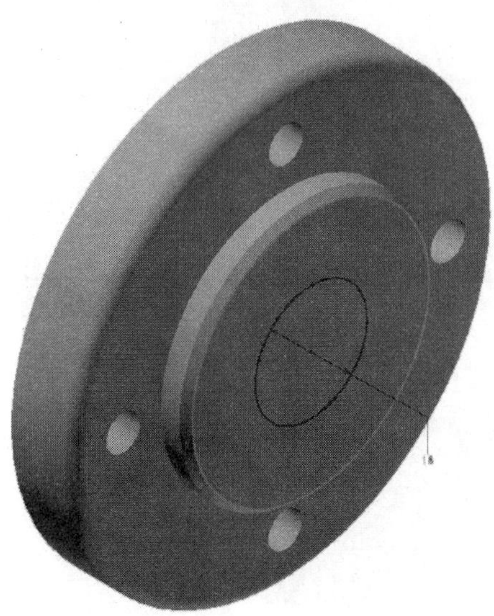

⑨ 3D 모형 : 작성 패널 에서 돌출(차집합) → 범위 (전체)→ 확인을 선택합니다.

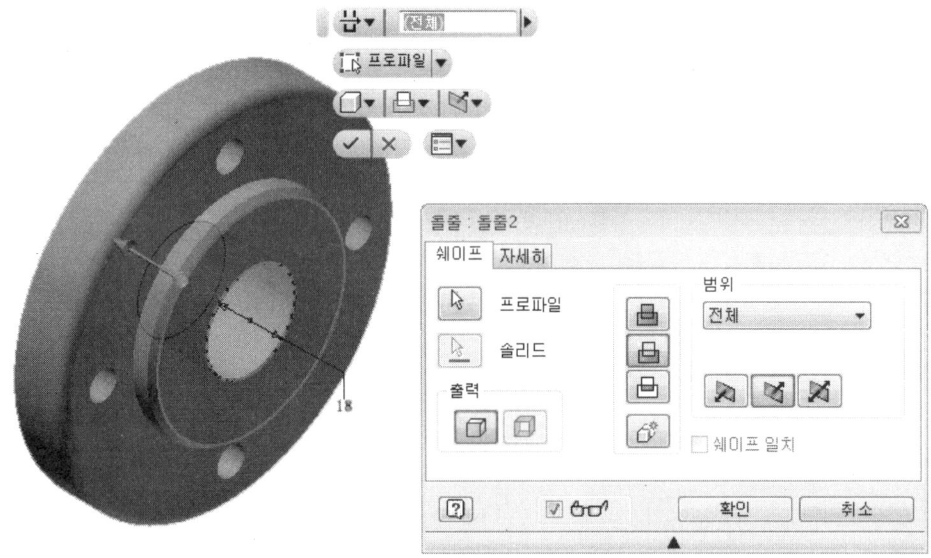

⑩ 색상 변경 : 외부에 적당한 색상을 선택해서 색상을 바꾸어 주고 파일 명 '커버 B' 로 저장을 합니다.

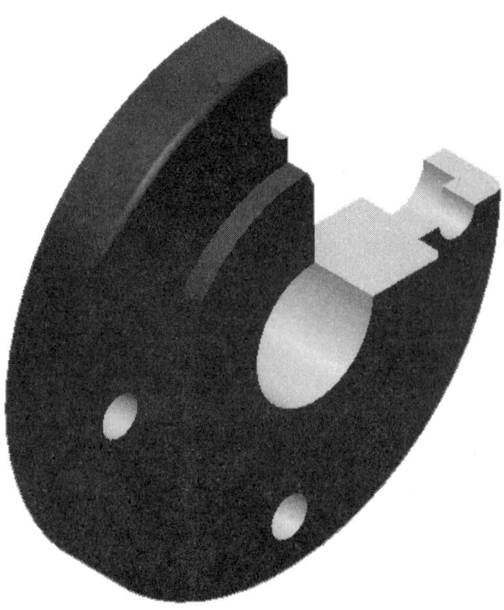

6) 기계 요소품 - 새로 만들기 - Standard.ipt

① 키이 (Key)

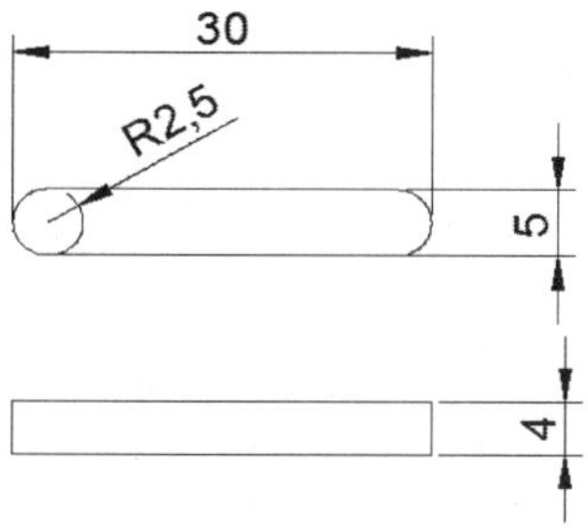

② 둥근머리 볼트 (Bolt)

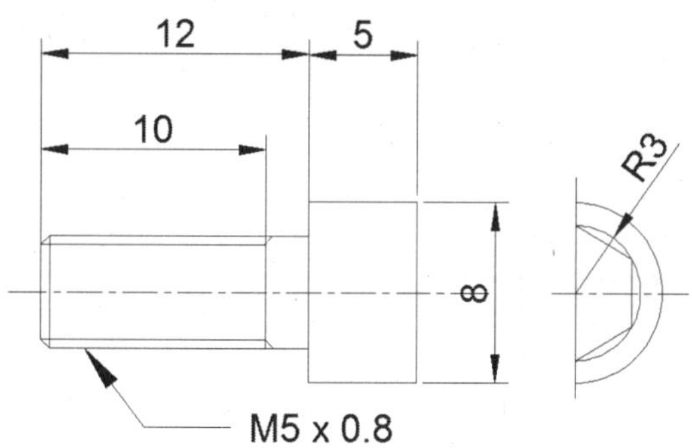

■ 키이 (Key) 그리기

① 2D 스케치 : 스케치 패널 에서 선 선택 → 아래 그림과 같이 스케치 후 → 치수 작업을 통해 입력을 마치고, 스케치 마무리를 통해 프로파일 작성을 완료합니다.

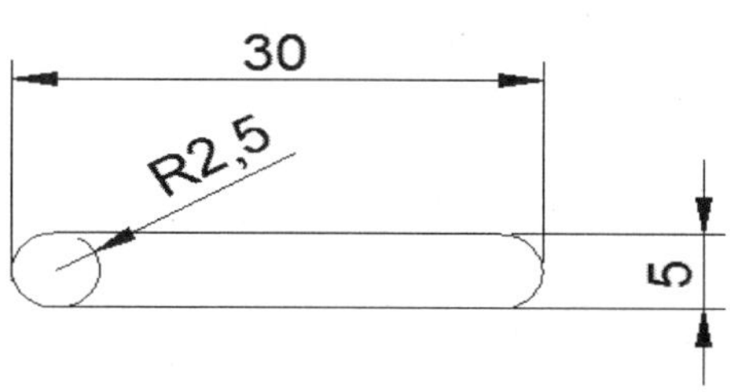

② 3D 모형 : 작성 패널에서 돌출→ 거리 (4mm) → 확인→ 저장 (파일명: 키이) 합니다.

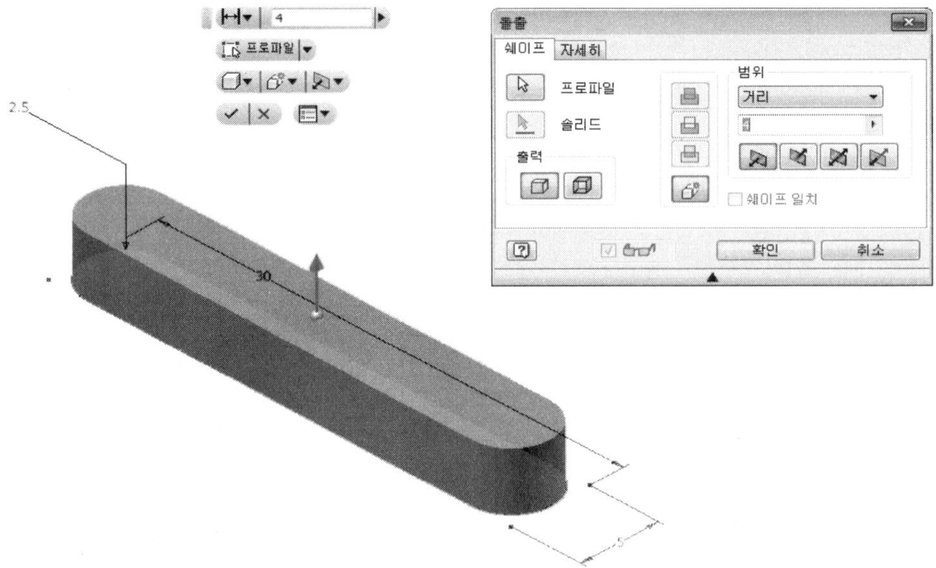

■ 육각머리 볼트 (Bolt) 그리기

① 2D 스케치 : 스케치 패널 에서 선 선택 → 아래 그림과 같이 스케치 후 → 치수 작업을 통해 입력을 마치고, 스케치 마무리를 통해 프로파일 작성을 완료합니다.

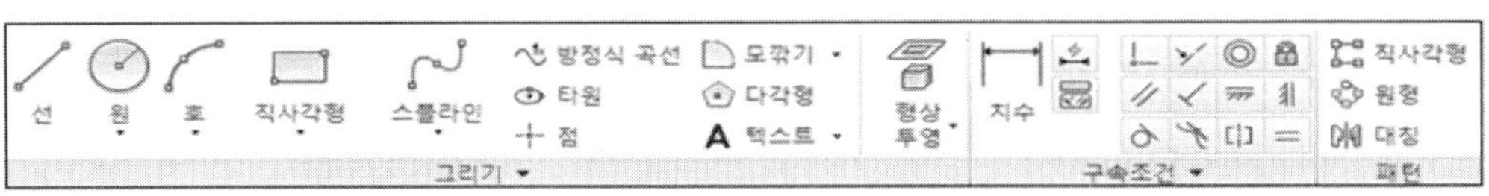

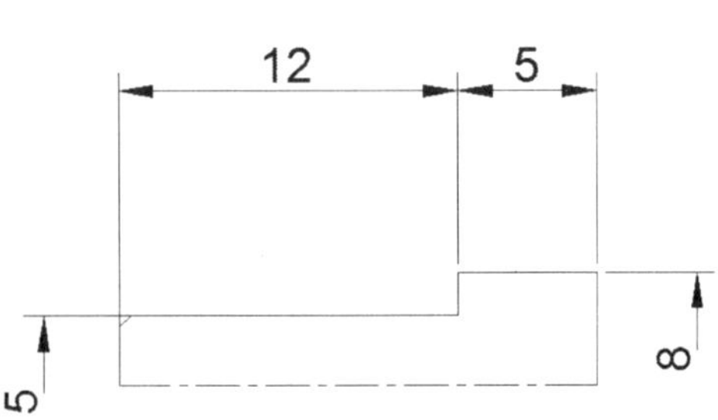

② 3D 모형 : 작성 패널 에서 **회전**→ 전체 → 확인을 선택하여 종료합니다.

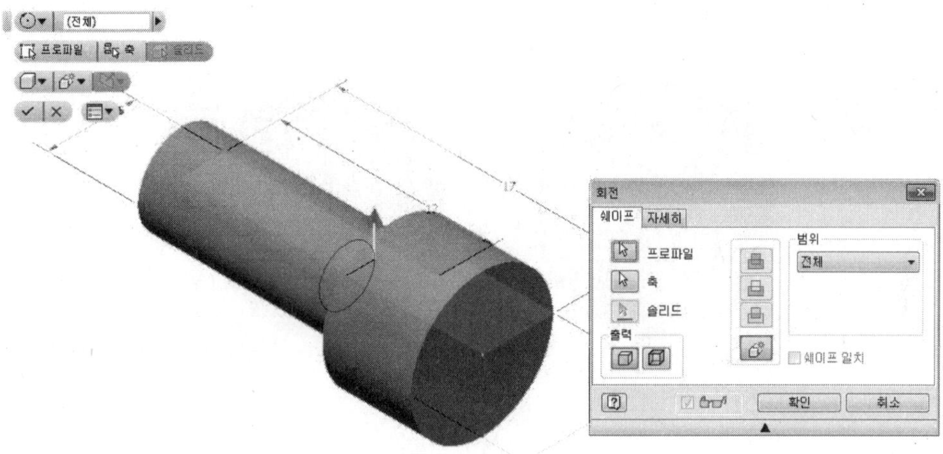

③ 3D 모형 : 스케치→ 2D **스케치 작성** → 볼트의 머리 면을 선택합니다.

④ 2D 스케치→ 그리기 탭→ 다각형 → 6 (6각형) → 치수 선택 → 치수편집 내접 6mm.

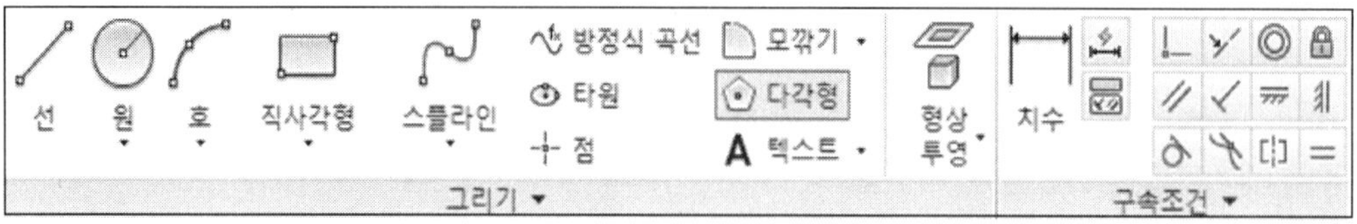

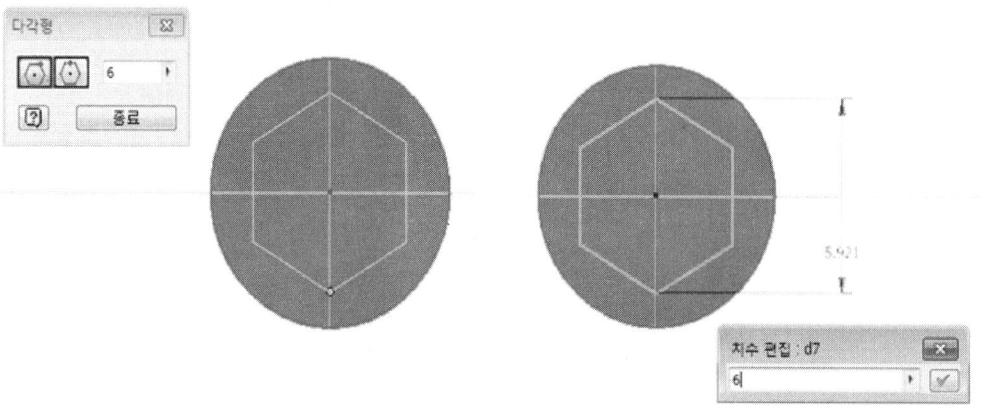

⑤ 3D 모형 : 작성 패널 에서 돌출(차집합) → 거리 (4mm) → 확인합니다.

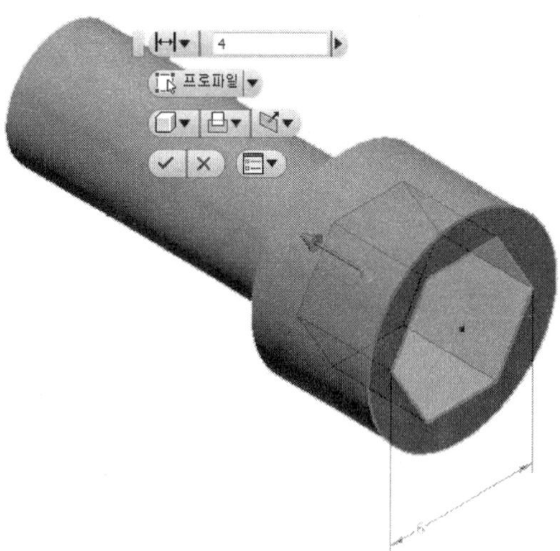

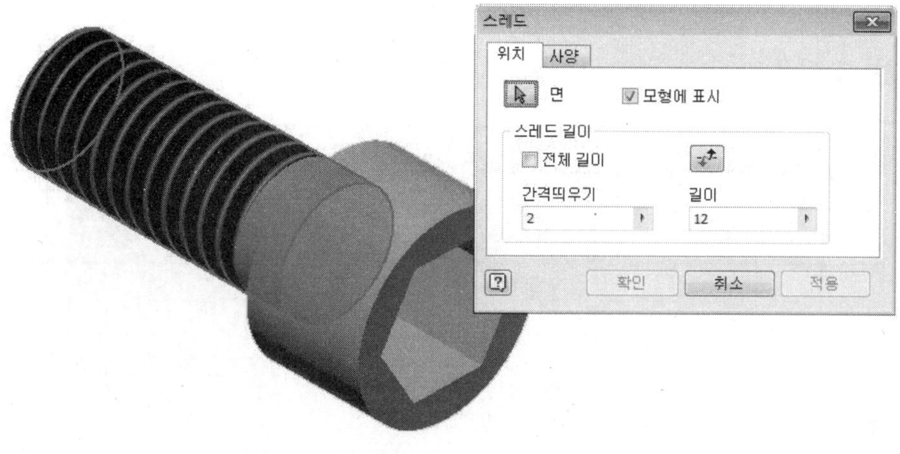

⑥ 3D 모형 : 수정 패널→ 스레드→ 면→ 간격띄우기 2, 길이 12mm →확인 →저장 (파일명: 육각머리 볼트) 합니다.

3. 조립품

1) 경첩 조립품

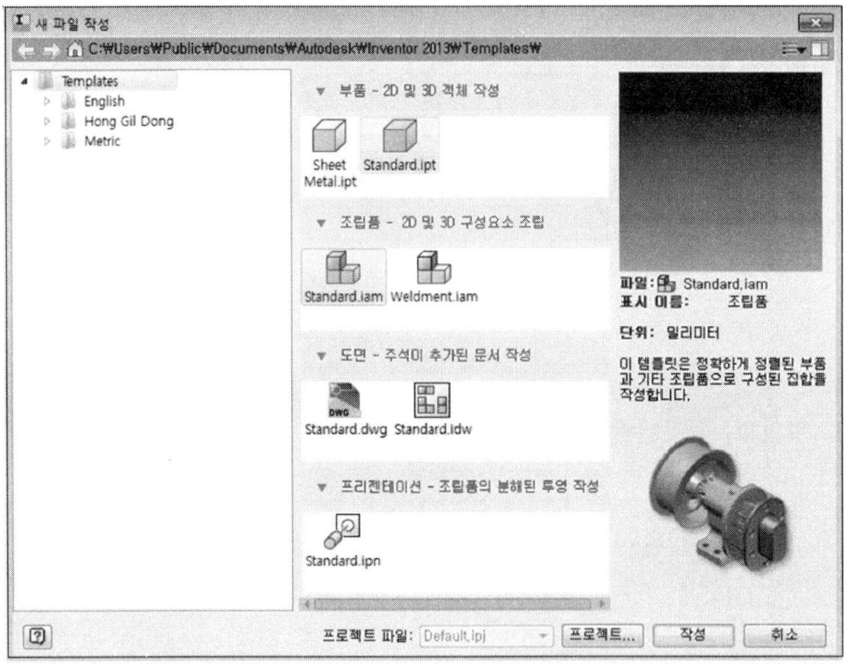

② 조립 탭→ 구성요소→ 배치 선택 →부품들 (경첩A, 경첩B, 핀, 캡)을 배치합니다.

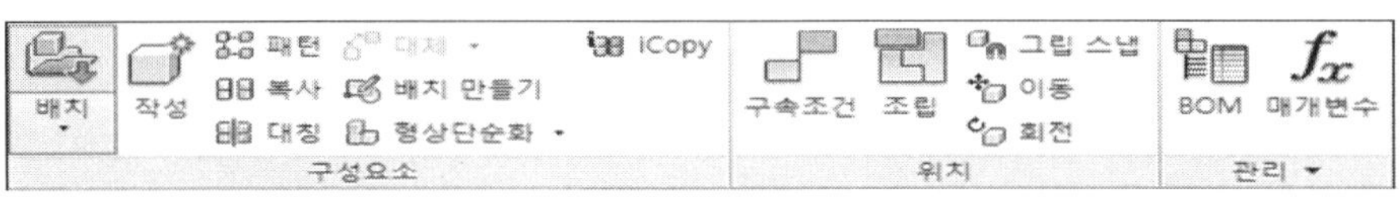

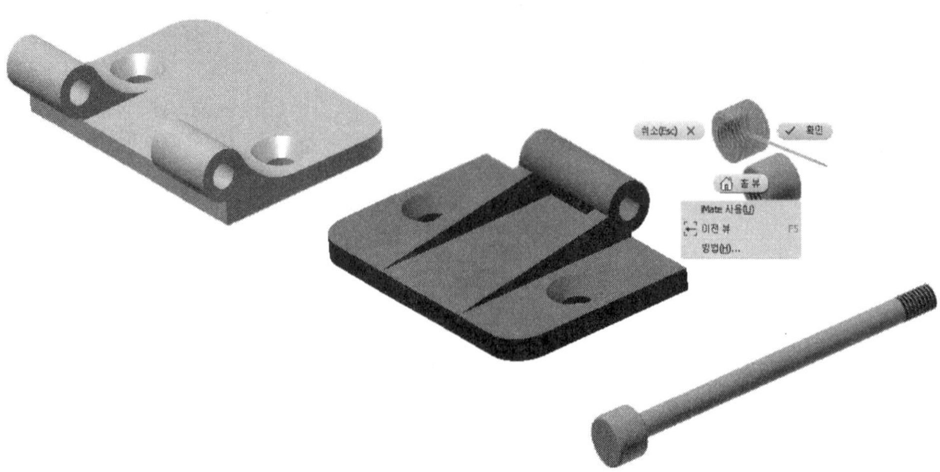

③ 일차적으로 유형 **메이트** → 솔류션 **메이트**로 경첩의 두 면을 구속시킵니다.

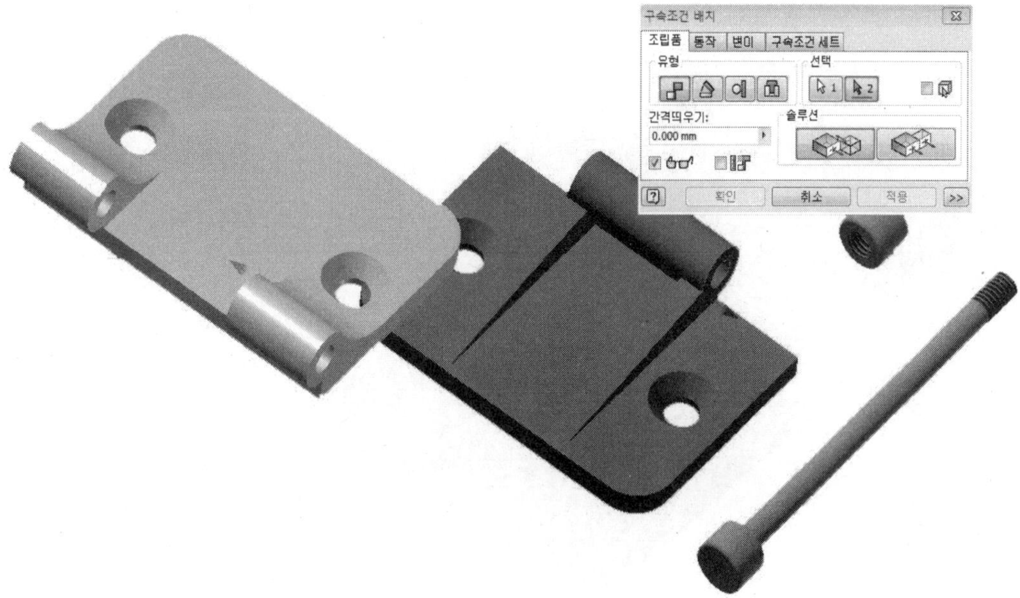

④ **적용**을 눌러 경첩의 두 면을 구속 작업을 종료시킵니다..

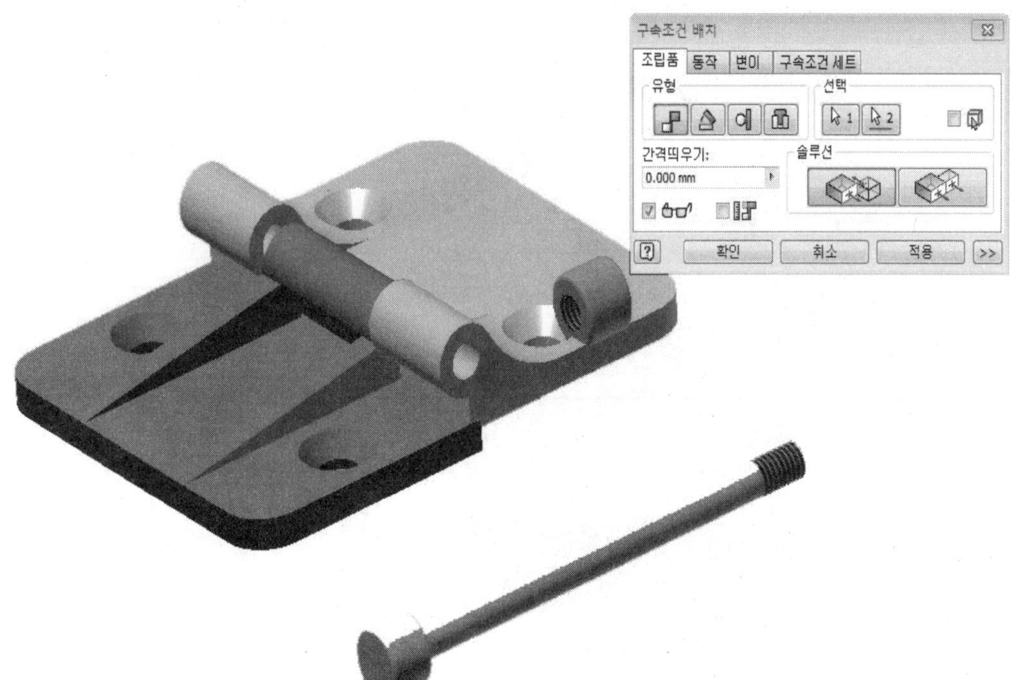

⑤ 조립품 탭 → **삽입** → 솔루션 **반대**→ 경첩의 두 중심을 선택, 구속시킵니다..

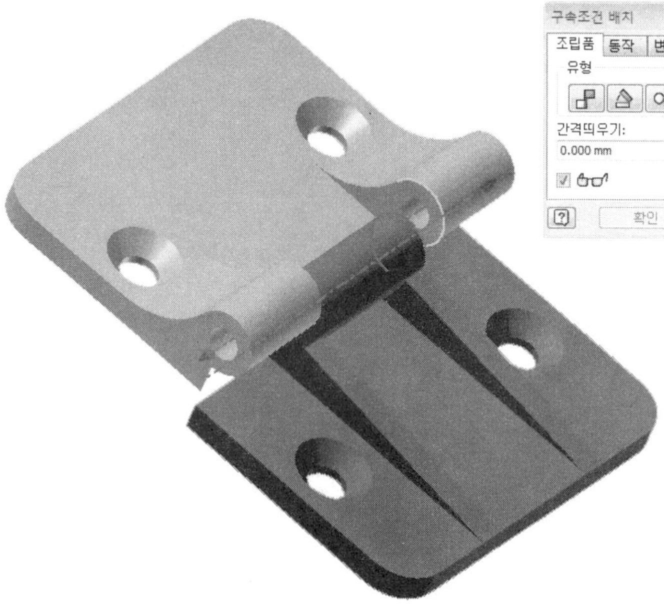

⑥ 조립품 탭 → **삽입** → 솔루션 **반대**→ 핀과 경첩의 두 중심을 선택, 구속시킵니다.

(참고 : 두 부품 중 하나만 회전을 하고 싶은 경우 알파벳 G를 누르면 하나만 회전이 가능, 기능키 F4를 누르면 화면 전체가 회전을 하는 특징이 있습니다)

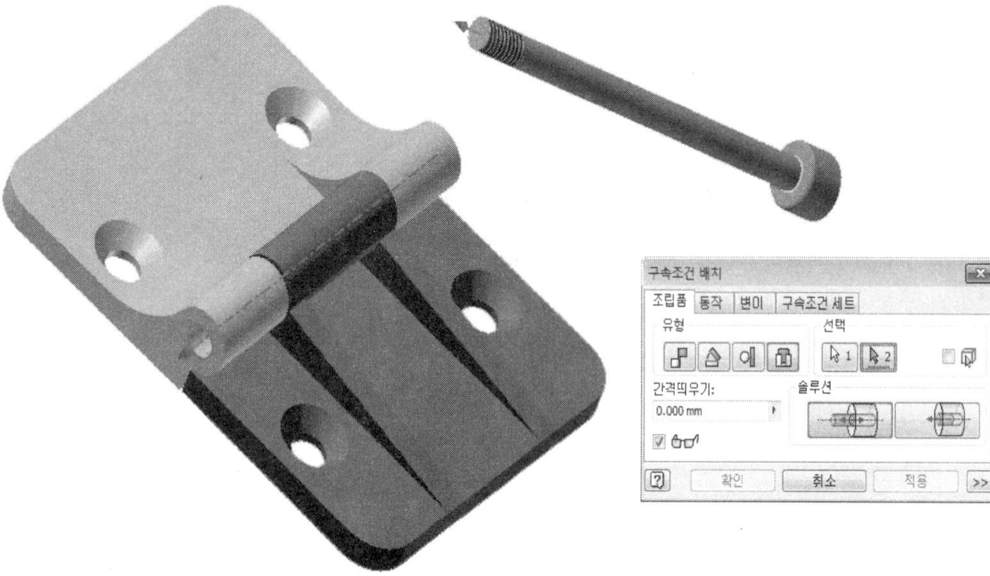

⑦ 조립품 탭 → **삽입** → 솔루션 **반대**→ 핀과 캡의 두 중심을 선택, 구속시킵니다.

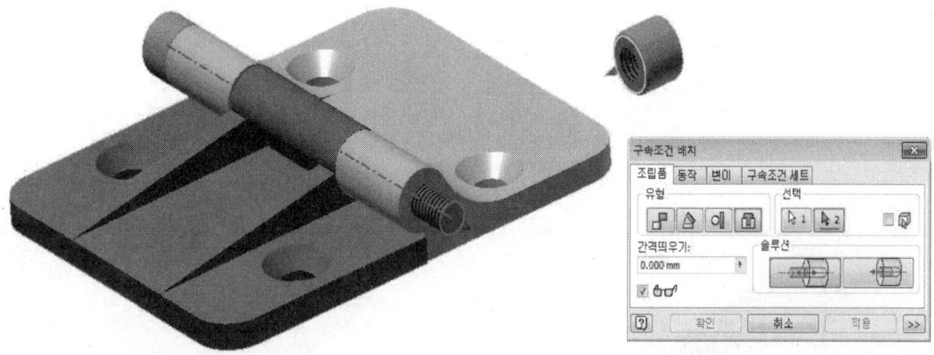

⑧ 간격띄우기 -5.5mm를 입력 → 확인을 하여 핀을 캡에 구속시킵니다.

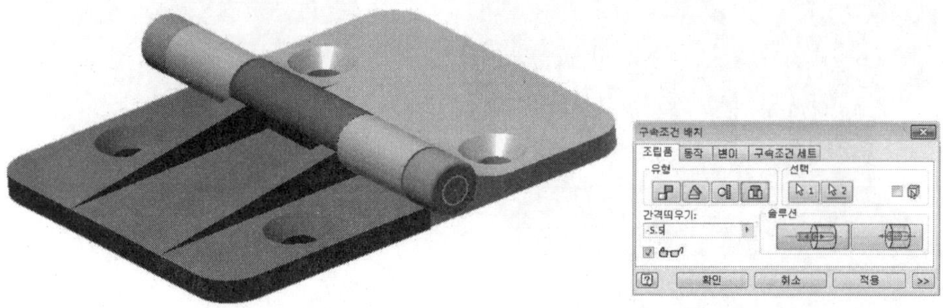

⑨ 조립품 탭 → 유형 **각도**→ 각도(90도) → 솔루션(**지정각도**)→ **확인**으로 조립을 종료합니다.

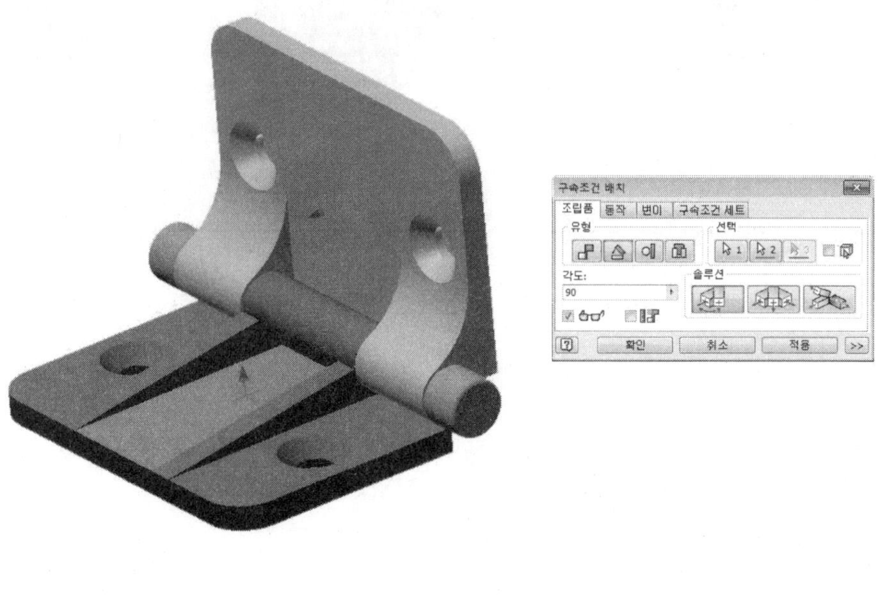

2) 전동기 조립품

■ 전동기 조립품 둘러보기

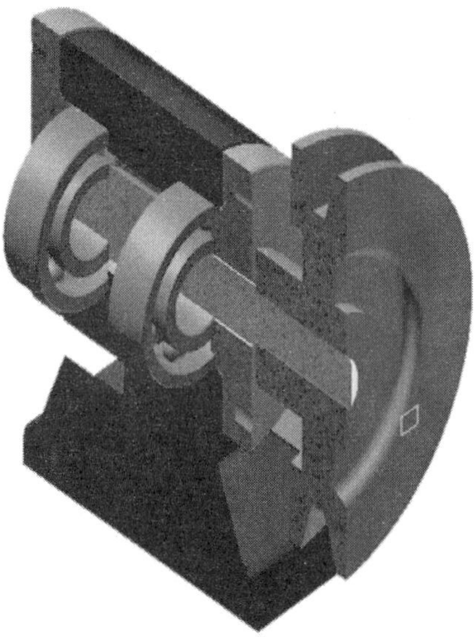

■ 조립품 만들기 (Assembly)

① 새로 만들기 →Standard.iam 을 선택합니다.

② 부품들을 앞장에서 만들었으나 베어링은 **컨텐츠 센터에서 배치**라는 명령어로 제공을 하므로, 일부러 그리지 않고 필요할 때 마다 불러와서 배치를 하면 됩니다.

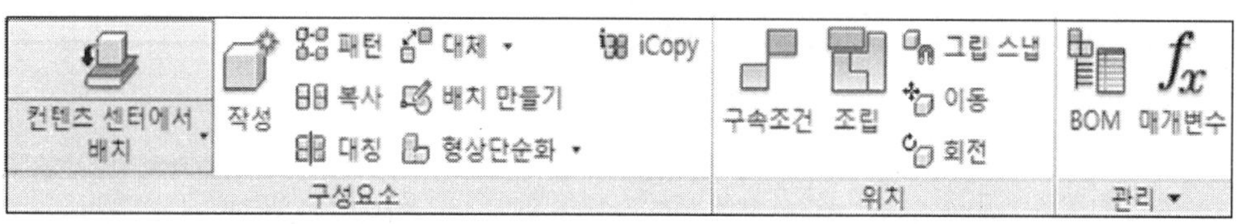

③ **컨텐츠 센터에서 배치** → 샤프트 부품 →앵귤러 콘텍트 볼베어링 → Rolling Bearing GB/T 292 - 2007 Type S 70000 선택 → 확인

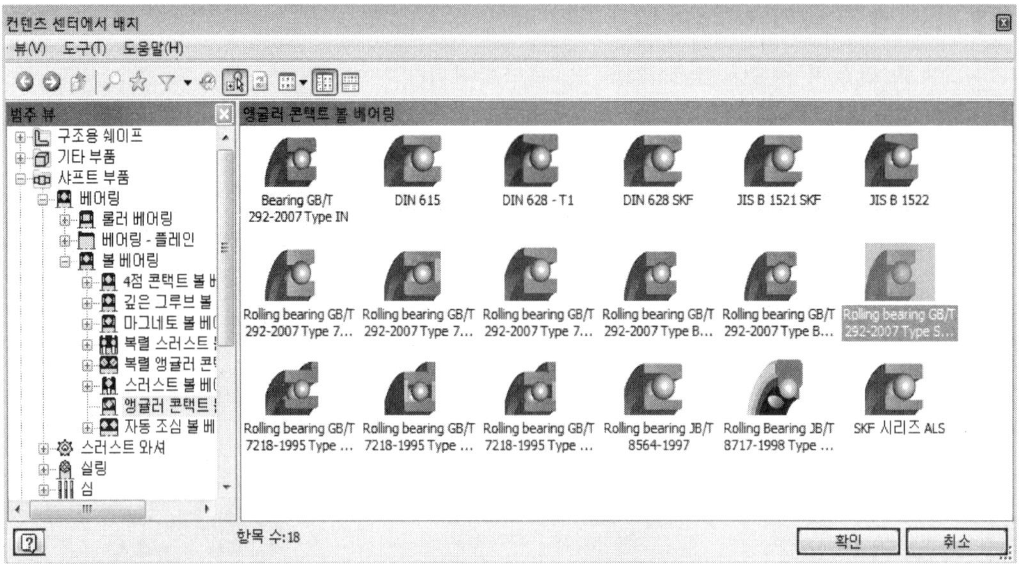

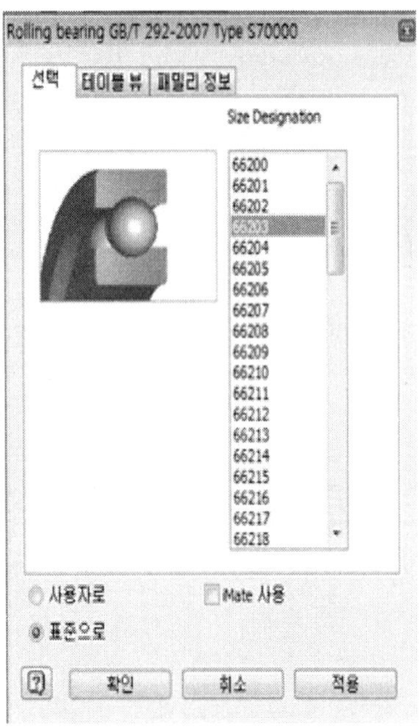

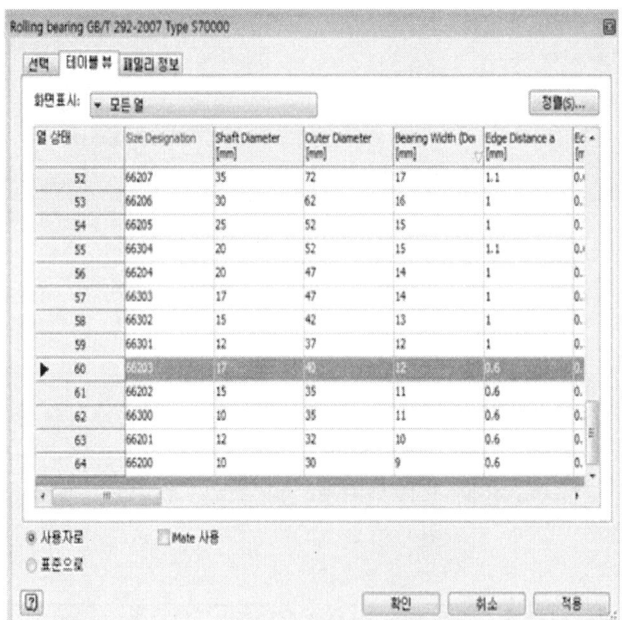

④ 선택 탭 → 66203 → 테이블 뷰 탭 → 샤프트 지름 17mm, 베어링 외경 40mm, 베어링 폭 12mm 가 맞는 지 확인한 후 → 확인으로 베어링을 배치합니다. 그 전에 저장 할 폴더를 물으면 조립할 부품이 있는 폴더에 함께 넣어 두면 됩니다. → 저장.

① 부품이 다 갖추어 졌으므로 다시 새로 만들기 →Standard.iam 을 선택합니다.

② 배치리본을 열어 부품들(본체, 축, 풀리, 베어링, 커버A, 커버B)을 불러와서 배치를 합니다.

③ 일차적으로 유형 **삽입** → 솔루션 **반대**로 축과 베어링의 두 중심을 구속시킵니다.

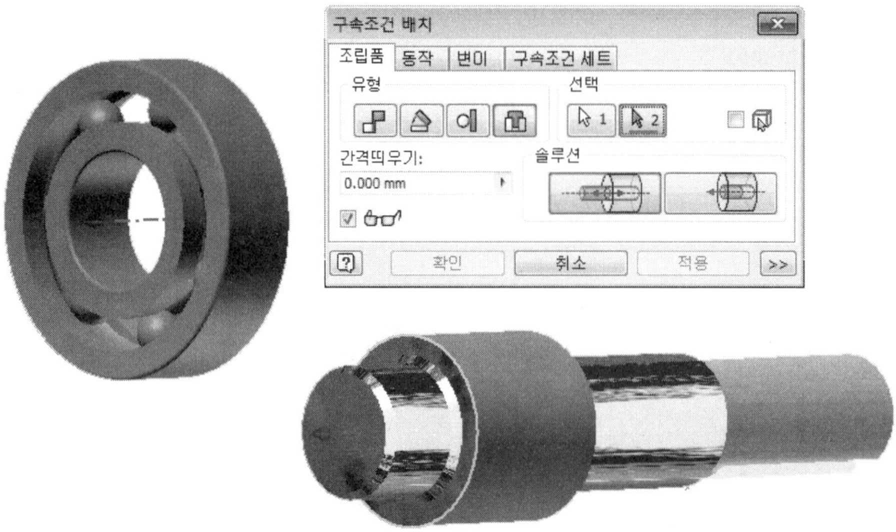

④ 유형 **메이트** → 솔루션 **플러쉬**로 축과 베어링의 두 면을 구속시키고 확인으로 완성합니다.

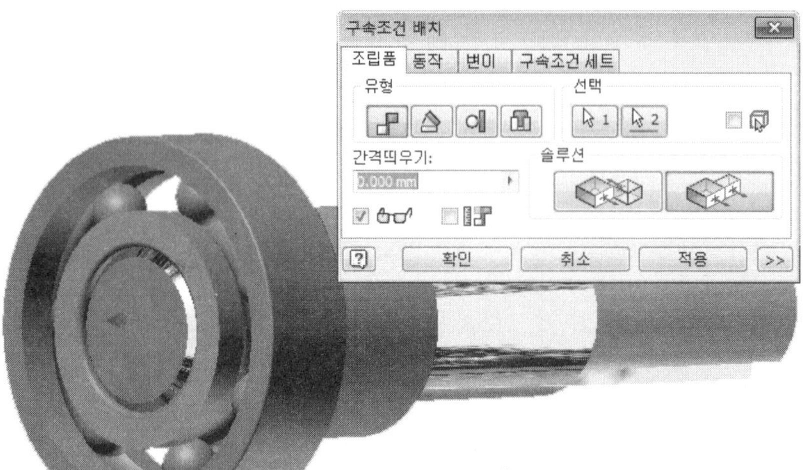

⑤ 축 조합과 본체를 배치하여 삽입으로 두 부품을 조립시킵니다.

⑥ 유형 **삽입** → 솔루션 **반대로** 축과 베어링의 두 중심을 구속시킵니다.

⑦ 반대편에도 베어링을 배치, 유형 **삽입** → 솔루션 **반대로** 축과 베어링의 두 중심을 구속.

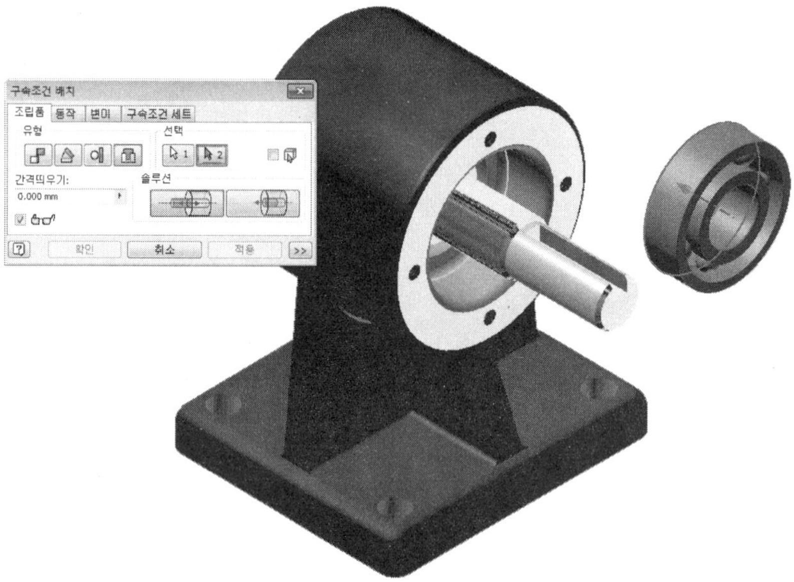

⑧ 이번에는 커버 A를 불러내어 배치시킨 후 본체 조합에 삽입 구속조건으로 조립을 합니다.

⑨ 본체의 볼트 구멍과 커버의 구멍을 먼저 구속을 시켜 우선 하나의 자유도를 없앱니다. 유형 **삽입** → 솔루션 **정렬**로 본체와 커버의 볼트 구멍 두 중심을 구속.

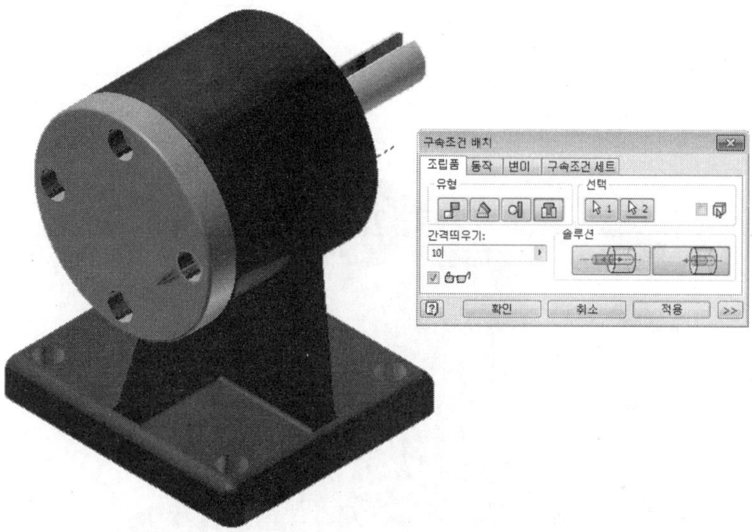

⑩ 본체의 축 중심과 커버의 중심을 구속을 시킵니다. 유형 **삽입** → 솔루션 **반대** → 확인.

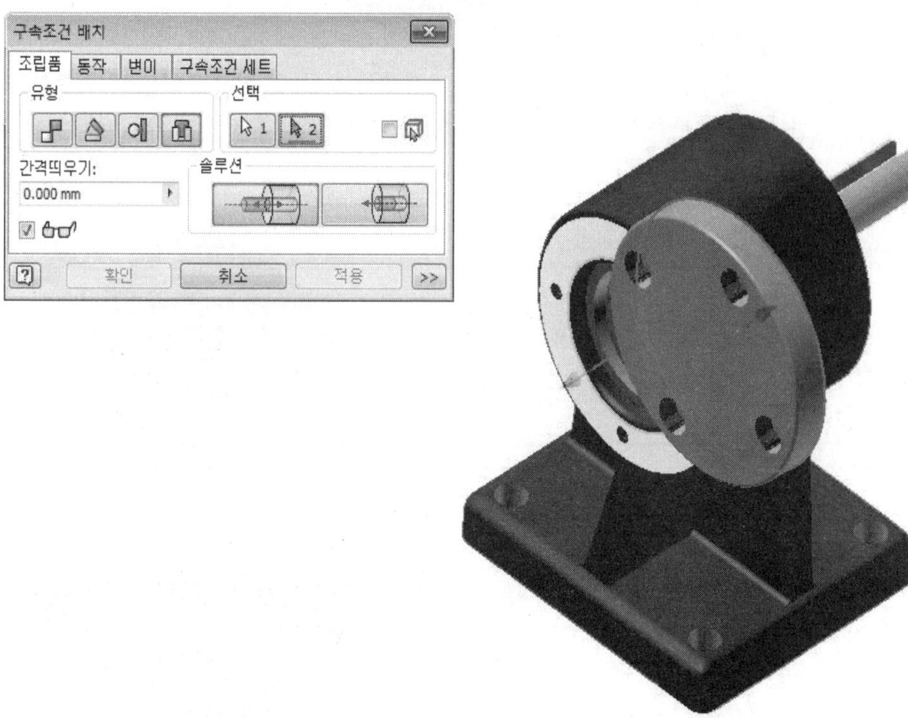

⑪ 다시 둥근머리 볼트를 불러 커버 A를 조립을 합니다.

⑫ 유형 삽입 → 솔루션 반대로 볼트와 커버 A의 볼트 구멍 두 중심을 구속합니다. 승인을 선택하고 계속 작업을 해 나갑니다. 마지막 볼트까지 조립이 완료되면 확인으로 종료합니다.

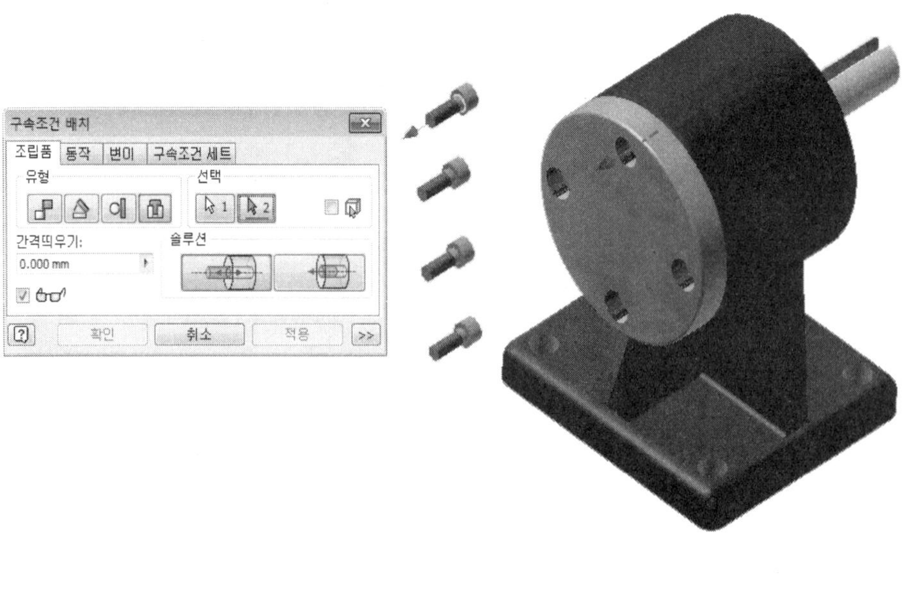

⑬ **승인**을 선택하고 계속 **삽입**으로 볼트 조립작업을 해 나갑니다. 마지막 볼트까지 조립이 완료되면 확인으로 종료합니다.

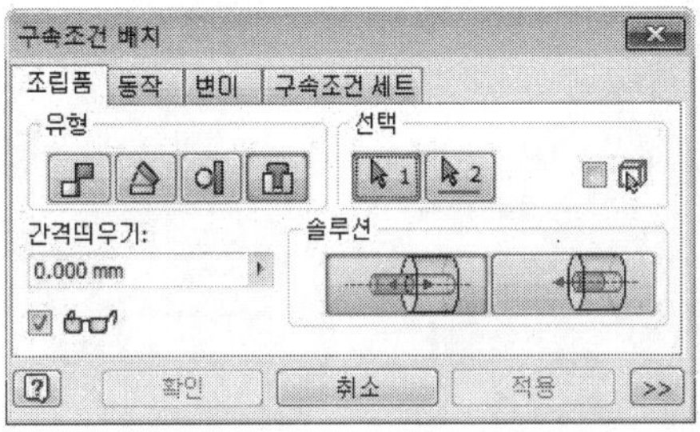

⑭ 커버 B를 배치하여 조립을 합니다.

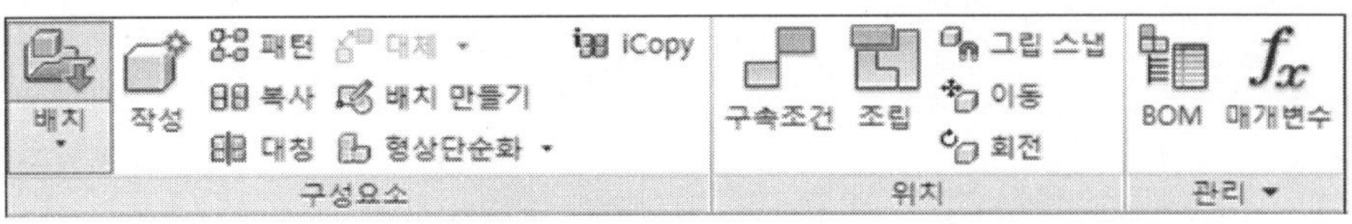

⑮ 본체의 볼트 구멍과 커버의 구멍을 먼저 구속을 시켜 우선 하나의 자유도를 없앱니다. 유형 **삽입** → 솔루션 **반대**로 본체와 커버의 볼트 구멍 두 중심을 구속.

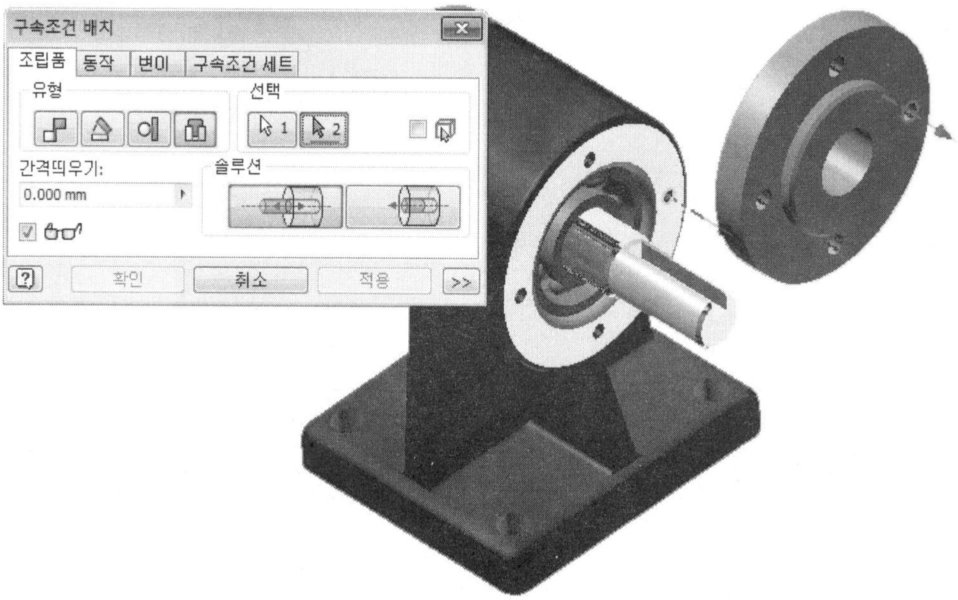

⑯ 본체의 축 중심과 커버의 중심을 구속을 시킵니다. 유형 **삽입** → 솔루션 **반대** → 확인.

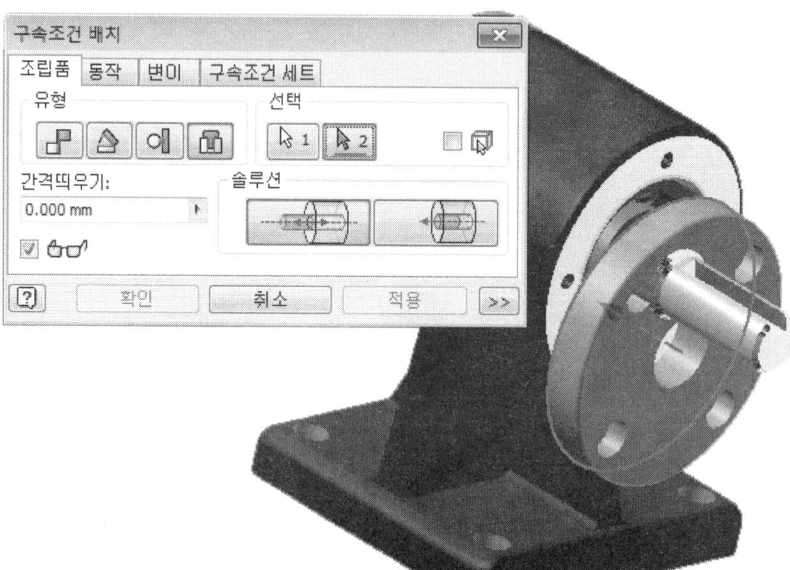

⑰ 반대편 커버 B와 볼트를 조립합니다. 유형 **삽입** → 솔루션 **반대로 승인**을 선택하고 계속 작업을 해 나갑니다. 마지막 볼트까지 조립이 완료되면 **확인**으로 종료합니다.

⑱ 풀리를 배치하여 조립을 합니다.

⑲ 본체의 축 중심과 풀리의 중심을 구속을 시킵니다. 유형 **삽입** → 솔루션 **반대** → 확인.

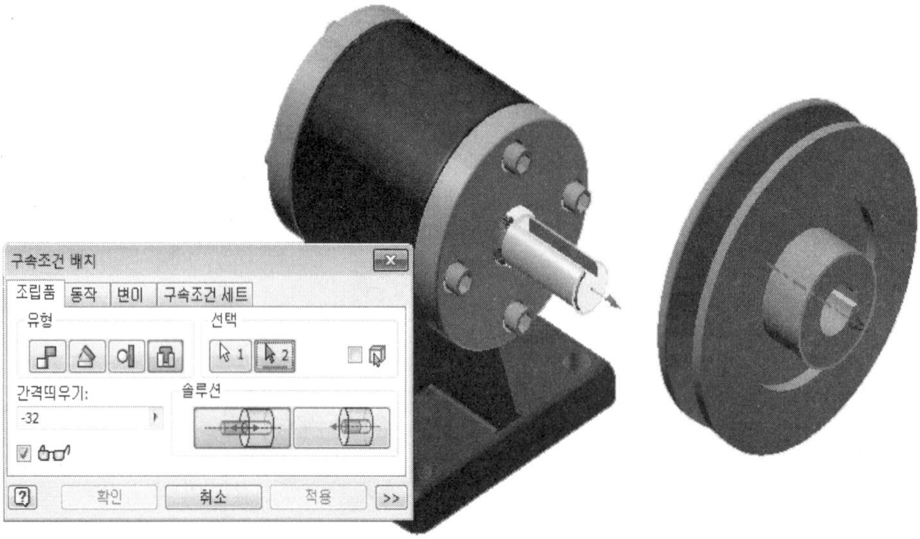

⑳ 본체 축의 키(Key) 옆면과 풀리의 키 옆면을 메이트로 구속을 시킵니다.

유형 **메이트** → 솔루션 **메이트** → 확인.

㉑ 다시 본체 축의 키(Key) 바닥면과 풀리의 키 바닥면을 메이트로 구속을 시킵니다. 유형 **메이트** → 솔루션 **메이트** → 확인.

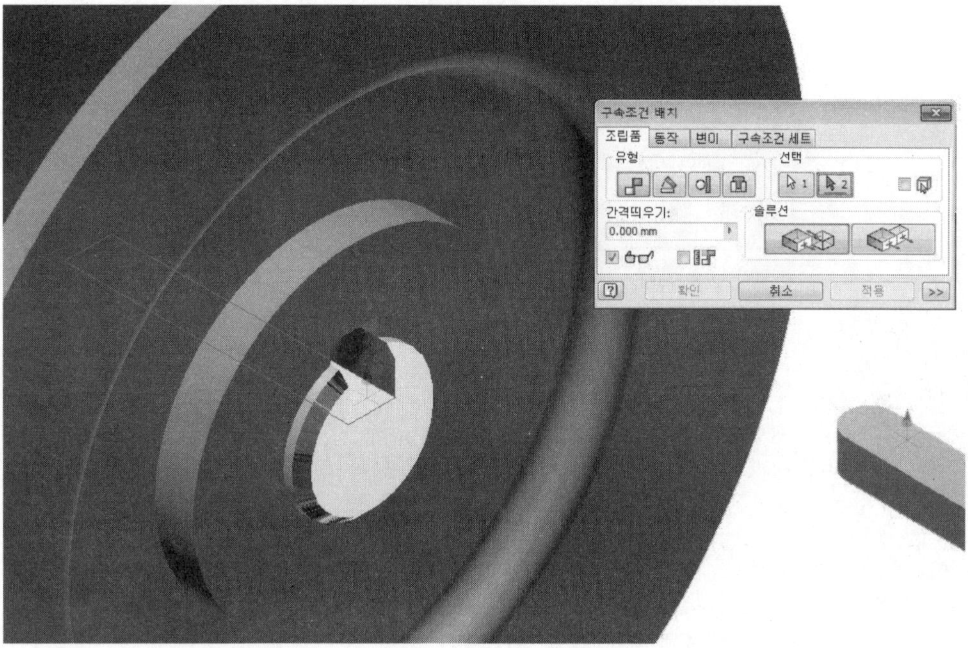

㉒ **평면**을 선택하고 검색기 창에서 YZ**평면** → 평면의 모서리 끝에 있는 둥근 원을 마우스로 눌러 오른쪽으로 당깁니다. 입력란에 숫자 30을 입력합니다.

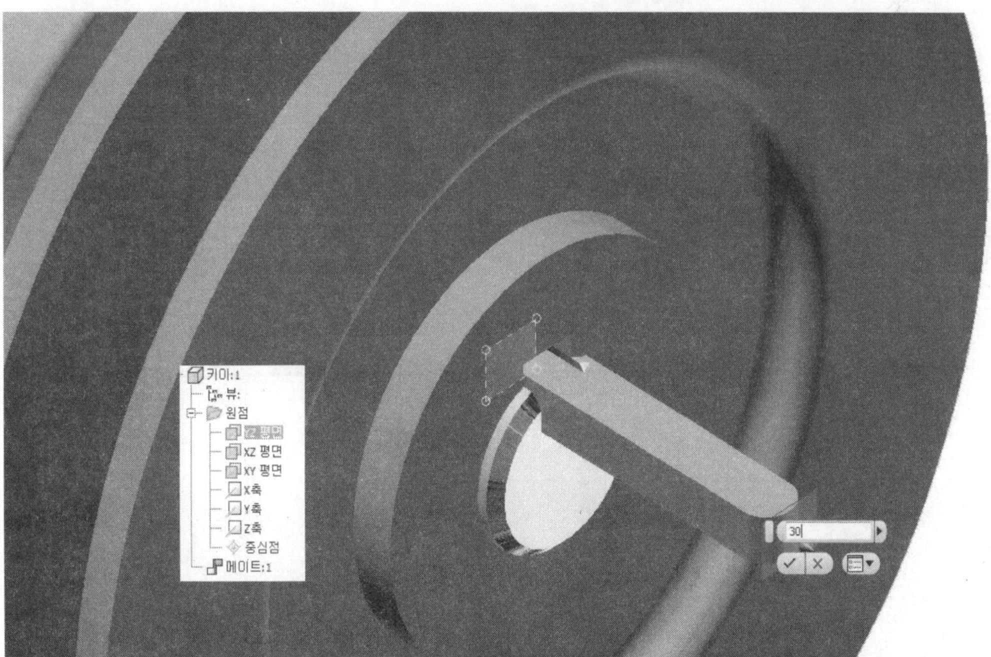

㉓ 둥근 키(Key) 끝 면에 작업 평면을 만들어 조립을 원활하게 하기 위해서입니다.

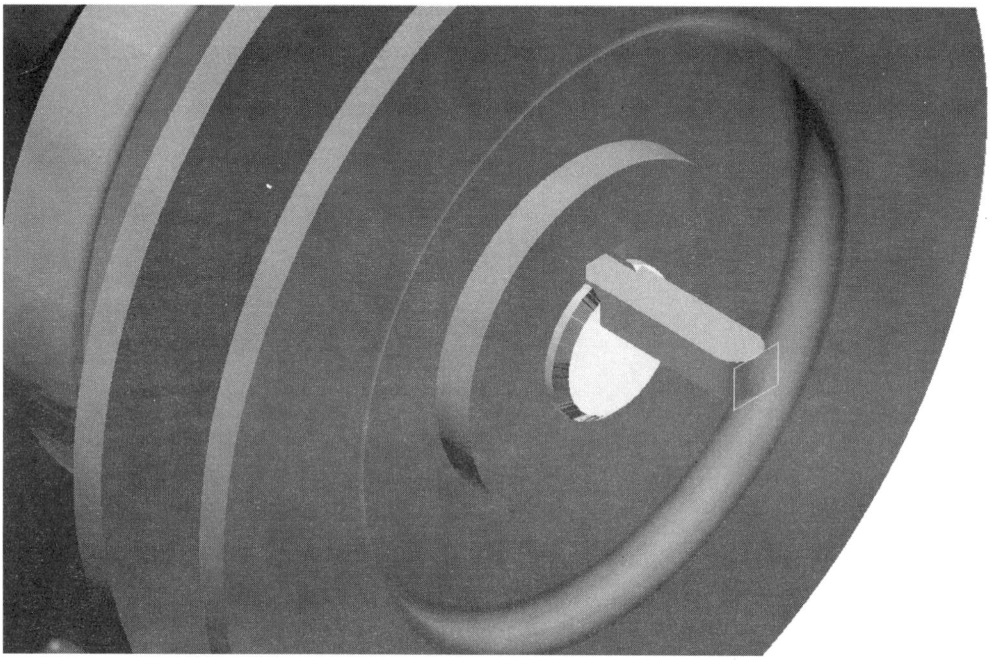

㉔ 유형 메이트 → 솔루션 플러쉬로 키(Key) 면의 작업평면과 풀리의 두 면을 선택합니다. 확인으로 작업을 완성합니다.

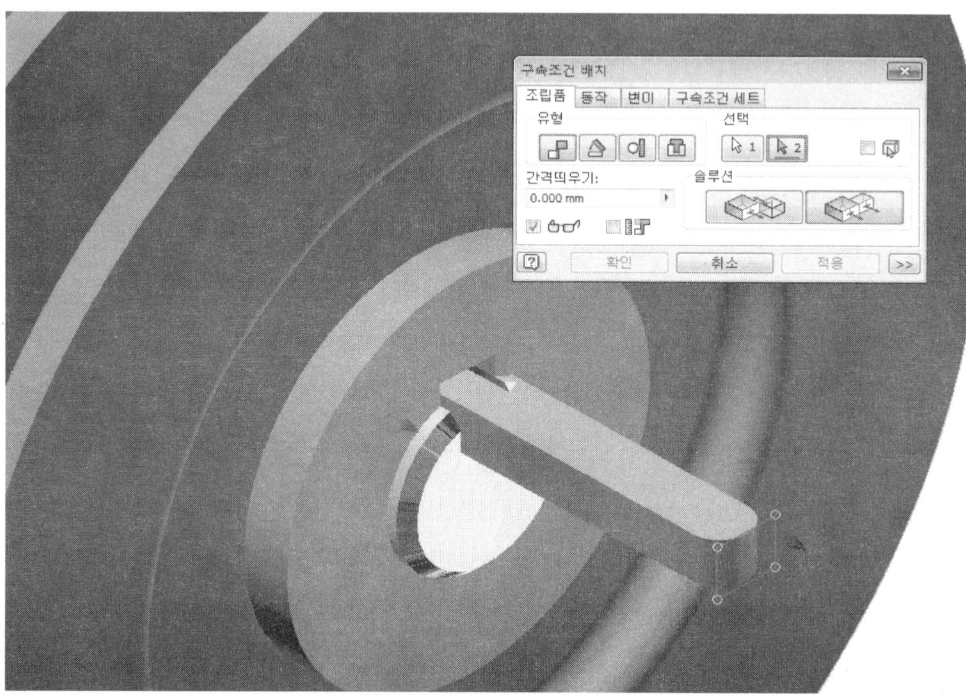

㉕ 완성된 모습입니다. 뷰 탭에 모양 리본의 반 단면도, 3/4 단면도를 통해 조립품을 절단해서 내부를 들여다 볼 수 도 있습니다.

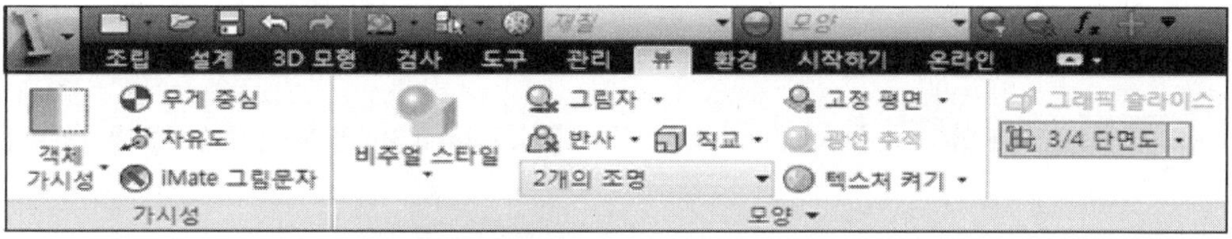

4. 프리젠테이션

1) 전동기 프리젠테이션

① 프로그램 실행 : 【새로 만들기】 → 【Standard.ipn】 → 【작성】을 선택합니다.

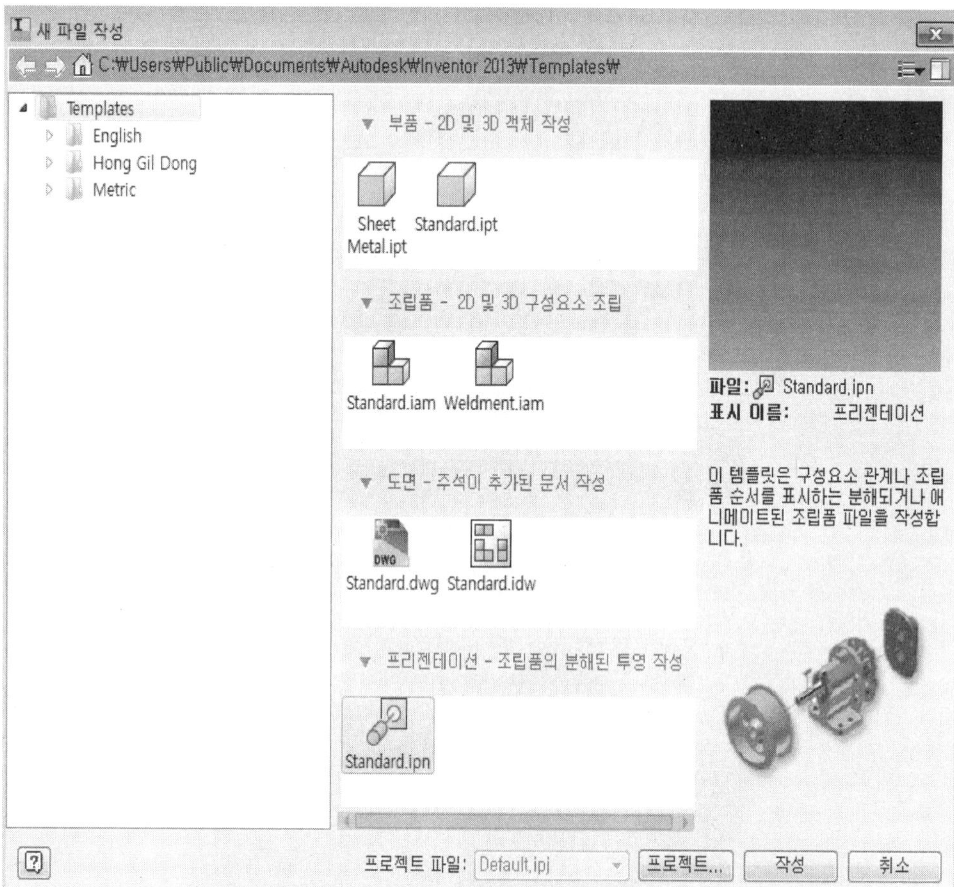

② 프리젠테이션 탭 : 작성 패널 에서 【뷰 작성】→ 【작성】을 클릭합니다.

③ 조립품 선택 : 대화상자에서 앞장에서 만든 『전동기.iam』 조립품을 찾아 【열기】를 합니다.

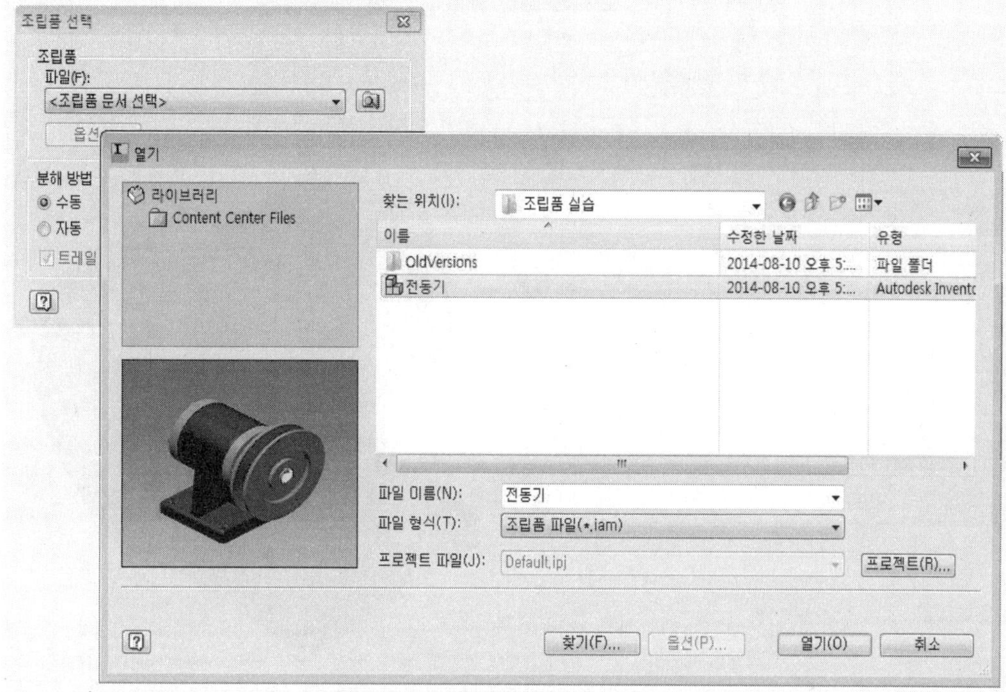

④ 【구성요소 미세조정】 : **방향** → 풀리의 축 면을 지정합니다.

⑤ 【구성요소 미세조정】 : **구성요소**→ 키(Key)를 지정→ **변환** Z 방향 (100 입력) → 체크.

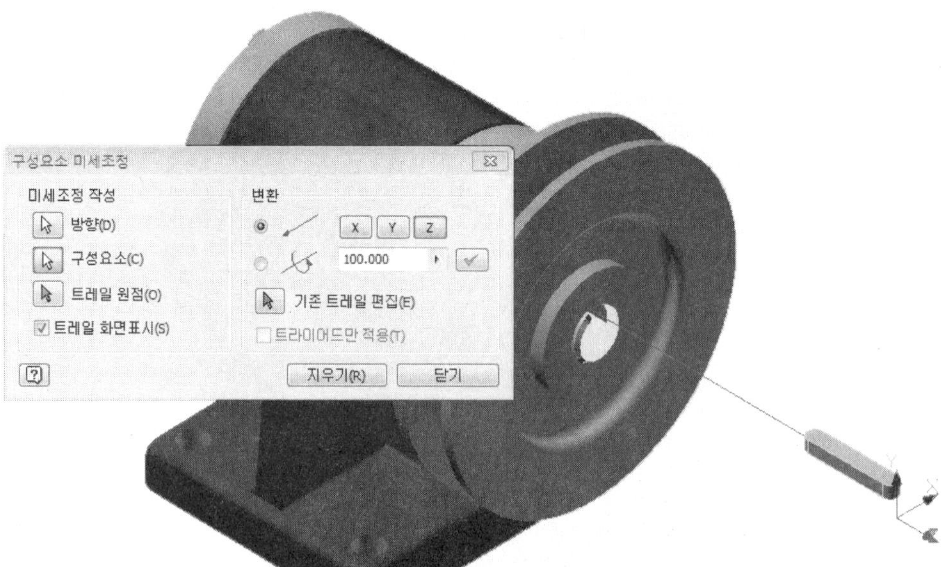

⑥ 【구성요소 미세조정】 : **구성요소→ 변환** Y **방향** (50 **입력**)**→ 체크→** 지우기.

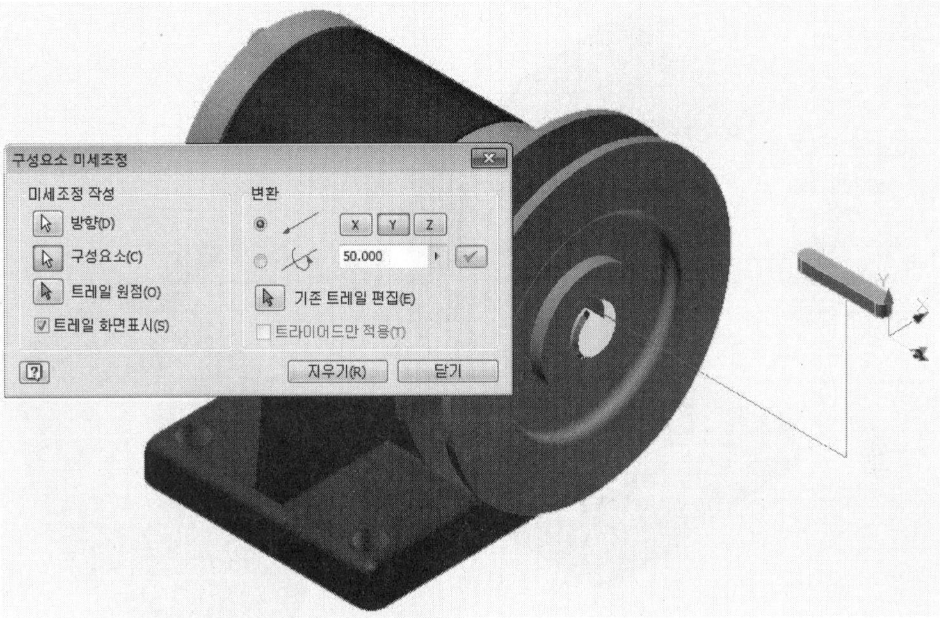

⑦ 【구성요소 미세조정】 : **방향→** 풀리의 축 면을 지정합니다.

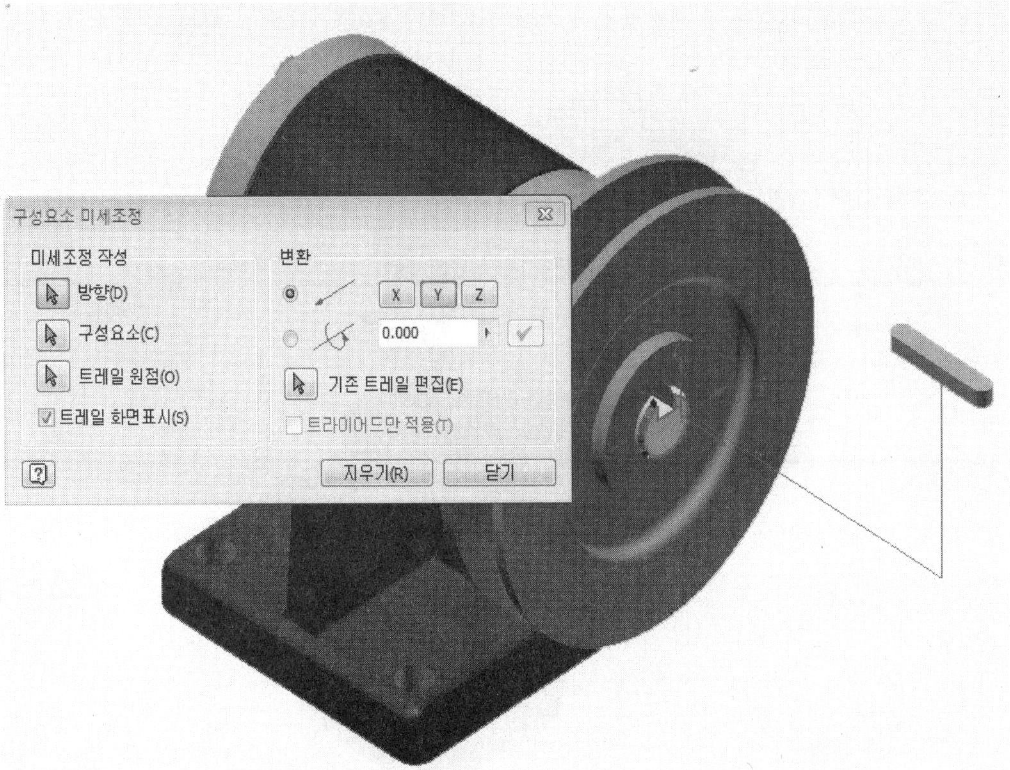

⑧ 구성요소 미세조정 : 구성요소→ **풀리를 지정**→ **변환** Z 방향 (100 입력)→ **체크**.

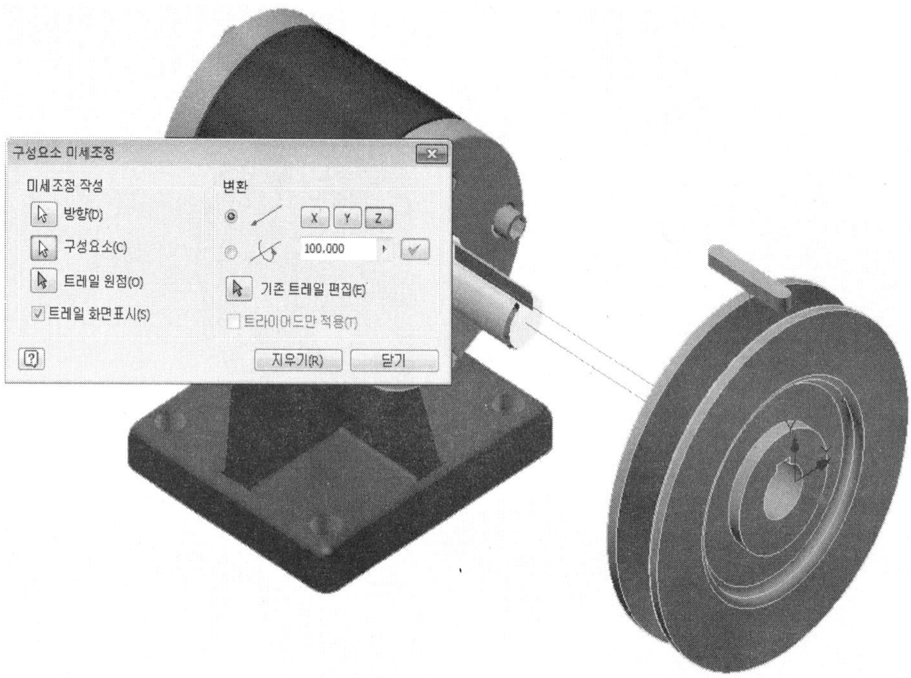

⑨ 구성요소 미세조정 : **구성요소**→ **변환** X 방향 (100 입력)→ **체크**→ 지우기.

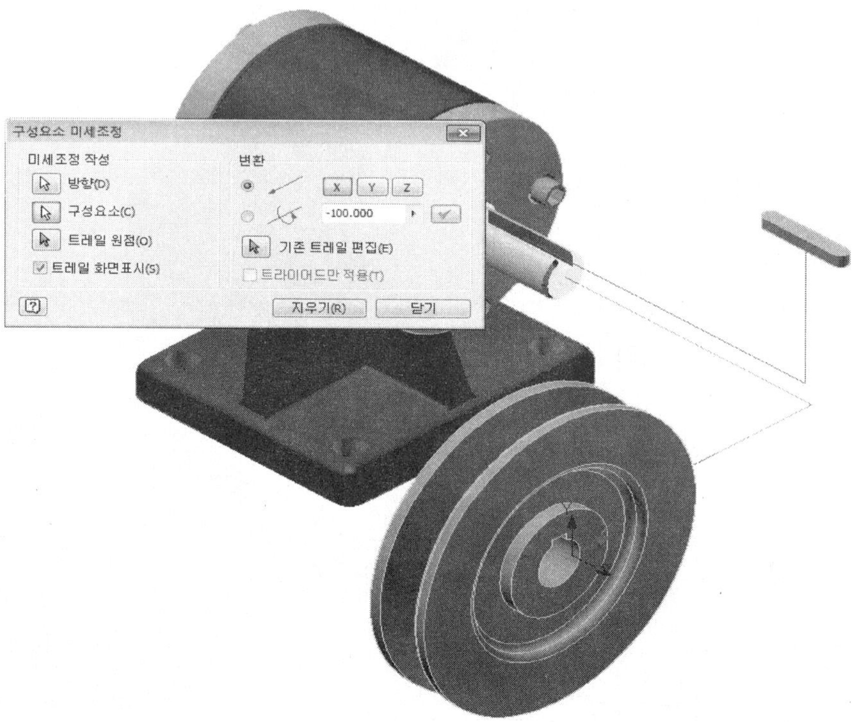

⑩ 구성요소 미세조정 : **방향**→ 풀리의 축 면을 지정합니다.

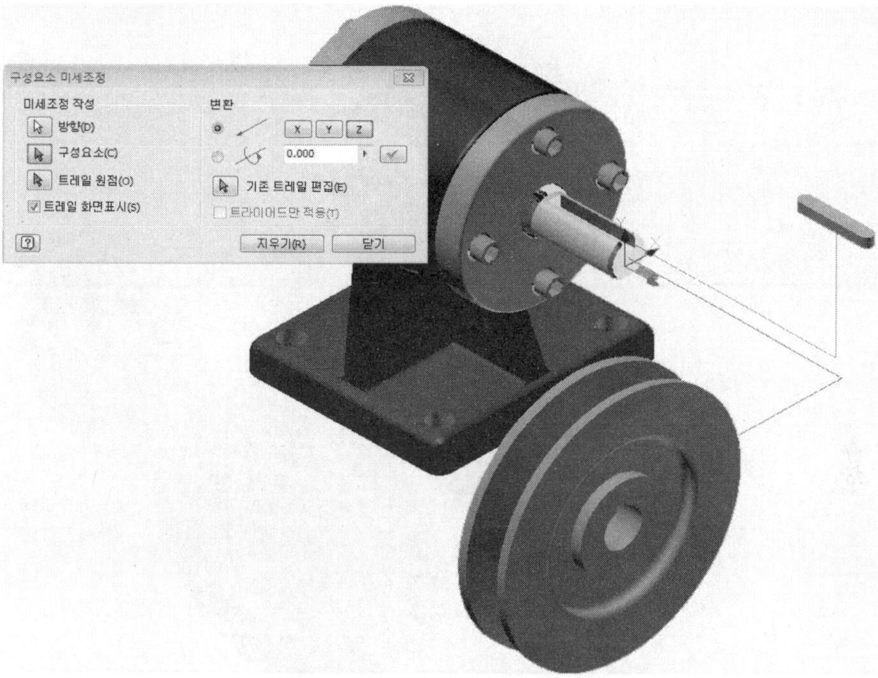

⑪ 구성요소 미세조정 : **구성요소**→ 볼트를 지정→ **변환** Z 방향 (150 입력)→ 체크.

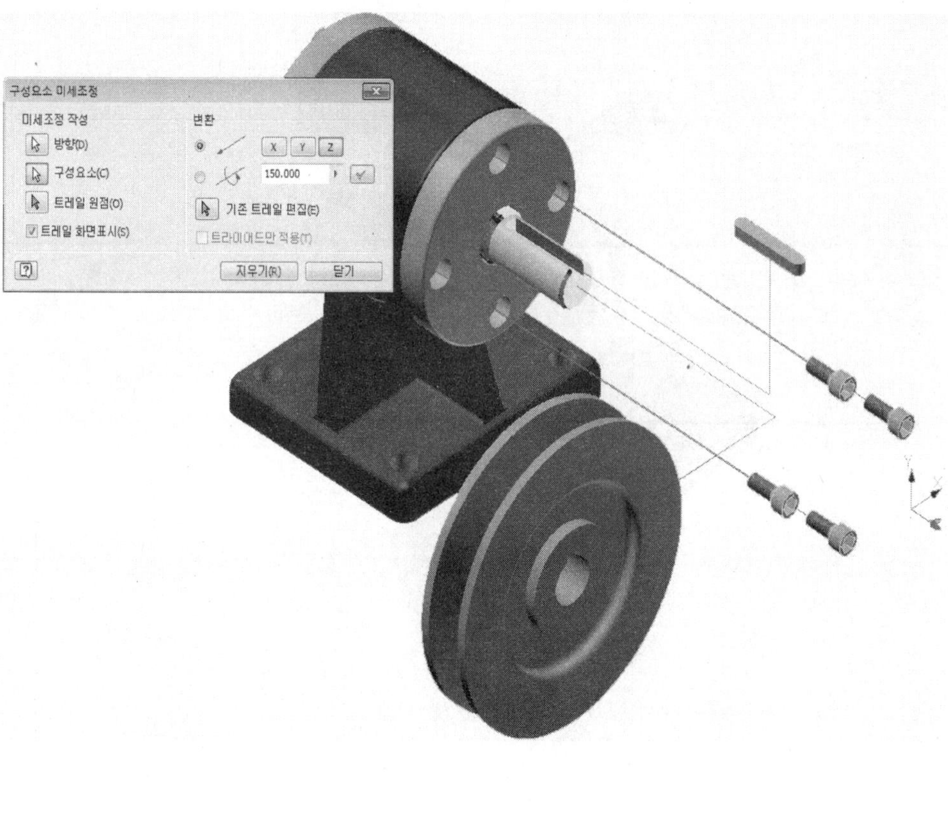

⑫ 구성요소 미세조정 : **구성요소→** 커버를 지정**→ 변환** Z 방향 (100 입력)**→ 체크**.

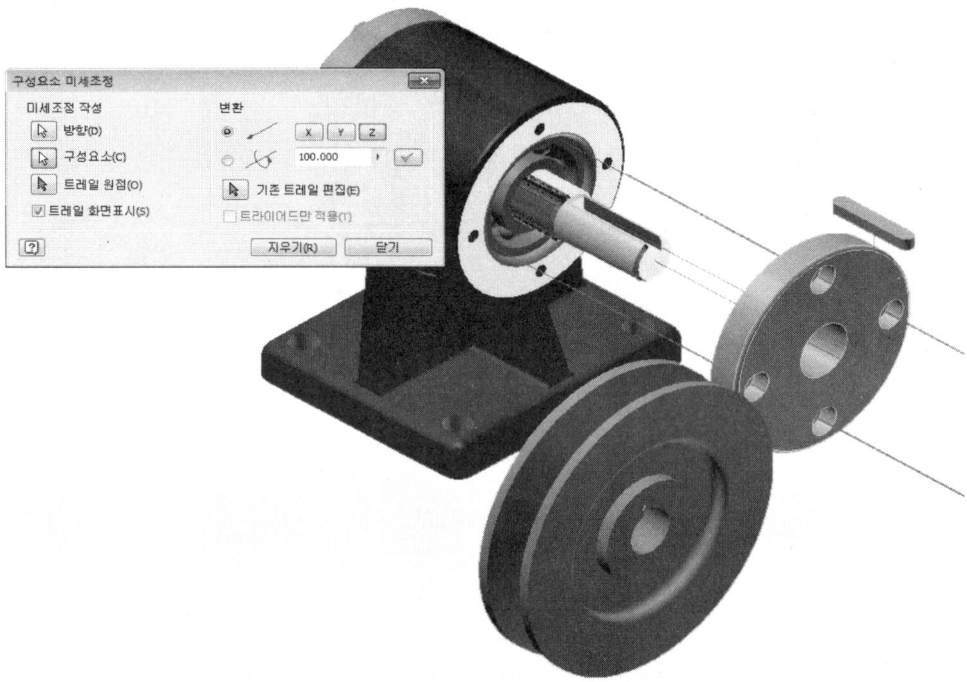

⑬ 구성요소 미세조정 : **구성요소→** 커버 지정**→ 변환** Y 방향 (100 입력)**→ 체크**.

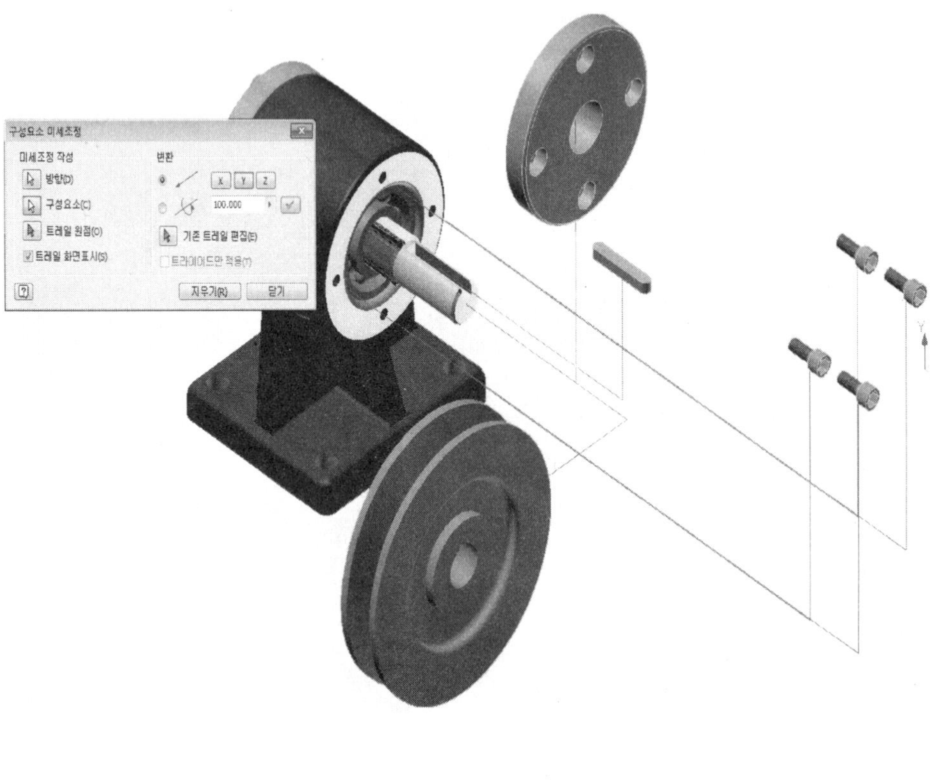

⑭ 구성요소 미세조정 : **구성요소→** 베어링 지정→ **변환** Z 방향 (100 입력)→ **체크.**

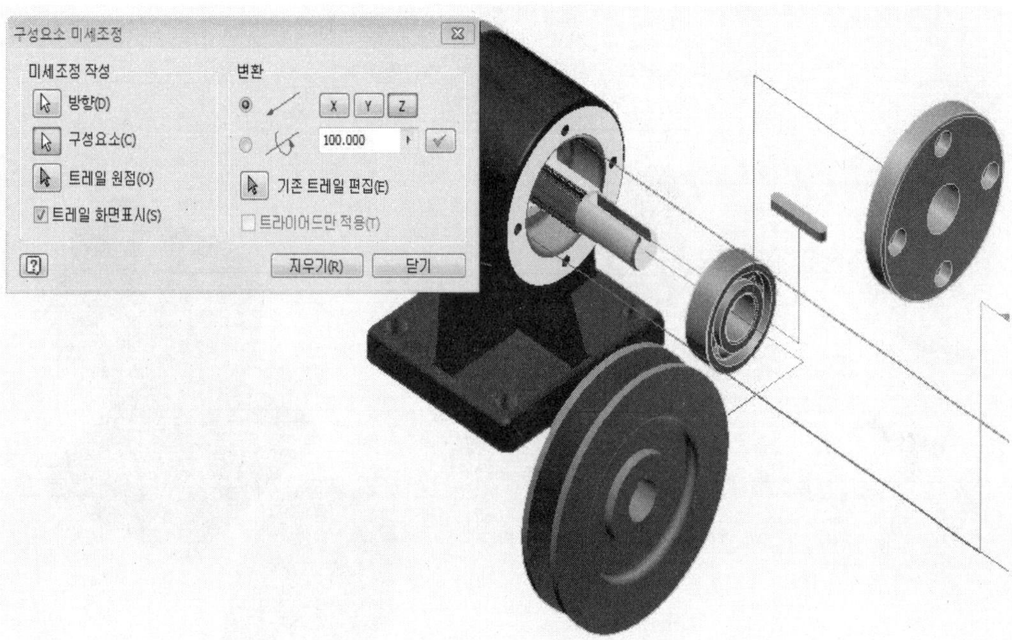

⑮ 구성요소 미세조정 : **구성요소→** 베어링 지정→ **변환** X 방향 (100 입력)→ **체크.**

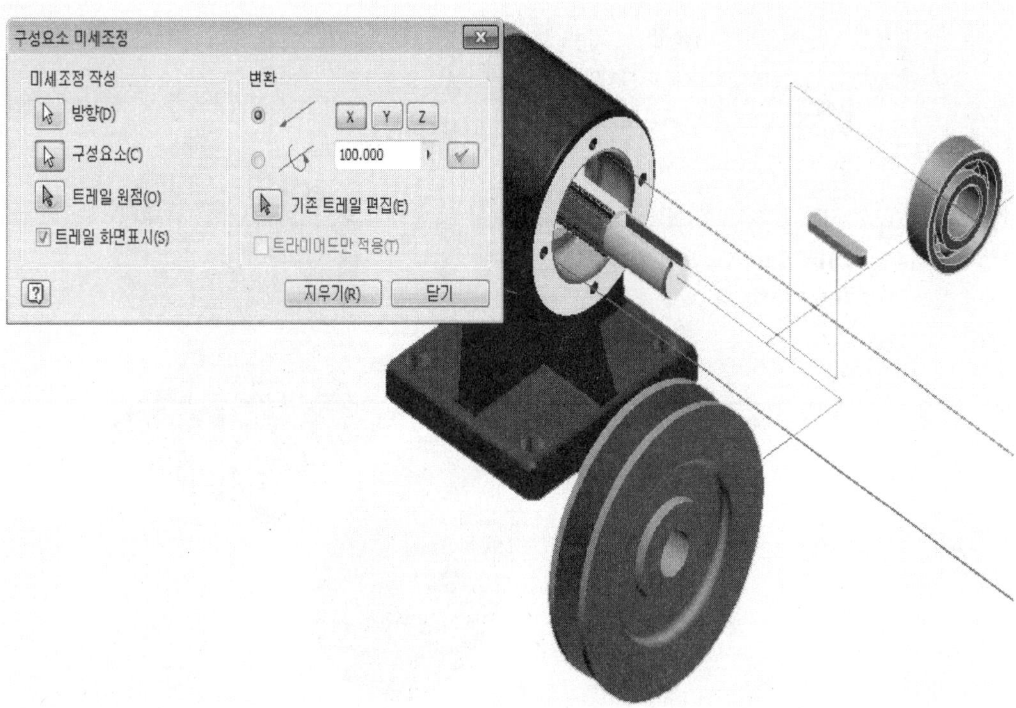

⑯ 정밀한 뷰회전 : 증분값 180→ 오른쪽으로 회전 → 확인.

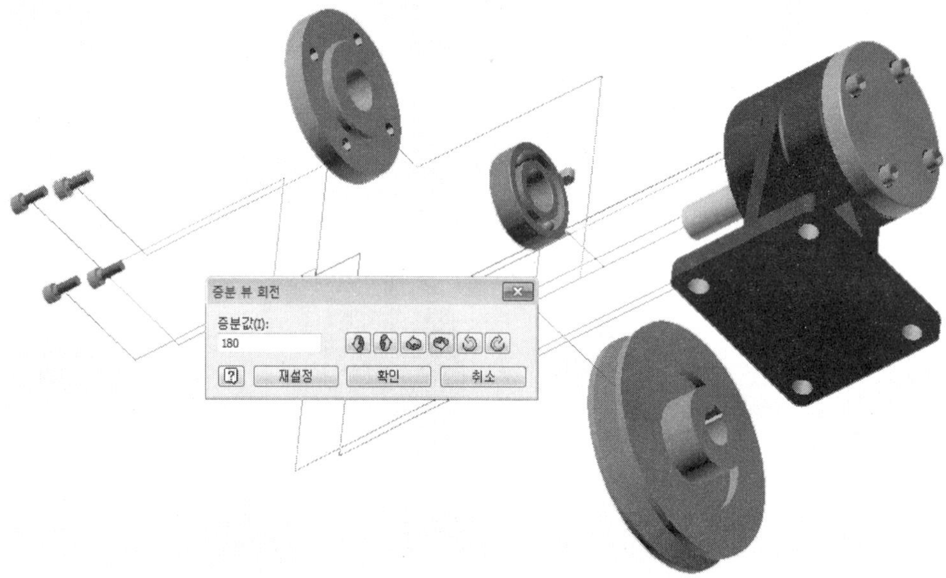

⑰ 구성요소 미세조정 : 방향→ 커버를 지정 → 체크.

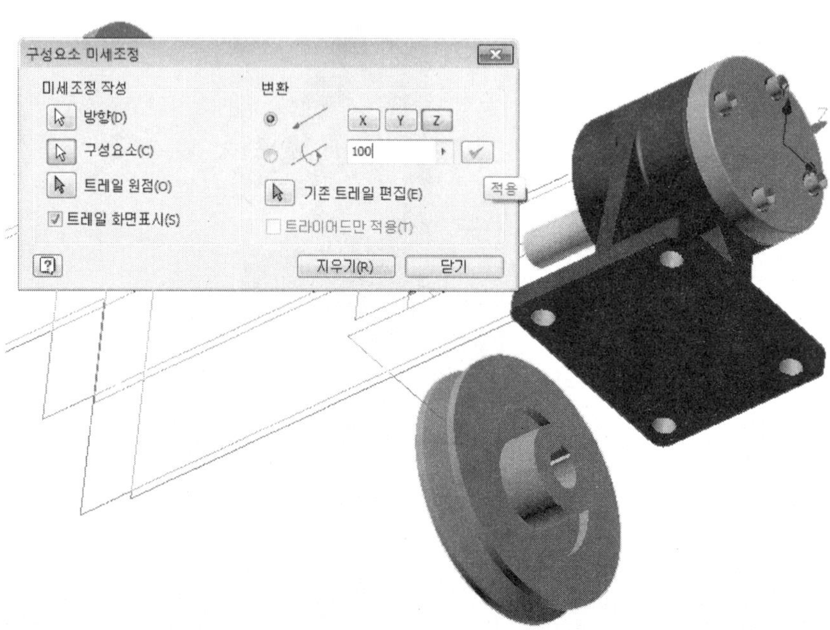

⑱ 구성요소 미세조정 : **구성요소→** 볼트 지정→ **변환** Z 방향 (100 입력)→ **체크.**

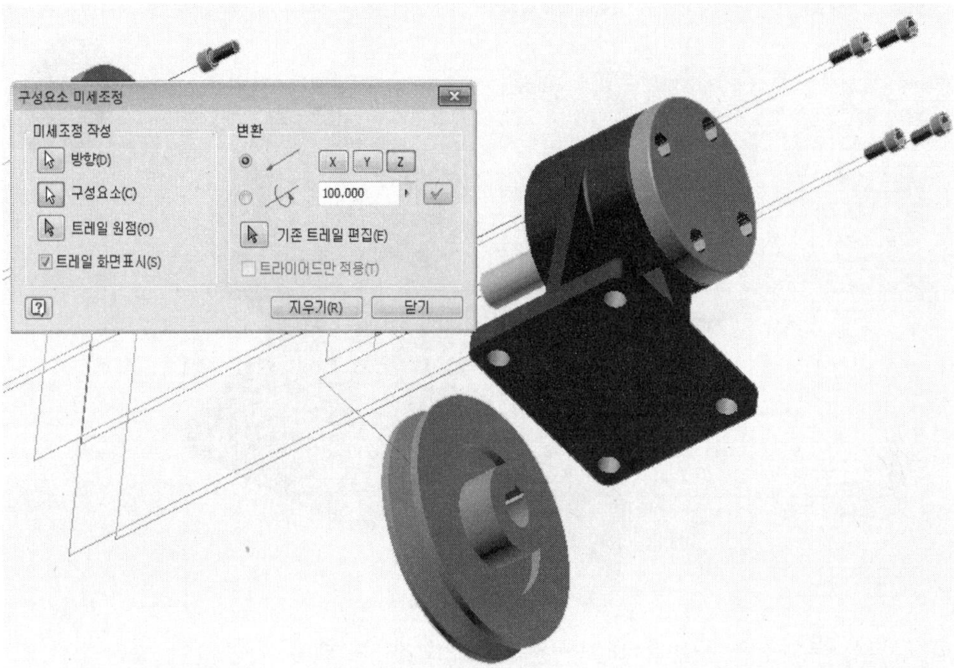

⑲ 구성요소 미세조정 : **구성요소→** 커버 지정→ **변환** Z 방향 (100 입력)→ **체크.**

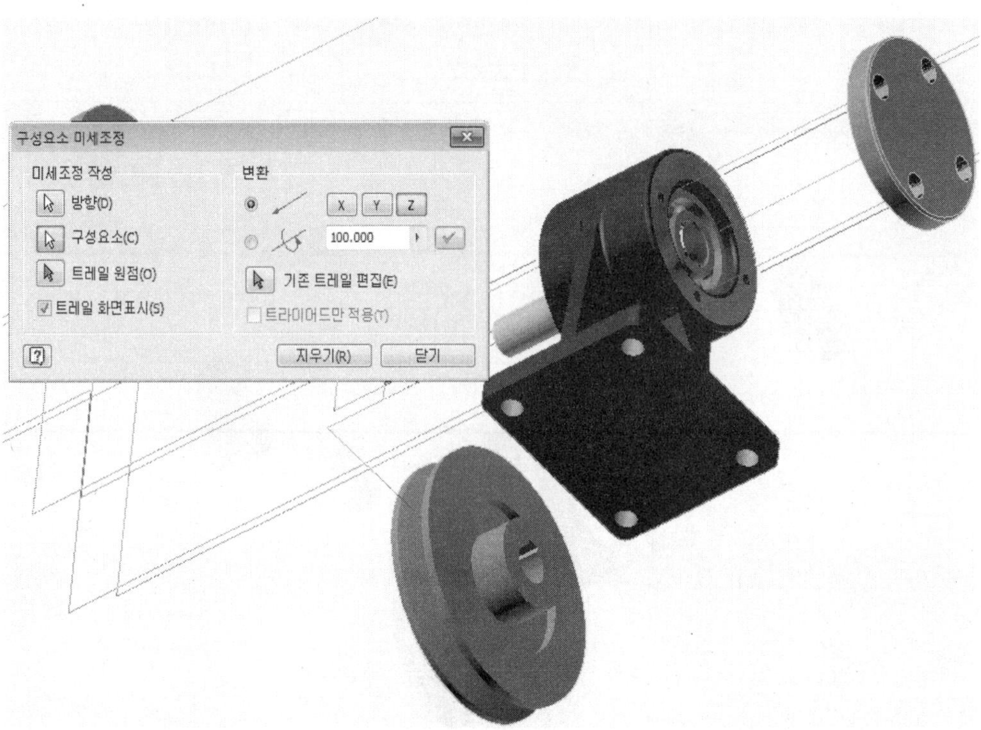

⑳ 구성요소 미세조정 : **구성요소**→ 베어링 지정→ **변환** Z 방향 (100 입력)→ **체크**.

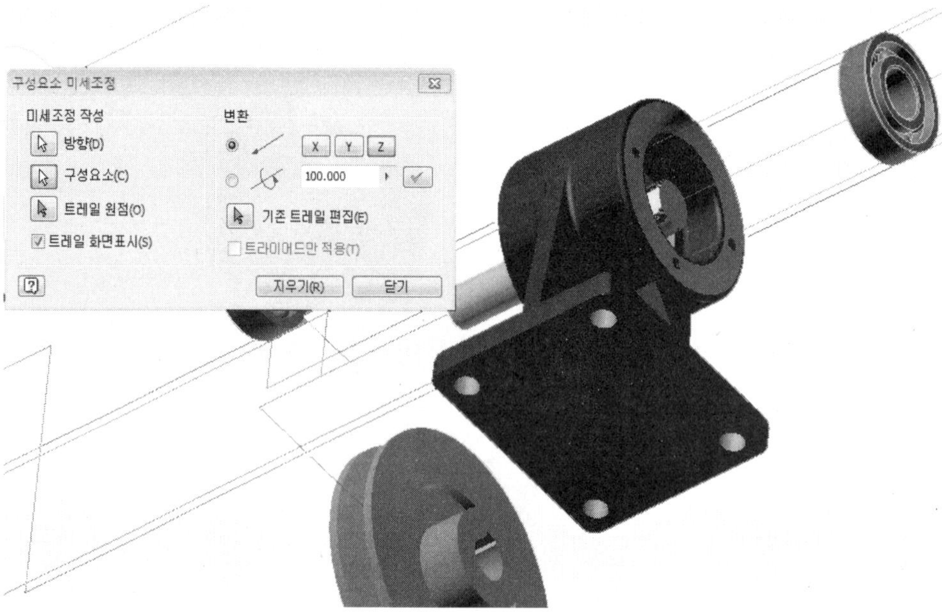

㉑ 정밀한 뷰회전 : 증분값 180→ **왼쪽으로 회전** → **확인**.

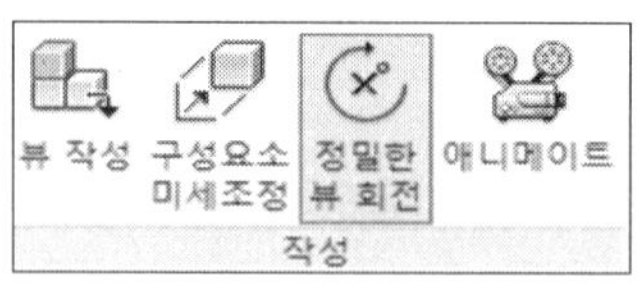

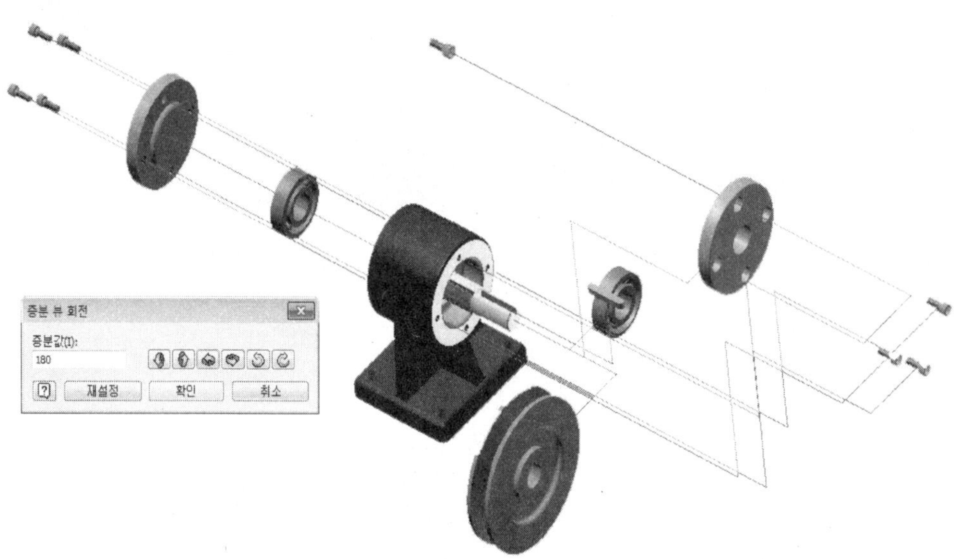

㉒ 구성요소 미세조정 : **방향**→ 축 면을 지정 → **체크**.

구성요소→ 축 지정→ **변환** Z 방향 (100 입력)→ **체크**→ 닫기 로 종료합니다.

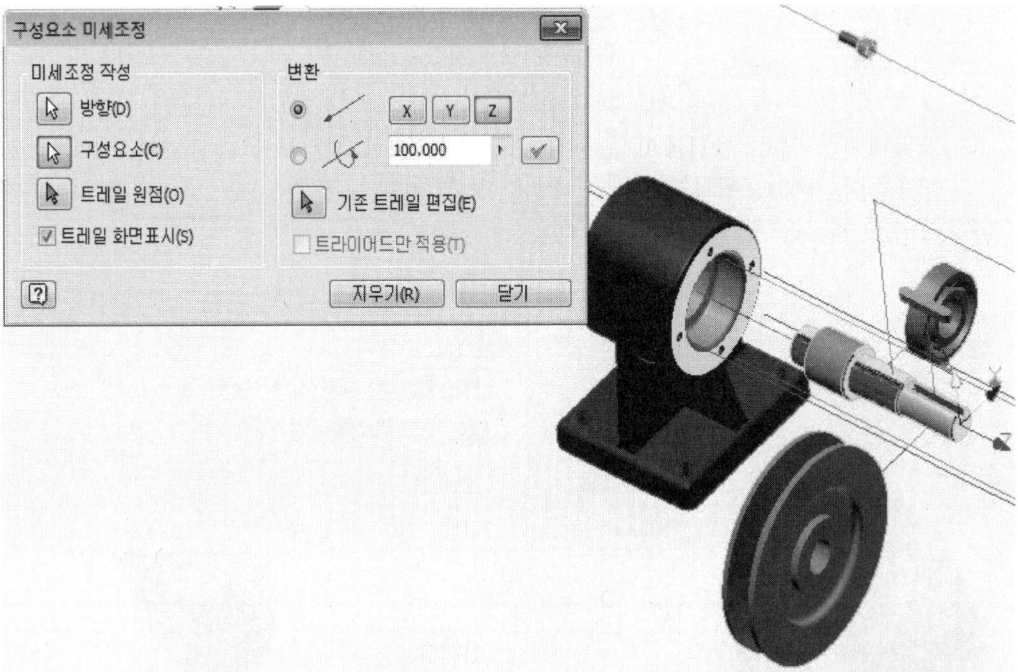

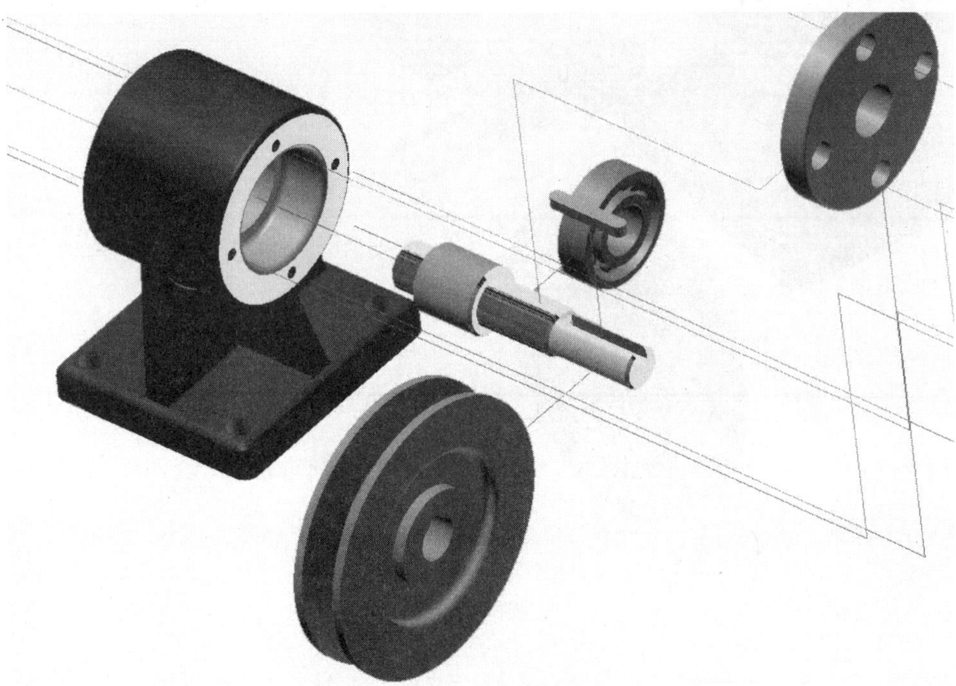

㉓ 프리젠테이션 탭 : 작성 패널 에서 **애니메이트→ 작성**을 클릭합니다.

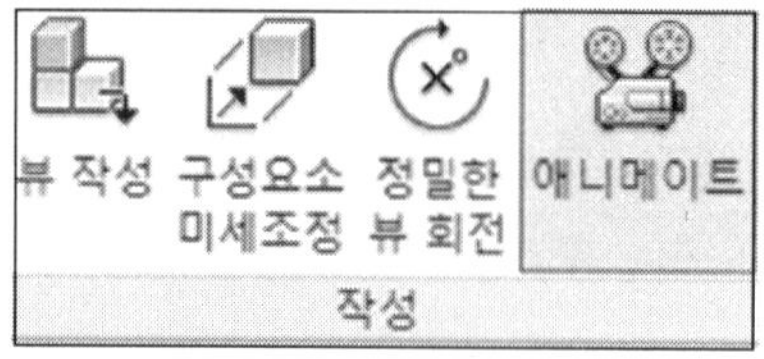

㉔ 애니메이트 탭 : 애니메이션 동작으로 재생을 선택합니다. 지금까지 작업을 한 내용들이 재생이 됩니다. 녹화 버턴을 눌러 작업 내용을 wmv 나 avi 등 동영상 파일로 저장을 할 수 도 있습니다.

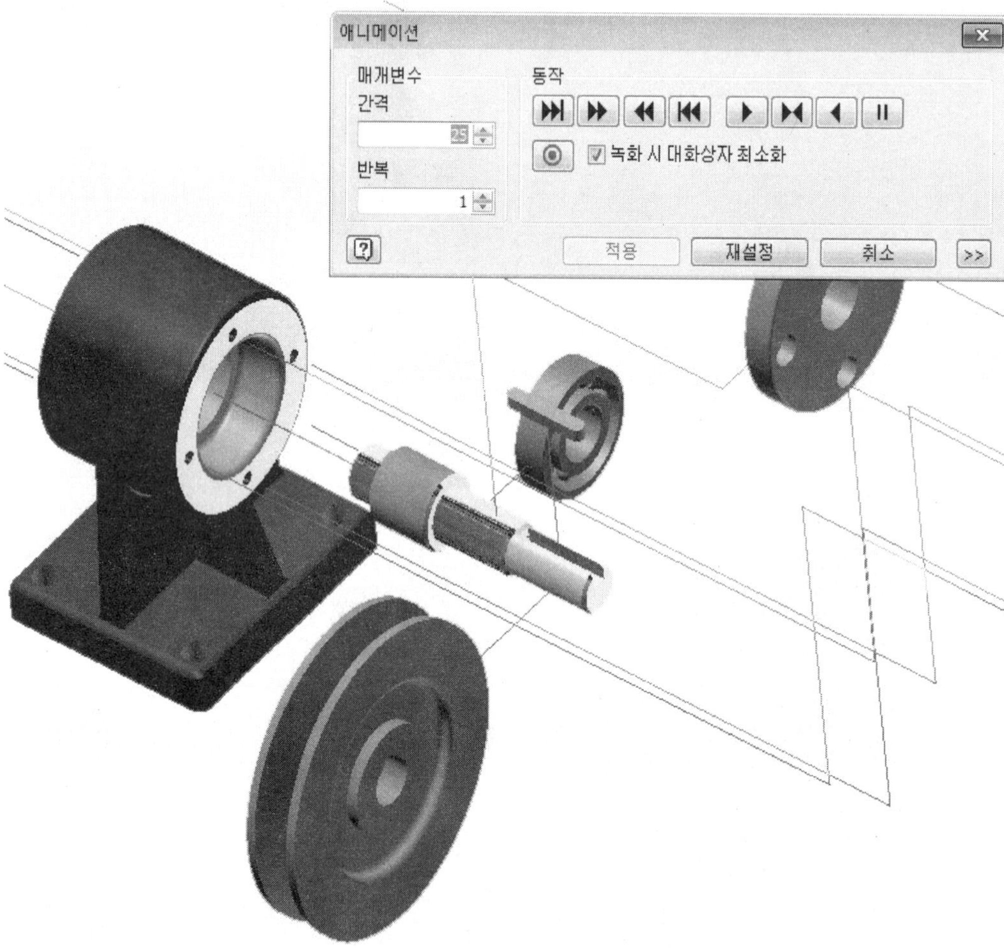

저자 소개

정 상태 (鄭 相泰)

歷 동국대학교, 영남대학교 대학원 졸업,

㈜ 대동공업 설계실, 포항공과대학교 (POSTECH) 가속기 연구소 CAD실 운영.

現 포항공과대학교 가속기 연구소 (PAL, POSTECH) 재임.

알기 쉽게 따라하는

인벤터 2016

발행 2016년 2월 14일 인쇄 2016년 2월 19일	저 자 / 정 상 태 발행자 / 김순선 발행처 / 오토테크출판사 주 소 / 서울특별시 관안구 신림 본동10-23 등 록 / 제 10-1983 전 화 / 02-877-0809 FAX / 02-877-0730 E-mail / kssooh@naver.com 웹하드 / KSS2011 정 가 / 20,000원

* 낙장 및 파본은 교환해 드립니다.